AF378083

GOLPES DE ESPERANZA

DONALD McRAE

 Libros de Ruta

 LIBROS de Ruta

© Donald McRae, 2019. Publicado originalmente en inglés por Simon & Schuster bajo el título *In Sunshine or in Shadow*.

Director editorial: Eneko Garate Iturralde
Traducción: David Batres Márquez
Corrección: Beñat Gutiérrez
Portada: estudiodavinci
Maquetación: Miguel Andréu

© Editorial Almuzara S.L., 2025
Ctra. Palma del Río, Km 4.
Parque Logístico de Córdoba.
C/ 8, Nave L2, Módulo 6 y 7, Buzón 3
14005 Córdoba
info@librosderuta.com
www.librosderuta.com
Primera edición: junio 2025

ISBN: 978-84-12905-79-3
Depósito legal: CO-828-2025

Impreso en España por Liberdúplex

Cualquier forma de reproducción, distribución, comunicación pública o transformación de esta obra solo puede ser realizada con la autorización de sus titulares, salvo excepción prevista por la ley.

Diríjase a CEDRO (Centro Español de Derechos Reprográficos) si necesita fotocopiar o escanear algún fragmento de esta obra (www.conlicencia.com; 91 702 19 70 / 93 272 04 45).

*A mis padres, Ian y Jess McRae;
y a mi hermana, Heather Simpson,
quien murió demasiado joven,
el 15 de septiembre de 2018*

Contenido

Prólogo

LA SAGRADA FAMILIA

Incluso en la actualidad, durante el abrasador verano de 2018, los vívidos murales resultan amenazantes. El muro de ladrillos que hay enfrente del Holy Family Boxing Club (Club de Boxeo de la Sagrada Familia), en New Lodge, Belfast, está pintado de blanco, y unas franjas verde y naranja completan los colores de la bandera irlandesa. En la esquina izquierda, un pistolero del IRA cubierto con un pasamontañas baja la vista hacia el rifle que se le ha escurrido de entre las manos. En la esquina contraria, otro soldado encapuchado del IRA se cuadra. Inclina la cabeza mientras sostiene su arma.

En el centro del muro dos puños cerrados saludan a las palabras "Camaradas en la Resistencia". A cada lado de este eslogan se puede ver una descarnada frase, dividida en dos mitades y pintada sobre el muro:

No importa si caigo
Mientras otro tome mi arma y siga disparando.

Al lado, otro mural muestra a tres hombres armados, vestidos de negro y levantando sus armas al cielo azul. Las palabras en gaélico *Tiocfaid Ar Ld* (Nuestro día llegará) y *Saoirse* (Libertad) aparecen pintadas en un refulgente color blanco. Rodeados de bloques de pisos y viviendas de protección oficial, los murales recuerdan la violencia y el dolor que prevalecen en este rincón del norte de Belfast.

Diez minutos antes, paseando sin prisa por Cathedral Quarter, dejando atrás bares y cafés repletos de *hipsters* barbudos y hermosas muchachas que lucen tatuajes y perforaciones, me encontraba en un mundo del todo diferente: en una ciudad rebosante de amabilidad y esperanza ante el futuro. Cuesta creer que la Sagrada Familia y los murales del IRA estén a un corto paseo de allí.

Paseaba por allí junto a Davy Larmour, un púgil protestante que había sido entrenado por el venerable Gerry Storey en la Sagrada Familia durante la década de los 70. Davy, hombre de baja estatura, pero fornido, media hoy la sesentena. En su día fue campeón británico de los pesos gallo, y su silueta sigue siendo imponente. Sus ojos centellean bajo la calva cabeza y por encima de su nariz de boxeador al salir del café que frecuentábamos en el MAC, el Metropolitan Arts Centre en la calle Exchange.

Me gustaba ir al MAC y a otros lugares de esta nueva y vibrante Belfast. En el MAC podías contemplar una exposición de Gilbert & George, o trabajos creados por artistas irlandeses, croatas, turco o paquistaníes. Tan pronto había un espectáculo de monologuistas, como trabajos conceptuales de vídeo o una nueva obra.

Y en mi cabeza seguían resonando las historias que Davy me contaba. Había vivido una existencia muy diferente de la de aquellos *millennials* de Belfast junto a los que caminábamos. Muchos de estos jóvenes de Central Quarter se sentirían como en casa en lugares como Berlín o Copenhague. Pero Davy sigue teniendo sus raíces en Belfast. Moldeado por el pasado, encontró la manera de dejar atrás los Troubles.

Davy era de cerca de Shankill Road, lugar de importancia capital en la Belfast protestante. Pero también había sido campeón *amateur* y boxeador profesional, y tenía numerosas amistades en la Belfast republicana. Recordaba el coche bomba del IRA que hizo volar por los aires el camión de su padre en la calle Ann, en 1972, a un kilómetro y medio de donde nos encontrábamos. El padre de Davy sobrevivió, pero la vida nunca volvería a ser igual. Y, aun así, en Davy no había ni amarguras ni resentimientos.

Le alegró enterarse de mi visita a Gerry Storey, en la Sagrada Familia.

Durante mis primeras visitas, como no conocía la geografía de Belfast —pese a estar muy al corriente de la fama de New Lodge— tomaba un taxi desde mi hotel en Cathedral Quarter para ir hasta la Sagrada Familia. La carrera nunca sobrepasó las cinco libras, pero dábamos un buen rodeo. Más adelante Gerry, quien llevaba más de cincuenta años al frente del gimnasio, me descubrió que podía llegar hasta la Sagrada Familia igual de rápido dando un paseo: solo necesitaba subir por la calle North Queen, cruzar a la altura del monumento a la bomba del McGurk y seguir la acera hasta la parte de atrás.

La primera vez que tomé este atajo, Gerry me precedía por la mugrienta escalera. Cruzamos el asfalto por debajo del paso elevado de cemento y nos paramos frente al exterior pintado del bar McGurk. En una solitaria noche de 1971 Gerry perdió a varios amigos en aquel bar, quedando su familia sumida en la rabia y el dolor. Una semana más tarde la respuesta llegó con otra bomba dirigida a los protestantes de Shankill Road. Murieron cuatro inocentes; Davy Larmour esquivó la deflagración por poco.

Gerry me dio estas lecciones sobre historia irlandesa como quien habla de cualquier cosa. También me explicó los terribles prejuicios que su pacífica labor tuvo que superar. Durante los 70 y los 80 cruzó toda Belfast, pasando de las zonas más peligrosas del área republicana a sus equivalentes protestantes con la más absoluta tranquilidad, ya que entrenaba tanto a boxeadores católicos como protestantes, sin diferencia. Durante los Troubles, Gerry y sus boxeadores eran una excepción a la norma. Se les permitía viajar sin mayor contratiempo y eran bien recibidos en cualquier lugar de esta maltrecha ciudad. Organizó veladas de boxeo en los territorios armados de mayor arraigo, ya fueran dominios de los paramilitares del IRA (Ejército Republicano Irlandés) o de los enemigos de estos: la UDA (Asociación en Defensa del Úlster) o la UVF (Fuerza Voluntaria del Úlster)[1].

---

1   Irish Republican Army, Ulster Defence Association y Ulster Voluntary Force.

Seguimos adelante, caminando por New Lodge, y el rostro de Gerry se iluminaba con el recuerdo de todo lo que había hecho y los hombres que había forjado, desde campeones británicos y del mundo como Barry McGuigan y Hugh Russell a personajes mucho menos conocidos, pero que él recordaba con el mismo fervor. Cuanto más caminábamos —y hablábamos— más cercana sentía yo esta historia extraordinaria. Pude ver los fantasmas de un pasado brutal y comprender los riesgos y el odio que Gerry Storey soportó.

Volví a contarle a Gerry mi propia historia. Crecí en la Sudáfrica del *apartheid*. En los 80, cuando tenía veinte años, escuchábamos en los telediarios las terribles noticias sobre Irlanda del Norte. Parecía como si el Gobierno y la televisión estatal, la SABC, quisieran demostrarnos que había otros países que sufrían bajo la división y el conflicto.

Escuchamos numerosas historias sobre Bobby Sands, el miembro del IRA prisionero en la prisión Maze, cerca de Belfast, que llevó a cabo una huelga de hambre; pero no se nos contaba que Nelson Mandela estuviera condenado a cadena perpetua en Robben Island. Escuchamos numerosas historias sobre los disturbios y las bombas en Belfast y Derry, pero apenas escuchamos esbozos muy controlados sobre la disidencia en las ciudades negras de Soweto y Alexandra. Escuchamos numerosas historias sobre el sangriento conflicto que enfrentaba a católicos y protestantes, pero tan solo una versión censurada de la guerra en las áreas segregadas y la frontera de Sudáfrica con Mozambique y Angola.

Décadas después, en el siglo XXI, lo que aprendimos gracias a la Comisión para la Verdad y la Reconciliación (Truth and Reconciliation Commission, también conocido por sus siglas TRC) en la Sudáfrica pos-*apartheid* ayudaría al proceso de paz en Irlanda del Norte. Republicanos, unionistas y policías de la Royal Ulster Constabulary viajaron juntos hasta Ciudad del Cabo en 2012. Hubo un tiempo en que habían intentado matarse unos a otros, pero en Sudáfrica encontraron la manera de hablar, mientras se reunían con delegados de la TRC para discutir cómo liberarse de toda una historia de violencia. Irlanda del Norte siempre ha sido el reflejo de mi antiguo país.

Storey llevaba años rondando por mi cabeza, desde que descubrí que había enseñado boxeo en la prisión Maze justo después de las huelgas de hambre. En 1981 Sands y otros nueve republicanos se declararon en huelga de hambre, manteniéndola hasta la muerte en protesta contra el Gobierno de Margaret Thatcher. Aquella crisis me fascinó y consternó a diez mil kilómetros de distancia, en Johannesburgo. Después supe que Storey se adentró en Maze, donde apenas unos meses antes habían fallecido aquellos huelguistas, y dio lecciones de boxeo a prisioneros tanto republicanos como unionistas.

Por entonces no me podía imaginar que pasaría años investigando para este libro. En Derry pasé muchos días junto a Charlie Nash, el primer boxeador de importancia en tiempos de los Troubles; un hombre que aspiró a los títulos europeo y mundial a pesar de la tragedia que vivió su familia durante el Domingo Sangriento. Me hice amigo de Larmour y Russell, un protestante y un católico que libraron dos encarnizados combates a comienzos de los 80. Russell era medallista olímpico por Irlanda y campeón británico de los pesos gallo. También se convirtió en uno de los grandes fotógrafos de los Troubles, documentando la barbarie con su cámara por el día y peleando por la noche, en el gimnasio.

Me hice íntimo de McGuigan, el mejor boxeador irlandés de los Troubles, un campeón del mundo que ayudó a cerrar la división sectaria. Storey, quien lo había entrenado durante algunas de sus peleas más recordadas como campeón olímpico y de los Juegos de la Commonwealth, fue quien inició ese camino, pero fue McGuigan quien reunía el carisma y el talento necesarios para exhibir esta unión en un escenario mundial.

Sentado en el exterior de la Sagrada Familia mientras contemplaba esos siniestros murales bajo la luz del día, la verdad me golpeó de nuevo. Lo único capaz de unir a esos hombres pacíficos fue el boxeo.

Los Troubles arraigaron en mi interior la primera vez que visité a McGuigan, durante una hermosa mañana de primavera en la rural Kent, en 2011. Pese a que estábamos muy lejos de Belfast y del cénit de su carrera como boxeador, el antiguo campeón del mundo me hizo sentir como si volviéramos a los agitados 70 y 80. Toda su bravura y gloria en el cuadrilátero volvió a relucir, junto a los años de atentados con bomba y disparos, de futilidad y muerte.

Habíamos nacido el mismo año, McGuigan y yo, y nos unió el amor por el boxeo. Está claro que sus conocimientos eran muy superiores a los míos, pero percibió que yo era capaz de comprender la fuerza de este viejo y salvaje deporte de la pelea. Ambos creíamos en el boxeo, y a pesar del daño y el dolor que lo rodeó, entendíamos la magnitud de lo que consiguió durante los Troubles.

«El dolor era insoportable para muchísima gente», contaba McGuigan, «pero el boxeo trajo cierta esperanza. Les distrajo de toda aquella oscuridad. ¿Conoces ese verso de *Danny Boy*? *Allí estaré, bajo la luz o en las sombras*[2]. Mi padre solía cantarlo. La penumbra que nos rodeaba era de lo más denso. Y mis combates arrojaron algo similar a la luz. En ambos bandos decían: *Dejad las peleas a McGuigan*. Era un entretenimiento: a la gente le encantaba olvidarse de los Troubles siquiera por un rato».

McGuigan me dio una vívida descripción de la noche en que se alzó con el título de los pesos pluma de la WBA, disputado a Eusebio Pedroza el 8 de junio de 1985, frente a la mayor audiencia televisiva que haya tenido el boxeo británico en toda su historia. Veinte millones de telespectadores vieron a McGuigan luchar contra un gran campeón.

Saltó de su silla para imitar la combinación con la que tumbó a Pedroza en el séptimo asalto. El pequeño y antiguo peso pluma danzó a mi alrededor, arrojando enormes puños con ásperos gruñidos mientras se imaginaba al formidable panameño frente a él, otra vez.

«¿Te lo puedes creer?», exclamó McGuigan. «Lucian Freud, el más grande pintor británico, se encontraba allí. Increíble. Otro que estaba era Irvine Welsh. ¿Has leído lo que escribió en *Cola*?».

Welsh, autor de *Trainspotting*, se encontraba entre la multitud aquella noche loca. En muchas ocasiones ha escrito sobre la emo-

---

2 N. del T.: «in sunshine or in shadow» en el original, que es, a su vez, el título original de este libro en su versión en inglés.

cionada reacción de su padre, un duro escocés. «Irvine Welsh acudió con su padre a la pelea y, justo antes de que sonara la campana por primera vez, se giró para contemplar a su padre», me contó McGuigan. «En el cuadrilátero mi padre cantaba *Danny Boy*, e Irvine quedó fascinado al ver a su propio padre llorando. Nunca antes le había visto llorar».

Aquella noche se vio al McGuigan más poderoso. Al ser un boxeador de la República de Irlanda que boxeaba por el Úlster y había conseguido el título británico, McGuigan era amado tanto en el norte como en el sur. «¿Por qué logré un apoyo tan especial?», se preguntaba McGuigan en voz alta. «La respuesta es sencilla: había demasiada tristeza, y la gente ya estaba harta».

Daniel Day-Lewis, quien había interpretado a un boxeador en una película ambientada en los Troubles, escribió: «Barry era compasivo en la victoria, valiente hasta casi la autodestrucción en la derrota. La paloma que aparecía en sus calzones era un símbolo de sí como hombre, una paradoja deliciosa: el guerrero y el pacificador».

A McGuigan también le tocó sufrir cuando sus puños, sin él quererlo, acabaron con la vida de su oponente, un nigeriano llamado el Joven Ali, en 1982. «Nunca está muy lejos de mi pensamiento», decía McGuigan sobre Ali, quien quedó en coma y acabaría falleciendo tras su combate en el Grosvenor House Hotel de Londres.

Las lágrimas afloraron a los ojos de McGuigan y su rostro se contrajo. Durante unos instantes el llanto no le permitía hablar. «Resulta imposible no sentirse culpable», consiguió decir al final. «Cada día de mi vida me acuerdo del Joven Ali. Pienso en su esposa, y en el hijo que esperaba cuando Ali murió. Me sentí tan culpable durante tanto tiempo, que no podía pensar en el boxeo. Pero mi esposa también estaba embarazada, así que no tuve más remedio que seguir adelante. El boxeo era lo más importante para mí; para todos nosotros, en Belfast».

Dos años más tarde, en 2013, McGuigan me llevó a dar una vuelta en coche; durante dos horas me mostró todo Belfast, pasando por algunos lugares de gran significado durante los Troubles, demostrando el gran logro del boxeo difundiendo la paz. Un viejo y familiar eslogan, *Fin al internamiento británico*, embadurnaba un muro cercano a la Sagrada Familia, en New Lodge. Los murales del IRA y los altos bloques de pisos se cernían, inquietantes, sobre el gimnasio. Pero en su interior, la luz elevó nuestro espíritu.

Resultaba conmovedor que el boxeo consiguiera unir a dos comunidades en lucha. «Esa fue la paradoja», dijo McGuigan. «La paz sea contigo, mientras tratas de aporrearle la boca a alguien. El boxeo era una rama de olivo. El boxeo te daba la oportunidad de hacer cosas que nadie más podía hacer. Fueron unos tiempos horribles y terroríficos. Miras atrás y piensas:'¡Jesucristo bendito! ¿De verdad que nuestros vecinos y amigos fueron capaces de cometer barbaridades como aquellas?'. Sí, lo hicieron. Aquello sucedió».

Y se anima. «Para muchos de nosotros el boxeo se convirtió en un santuario. Una liberación; y educación. Viajamos por el mundo y nos convertimos en mejores seres humanos. Y Gerry Storey fue quien lo empezó. Tienes que conocer a Gerry... no hay nadie más auténtico en el mundo del boxeo».

Aquella tarde Gerry no se encontraba allí, sino que estaba trabajando con unos jóvenes boxeadores en otra zona de Belfast. Decidí regresar y conocerlo.

Al dejar la Sagrada Familia escuchamos algo parecido a un disparo. McGuigan maldijo, se disculpó y acabó riendo cuando le recordé que yo soy de Johannesburgo. Aquello era como regresar a casa; para ambos. Desde New Lodge fuimos a Falls Road, pasando de las banderas negras y las tricolores irlandesas a las Union Jack y los murales en honor a la reina de Shankill Road. «Yo tuve un club de *fans* en Falls Road y otro en Shankill Road», me dijo McGuigan. «Gerry fue quien comenzó aquello. Pídele que te cuente cuando nos llevó a un equipo de jóvenes católicos a pelear contra Alemania del Este en Shankill Road. Aquello fue un momento especial, a pesar de tanto asesinato y miserias».

Este libro no pretende explorar las raíces del conflicto ni contar de nuevo cómo se puso fin a los Troubles. Esa tarea ya ha sido llevada a cabo en muchas otras ocasiones. *Golpes de esperanza* se centra, por su parte, en el impacto positivo que tuvo el boxeo en la Irlanda del Norte de los años 1972 a 1985. Da comienzo con la masacre del Domingo Sangriento en Derry, el 30 de enero de 1972, y termina con McGuigan ganando el título mundial en junio de 1985.

Aquellos fueron los peores años de los Troubles. Y, aun así, los he escogido porque, en este periodo, el boxeo les salvó la vida a innumerables chavales evitando que se unieran a los grupos paramilitares. También he escogido este arco temporal porque coincidió con los mejores años de McGuigan, Nash, Larmour y Russell sobre el ring. Todos ellos mantienen un vínculo de gratitud para con Gerry Storey, quien los entrenó, a cada uno de ellos, en momentos decisivos de sus carreras.

El boxeo les otorgó a estos púgiles y entrenadores una suerte de inmunidad diplomática para poder ir allá donde quisieran. Y aquello era un privilegio inverosímil del que ni tan siquiera los sacerdotes o los políticos gozaban. La libertad que se les concedió a los boxeadores resulta sorprendente incluso en la actualidad. Cuento con amigos protestantes muy abiertos de mente en la Belfast de hoy en día que, por ser gente corriente y no boxeadores, no se atreverían a dar un paso por New Lodge u otras áreas republicanas como Turf Lodge.

El boxeo logró el apoyo incondicional de la gente de la calle, ya pertenecieran a grupos paramilitares o fueran gente trabajadora que deseaba un cambio que los librara de tanta brutalidad y recesión. Está claro que el deporte puede ofrecer una emocionante distracción durante al día a día, pero en Irlanda del Norte los lazos entre la vida personal y la política siempre han sido muy difusos.

Los púgiles aficionados de Irlanda del Norte compiten bajo bandera de la República de Irlanda en los Juegos Olímpicos y los Campeonatos del Mundo. Otros deportes, entre los que se encuentran el rugby, el hockey o el criquet cuentan también con equipos irlandeses unificados formados por deportistas tanto del norte como del sur. Pero solo el rugby puede rivalizar con el boxeo como deporte en el que los irlandeses del norte podían competir por Irlanda al más alto nivel. El impacto que tuvo el rugby durante los Troubles no fue tan poderoso. En el norte, el rugby se practicaba, sobre todo, en los colegios protestantes y en las zonas de mayor poder adquisitivo, con lo que no podía igualar la transversal seducción del boxeo.

De igual manera, deportes como el fútbol gaélico y el *hurling*, de enorme popularidad en los círculos nacionalistas, apenas suscitaban interés entre los protestantes. La división era tan obvia que dos hombres que se cruzaran, llevando uno un bastón de hockey y el otro uno de *hurling*, se veían clasificados de inmediato como católico y protestante.

Por su parte, el ascendente del fútbol sobre el pueblo disminuyó durante los 70. Entre febrero de 1972 y mayo de 1975 la inseguridad impidió que Irlanda del Norte pudiera celebrar encuentros internacionales de fútbol como local en su propia tierra. Disputaban sus partidos internacionales como locales (contra Inglaterra, Escocia y Gales) en Goodison Park, Liverpool, o fuera; mientras que sus partidos de clasificación para la Eurocopa o la Copa del Mundo se celebrarían en lugares tan diversos como Hull, Coventry, Sheffield y Fulham.

Con los años habría una breve paz. La fase final de la Copa del Mundo de 1982 vería a Irlanda del Norte tener un papel más destacado de lo que se esperaba, llegando incluso a vencer a España por 0-1 con un equipo que presentaba una alentadora mezcla de católicos y protestantes. Pero a finales de los 80, y durante los 90, los prejuicios violentos volvieron a ganar importancia. Animar a Irlanda del Norte pareció convertirse en una declaración a favor del unionismo, mientras que los jugadores católicos se veían, algunas veces, convertidos en el blanco de los insultos de su propia afición. La mayoría de los aficionados católicos manifestaban lealtad hacia el equipo de la República de Irlanda que se desarrolló bajo la dirección de Jack Charlton. Tendrían que llegar un nuevo siglo y un marco pos-Troubles para que Irlanda del Norte pudiera jugar al futbol en una atmósfera más vibrante y esperanzadora, en Windsor Park.

El boxeo rellenó un hueco durante los Troubles: Larmour y Russell demostraron que el boxeo tenía una habilidad incomparable para desplegar feroces peleas entre protestantes y católicos, frente a multitudes enfervorecidas y partisanas, sin que violencia alguna traspasara el cuadrilátero. El fútbol era diferente: la rivalidad tribal entre los clubes contrarios acababa, a menudo, en peleas fanáticas.

Este libro no pretende afirmar que el boxeo cambiara el paisaje político, porque como resulta obvio, no puso final ni apaciguó los Troubles. Pero cuando la gente contemplaba fascinada la capacidad de aquellos boxeadores para ignorar toda división confesional, lo que veían era aceptación y respeto. Aquello ayudó a la sociedad a creer que la paz y la harmonía llegarían algún día.

En mi intento por comprender como pudo Storey obrar un trabajo aparentemente milagroso, cruzando de un área prohibida de Belfast a otra, fueron varias las ocasiones en que le pregunté cómo obtuvo tal libertad. Él subrayó que las raíces trabajadoras que tiene el boxeo son un reflejo del pasado de la mayoría de los líderes paramilitares, y que sus boxeadores eran respetados por su valentía y sinceridad.

McGuigan va un paso más allá: «Si el boxeo fue tan aceptado y gozó de tal libertad de movimiento, a diferencia de cualquier otra actividad, fue porque contaba con la credibilidad de la calle», me dijo. «El boxeo tiene algo de dureza y de frialdad. A diferencia de cualquier otro deporte, en el cuadrilátero pones tu vida en riesgo. Y para llegar a lo más alto en el boxeo, tienes que soportar un inmenso dolor. A menudo, los boxeadores tienen unos orígenes muy complicados, y su forma de enfrentarse a la adversidad y el dolor les hace ganar enorme respeto entre los paramilitares. El boxeo es un deporte violento, y conectaba con esa gente tan violenta.

»Algunos de los hombres más peligrosos durante los Troubles lo respetaban. Y resulta de una ironía preciosa que un hombre tan amable como Gerry Storey aprovechara estas circunstancias tan especiales para extender la paz y la esperanza a través del boxeo. Durante un largo periodo de tiempo fue la única persona en Irlanda del Norte que podía ir allá donde quisiera, y lograr que todo el mundo lo aceptase. Después, el boxeo me dio lo mismo a mí. Pero quien allanó el camino fue Gerry».

Storey es el héroe en la sombra de este libro, pero sus experiencias son las que le dan su forma. McGuigan es la culminación, ya que está considerado todo un símbolo del deporte nacional irlandés.

Dos deportistas extraordinarios de Belfast lo precedieron. Pero tanto George Best, el maravilloso futbolista que ayudara al Manchester United a conseguir la Copa de Europa de 1968, como Alex Higgins, el brillante billarista que lograra el mundial en 1972 y 1982, sucumbirían al alcoholismo.

Best sigue siendo uno de los futbolistas de mayor talento que haya desplegado su juego, pero incluso él mismo se vio afectado por los problemas sectarios. Su padre era un orangista protestante y, cuando iba al colegio en la Belfast de los cincuenta, Best se vio perseguido en muchas ocasiones por chicos católicos que querían propinarle una paliza por *Prod*, unionista. En el otoño de 1971, mientras toda Europa celebraba al "Quinto Beatle" por sus elegantes maneras y sorprendente habilidad, a Best le advertían que, si se atrevía a jugar con el Manchester United contra el Newcastle United, recibiría un balazo. Ignoró la amenaza, convirtiéndose en un escurridizo blanco durante todo el partido; además de marcar un gol. El entrenador del Newcastle, Joe Harvey, hizo un chiste de lo más desafortunado: «Ya podían haber disparado al mocoso este». A pesar de su pasado protestante, Best era querido entre la mayoría de los católicos de Belfast. Jugó apenas en 37 ocasiones con Irlanda del Norte, casi nunca en Belfast, y su influencia política era muy limitada, por mucho que abogara por un equipo irlandés unificado.

Higgins cambiaría para siempre el billar, dándole, con su irrupción, aires de glamurosa peligrosidad a aquel deporte tan serio. «No hay nadie tan rápido como yo, ni tan atractivo de presenciar», fanfarroneaba Higgins. «Soy el Cassius Clay del billar. El billar me necesita, alguien joven que sepa atraer a las masas. ¡Es a lo que me dedico, chaval!». Ardiendo en el caos y la violencia, jamás le interesó la paz ni la armonía. Al igual que Best, era protestante. En 1990 Higgins amenazó con ordenar que dispararan sobre Dennis Taylor. Taylor, quien fuera campeón del mundo, era un católico de County Tyrone.

McGuigan y Storey, y todos los hombres del boxeo que aparecen en este libro, eran muy diferentes de Best y Higgins. Ellos trajeron ilusión a una época sin esperanza

★

En el verano de 2018, en su gimnasio, le mostré a Gerry Storey mi bloc de notas con la lista de todos nuestros encuentros. Comprobamos que aquella era mi trigesimoquinta visita a la Sagrada Familia. Además, también aparecían las numerosas entrevistas con Larmour, Russell, Nash y McGuigan. Sus historias fluían a través de mi ser igual que ríos que confluyen, avanzando con tristeza infinita y dolor, humanidad y esperanza.

Gerry y yo nos sentamos sobre la tarima de un cuadrilátero azul durante una aletargada tarde de mediados de semana, Nos rodeaban fotografías en blanco y negro de quienes en algún momento fueron sus púgiles. Su último plantel de rostros relucientes, chicos y chicas desde los ocho hasta los dieciocho años de edad, no tardará en irrumpir por la puerta, bajando las escaleras, corriendo hacia el gimnasio para el entrenamiento vespertino. Siendo treinta, la Sagrada Familia no tardará en convertirse en un invernadero anegado en malos olores. Gerry presidirá cada acción, presentándole las manoplas a algunos y supervisando a sus compañeros entrenadores, como el apasionado Seamus McCann, iluminando el gimnasio con su generosidad y paciencia.

Pero antes, Gerry me da unos golpecitos suaves en el brazo. «Don, ¿estás seguro de tener todo lo que necesitas?».

Se ríe cuando le recuerdo los cientos de entrevistas y reuniones que he llevado a cabo, todas las historias que he escuchado y todos los boxeadores y exreclusos que he conocido gracias a él.

«Es toda una historia», acaba por decir, con aire de quien es consciente de que esta historia está muy cerca de acabarse para él. «Vivimos unos tiempos desesperados. Pero nunca dejamos de reír ni de creer que era posible salir de los Troubles. En comparación con la gran mayoría de la gente, nosotros lo tuvimos fácil. Teníamos el boxeo… y el boxeo nos unió. La penumbra era profunda, pero el boxeo nos ofreció algo de luz».

Capítulo 1

EL DOMINGO SANGRIENTO

Derry, lunes 1 de enero de 1972

Charlie Nash se acababa de alejar de la guillotina cuando la noticia de la primera muerte le produjo una inmensa herida. Menos de tres semanas después, durante el Domingo Sangriento, su vida cambiaría para siempre, pero esta herida lo sumió en la desolación. Apenas podía aceptar que el boxeo se hubiera cobrado la vida de su mejor amigo, Martin Harkin; o Mousey, como lo llamaba todo el mundo. Pero comprendió que debía de ser cierto. Su entrenador, Tommy Donnelly, y John Daly, quien también trabajaba en el St Mary's Boxing Club de Derry, parecían destrozados. No habrían acudido al trabajo de Charlie, la Commercial Paper Company en Guildhall Street, sin algo de veras importante que decirle.

La metálica cuchilla de cortar papel permanecía inmóvil y en silencio mientras Charlie los contemplaba. Dos días después de que Mousey y él hubieran peleado en la misma velada *amateur* de los campeonatos del Úlster, en Ballymena, Charlie se quedó helado e inmóvil, aunque su cerebro fuera un torbellino. *Mousey* Harkin estaba muerto.

Aquella noche de sábado Charlie se adjudicó su pelea; se había duchado y había regresado al lateral del cuadrilátero a tiempo para ver a Mousey enfrentarse a Michael Doherty, del condado de Donegal. Mousey debería pelear en los pesos ligeros, igual que

Charley, pero le faltaba disciplina y comía demasiado. Por ello se enfrentó a Doherty, un peso wélter.

Charlie se había dejado caer sobre su butaca lleno de ansiedad y, en contraste con su habitual tranquilidad, no dejaba de gritar «¡Vamos, Mousey, vamos!» durante los dos primeros asaltos de una fluctuante pelea. Mousey, de 20 años, era un año más joven que Charlie. No era demasiado talentoso, y nadie esperaba que lograra algún título nacional, pero era muy valiente. Charlie se dio cuenta de que Mousey estaba en apuros porque, entre asalto y asalto, no dejaba de escupir sangre en el cubo de su esquina. Tommy limpió con una esponja su rostro tumefacto y Charlie pudo comprobar lo mucho que sangraba. Mousey sufría de unas terribles úlceras bucales, y los golpes recibidos en la boca empeoraban la situación.

«¡Venga, Mousey, vamos!», gritó Charlie al comienzo del tercer asalto. Pero la hinchazón alrededor de su mandíbula resultaba aparente y Mousey hacía muecas de dolor con cada golpe que le alcanzaba el rostro. Mediado el tercer asalto el árbitro lo llevó al rincón neutral. Un médico le examinó la ulcerosa boca. Palpó con cuidado la mandíbula del boxeador antes de negar con la cabeza. La pelea se había terminado.

Doherty alzó su brazo y Mousey caminó cabizbajo hacia su banqueta.

Charlie y Damien McDermott, un hirsuto y pequeño peso pluma del St Mary's, intentaron animar a Mousey en el vestuario. Pero su compañero de club estaba desconsolado. Tenía la boca demasiado lesionada como para ser capaz de decir nada. Tommy le anudó una toalla sobre la cabeza para que ejerciera de sujeción a su mandíbula.

«El doctor cree que te la has roto», le dijo Tommy. «Tenemos que llevarte al hospital».

Charlie y Damien se despidieron de Mousey, sin sospechar que jamás volverían a verle.

De pie junto a la guillotina de la imprenta aquella mañana de lunes, Tommy le explicó cómo se fue complicando todo. En cuanto se confirmó que tenía la mandíbula rota, Mousey fue conducido al Hospital del Úlster en Belfast, donde comenzaron las complicaciones, quedando inconsciente. Mousey Harkin había muerto a primeras horas de aquella mañana; se sospechaba que se le había formado un coágulo después de un puñetazo en la cabeza. El boxeo lo había matado.

La cabeza de Charlie se inundó de recuerdos en los que jugaba al fútbol con Mousey e iban a los bailes juntos, mirando con anhelo a las chicas. Mousey hacía reír a todo el mundo, y llevaba viejas fotografías de boxeadores y orquestas al gimnasio, con lo que Joe Louis, Sugar Ray Robinson y glamurosas cantantes los contemplaban desde las paredes ralas en pintura del St Mary's.

A finales de aquella semana Charlie Nash y Damien McDermott se encontraban entre los portadores que cargaron el ataúd de Martin Harkin por las calles de Derry.

El río Foyle llevaba tiempo marcando la división entre las dos comunidades que habitaban Derry, con la mayoría católica asentada en una rivera y la minoría protestante en la orilla contraria. Incluso el nombre de la ciudad era objeto de disputas. Los británicos y la mayoría de los unionistas de Irlanda del Norte la llamaban Londonderry, con la intención de fomentar el vínculo de la ciudad con la Union Jack y el Reino Unido. Los unionistas más moderados y casi todo el resto de la gente la llamaban Derry; pero la ciudad ya había cambiado.

En agosto de 1969, uno de los primeros disturbios de los Troubles tuvo lugar a 140 kilómetros de Belfast, en Derry. La Batalla del Bogside duró dos días y casi mil personas resultaron heridas. Católicos del Bogside se enfrentaron a miembros del Royal Ulster Constabulary y a diferentes grupos de unionistas después de que una serie de agravios que venían de muy lejos en el tiempo condujeran al estallido de la violencia.

Charlie había pasado los cinco primeros años de su vida en el Bogside, antes de que su familia se estableciera en otra zona de Derry, en Creggan. A lo largo de estos disturbios el Bogside se convirtió en una zona de guerra en la que jóvenes católicos, hombres y mujeres, arrojaban piedras, rocas y cócteles molotov contra las porras, balas de goma y gas lacrimógeno del RUC (Royal Ulster Constabulary). Charlie quedó conmocionado al ver los cuerpos caídos y las barricadas ardiendo; y la espeluznante visión de niños con máscaras antigás sosteniendo botellas que convertían en bombas incendiarias en una zona llamada Free Derry.

Cuando el gas lacrimógeno inundó las calles resultó difícil respirar o ver. Aquella oleada inicial de adrenalina y entusiasmo se fue apagando, pero los conflictos se extendieron a Belfast, escalando cuando unionistas pertenecientes a grupos paramilitares prendieron fuego a varias casas de católicos.

En 1970 y 71 nuevas marchas civiles en Derry exigieron el fin de la discriminación que sufrían los católicos. Cerca del setenta por ciento de la población era católica, pero Derry estaba gobernada desde 1925 por el Ulster Unionist Party, el Partido Unionista del Úlster. Los republicanos argumentaban que las zonas y distritos electorales estaban amañados de manera que permitieran a los unionistas perpetuarse en el poder. También presentaban pruebas irrefutables de que los trabajos y las viviendas caían siempre en manos de la minoría protestante, no sobre la mayoría católica.

A la vez, Derry se veía privada de todo tipo de inversiones, y su aislamiento no dejaba de crecer. Las rutas de tren que llegaban a la ciudad eran escasas, cuando no habían sido clausuradas, y las principales autovías no llegaban hasta Derry, a pesar de ser la segunda ciudad más populosa de Irlanda del Norte. La nueva universidad había sido construida en la cercana Coleraine, comunidad compuesta en su mayoría por protestantes, no en Derry. La sensación era la de que a los católicos de Derry se les negaban sistemáticamente toda las oportunidades y derechos civiles más básicos.

Charlie no era nada conflictivo ni estaba interesado en la política, pero llevaba años presenciando el sufrimiento de su familia. Unos pocos años atrás había sido incluso peor, porque para dar de comer a sus 13 vástagos, sus padres tuvieron que trabajar allá donde encontraran algo. En el caso de su padre, Alexander, esto significaba que, una vez se esfumó el trabajo en los muelles y la temporada de la patata llegaba a su fin, tenía que ejercer de pintor y albañil en Inglaterra. Pasaba meses fuera de casa, y Charlie echaba muchísimo de menos a su padre; pero el dinero que enviaba a casa hizo posible que la familia saliera adelante. Cuando sus hermanos y hermanas, además de él mismo, comenzaron a trabajar, las cosas fueron a mejor.

La reclusión contribuía a ensombrecer los ánimos. Desde el 9 de agosto de 1971 hasta el 5 de diciembre de 1975 el ejército británico detuvo a 1981 personas en Irlanda del Norte, sin mediar juicio. Entre los detenidos, 1874 eran católicos que vivían en zonas nacionalistas, mientras que apenas 107 eran protestantes de vecindarios unionistas.

A finales de 1971 las puertas de la casa de la familia Nash saltaron por los aires en mitad de la noche, mientras los soldados subían las escaleras empuñando sus armas. El padre de Charlie empujó a uno de los soldados escalera abajo. Tuvo suerte de salir de aquello con apenas unas advertencias verbales. Aquella noche nadie fue detenido en la casa de los Nash.

Charlie prefería pensar en el boxeo, mejor que en estas brutales injusticias. Se enamoró del cuadrilátero en 1959, cuando apenas tenía ocho años y su padre lo sacó de su litera para presenciar una pelea a última hora de la noche. Floyd Patterson se enfrentaba a Ingemar Johansson en Nueva York, y el único que pudo acompañar a su padre para presenciar aquella pelea fue Charlie. El niño quedó embelesado ante las granulosas escenas de aquel cuadrilátero cubierto de humo, al otro lado del mundo.

Aquello dio pie a una costumbre pugilística. Cada vez que su padre salía a tomar algo, regresaba con paso vacilante a su atestada morada y llamaba a Charlie. Se ponía unas manoplas y animaba al pequeño Charlie a imitar a un boxeador, como si él fuera el descomunal Johansson y su chaval fuera el astuto Patterson. «¡Vamos, Charlie!», decía el padre, «utiliza tu *jab*. ¡Suelta un puñito, hijo!».

Su padre era gran amigo de Billy *Spider* (Araña) Kelly, el peso pluma de Derry que había conseguido los títulos británico y de la Commonwealth mediada la década de los 50. Charlie acabaría superando al gran Araña, convirtiéndose en campeón de Europa y disputando el título de campeón del mundo en 1980. Pero antes de aquello se unió al St Mary's Club en Lower Creggan.

Cuando Charlie ingresó en el club, en 1961 con once años de edad, este se encontraba en el granero de una vieja granja. Las únicas fuentes de calor disponibles para luchar contra el condenado frío eran unas pequeñas estufas de gas. Pero, al menos, en una buena noche, esas en las que se juntaban hasta treinta chavales para saltar la cuerda y zurrar los raídos sacos de cuero que pendían de ganchos de acero, antes de subir por turnos al ring a hacer pequeños asaltos, calentaban algo.

Charlie no tardó en erigirse el mejor boxeador del club, consiguiendo varios títulos júnior del Úlster y logrando, en 1969, el título sénior del Úlster. Un año después, en marzo de 1970, Charlie consiguió el título irlandés del peso ligero en Dublín. Se había convertido en el primer púgil de Derry en conseguir un título nacional *amateur*.

El boxeo convirtió a Charlie Nash en el hombre más famoso de Derry. Menos de dos años después, el boxeo le había costado la vida a *Mousey* Harkin.

Mientras ayudaba a depositar el féretro de su mejor amigo en la tumba, las lágrimas de Charlie caían sobre la recién removida tierra. No estaba seguro de querer volver a boxear.

Derry siempre fue una ciudad aficionada al fútbol. Pero, con la llegada de los Troubles, incluso el panorama deportivo cambió. A mediados de agosto de 1969 se tuvo que cancelar una eliminatoria de la Copa del Úlster entre el Derry City y el Crusaders, equipo de Belfast con una acérrima base de aficionados protestantes. La liga irlandesa, con sede en el norte, decidió que el campo del Derry, Brandywell, situado en una vehemente área nacionalista de la ciudad en la que habían tenido lugar varios disturbios, resultaba demasiado peligrosa.

Unas pocas semanas más tarde, el 28 de agosto de 1969, el delantero estrella del Derry City, Lynn Porter, anunciaba su retirada. Había recibido amenazas de muerte y, a sus 23 años, el jugador le contaría al *Belfast Telegraph* que «en al menos dos ocasiones han intentado agredirme». Porter sería el primer deportista, y para nada el último, que se vería amenazado durante los Troubles.

Incluso después de que al Derry City se le permitiera disputar de nuevo sus encuentros en casa, el club estaba tan integrado en la comunidad que numerosas causas políticas y sociales tenían preferencia sobre el fútbol. Cancelaron su partido contra el Crusaders del 19 de agosto de 1971 para que se pudiera utilizar el campo de Brandywell en una manifestación a favor de la desobediencia civil contra el parlamento de Stormont, que se encontraba bajo dominio protestante. Siete mil personas acudieron a la manifestación liderada por John Hume. Aquello marcaba una sorprendente diferencia, porque las gradas de Brandywell habían pasado de presentar una media de 5000 aficionados, a la mísera cifra de doscientos espectadores que seguían mostrando su apoyo al Derry City en sus encuentros como locales en 1971.

Durante la siguiente y dolorosa década el fútbol estuvo a punto de desaparecer, cuando Brandywell se convirtió en un área vetada a los demás clubes de la Irish League. Los disturbios comenzaron después de que un adolescente fuera atropellado y muerto por un vehículo del Ejército, y de que varios hombres armados dispararan a los soldados desde el interior del campo. Costaba creer que, al día siguiente, el 11 de septiembre de 1971, el Derry City jugara en casa contra el Ballymena United, del electorado de Ian Paisley, el corrosivo pastor protestante y líder unionista. Los amotinados prendieron fuego al autobús del Ballymena.

La liga ordenó al Derry City jugar los futuros partidos como local en Coleraine. Los aficionados se alejaron del club y este no tardó en quedar disuelto durante los siguientes 12 años, antes de resurgir para participar en la liga de la República de Irlanda.

El boxeo se libró de convertirse en un punto de conflagración de la violencia entre sus aficionados. A diferencia del fútbol, en el que las divisiones tribales se enquistaban entre aficiones, los seguidores del boxeo respetaban, por lo general, el valor de todo púgil que subía al cuadrilátero. Ver a dos luchadores intercambiando golpes en justa liza parecía estimulante, en comparación con las refriegas entre insurgentes republicanos y soldados británicos. El boxeo estaba a punto de encontrar mayor acomodo, si cabe, en el afligido corazón de la vida de Derry.

Willie Nash tenía diecinueve años y, de entre sus trece hermanos y hermanas, era el más cercano a Charlie en carácter y edad.

También boxeaba en el St Mary's, donde lo apodaban *Stiff*[3]. Era un apodo cariñoso, pero también una muy adecuada descripción de su ausencia de movimiento y astucia en el ring. Charlie era un púgil habilidoso, un zocato de movimientos hábiles, pero Willie era el noqueador. Era un golpeador mucho más caustico que Charlie, además de ser más corpulento, también; era un wélter nato y fortachón.

Charlie consideraba a su hermano suficientemente bueno como para pelear por el título sénior del Úlster, pero Willie había encontrado trabajo en los muelles con su padre, y tras el trabajo, prefería ir a tomar algo antes que meterse en el gimnasio de St Mary's a sudar y que le siguiera doliendo todo.

Willie no hablaba demasiado, pero sonreía con facilidad y le encantaba bailar. Cada noche de sábado había baile en St Mary's, y Willie se aseguraba de que Charlie fuera también. Por mucho que su hermano mayor hubiera salido a darse una paliza corriendo por la mañana, Willie insistía en que fuera a bailar. Siempre acababan pasándolo bien, con Charlie sentado, observando o hablando con la gente que le rodeaba para hablar de boxeo, mientras Willie bailoteaba en la pista.

Después de la muerte de Mousey el club permaneció cerrado durante unas semanas. Ninguno de los chicos de St Mary's estaba con ánimos de cruzar puños. Pero Charlie no podía librarse tan fácilmente. Dos semanas después de la última pelea de Mousey, representó a Irlanda en Cardiff. Charlie sufrió un corte sobre su ojo izquierdo, pero consiguió superar a los puntos a un bajo y fornido galés, pese a ser incapaz de desplegar su calma habitual sobre el ring.

Willie ayudó a Charlie a olvidarse del boxeo a su regreso. Se fueron a comprar unos trajes nuevos para la boda de su hermano James con Margaret Friel, el sábado 29 de enero. James, o *Banty* (Gallito), como lo llamaban, contaba con ellos; sobre todo con Charlie, que sería su padrino. Charlie estaba preocupado porque su ojo le hiciera parecer un matón, pero Willie le tranquilizó. Ban-

---

3   N. del T.: similar a tronco

ty quería que fuera su padrino, y ningún ojo morado se iba a entrometer en un momento así.

Durante la semana de la boda Charlie se fue animando. Volvió a ver el boxeo de manera positiva. Después de que reabrieran St Mary's, Tommy Donnnelly le preguntó a Damien McDermott si se sentía listo para disputar los campeonatos irlandeses júnior en Dublín, aquella misma semana.

«No me importa pelear», dijo Damien. «Pero he cogido bastante peso».

Tommy sacó la báscula y, en calzoncillos, Damien dio un peso de 52 kilos. Lejos de engordar, había perdido casi dos kilos. Charlie sabía que aquella era otra consecuencia de la muerte de Mousey.

«Podría bajar a gallos», dijo Damien.

Mientras discutían las posibilidades de Damien en un peso más ligero, Charlie sintió la necesidad de apoyar a su amigo en Dublín.

«¿Y qué pasa con la boda de Banty?», preguntó Damien.

Charlie prometió hablar con Banty y pedirle permiso para abandonar el banquete en cuanto hubiera cumplido con sus obligaciones de padrino. Todos sabían que su discurso sería corto y sincero, sin andarse con rodeo ni chistes malos.

Por descontado, Banty comprendía lo mucho que Charlie amaba el boxeo. «Da el discurso», dijo Banty tomando a su hermano con delicadeza del brazo. «Y disfruta luego de la velada de boxeo. Déjale los bailes a Willie...».

Charlie jamás se había puesto tan nervioso al deslizarse entre las cuerdas para un combate como cuando se puso en pie para dar su discurso en el banquete de bodas. Acariciaba con nerviosismo su espeso bigote negro mientras el salón quedaba en silencio, a excepción de un par de estridentes peticiones de sus hermanos mayores de que se quitase las gafas de sol. Charlie era consciente de que resultaría maleducado hablar sobre Banty y su recién desposada llevando puestas unas gafas de sol, así que las introdujo en la chaqueta de su traje. Entonces, su ojo amoratado quedó visible.

Willie le guiño un ojo, alentador. Charlie consiguió sonreír y volvió a acariciar su bigote por última vez; o eso esperaba. Sorprendía ver lo seguro de sí mismo que resultaba como boxeador, lanzando puños con sencilla elegancia y cortando de manera instintiva a las esquinas del ring. Resultaba una contradicción verlo tan elocuente en un lenguaje tan peligroso como el del boxeo cuando, en la vida real, no era nada parlanchín ni tenía labia alguna. Y eso que le habían entrevistado en numerosas ocasiones para hablar sobre boxeo, en la televisión y los periódicos. En todo caso, le resultaba más sencillo hablar frente a escasos 60 familiares y amigos sobre Banty y Margaret.

Sentía el apoyo de su familia —sobre todo el de Willie—, y solo se le quebró la voz cuando mencionó a su madre, Bridie, que estaba en el hospital. Era el único miembro de la familia ausente de las celebraciones, y Charlie mencionó lo enferma que estaba desde que sufriera un ataque al corazón. Pero se rehízo y acabó orgulloso de haber cumplido un digno papel. También se sintió feliz viendo a su familia y amigos bebiendo y bailando, después de que él regresara a su asiento, aliviado. Willie regresó a la pista de baile y, observándolo, Charlie pensó que ojalá su hermano pudiera adaptar parte de esa fluidez de movimientos al ring. Si lo hacía, *Stiff* Nash sería un gran boxeador.

Banty estrechó la mano de Charlie, agradeciéndole todo y le recordó que tenía que tomar el autobús de las tres a Dublín. «Tira ya, Charlie», dijo Banty. «Nosotros estaremos bien aquí».

★

Daniel McDermott y Charlie Nash tenían mucho en común. Además de vivir muy cerca, en Creggan y de boxear para el St Mary's, ambos habían nacido en familias numerosas. Ambos tenían ocho hermanas y cuatro hermanos. Hacía ya un tiempo que Charlie había conseguido más títulos como boxeador que hermanos y hermanas tenía, y Damien seguía su camino.

En Dublín, el sábado 29 de enero de 1972, conseguiría su primer título irlandés. Con el apoyo de Charlie, quien había conseguido llegar al ring a tiempo tras abandonar la boda de Banty, Damien McDermott se convirtió en el campeón irlandés júnior de los pesos gallo. También se llevó el premio al mejor boxeador de la velada, y pese a que ninguno bebía, la delegación del St Mary's acabó ebria de euforia.

Inmerso en el dolor por la muerte de *Mousey* Harkin, aquella deliciosa velada devolvió la alegría a Charlie. Seguían felices al día siguiente, cuando Damien y él se sentaron en la parte trasera del coche de Tommy en la tarde del domingo. Al volante iba el entrenador, y Kevin McCall, presidente del St Mary's Youth (club juvenil) iba en el asiento del copiloto. Charlaron alegres sobre la grandísima victoria de Damien y de que Charlie boxeara en los Juegos de Múnich de aquel verano. El entrenador irlandés sería Gerry Storey, de la Sagrada Familia. Todos ellos admiraban y sentían simpatía hacia Gerry, quien, según coincidían los cuatro tras haberlo visto de nuevo en Dublín, era una de las mejores personas que hubieran conocido jamás.

Sentados en el asiento trasero de aquel coche, no podían imaginar que su ciudad natal estaba a punto de verse inmersa en una espiral de muerte.

Derry, domingo 3 de enero de 1972

Un cielo completamente despejado iluminaba un gélido día. La nube gris que solía cubrir Derry durante el invierno se había disipado, y la excitación crecía a medida que se reunía la multitud. Se esperaba que esta nueva manifestación contra el internamiento atrajera a miles de manifestantes, que marcharían desde Creggan, donde vivía la familia Nash, hasta la plaza Guildhall, en el centro de Derry. Bernadette Devlin, la parlamentaria republicana de veinticuatro años, daría un discurso.

A Willie le gustaban las manifestaciones. Disfrutaba sumergiéndose en su animado gentío. Su hermano Eddie y Alexander, su padre, se manifestarían con él. La familia Nash mantenía una actitud moderada en política, e incluso los dos hermanos mayores, Paddy y Eddie, estaban vinculados al ejército. Paddy se había unido al ejército británico y estaba destinado en Inglaterra, como director de la banda de música. Eddie había formado parte de la reserva en Enniskillen, y acababa de abandonarla en 1969, cuando estallaron los Troubles. Ahora quería manifestarse junto a Willie y su padre, para protestar contra el internamiento, de manera silenciosa y calmada en aquel hermoso domingo.

Willie se había puesto de nuevo el traje de la boda, pero sin corbata, pues le gustaba mantener cierto aire de sofisticación. Pasado el mediodía, la multitud congregada en el Bishop's Field, en el barrio de Creggan, había ascendía a 15 000 personas. El ambiente era optimista, a pesar del repiqueteo del único helicóptero del ejército que sobrevolaba el cielo cuando dio comienzo la marcha. Gente de toda clase social se reunió allí, llevados por su determinación de hacerse escuchar, pues muchos hombres de Derry se habían visto conducidos, sin juicio alguno, a campos de internamiento.

Los organizadores se mezclaban entre la multitud pidiendo mesura, pues les acababan de comunicar que las fuerzas de seguridad les impedirían acceder al centro de la ciudad. Serían desviados por Free Derry Corner. La gente bajó por la calle Creggan y los ánimos se tornaron desafiantes y sombríos. Un camión abría la manifestación, con una pancarta de la Asociación por los Derechos Civiles cubriendo su techo, mientras los líderes de la comunidad dirigían a los manifestantes utilizando megáfonos. La pálida luz del sol bañaba Derry.

Miembros del 1º Regimiento Paracaidista estaban desplegados frente a la iglesia presbiteriana de la Calle Great James. Esta se encontraba a un kilómetro escaso de las barricadas de la calle William. Esta era la unidad de choque del ejército, paracaidistas curtidos en la batalla que habían estado desplegados en Adén, en la península arábiga. Habían llegado desde Belfast aquella misma mañana, y estaban bajo el foco por su papel en la Masacre de Ballymurphy unas pocas semanas atrás. Su segundo batallón se había hecho cargo de los procedimientos de internamiento, y diez personas murieron. Desde entonces, las continuas revueltas que se habían extendido por toda Belfast pusieron a prueba al primer batallón.

El coronel Derek Wilford, su oficial al mando, recordó a las tropas que debían detener a todo aquel alborotador que cruzara las barricadas de la calle William. Debían reprimir cualquier muestra de desobediencia, tal y como habían hecho el fin de semana previo en Magillian Strand, en Limavady, a cuarenta y cinco kilómetros de allí, donde utilizaron gas lacrimógeno y pelotas de goma en la playa para dispersar a un pequeño grupo de manifestantes por los derechos civiles. Los que se manifestaban allí se habían detenido frente a un nuevo campo de internamiento en Magillian, y los paracas[4] se condujeron con brutalidad. Después de que varias piedras volaran en dirección al campo y varios manifestantes intentaran superar las alambradas de espino, el primer batallón disparó pelotas de goma a bocajarro, además de realizar varias cargas con sus porras. Hubo incluso paracas a quienes sus oficiales de mayor rango tuvieron que contener.

John Hume, el líder del SDLP a quien otorgarían el Nobel de la Paz años después, le contó a Lord Saville y a la segunda investigación sobre el Domingo Sangriento en 2002, que optó por no acudir a Derry aquella fatídica mañana porque había sido testigo de los métodos de los paracaidistas cuando lideró la manifestación en Magilligan Strand.

«Si en una playa eran capaces de utilizar pelotas de goma y gas lacrimógeno», contó Hume, «pensé "Santo Dios, ¿qué no harán en las calles de una ciudad y qué barbaridades no cometerán?"».

Miles de personas más se unieron a la multitud que había salido de Creggan. Un serpenteante río de gente desembocaba en un océano de personas que, según las estimaciones, llegaba a las 20 000 almas. Continuaron hasta que la cabecera fue detenida en la confluencia entre las calles Willian y Rossville, a justo un kilómetro y medio de donde habían comenzado. La Barricada 14 bloqueaba la entrada a la calle William. Los manifestantes fueron enviados calle Rossville abajo, hacia Free Derry Corner.

La mayoría de las personas siguió este rodeo, pero varios de los manifestantes más jóvenes se separaron de la multitud. En lugar de

---

4   N. del T.: utilizamos a lo largo de este capítulo, y en otras ocasiones, el término paracas en un intento de mantenernos fiel al original, en el que el término utilizado es el de *Para*.

alejarse de la barrera se dirigieron a ella, elevando el volumen de sus gritos mientras en sus caras se dibujaba la creciente emoción. Unos pocos se agacharon para recoger piedras y ladrillos. Los primeros proyectiles se elevaron hacia un cielo cada vez más gris a las cuatro menos cinco de la tarde, chocando contra los escudos de plexiglás de los agazapados soldados.

A pesar del silbido de los gases lacrimógenos, el número de personas que cargaban contra las barricadas aumentó, mientras la columna general que avanzaba a sus espaldas continuaba por el desvío y pasaba por Rossville Flats. Cuando el número de proyectiles que surcaba el asfixiante aire aumentó, dos soldados del primer batallón perdieron los nervios. Amartillaron sus rifles y apuntaron a dos figuras.

Los soldados insistieron en que Damien Donaghy, de quince años, sostenía en la mano un objeto negro similar a una bomba de clavos mientras avanzaba junto a John Johnston, de 59 años, sin detenerse hacia la Barricada 14. Johnston, quien ni tan siquiera se estaba manifestando, iba a visitar a un amigo en el parque Glanfada. Los soldados A y B, como serían denominados en la investigación, abrieron fuego. Donaghy fue alcanzado en el muslo y cayó al instante. Johnston también fue derribado. Ambos estaban vivos, pero Johnston no se recuperaría y moriría unos meses después. La Investigación Saville, publicada treinta y ocho años después, confirmó que ni Donaghy ni Johnston portaban arma alguna.

Un disparo de respuesta llegó desde alguna dirección entre Rossville Flats o Columbcille Court. Aquella bala dispersa no alcanzó a ningún soldado, pero sí perforó una cañería de desagüe que corría por un lateral de la iglesia presbiteriana. Fue entonces cuando Wilford envió a la Primera Compañía de Apoyo Paracaidista al Bogside, utilizando para ello los vehículos blindados Saracen —o *Sixers*, nombre que recibían también estos enormes vehículos armados— mientras su primer batallón avanzaba por las calles a pie. Soldados a la carrera y *Sixers* irrumpieron por la calle Rossville, dispersando a los manifestantes que se vieron frente a ellos.

Los *Sixers* y los paracas cargaron, amenazantes, sobre todo el mundo, fuera joven o viejo, soliviantados piquetes o pacíficos manifestantes. Aquel mar sin rostros se deshizo en olas de gente aterrada. Un blindado atropelló a una pareja de jóvenes.

Los disturbios escalaron y los soldados bajaron de sus *Sixers* para entrar al corazón del Bogside. Dispararon a todo el mundo que tuvieron a tiro. Pelotas de goma y porras llovieron sobre los inocentes. Otros huyeron despavoridos.

El padre Edward Daly, cura de Derry, se encontraba entre los que huían de los paracas. Su abrigo negro revoloteaba a su estela mientras se dirigía a Rossville Flats en busca de refugio. En su intento por escapar de la zona de aparcamientos se fue quedando sin aire, mientras un número cada vez mayor de paracas bajaban de sus *Sixers*. Por mucho que corría, aquel aparcamiento parecía no tener fin. Lo único que distrajo su atención fue la risa nerviosa de un adolescente al que parecía hacer gracia la visión de un cura corriendo con todas sus fuerzas.

John Duddy, o Jackie, como todo el mundo lo llamaba, era amigo de Charlie y Willie Nash; y de Damien McDermottt, también. Jackie era púgil en el gimnasio Long Tower y venía de una familia de tradición boxeadora. Décadas más tarde su sobrino John Duddy se convertiría en un respetado profesional en Nueva York. En enero de 1972 Jackie Duddy apenas tenía diecisiete años. A pesar de ser un muy buen boxeador *amateur*, Jackie tenía cara de querubín. El padre Daly diría que parecía tener apenas doce años, y no diecisiete. Reía mientras corría, echando miradas al padre Daly, hasta que una bala lo alcanzó en el pecho cuando entraba al patio de Rossville Flats.

Jackie cayó al suelo, como si lo hubieran noqueado en el ring.

Cuando las armas de fuego cesaron, se hizo un breve silencio en el patio. El padre Daly se tumbó sobre Jackie. «¿Voy a morir?», preguntó Jackie, en un susurro. El sacerdote pudo ver lo mucho que sangraba el chaval, pero negó con la cabeza. «No», le respondió.

El padre Daly se arrodilló sobre el cuerpo boca abajo de Jackie, apretando con la mano. Otro hombre se puso en cuclillas junto a ellos y el sacerdote comenzó a rezar. Sintió la urgencia de darle la extrema unción a aquel chaval inocente.

La vigilia acabó cuando el estremecedor sonido de una nueva salva de balas sobrevoló sus cabezas y rebotó contra la pared contraria. Jackie había cerrado los ojos. «Escucha, hijo mío», dijo desesperado el padre Daly, «tenemos que sacarte de aquí».

Otros dos hombres y una mujer acudieron en su ayuda, agazapados. Mientras elevaban el cuerpo de Jackie el padre Daly sacó un pañuelo blanco. Pretendía que aquello significara algo como una bandera de rendición, para que no siguieran disparándoles. Un fotógrafo capturó aquella imagen que daría la vuelta al mundo. Representaba la inocencia y la carnicería de aquel Domingo Sangriento. En esta instantánea, un grupo de gente asustada carga con un chico muerto, precedidos por un cura que agita un pequeño pañuelo blanco mientras se agacha y avanza serpenteante ante la amenaza de recibir una salva de balazos a sangre fría.

Alcanzaron la calle Waterloo, deteniéndose por fin. Con cuidado, pusieron varios abrigos sobre el suelo para que sirvieran de lugar de reposo a Jackie Duddy. Una mujer de la zona, la señora McCloskey, cubrió el cuerpo con un edredón mientras esperaban a que llegara una ambulancia. Cuando al fin llegó, el número de bajas y muertes había aumentado.

Margaret Deery, de treinta y ocho años, recibió un balazo en el aparcamiento; igual les sucedió a Michael Bradley, de veintidós años, y a Michael Bridge, de veinticinco. Después de ver cómo le disparaban a Jackie Duddy, Bridge, quien aparentemente había arrojado varias piedras a los soldados que se encargaban de la Barricada 14, agarró medio ladrillo. Lo sujetaba en la mano derecha mientras se acercaba a la barricada, gritando: «¡Venga! ¡Disparadme a mí también!». Recibió un balazo en la pierna.

Paddy Doherty, de treinta y un años, obrero de la construcción, casado y padre de seis hijos fue el siguiente. Recibió un disparo en la espalda mientras gateaba por el suelo, en un intento por evitar que le alcanzasen mientras trataba de ponerse a salvo detrás de Rossville Flats. La bala atravesó su espalda en trayectoria ascendente y salió por el pecho. Doherty, sangrando con profusión, supo que iba a morir. Una serie de gente aterrorizada, apiñada fuera de la línea de fuego, le escuchó gritar.

«¡No quiero morir solo! ¡Que alguien me ayude! ¡Dios mío, ayúdame!».

Era un sonido desolado y desgarrador y, como Geraldine Richmond le contó a la comisión de investigación, «quise ayudarle, pero no pude moverme. Estaba aterrada».

Mientras tanto, Hugh Gilmour, de diecisiete años al igual que Jackie Duddy, recibió un balazo mientras escapaba de los soldados y corría hacia la barricada de Rossville Street. «¡Me han dado!, ¡Me han dado!», gritó el adolescente antes de que otras personas corrientes lo ayudaran a superar la barricada. No conseguirían salvarlo.

Doherty estaba al borde de la muerte, llorando. Hubo un hombre que no pudo soportar más aquel horrible sonido. Barney McGuigan, marido de cuarenta y un años y antiguo capataz, se levantó. «¡Ya llego!», le dijo en un susurro al moribundo. El resto de las personas contuvo el aliento mientras, como hiciera el padre Daly, McGuigan agitó un pañuelo blanco. No tardó en alzar los dos brazos en gesto de rendición, agitando el pañuelo sobre su cabeza. En un intento de hacerse todavía más visible y de demostrarle a los soldados que no suponía amenaza alguna, pues se dirigía a ayudar al moribundo, gritaba: «¡No disparen! ¡No disparen!». Dio un paso adelante, y luego otro.

Una trabajadora de ambulancias, de diecinueve años, contemplaba la escena aterrorizada. En la investigación recordaría que «segundos después el señor McGuigan recibió un disparo en la cabeza y cayó sobre mi regazo en el callejón de Rossville Street Flats. Lo único que pude hacer fue llorar. No había duda de que estaba muerto».

Paddy Doherty también había fallecido. El soldado F, el soldado que lo mató, diría en la investigación que le pareció que Dogherty llevaba una pistola. Pero nadie encontró arma alguna, ni en su cuerpo ni en las proximidades del mismo.

James Wray, de veintidós años, Michael Kelly, de diecisiete, William McKinney, de veintisiete, Gerard McKinney, de treinta y cinco, Kevin McElhinney, de diecisiete, y Gerald Donaghey, de diecisiete también, morirían por los disparos de los paracaidistas en los siguientes diez minutos. Entre las catorce personas que murieron durante el Domingo Sangriento, solo Donaghey, el más joven, pertenecía al IRA. Los otros trece chicos y hombres eran víctimas civiles inocentes.

El homenaje que se le rindió una semana después a William McKinney, impresor en el *Derry Journal*, fue tan típico como enternecedor. «Willie no lanzaba adoquines, no ponía bombas ni era un pistolero. Había asistido a aquella manifestación por los derechos civiles en el papel de fotógrafo aficionado. Trabajaba en una imprenta y era un profesional sensacional. La maquetación de algunas de las noticias y anuncios de este número, que cuenta su prematura muerte, son el testimonio de su habilidad como profesional. Era un joven callado, simpático y trabajador, de gran ayuda para todos los que tuvieron el privilegio de colaborar con él. Estaba prometido e iba a casarse. Tenía toda una vida larga y feliz por delante».

Más tarde se demostraría que, en respuesta a un único disparo que alcanzó una cañería, veintiún paracaidistas y soldados británicos respondieron con ciento ocho proyectiles. El Ejército británico y los políticos de Westminster aseguraron que la mayoría de los muertos eran miembros armados y terroristas republicanos, y que sus soldados dispararon bajo el ataque de bombas de clavos. Décadas más tarde, cuando se llevó a cabo el exhaustivo Informe Saville, estas acusaciones demostraron ser falsas.

Otros tres hombres más murieron aquel Domingo Sangriento en Derry. Apenas pasó un minuto entre los disparos que los alcanzaron a cada uno de ellos, en la barricada hecha de escombros en Rossville Street. Fue allí donde Hugh Gilmour, de diecisiete años, yacía muerto cuando John Young, también de diecisiete años, y William Nash, de diecinueve, se alzaron para intentar ayudarlo.

Willie y Eddie Nash, además de su padre, se vieron obligados a buscar refugio ante los tiroteos del primer Batallón. Parecían estar a salvo, pero Willie y John Young, otro de los chicos del St. Mary's, intentaron ayudar a Gilmour y otros heridos.

John murió de un único disparo en la cabeza. Willie fue alcanzado en el pecho en Rossville Street.

Eddie, su padre Alexander y Michael McDaid, de veinte años, salieron corriendo hacia Willie. Michael recibió un disparo en la cara, muriendo al instante, mientras que Alexander fue alcanzado en el brazo. Se desplomó junto a Willie. Alexander solo estaba herido, pero el dolor era lacerante.

Los disparos y el sonido de la gente chillando resonaban a su alrededor, en aquella ciudad llena de muros. Hubo más peticiones de auxilio, pero ya era demasiado tarde. Willie Nash ya estaba muerto.

La alegría se disipó en cuanto Charlie y Damien cruzaron la frontera de Irlanda del Norte en el asiento trasero del coche de Tommy Donnelly. El tráfico era cada vez más denso mientras las patrullas armadas los paraban cada treinta minutos. Cuanto más se acercaban a casa más se intensificaban los interrogatorios y los registros. Por lo menos tenían las equipaciones de boxeo en el maletero y los trofeos de Damien en el asiento de atrás para demostrar el motivo por el que habían acudido a Dublín.

Cada vez que había una nueva manifestación por los derechos civiles aumentaban las tensiones, pero esta vez era diferente. Se respiraba un ambiente siniestro. Tommy puso la radio del coche. Las noticias los dejaron perplejos. Si bien no les sorprendía escuchar que se hubieran producido disturbios, se quedaron petrificados cuando escucharon al locutor anunciar «una serie de muertes» en Derry. Escuchaban en silencio mientras la cifra, sin confirmar, aumentaba. De tres muertos se pasó a cuatro, luego a cinco y más y más hasta que los informes hablaron de que «por lo menos diez personas» habían muerto bajo los disparos.

Al entrar en Derry los detuvo un nuevo control. Vieron los rifles apuntándoles mientras los soldados los interrogaban, antes de franquear el paso al vehículo. En el triste final de aquella tarde, se detuvieron en una serie de semáforos. Tommy iba por el carril interior cuando bajó la ventanilla tras reconocer al hombre que le hacía señas desde el coche de al lado. Hughie Bell, el carnicero, parecía agitado.

«Hola, Hughie», dijo Tommy. «¿Qué ha pasado?».

Hughie miró directamente a Tommy, sin percatarse, al parecer de la presencia de Charlie. «Ha habido tiros», gritó Hughie. «Creo que han disparado al *Tronco* Nash y al pobre John Young».

Damien vio a Charlie hacer un gesto de dolor como el que habría hecho tras recibir un duro puñetazo en el rostro.

«¿Estás seguro?», gritó Tommy.

El carnicero afirmó, con el rostro, colorado por lo natural, macilento y ceñudo. No pudieron hablar nada más, porque el semáforo se puso en verde y había un blindado al otro lado de la calle con los soldados vigilándolos.

«Charlie», dijo Tommy con un tono cauteloso, «¿quieres que te deje a ti el primero?».

Charlie sacudió la cabeza. Tenían que pasar por las calles de Kevin y Damien en Lower Creggan antes de llegar a la casa de los Nash en Upper Creggan. Tanto Kevin como Damien se bajaron y se despidieron de Charlie. Este respondió aturdido.

Cuando Tommy dobló la esquina ambos vieron una pequeña multitud fuera de la casa de Charlie. Alrededor de veinte personas, vecinos en su mayoría, se habían reunido en la calle. Charlie sintió que una oleada de frío se apoderaba de su interior, y que su boca se secaba. Pero negó con la cabeza cuando Tommy se ofreció a acompañarlo al interior. Tenía que enterarse por sí mismo.

«Creemos que han disparado a Willie y a tu padre», le dijo alguien a Charlie. Pero nadie fue capaz de responder al «¿dónde?» ni al «¿por qué?» que salían, atropelladas, de la boca de Charlie. No había más que confusión.

Un vecino se lo llevó a un lado. «Charlie, ¿quieres ir al hospital?».

Charlie asintió con la cabeza. «Tengo que ver qué es lo que está sucediendo, dijo. «Y también quiero ver a mamá».

En la entrada del hospital había un enjambre de soldados y miembros del Royal Ulster Constabulary. «¿Qué hace usted aquí?», le preguntó un soldado.

«La gente dice que hoy han disparado a mi padre y a mi hermano», respondió Charlie.

«¿Sus nombres?».

«Mi padre es Alexander Nash. Mi hermano es Willie Nash».

Otro recluta pasó el dedo por una lista. «Nash, Alexander?», dijo al final.

«Sí», respondió Charlie.

«Vaya a la recepción del hospital», dijo el soldado. «Allí le dirán el número de pabellón».

«¿Y William Nash?».

El soldado miró de nuevo en su hoja y negó con la cabeza. Giró el papel y consultó una lista más corta en la otra cara. Volvió a mirar a Charlie con el gesto imperturbable. «Venga conmigo».

Charlie dudó. «¿A dónde?».

«Puede buscar en la morgue», respondió el soldado con una voz tan fría como su rostro.

Charlie y el soldado descendieron hasta el sótano. La cabeza de Charlie se inundó con los pensamientos más terribles, pero seguía guardando la esperanza de que hubiera algún tipo de error. Apenas veintiséis horas antes Willie y él estaban en la boda de *Banty*.

En el pasillo resonaba el eco de sus pasos. Un policía custodiaba la entrada de la morgue. El soldado le hizo un gesto con la cabeza y el policía, de mala gana, se movió unos centímetros para que Charlie pudiera pasar por su lado e ingresar en la morgue.

Entró en una habitación en la que había varias filas con cuerpos tendidos en el suelo. Los cadáveres estaban cubiertos de sábanas.

«¿A quién busca?», le preguntó una voz autoritaria.

«A mi hermano... Willie Nash», respondió Charlie.

Levantaron la primera sábana, luego la segunda, la tercera, la cuarta y la quinta. Charlie contempló el rostro de los chavales y hombres muertos. Conocía a los cinco primeros.

William McKinney, el impresor, cuyo hermano, Mickey, había jugado con Charlie en el equipo de fútbol del St Mary's.

Hugh Gilmour, un chaval al que Charlie conocía bastante bien. Charlie había jugado al fútbol con Hugh y sus hermanos. Era amigo de la familia Gilmour.

Jackie Duddy, el chico agradable y divertido al que Charlie había visto boxear tantas veces. Habían sido amigos y Charlie lo consideraba un boxeador rocoso y de calidad.

Debido al disparo recibido, era difícil reconocer a Michael McDaid, pero Charlie también lo conocía.

John Young, otro amigo, quien había vivido al doblar la esquina. Charlie había jugado al fútbol con él.

Después de levantar cada una de las sábanas, el oficial del depósito contemplaba a Charlie. En cada una de las ocasiones Charlie negó con la cabeza. Ninguno era Willie.

Cuando levantaron la sexta sábana Charlie emitió un grito amortiguado.

Bajo aquella sábana yacía Willie. Charlie contempló el destrozo sanguinolento en que había quedado el pecho de Willie. Había muchísima sangre debajo de su camisa y su chaqueta.

Charlie se arrodilló. Con cariño, tocó el brazo de Willie, y después sus dedos acariciaron el rostro de su hermano. Se puso en pie, con la cara humedecida por las lágrimas.

«¿Es él?», le preguntaron.

«Sí», respondió Charlie. El soldado armado que estaba en pie, frente a la puerta, le sonrió; una sonrisa cruel y burlona.

Charlie caminó hacia la puerta. El soldado dio un paso adelante y bloqueó el paso a Charlie. Continuaba sonriendo. Con un grito, Charlie empujó al soldado y lo hizo tambalearse hacia detrás.

Dos policías agarraron a Charlie, pero el boxeador no tenía intención de golpear al soldado. Lo único que quería era escapar y encontrar a sus padres en aquel hospital.

Fue conducido, al exterior, despacio, dejando los cuerpos de su hermano y sus amigos en el silencio de la morgue. Charlie supo que la vida jamás volvería a ser igual. El mundo se había ensombrecido. Para siempre.

Capítulo 2

DOS BOMBAS

Creggan, Derry, miércoles 2 de febrero de 1972

Aquel fue un día con un tiempo de perros. Por la tarde, la lluvia caía incesante sobre Derry, y el frío caló los huesos de los miles de personas que asistieron a la marcha del lento cortejo. Los negros paraguas flanqueaban el funeral por las once víctimas del Domingo Sangriento, mientras en las ventanas superiores de las casas de gente corriente ondeaban las banderas, igualmente negras. El sonido del llanto se podía percibir sobre el ruido que hacía el viento al morder los mojados y cenicientos rostros de los que allí mostraban su dolor.

Damien McDermott, quien conocía prácticamente a todas las víctimas y había sido amigo de William Nash y Jackie Duddy, compañeros en el boxeo, se sentía tan perdido por dentro como por fuera. Debería estar celebrando su título de campeón de Irlanda, conseguido cuatro días atrás; pero al igual que todo Derry porfiaba por mantenerse en pie. Su cabeza estaba inundada por imágenes perturbadoras.

Había hablado con la hermana de John Young, un chaval compañero del St Mary's, que había muerto con diecisiete años. Ella le había contado como, después de que Charlie Nash identificara el cuerpo de Willie, ella fue a la morgue aquella tarde de domingo en busca de John.

Al principio, lo único que vio fueron cuerpos cubiertos por sábanas. Pero uno era diferente al resto. Bajo el lienzo sobresalían dos pies. Aquellos pies tenían puestos unos calcetines. Pero no tenían zapatos. Algunos de los cuerpos habían sido arrastrados por las calles, y puede que los zapatos se les desprendieran. Dos horas después de la masacre la hermana de John imaginaba un par de zapatos tirados en la calle, solitarios, listos para usarse, pero que no volverían a cubrir pie alguno. Aunque estaba segura de que no podían ser los de su hermano.

«No es él», dijo con un susurro. «No es nuestro John».

«¿Cómo lo sabe?», le preguntaron.

«Sus calcetines», respondió la hermana de John. Apuntó al calcetín derecho. «Ese tiene un agujero. Así que no puede ser John».

John era un muchachito muy pulcro. Le gustaba vestir bien e incluso conocía a un sastre quien, como favor, le arreglaba toda prenda a la que la habilidad de su madre con la aguja no pudiera auxiliar.

«No se pondría unos calcetines con un agujero», dijo su hermana desafiante.

Pero, cuando siguiendo el orden levantaron la sábana que cubría el rostro de aquel cuerpo, la chica se dio cuenta, de súbito, de que se había equivocado. Aquella mañana, John debió de dejarse llevar por una despreocupación inusual en él al ponerse los calcetines. Debió de percatarse de aquel agujero, pero tenía mucha prisa por unirse a sus amigos en la manifestación. Ya zurciría aquellos calcetines en otro momento.

La hermana de John se tapó la boca con una mano cuando levantaron la sábana. No pudo apartar la mirada.

En la mañana del funeral, mirando a Damien sus ojos se anegaron de lágrimas. «Era John», dijo. La imagen de aquel enorme dedo gordo saliendo por el agujero del calcetín era de una tristeza insoportable.

Damien tembló con un escalofrío. Estaba helado, puesto que no tenía dinero suficiente como para comprar un buen abrigo; pero cuando vio a su amigo, un frío mucho más interno lo inundó. Mientras portaba el ataúd de su hermano Willie, Charlie parecía ser otro. Sus once hermanos y hermanas se turnaron a la hora de portar el ataúd, mientras caminaban con el féretro de pino sobre los hombros, cogidos por los brazos. Bajo los remolinos de lluvia, al salir de la catedral de St Mary's en Creggan y dirigirse al cementerio, la silueta de Charlie tenía aspecto fantasmagórico.

La multitud a ambos lados de la calzada estaba en silencio. Incluso los cientos de jóvenes que habían trepado hasta los tejados para asegurarse una mejor visión del cortejo fúnebre mantenían un respetuoso silencio.

Pero entre los políticos británicos de Westminster no hubo respeto alguno por los muertos ni por la verdad. Dos días antes, Reginald Maudling, ministro del Interior, había realizado una comparecencia en la Cámara de los Comunes para responder por el Domingo Sangriento. «El ejército devolvió el fuego bajo el que se encontró, disparando a blancos definidos y causando una serie de bajas entre quienes los atacaban con armas de fuego y bombas», dijo Maudling. «De los trece hombres que murieron, cuatro se encontraban en las listas de busca y captura de las fuerzas de seguridad... un hombre portaba cuatro bombas de clavos en su bolsillo... a lo largo de toda la refriega, el ejército solo disparó sobre objetivos identificados, atacando a pistoleros y terroristas. Los soldados sí que se vieron bajo un fuego indiscriminado».

Maudling anunció que el presidente del Tribunal Supremo, John Widgery, llevaría a cabo una investigación. Pero cualquier posibilidad de una investigación detallada e imparcial quedaría sepultada bajo el secreto de sumario, levantado años después; un sumario en el que el primer ministro Edward Heath le recordaba a Widgery que tuviera en consideración que «en Irlanda del Norte no solo libramos una guerra militar, sino propagandística».

Al Gobierno británico le importaba menos la verdad que encubrir los asesinatos cometidos por el primer batallón. A Widgery se le dieron instrucciones de trabajar con celeridad para que la catástrofe pasara al olvido, y que la rebelión en Irlanda del Norte fuera sofocada.

Bernadette Devlin, quien aquella noche había llegado desde Derry y había estado presente en la manifestación, no pudo contener su furia cuando fue denegada su queja ante el fraude que significaba considerar a Maudling como miembro independiente del parlamento aquel lunes. El presidente de la Cámara, Selwyn Lloyd, se negó a permitir que subiera al estrado, pese a sus persistentes peticiones y a que las convenciones parlamentarias obligaban a que todo miembro de la Cámara que hubiera sido testigo del incidente en cuestión tuviera derecho a declarar. Devlin cruzó la Cámara y abofeteó a Maudling.

Como boxeador, Charlie Nash no tenía inclinación de alzar los puños contra nadie, si no era en el cuadrilátero. Su primera reacción al verse encarado por el soldado burlón que le había cerrado el paso en la morgue y le sonreía de manera provocadora había sido la de propinarle un puñetazo. Pero Charlie era una persona apacible, y en lugar de dejar que el veneno contra el ejército británico llenara su ser, se centró en atender a sus padres en el hospital. Su madre continuaba gravemente enferma, y su padre precisaría de varios meses para recuperarse de aquella herida de bala. Pero Charlie comprendía que jamás conseguirían superar la muerte de su hijo.

La muerte de otra persona, por el mero hecho de vengarse, carecía de todo sentido, aunque el IRA ya le hubiese efectuado una visita. Fue una visita realizada con toda la solemnidad requerida, y dejando claro que el dolor por la familia Nash era auténtico; pero, terminando la visita, le preguntaron a Charlie si le gustaría unirse a ellos. Podían aprovechar el espíritu luchador y su estatus en Derry para fortalecer su resistencia. Había llegado el momento de devolver el golpe, además de negarse a claudicar ante los británicos, o ante el internamiento y la injusticia.

Charlie los escuchaba en silencio, por lo que le preguntaron sin ambages: ¿Quieres unirte al IRA?

«No», dijo Charlie con firmeza.

Lo intentaron de nuevo, insistiendo en que contraatacar era la única manera de sacar a los soldados de esas calles que les pertenecían. Era la única manera de luchar por el sueño de una Irlanda unida. Era la única manera de evitar nuevas atrocidades como la de aquel Domingo Sangriento.

Charlie sacudió la cabeza. Él solo peleaba en el ring, en ningún otro sitio. ¿Cómo iba él a consentir que continuara el baño de sangre con nuevas matanzas? Tenía que haber otra manera de hermanar a la gente.

Se levantó. No había más que hablar. Se dieron cuenta de que no había manera de hacerle cambiar de idea, por lo que no tardaron en marcharse.

Por descontado, el IRA estuvo presente en los funerales conjuntos. Charlie no los vio, pero estaba seguro, así como sabía que cientos de jóvenes de todo Derry, Belfast y el resto de Irlanda del Norte habían asumido una postura diferente a la suya. La orgía de asesinatos cometida por los paracaidistas en Derry, y las descaradas mentiras del Gobierno británico le otorgaron al IRA la herramienta reclutadora más efectiva. Sus filas no tardarían en llenarse de nuevos soldados republicanos. La guerra estallaría con consecuencias devastadoras para todo el mundo. El ejército británico, y sus simpatizantes unionistas en Irlanda del Norte, no tardarían en sentir el dolor que cubría Derry aquel día de funeral.

Frente a la tumba, Charlie Nash se sentía como anestesiado. Aquellas tumbas habían sido cavadas, una a una, y al sonido de un nuevo nombre, otro ataúd desaparecía tragado por la tierra mojada, mientras la apiñada multitud rezaba en voz alta. El nombre de William Nash resonó en el cementerio. Charlie mantenía la cabeza gacha, evitando los rostros constreñidos de lágrimas. Junto a sus hermanos, rodeados por sus hermanas, ayudó a elevar el cuerpo de Willie por última vez. El ataúd se cernió sobre la zanja, y en un gesto casi majestuoso, los chicos Nash depositaron a su hermano en su interior.

Lo más duro fue presenciar cómo rellenaban aquella tumba. Al tintineo de las palas y el amortiguado sonido de la tierra que se elevaba tamizando el metal, le seguía el ruido seco de la tierra fresca golpeando el ataúd de pino. Mientras cubrían a Willie, y aquella sepultura se lo tragaba, seguía lloviendo.

El casi desconocido nombre de Derry resonó por todo el mundo. En Gran Bretaña, los políticos, los locutores de radio y televisión, además de los periódicos, insistían en llamar Londonderry a aquella ciudad, ahora famosa; pero la verdad más brutal fue que, aquel Domingo Sangriento dejó al descubierto las peores cepas del prejuicio y la brutalidad imperantes en Irlanda del Norte. Bernadette Devlin comparó Derry con Sharpeville, la ciudad sudafricana en la que, en 1960, la policía abrió fuego sobre la multitud que protestaba contra uno de los pilares del *apartheid*, matando a sesenta y nueve personas. Sudáfrica no volvería a ser la misma, pues el fuego de la resistencia se avivó. El impacto del Domingo Sangriento en Derry sería similar en Irlanda del Norte.

Simon Winchester, el corresponsal de *The Guardian* en Irlanda del Norte, secundó a Devlin. «El trágico e inevitable desastre que tanto se había predicho para Irlanda del Norte acabó desencadenándose en Londonderry ayer por la tarde, cuando los soldados abrieron fuego contra una enorme multitud de manifestantes por los derechos civiles, alcanzando y matando a trece civiles», escribió Winchester el 31 de enero, después de presenciar aquel caos. «Después de los tiroteos, que se alargaron durante veinticinco minutos en los alrededores de Rossville Flats, en Bogside, las calles presentaban el mismo aspecto que presentaran las de Sharpeville. Allí donde, apenas unos minutos antes, miles de hombres y mujeres caminaban, avanzando lentamente hacia un mitin que se celebraría en Free Derry Corner, apenas quedaban un puñado de cuerpos cubiertos de sangre. Algunos de ellos yacían inmóviles, otros se movían presa del dolor, sobre el blanco cemento de la plaza. La explicación oficial del ejército para estas muertes es la de que sus soldados abrieron fuego en respuesta a una serie de francotiradores que habían disparado sobre ellos desde la parte baja de los pisos. Pero los que estábamos en aquella manifestación apenas escuchamos un único disparo antes de que los soldados abrieran fuego con sus repetitivas armas automáticas».

La furia se recrudeció en Dublín. En una tarde regada por la lluvia, no muchas horas después de que se celebraran los funerales por el Domingo Sangriento, y por segunda noche consecutiva, una enorme multitud se concentró frente a la embajada británica. Todas las tiendas, oficinas, bancos, colegios y fábricas habían cerrado. Se había decretado un día de luto en Dublín, y cuando cayó la oscuridad, la lluvia era torrencial. Docenas de personas portaban banderas negras y tricolores, mientras una banda tocaba la *Marcha Fúnebre* de Haendel. Doscientos policías eran insuficientes para contener a las dos mil personas de Merrion Square, donde estaba situada la embajada británica, y los ánimos se pusieron cada vez más tensos.

Tres ataúdes cubiertos de negro fueron depositados sobre las escaleras de la embajada, ardieron dos Union Jack y se prendió fuego a un pelele que simulaba un soldado británico. Varias bombas incendiarias volaron contra la embajada. Alcanzaron las ventanas y, mientras las llamas entraban al interior del edificio, las palabras de una única mujer se convirtieron en un grito unísono: «¡Que arda! ¡Que arda! ¡Que arda!».

Se escuchó un grito de advertencia justo antes de que una bomba de gelignita surcara los cielos. Los manifestantes se agacharon y unos segundos después el artefacto incendiario explotó en el interior de la embajada.

Llegaron los bomberos, pero vieron cómo los manifestantes cortaban sus mangueras, acabando con toda opción de controlar las llamas. La embajada británica ardió hasta los cimientos. Otro símbolo del abrasador avance de los Troubles.

New Lodge, Belfast, sábado 5 de febrero de 1972
Por fin se hizo el silencio aquella noche. Unas pocas horas antes de que la gélida oscuridad se convirtiera en un sucio amanecer, una hilera de vehículos blindados Saracen entró retumbando en New Lodge, al norte de Belfast. El ejército británico regresaba en mitad de la noche al corazón del territorio republicano, repleto de católicos que habitaban en hileras de pequeños dúplex de ladrillo rojo.

Gerry Storey emitía pequeños ronquidos, acostado en la cama junto a su mujer, Belle, mientras dormía plácidamente. Después de un día de trabajo en los muelles y toda la tarde entrenando en el Club de Boxeo Sagrada Familia, Gerry cayó como un tronco en cuanto besó a Belle y se dio media vuelta. Siguió dormido hasta la llegada del ejército, cuando el golpeteo de las tapas de los cubos de basura lo despertó. El ruido de una mujer agazapada frente a la puerta de entrada de su casa mientras golpeaba la tapa de un cubo de basura contra el suelo de cemento ennegrecido por la lluvia, le obligó a sentarse sobre su cama. En ese somnoliento estado que separa el sueño y la vigilia, en una mezcla de confusión e inquietud, Gerry dibujó a aquella mujer en su cabeza.

Por lo general, era alguna de las esposas más jóvenes la primera en salir, poniéndose una bata mientras tomaba la tapa de metal. Encorvada, con las pantuflas puestas y las pálidas piernas desafiando el frío, miraba desafiante a los soldados que bajaban de los verdes blindados, con los rifles centelleando. Su mano levantaba y bajaba la tapa, haciendo resonar un eco metálico, avisando a todos los vecinos de su calle y aledañas, sin necesidad de palabra alguna: "Los británicos están aquí, los británicos están aquí...".

Gerry se dejó caer de nuevo sobre su almohada, murmurándole unas palabras a Belle antes de que ella fuese a ver a los niños. Tenían tres niños, Gerry, Sam y Martin, y una niña, la pequeña Jacqueline, quien todavía tenía apenas cinco años. Su primera hija, Rosanne, había muerto antes de nacer. Belle era una mujer fuerte, pero ni ella ni Gerry consiguieron recuperarse del todo de la pérdida de su hija mayor. Pensaban en Rosanne en los momentos más insospechados, incluso entre una nueva incursión y el ruido de las tapas metálicas.

Aquella primera mujer no tardó en dejar de ser la única. Pronto, su golpeteo fue replicado por todo el vecindario. Cuatro, cinco, seis, y hasta una docena de mujeres de aquella calle y aledañas formaron un jaleo tremendo. Todo New Lodge estaría ya despierto, y los paramilitares que se encontraban entre ellos encontrarían donde esconderse, a salvo con sus armas.

Gerry respetaba la decidida entrega de aquellas mujeres. Sus años en el boxeo le habían permitido pulir sus instintos y limpiar su espíritu de todo rastro de odio. Rechazaba el sectarismo y aborrecía la violencia. Gerry creía en la disciplina y el arrojo, cualidades que definían a los boxeadores a los que más admiraba. Y estas también definían a aquellas mujeres, normales y corrientes, que intentaban proteger a sus familias.

La Operación Demetrius, nombre con el que el Gobierno británico bautizó la estrategia de internamiento que dio comienzo en agosto de 1971, trajo aparejada una serie de sonidos angustiosos: el rugido de los blindados, los soldados gritando, las puertas abiertas a patadas, los chillidos de la gente y el repiqueteo de los cubos de basura.

Cuando dio comienzo, entre la tarde del 9 de agosto y la mañana del 11 de agosto de 1971, diez personas murieron a manos del Regimiento de Paracaidistas del Ejército británico en Ballymurphy, al oeste de Belfast. Los soldados del segundo batallón, el Regimiento Paracaidista, sacaron a dieciocho hombres católicos de sus casas y los condujeron a un centro comunitario, el Henry Taggart Memorial Hall. Los hombres fueron interrogados, golpeados y vueltos a interrogar antes de ser conducidos a unos barracones de internamiento. Cuando las hostilidades entre los republicanos de Ballymurphy y los unionistas de la vecina Springmartin estallaron, los paracaidistas regresaron. Nueve hombres y una mujer fueron asesinados.

Cerca de seis meses después, en New Lodge, los soldados británicos volvieron al trabajo después de que el Domingo Sangriento provocara la generalización de los disturbios. Se puso especial énfasis en la actividad paramilitar. Pero también se detuvo a hombres inocentes, a los que el mero hecho de ser católicos que vivían cerca de republicanos militantes convirtió en sospechosos.

Gerry no tenía nada que esconder. Se podía tumbar en la oscuridad y escuchar los cubos de basura que ejercían de alarma. Le recordaban a las sirenas que sonaban en otra guerra distinta. También conjuraban recuerdos de su madre, y de cómo le hizo creer que siempre estarían a salvo.

«Los ángeles nos protegen», le había prometido su madre. En diciembre de 1971, Gerry mantenía esa misma certeza tranquila de que él y su familia estaban a salvo.

Treinta años atrás, en la noche de su cuarto cumpleaños, la Luftwaffe bombardeó Belfast por primera vez. El 7 de abril de 1941 800 bombas fueron arrojadas sobre una ciudad que no estaba preparada para un bombardeo, matando a trece personas. Doce de esas muertes tuvieron lugar en los muelles: los nazis habían fijado su atención en ellos porque 35 000 personas trabajaban en Harland y Wolff construyendo destructores, portaaviones y dragaminas. A unos kilómetros, la casa del pequeño Gerry se vio sacudida hasta los cimientos mientras las puertas se saltaban de sus goznes, los marcos de las ventanas quedaban destrozados y los cristales de las ventanas saltaban por los aires hacia el interior de las habitaciones.

Su madre, Ellen, o Nelly, como todo el mundo la llamaba, se apresuró a llevar a sus hijos —Elisabeth, Bobby, Mary y Gerry— a la casa de su hermana. Mientras atravesaban el polvo y el humo, Gerry miró al molino de la calle York, donde trabajaba su madre. Aquel molino parecía gigantesco en la noche fantasmagórica, entre las difusas luces que buscaban por el cielo, y Gerry se sintió diminuto. Se aferró a la mano de su madre todavía más fuerte. Corrieron más rápido si cabe. Una semana después, la Luftwaffe regresaba. Belfast apenas había conseguido que se la asignase un foco más de búsqueda nocturna y una batería antiaérea. Se construyeron doscientos refugios antibombas, algo muy por debajo de las necesidades de una ciudad de 500 000 habitantes. El sonido de las quejumbrosas sirenas resonó una vez más en la noche. Un guarda guio a Nelly Storey y sus hijos hasta un pequeño refugio de la calle Vere, en donde vivían. Comenzaron a trepar para ponerse a salvo. Pero, de repente, Nelly se detuvo de manera abrupta. Miró al interior del refugio y negó con la cabeza. «No, Hugh», dijo. «No vamos a meternos ahí».

Hugh, el guarda, se puso nervioso. «Nelly, debéis quedaros aquí. El resto de refugios están repletos».

Nelly Storey se negó. Salió del refugio, llevándose a los niños mientras se llenaba con el zumbido de los bombardeos que se acercaban inundaba el cielo nocturno. El pobre guarda vio tal determinación en Nelly que cedió a su locura. Los condujo corriendo hasta el siguiente refugio. Estaba repleto, pero Nelly asintió. Este sí estaba bien. Buscarían refugio allí.

Gerry no comprendía la certeza que mostraba su madre. Pero al clarear la mañana siguiente, cuando salieron y se adentraron en la destrucción, llameante aún, Gerry presenció algo que nunca olvidaría. En el sitio donde debería estar el refugio en el que su madre se negó a quedarse había un gran agujero. Una enorme bomba había destruido el refugio. Todo el mundo había fallecido, incluidos los vecinos de al lado, Mary Ann Corr y su hijo Freddie.

El niño miró a su madre asombrado. ¿Cómo podía saber que en el otro refugio estarían a salvo mientras que ese era una trampa mortal?

Aquella mañana ascendieron por las montañas de escombros, que era a lo que habían quedado reducidas sus casas. Las manos y rodillas de Gerry estaban blanquecinas por los restos de ladrillo y hormigón que habían volado por los aires bajo las bombas alemanas. Cerca de novecientas personas murieron en la ciudad y sus cuerpos fueron depositados en el mercado de St Mary, esperando a ser identificados. Otros, demasiado consumidos por las llamas como para que fuera posible su identificación, fueron enterrados en fosas comunes.

Gerry quedó paralizado ante el único cadáver que vio. Al final de New Lodge Road el cuerpo de un soldado estaba tendido sobre el techo de un vehículo que se utilizaba para cubrir agujeros en la calzada con alquitrán caliente. Su madre le hizo mirar para otro lado, pero aquella visión jamás lo abandonaría.

Los bombarderos regresaron con la siguiente luna llena. Doscientos cincuenta aviones de la Luftwaffe atacaron Belfast el 5 de mayo de 1941 a la una de la madrugada. Otras doscientas personas murieron.

Gerry y su familia estaban a salvo. Habían sido evacuados al otro lado de la frontera, a Toombridge, a cincuenta kilómetros de Belfast, en el condado de Antrim, en donde vivieron con su abuela. Encontraron un bungaló blanco y con techo de paja en Moneyglass, en el que estuvieron hasta que Belfast estuvo a salvo. Ni el abandono de su padre, quien se marchó a Birmingham cuando Gerry apenas tenía dos años, ni la Luftwaffe de Hitler pudieron con ellos.

Ahora, con treinta y cuatro años y tumbado sobre su cama a comienzos de 1972 mientras estallaba otro conflicto en Belfast, Gerry se acordó de su madre, regresando a casa a mediodía en mitad de la década de los cuarenta. En el molino al otro lado de la calle, le daban una hora de descanso para comer. En lugar de comer, picaba algo, les echaba un ojo a los niños y se tumbaba en un sofá. Su rostro carecía de color y sus entrañas estaban repletas de úlceras que, como Gerry comprendería décadas después, podían ser consecuencia del estrés.

Gerry idolatraba a su madre. Era católica y republicana; partidaria de la unificación irlandesa y era diferente de los protestantes, quienes se aferraban con fervor a la Union Jack, la familia real y Gran Bretaña. Nelly había vivido los sombríos días de la década de los veinte, en el peor momento de la persecución contra los católicos; pero todavía aceptaba a la gente tal y como era. La mayoría de las protestantes normales y corrientes eran buenas personas, por lo que Nelly los trataba con respeto y no con resentimiento. Ella fue quien le enseñó a Gerry a ser igual de ecuánime, y este aprendió a tratar a la gente de manera justa. Ambos querían que el país cambiara, y que a los católicos se les tratara con igualdad. Pero ni el IRA ni la violencia iban con ellos.

La mayoría de los soldados que efectuaban las batidas de internamiento sabían que Gerry era un reconocido entrenador de boxeo. Su trabajo iba más allá del conflicto confesional, pero aun así lo mantenían vigilado y en ocasiones registraron su casa. Su hermano Bobby, y sus sobrinos Seamus y Bobby hijo habían sido todos detenidos. Seamus era miembro del IRA, y Bobby padre lideró la defensa de las casas de New Lodge cuando familias católicas se vieron amenazadas por grupos unionistas en la franja divisoria.

Bobby Storey padre y su esposa, Peggy, tenían cuatro hijos —Seamus, Bobby, Geraldine y el pequeño Brian, quien había nacido con síndrome de Down— y su casa en la calle Analee fue registrada en varias ocasiones a lo largo de 1971. Después de que el ejército descubriera en ella un rifle y pistolas, Bobby padre y Seamus fueron conducidos a los barracones de Girdwood y torturados. Bobby padre sería liberado, pero Seamus acabaría en el presidio de Crumlin Road.

El 17 de noviembre de 1971 Seamus se convirtió en un héroe del folclore republicano cuando, junto a otros ocho prisioneros, escapó de Crumlin. Utilizaron unas escalas improvisadas hechas con cuerda que habían conseguido de contrabando en la prisión, con las que escalaron los altos muros de ladrillo. Los esperaban dos coches al otro lado, y su audaz escapada fue celebrada en New Lodge y por toda Belfast. Se les bautizó como los Canguros de Crumlin, y el grupo de folk de Belfast *The Wolfhound* escribió una canción sobre ellos: *Crumlin Kangaroos (Over the Wall)*, (Los canguros de Crumlin [saltaron el muro]).

Bobby hijo tenía apenas quince años y se había radicalizado por todo lo que había vivido. Dejó el colegio aquel año para trabajar con su padre y ayudarle a vender fruta. Además, Bobby padre conducía también un taxi por la noche, para lograr un mayor sustento para la familia. Gerry ayudaba como podía, porque el Ayuntamiento de la ciudad de Belfast había llevado a su hermano a la bancarrota. Bobby padre había tenido una pequeña empresa de construcción, pero después de las manifestaciones por los derechos civiles a finales de los sesenta el ayuntamiento canceló todos los contratos con las empresas de propiedad católica. Gerry trabajaba en la parte católica de los muelles y contaba con un empleo estable; pero toda opción de que Bobby padre y sus hijos consiguieran trabajo gracias a empresarios protestantes quedaba descartada.

En las primeras horas de aquella mañana de sábado, la última incursión del ejército pasó de largo la casa de Gerry. Otros hombres sí que fueron sacados de sus casas, pero el entrenador de boxeo podría dar comienzo a su día en la Sagrada Familia. Mientras la primera luz de la mañana se filtraba a través de las cortinas, Gerry pudo sentir la nueva oscuridad de Belfast.

En la Sagrada Familia, club para el que Gerry había boxeado cuando era un crío antes de que una lesión en un ojo pusiera fin a su carrera *amateur*, todo el mundo era bienvenido siempre y cuando las discusiones sobre política y religión quedaran al otro lado de la puerta. Como entrenador principal, Gerry insistía en no permitir mención alguna al IRA ni al UVF; tampoco a los internamientos o a los disturbios. Las palabrotas también estaban prohibidas. Habían ido allí para mejorar como boxeadores.

Esta disciplina fue capital para lograr la paliza que la Sagrada Familia les dio a los paracaidistas en la primavera de 1969. Los paracas eran los campeones de boxeo de las Fuerzas Combinadas, y buscaban un poco de entrenamiento antes de defender su corona. Pidieron a Gerry que formara una selección de Belfast para hacer un simulacro de pelea. Este sugirió que la Sagrada Familia presentara a diez chavales para pelear contra los duros paracas.

«¿Solo los de su club?», le preguntó el pequeño pero estridente sargento americano al mando de los paracaidistas. «¿Está seguro?».

«Lo estoy», respondió Gerry con una sonrisa.

Las noticias de la pelea corrieron por todo New Lodge. Las gradas del Club Recreativo estaban repletas hasta los topes para asistir a la velada. Todos los espectadores pertenecían a la comunidad católica, pero aquella noche emocionante ninguna palabra de odio fue dirigida contra los paracas; lo único que cupo fue el estruendoso griterío en cada uno de los muy desiguales combates. La noche terminó con una victoria apabullante por 10-0 para la Sagrada Familia. Aquello fue un nuevo testimonio del buen hacer de Gerry como entrenador. Enseñaba a los chavales a boxear de manera científica, a golpear de manera precisa para no recibir un puñetazo en respuesta a cada golpe. Los púgiles de la Sagrada Familia repelieron la dura ofensiva de los paracas con la calma característica de los mejores boxeadores de Storey.

El estridente sargento americano se iba quedando más y más callado con cada nueva derrota, y un par de días después regresó a la Sagrada Familia acompañado de su oficial superior, el comandante Field. El comandante estaba al mando del programa de boxeo de los paracas, pero no había podido viajar con el equipo a Belfast porque estaba realizando unas maniobras de simulacro en Aldershot. Llevaba muletas.

El comandante Field saludó a Gerry y le dijo: «Mire lo que me ha hecho, señor Storey».

Gerry contempló las muletas sin captar muy bien el significado, antes de que el comandante le explicara lo sucedido. «Nos preparábamos para saltar cuando comenzaron a llegar los resultados de Belfast», relató. «A este lo noquea uno de sus chicos, a esto otro lo derriba uno de sus chavalines. No me lo podía creer, y seguía dándole vueltas cuando salté. Por eso me rompí la pierna».

El comandante osciló sobre sus muletas, divertido, mientras el sargento americano señaló a algunos de los chavales de la Sagrada Familia. «Mire cómo entrenan estas pequeñas maravillas», le dijo al comandante Field. «Parecería que estuvieran en el ejército».

Gerry infundía esa disciplina de una manera nada militar. Jamás les gritaba a los chicos. Al contrario, los animaba y los inspiraba. Gerry no compartía la sorpresa del comandante y el sargento ante el vapuleo al que se habían visto sometidos sus paracaidistas. Para él tenía toda la lógica que sus chicos, tan bien enseñados bajo su tutela pugilística, no tuvieran ningún problema en derrotar a unos duros paracaidistas que en el ring eran, en el fondo, unos meros novatos.

Gerry siempre se mostraba encantado de darle la bienvenida a cualquier boxeador del otro lado de la división religiosa. En el contexto de la turbulenta Belfast, era todo un milagro que Davy Larmour pudiera acudir tan a menudo a la Sagrada Familia, en la republicana New Lodge, desde su casa en un enclave unionista cercano a Shankill Road. Ni a él ni a Gerry les importaban lo más mínimo sus diferentes raíces, aunque al resto de Belfast si parecía importarle. Para cualquiera que viniera de Shankill, New Lodge era un lugar peligroso. Pero para Davy significaba acceder al único gimnasio que le garantizaba una oportunidad para hacer *sparring*.

Davy pertenecía al Albert Foundry Boxing Club de Paisley Park, cerca de Shankill Road, a apenas cinco kilómetros de la Sagrada Familia. La primera vez que Davy visitó el gimnasio de Gerry acudió junto a su entrenador, Steamer Graham. Gerry les había prometido que, como invitados suyos, estarían a salvo.

En aquella visita de sábado en 1970 el entrenamiento estaba programado para las diez de la mañana. Davy estaba entusiasmado, y Steamer y él llegaron a las 9:30 al Patrickville Recreation Club, que por entonces albergaba el gimnasio de la Sagrada Familia y una sala de billar. Al entrar les esperaba una sorpresa. Había una pizarra y dos filas de bancos repletos de hombres que vestían sombrero de fieltro y abrigo. Los hombres se quedaron mirando a Davy y Steamer.

«Se suponía que no teníais que llegar hasta las diez», les dijo uno de aquellos hombres con brusquedad.

«Lo siento, señor», respondió Davy.

Al salir del billar, Davy se dio cuenta de la palidez de Steamer. «Yo me largo a mi casa», dijo Steamer. «Eso era una reunión del IRA...».

Antes de que Davy pudiera contestar, Steamer dio media vuelta y salió dirección Shankill Road. Davy lo vio desaparecer, sintiéndose algo inseguro mientras esperaba. Diez minutos después vio a Gerry subiendo por New Lodge Road. Un aliviado Davy salió a su encuentro. «La hemos cagado, Gerry», dijo. «Steamer y yo nos hemos metido en una reunión del IRA».

«Esos no tienen nada que ver con la Sagrada Familia», dijo Gerry. «Conmigo estarás a salvo».

Cuando Davy y él alcanzaron la entrada, los últimos miembros de la reunión abandonaban el edificio. «Hola, Gerry», dijo uno de los hombres del IRA, llevándose la mano al sombrero en saludo al entrenador.

«Buenas, amigos», dijo Gerry con su simpatía habitual, escoltando a Davy al gimnasio con la misma naturalidad con la que habrían pasado entre un grupo de jubilados aficionados al billar.

En los siguientes meses de aquel año Davy conseguiría la medalla de bronce en los Juegos de la Commonwealth de Edimburgo, en 1970. Que Davy boxeara representando a Irlanda del Norte en la Commonwealth, pero acabara defendiendo a la República de Irlanda en 1976, entrenado por Gerry, en los Juegos de Montreal, define perfectamente la capacidad del boxeo para cruzar unas fronteras tan rígidas. A Davy le traía sin cuidado que, al ser un protestante de Shankill, se esperara de él que aborreciera el verde irlandés y que mostrara lealtad a Gran Bretaña y la Union Jack. A él solo le interesaba el boxeo, y por eso fue tan bien recibido en la Sagrada Familia.

Es probable que Davy tuviera más amigos católicos que protestantes, porque a pesar de ser un hombre amigable, donde más a gusto se encontraba era en compañía de boxeadores. No veía religiones, solo veía buenas y malas personas, y seguía considerando que, en Belfast, el número de buenas personas era superior al de las malas. Los únicos problemas que Davy se encontró fueron al regresar a casa, a Shankill Road, cuando un puñado de unionistas intransigentes despotricaron porque hubiera ido a entrenar a New Lodge.

Aquella mañana de sábado de comienzos de diciembre de 1971 Gerry cerró el gimnasio de la Sagrada Familia en cuanto terminaron los entrenamientos. Su sobrino se casaba y se suponía que aquel sería un gran día para la extensa familia Storey. La celebración sería la típica en una boda irlandesa, alcanzando la madrugada. Por ese motivo a Gerry no se le ocurrió pasarse con Belle por el McGurk's, el Rocktown o el Earl Inn, como acostumbraban a hacer los sábados por la noche.

McGurk's estaba situado en la calle North Queen, en la esquina con la calle Great George. Era el típico pub de clase trabajadora regentado por un hombre excepcional. Patrick McGurk tenía cincuenta años, dieciséis más que Gerry, pero ambos destilaban una tranquilidad y honradez que los distinguían en aquellos tiempos tan amargos.

A Gerry le unía una gran amistad con McGurk. Su bar era muy parecido a la Sagrada Familia, porque Patsy no toleraba ningún tipo de discusión divisoria. Incluso tenía una *hucha de los tacos*, y aquel que dijera una palabrota tenía que pagar una multa. Situado en el centro neurálgico católico, el McGurk's estaba repleto de católicos de la ciudad. Pero Patsy McGurk se mostraba siempre encantado de servir a cualquiera. En los viejos tiempos, antes de que el internamiento hiciera que la división cerrase todas las puertas, no era raro que los policías del Royal Ulster Constabulary se dejaran caer por allí a beberse una pinta. Patsy les servía su pinta y les preguntaba por cómo les iban las cosas. Pero esos días pertenecían al pasado.

La política del McGurk's en contra del sectarismo implicaba la certeza de que los pistoleros del IRA acudirían a otros lugares a beber. Los hombres y mujeres de clase trabajadora acudían al McGurk's en busca de paz y compañía. Querían olvidarse del IRA, o del reverendo Ian Paisley y los unionistas. Como mucho, bromeaban con la ira de Paisley, quien, ya en 1959, en un momento en el que la tranquilidad reinaba en Belfast, había acusado a la Reina Madre y a la Princesa Margarita de «cometer fornicio y adulterio espiritual con el anticristo» al visitar al Papa. La gente normal del McGurk's preferían beber y hablar de cosas alegres.

Justo antes de las nueve en punto de aquel sábado por la noche, el 4 de diciembre de 1971, el ruido de unos neumáticos por la calle North Queen hizo que Ian McRoy, un niño de ocho años, distrajera su atención de su labor como repartidor del *Belfast Telegraph*, el diario moderado a cuyos periodistas Paisley denominaba «garabatos viperinos de Royal Avenue». El chico contempló aquel coche solitario que pasaba, despacio, frente a McGurk's. Dentro había cuatro hombres. En el cristal trasero había una pegatina con la Union Jack.

El chico, sintiendo que en todo aquello había algo sospechoso, no se atrevió a moverse. Esperó entre las sombras, con la esperanza de que el coche se largara. Pero un hombre bajó del mismo. Llevaba puesto un pasamontañas negro y un largo impermeable. En sus brazos llevaba un enorme bulto. El hombre abrió la puerta de McGurk's con el pie.

La luz del atestado bar iluminó la oscuridad de la calle. El repartidor de periódicos veía ahora todo mucho mejor. Inclinándose sobre aquel bulto, que había depositado a la entrada del bar, el hombre se agazapó. Parpadeó una llama y una larga mecha que llegaba hasta el bulto comenzó a arder. La puerta del McGurk's se cerró mientras el hombre corría hasta el coche. Se metió en el asiento trasero y el coche salió acelerando.

Para cuando se produjo la enorme explosión, Ian McRory había echado a correr. La fuerza de aquella bomba, que pesaba entre dieciocho y veintidós kilos, levantó al chico por los aires. Sobreviviría y pudo testificar, pero quince inocentes volaron por los aires mientras otros diecisiete quedaban heridos de gran consideración.

Gerry acababa de llegar de la boda cuando Ray Smith, uno de sus asistentes en el gimnasio, lo llamó. El alivio que Ray mostró al escuchar su voz extrañó a Gerry.

«¿No te has pasado esta noche por McGurk's?», preguntó Ray.

«No», respondió Gerry. «He estado en la boda».

«Han puesto una bomba», contó Ray. «Han hecho saltar Mc-Gurk's en pedazos».

Gerry conocía a doce de las quince personas que murieron: Robert Spotswood, James Smyth, Thomas McLaughlin, Thomas Kane, Edward Kane, David Milligan, Francis Bradley, Philip Garry, Eddie Keenan, Sarah Keenan, James Cromie y Philomena McGurk. No conocía a John Colton ni a Kathleen Irvine, ni tampoco había hablado con Marie McGurk, la hija de Patsy y Philomena, de catorce años.

Pero sí conocía a algunos de los hombres bastante bien. Francis Bradley había trabajado con Gerry en los muelles, igual que sus hijos, Francis y Robert. Los dos chicos boxeaban en la Sagrada Familia. Eddie Keenan y James Smyth eran compañeros de los muelles. Cuando tenían veinte años, Bobby Spotswood y él salían juntos a bailar. Gerry también recordaba que cuando trabajaba de camarero veía a Bobby cada viernes y sábado por la noche. Bobby siempre se pasaba a contar alguna historia. Y ahora estaba muerto, junto a otras catorce personas que no tenían vínculo alguno con el IRA.

Aquello no impidió que el RUC y los políticos, tanto de Irlanda del Norte como de Londres, declararan de inmediato que la bomba en el McGurk's había sido "puesta por el propio IRA", asegurando que la bomba explotó por error mientras la estaban preparando en el propio bar. Aquella mentira era tan descarada que la rabia se extendió por los vecindarios católicos. El proceso de radicalización de jóvenes republicanos como Bobby Storey, el sobrino de quince años de Gerry, se completó aquella noche horrible. Este sería el ataque aislado más mortífero que sufrió Belfast durante los Troubles.

Seis años después, cuando por fin se demostró que la responsabilidad recaía en paramilitares unionistas, Robert Campbell, del UVF, fue sentenciado a cadena perpetua por la bomba del McGurk's. Cumpliría quince años en prisión antes de salir en libertad.

Gerry quedó muy afectado por la pérdida de sus amigos y porque tantas vidas fueran segadas sin motivo; pero siguió el ejemplo de Patsy McGurk. Patsy acababa de perder a su esposa e hija, pero apenas unas horas después de aquella bomba aparecería en la televisión. «Antes de nada, me gustaría que este trágico suceso no envenenara las relaciones de la comunidad», dijo Patsy con calma. «Después de todo, se supone que somos cristianos, así que ojalá que este sacrificio sirva para traer la paz a nuestra comunidad. No debería causar mayores fricciones, porque yo creo en las palabras de la Biblia: 'Padre, perdónalos'».

Aquellas palabras le trajeron a Gerry recuerdos de su madre. Ella siempre le decía: «Los tiempos cambiarán, a mejor. Yo no llegaré a verlo, y puede que tú tampoco, pero al final, algo bueno quedará». Su madre tenía ideología republicana, pero sobre todo creía en la paz y en las personas. «Trata a todo el mundo igual», le decía siempre a Gerry, «sin importar las circunstancias».

Gerry estaba seguro de que su madre habría considerado que Patsy McGurk tenía razón.

Una semana más tarde, el 11 de diciembre de 1971, el ruego conciliatorio de Patsy McGurk quedó reducido a cenizas en Shankill Road. A las 12:25 de aquel sábado, mientras Shankill bullía con las compras navideñas, un coche verde se detuvo a las afueras de la Balmoral Furniture Company. En un eco de lo que había sido el atentado de la semana anterior en McGurk's, un único hombre salió del coche con un enorme bulto en los brazos, depositándolo en la puerta de la tienda. Regresó corriendo al coche, que aceleró antes de que la bomba detonase.

Cuatro personas murieron al instante: Hugh Bruce y Harold King, además de dos niños, Tracey Munn de dos años y Colin Nichol, de diecisiete meses. A excepción de King, que era un católico de veintinueve años, todos eran protestantes, víctimas de una bomba puesta por el IRA Provisional en respuesta a la atrocidad del McGurk's. La bomba del Balmoral destruyó la tienda e hirió a muchas personas. Fue un acto tan desalmado, cuya la única intención fue la de provocar una carnicería y matar a gente corriente, que enfureció a la comunidad protestante.

Davy Larmour se encontraba a menos de doscientos metros de los escaparates cuando la bomba estalló. No había ido a la Sagrada Familia aquella mañana de sábado. Había optado por dar un paseo por Shankill Road y hacer unas compras. Se dirigía a su casa, en Woodvale, a cosa de kilómetro y medio, cuando el rugido de la bomba le hizo dar un giro de 180 grados.

Davy acudió a ayudar, pero mucha gente llegó al lugar antes que él. Había tal cantidad de polvo y humo, además de los gritos y quejidos, que Shankill Road pareció regresar a los tiempos de la Segunda Guerra Mundial y la Blitz. Entonces apareció un enorme Ford Granada, aparcando justo enfrente de la destruida Balmoral. Davy vio al reverendo Ian Paisley bajar de aquel coche. Vestido de negro, con su alzacuellos blanco resplandeciente en la oscuridad, gritaba mientras se acercaba a la multitud. «¡Escúchenme!», chilló. «¡Escúchenme!».

Al terror de McGurk's, tan cerca de la Sagrada Familia, le seguía ahora el terror de Balmoral. Davy dio media vuelta. No podía soportar escuchar a Paisley ladrando aquello de «¡Nunca nos rendiremos!», o que la sangre volviera a regar las calles de Belfast. Davy quería encontrar a su familia y comprobar que estaban a salvo. Intentaba seguir lo que su estricto padre le decía con tanta seriedad: «Todos somos cristianos. Todos creemos en el mismo Dios».

Davy caminó hasta llegar a esas calles que se habían convertido en semillero de paramilitares unionistas, a los que tanto les encantaba desfilar de un lado a otro con sus armas apuntando al cielo. Les encantaba la temporada de desfiles, que llegaba a su culmen el 12 de julio, cuando celebraban la victoria protestante del Príncipe Guillermo de Orange sobre el Rey Jacobo II en la Batalla del Boyne, en 1690. A Davy le traía sin cuidado aquel pasado tan distante. Le preocupaban mucho más los protestantes inocentes que sufrían de una manera horrible a manos de aquellos hombres del IRA que les incendiaban las casas.

Esta era su comunidad. Esta era su gente. A menudo se veían señalados por sentirse más británicos que irlandeses. Esa definición, tan sencilla, era la causa de aquella carnicería.

El boxeador cerró sus manos en puños y los escondió en sus bolsillos. Caminó en silencio, dejando atrás aquella desolación, consciente de que apenas acababa de comenzar. Lo peor estaba todavía por venir.

Capítulo 3

LA CUMBRE DE SHANKILL ROAD

Belfast parecía una ciudad fantasma. Se podía pasear desde Royal Avenue hasta el ayuntamiento y entrar en New Lodge sin cruzarse con un alma. Gerry Storey pensó que aquello parecía el decorado de una vieja película del oeste. Atravesando su ciudad natal, no le habría sorprendido ver un cardo rodante atravesando las solitarias calles, o la chirriante puerta de un bar batiéndose mientras aparecía un nuevo pistolero. Pero allí había muchas más armas, bombas y vaqueros vestidos con siniestros pasamontañas de los que aparecían en las películas de Hollywood.

Lo mejor era no salir a la calle a menos que fuera estrictamente necesario. Incluso cuando salían a hacer sus compras, las amas de casa tenían que enseñar sus bolsas a los soldados mientras pasaban por las puertas de seguridad. Cuando se terminaba la jornada laboral, ya fuera en las oficinas, en las tiendas o en las fábricas, la gente normal sabía que lo mejor sería llegar a casa lo antes posible. Los pubs apenas servían pintas tras el trabajo, porque las calles no eran un lugar seguro, en especial cuando la luz desaparecía. Belfast quedó rodeada de barricadas; las carrocerías quemadas de los autobuses y los coches eran un recordatorio silencioso de los recientes disturbios y atentados. La mayoría de las noches se extendía a lo largo de la ciudad un toque de queda no oficial a partir de las seis.

Por su parte, Gerry anhelaba la paz y el progreso. Le encantaba trabajar con sus jóvenes boxeadores, hacerles mejorar gracias a un entrenamiento disciplinado y amable, verlos florecer entre las cuerdas. Las reglas de la Sagrada Familia permanecían inmutables. En cuanto ponías el pie en el gimnasio, dejabas atrás el mundo exterior. Antes de que pudieras llegar a los pesados sacos que colgaban de ganchos de acero, o que pudieras propinar a las peras la habitual paliza con precisión rítmica, tenías que olvidarte durante un rato de los Troubles. Entrenabas de manera pura, con el objetivo de convertirte en mejor boxeador y en mejor persona.

Cuando los gimnasios del otro lado de la división, o de cerca de Shankill Road, le pedían ayuda, Gerry mostraba el mismo estilo magnánimo. Siempre estaba dispuesto a viajar a territorio unionista para acompañar a los boxeadores, o incluso para pasar un rato en gimnasios rivales. La mayoría de gimnasios de todo Belfast estaban cerrando. Resultaba demasiado peligroso abrir por la noche, y los pocos gimnasios que sobrevivían miraban a la Sagrada Familia como un ejemplo para el futuro, además de un oasis de paz.

Gerry estaba a salvo en New Lodge, ya que venía de una reconocida familia republicana. Se respetaban los lazos de su hermano Bobby y sus sobrinos Seamus y Bobby con el IRA. Incluso algunos de los que habían sido boxeadores suyos acabaron convirtiéndose en figuras admiradas del IRA. Billy Reid, uno de sus antiguos boxeadores, había sido el primero en matar a un soldado británico en tiempos de los Troubles, cuando asesinó al artillero Robert Curtis en New Lodge, en febrero de 1971. Tres meses después, mientras intentaba una nueva emboscada contra el ejército, Reid murió a causa de un tiro en la calle Academy.

La balada de Billy Reid se convirtió en una canción entonada en los círculos republicanos, siguiendo con la idealización del boxeador *amateur*. Pero los perdurables recuerdos que tenía Gerry sobre Billy eran diferentes. Él lo recordaba como un joven boxeador que portaba la camiseta de la Sagrada Familia cuando Gerry llevó un equipo a boxear en territorio protestante una noche. Todavía no habían estallado los Troubles y Gerry les prometió a los padres de todos los chavales que estarían a salvo. Y estaba en lo cierto, aunque el oponente de Billy Reid no estaba tan a salvo.

Era el primer combate de Billy y arremetió contra su rival con nerviosa dejadez. Sus brazos parecían las aspas de un molino, y aunque la mayoría de sus golpes erraron, suficientes puñetazos alcanzaron al abrumado hombrecito que tenía enfrente. El oponente de Billy cayó entre las cuerdas. Salió trastabillado del ring, y Billy lo siguió. Después de caer al suelo, Billy siguió lanzando golpes.

Gerry corrió a separarlos, mortificado por no haberle dejado bien claras las reglas a aquel pequeño peleón. Billy jamás repetiría algo así, pero la mera mención de su nombre atraía aquel incontrolable recuerdo: a pesar de su estatus como héroe del IRA, Billy Reid siempre sería para Gerry un púgil de la Sagrada Familia.

No había lógica alguna detrás de esa falta de miedo con la que Gerry salía de New Lodge. Seguía los instintos de su corazón al pensar que todo el mundo lo aceptaba por el mero hecho de ser entrenador de boxeo, porque intentaba ayudar, no causar daño, y que su trabajo lo protegía de los paramilitares. Belfast siempre había sido una ciudad muy aficionada al boxeo, y Gerry consideraba que la popularidad de su deporte garantizaba su seguridad. La mayoría de los líderes terroristas eran hombres de clase trabajadora, igual que él, y Gerry podía sentir que le profesaban respeto por estar tan metido en el boxeo. Y sus creencias se fortalecían por el romántico recuerdo de su madre, cuando esta le insistía en que los ángeles lo protegían. Pero no tenía certeza alguna de que no fueran a atacarlo o asesinarlo por poner los pies en suelo unionista.

Gerry llevaba años organizando veladas de boxeo por todo Shankill Road, donde adoptaba la misma actitud que en New Lodge o el Ardoyne. Sus boxeadores pelearían delante de cualquiera, y Gerry estaba convencido de que todo el mundo los admiraría y protegería. Incluso llegó a traer equipos de Canadá y Polonia, Italia e Inglaterra, a pelear tanto en salas unionistas como republicanas.

Después de que comenzaran los Troubles los equipos extranjeros tenían demasiado miedo de viajar a Belfast. Pero un club de boxeo de Fort McMurray, en Canadá, rompió la tendencia al decirle a Gerry que viajarían hasta Belfast siempre y cuando pudiera asegurarles que estarían a salvo.

«Garantizo vuestra seguridad», le dijo Gerry a Rex Clewes, entrenador canadiense. «No habrá contratiempos».

Era una aseveración de una audacia imponente, basado mucho menos en el profundo conocimiento de los grupos paramilitares de Belfast que tuviera Gerry, que en su convicción de que la gente estaría encantada de disfrutar de una noche de boxeo con la que poder evadirse del terror y la violencia del día a día. Y tenía razón. Los canadienses fueron agasajados —si bien en el ring recibirían una buena— en un club unionista de Shankill Road; y un par de noches después, en el Crumlin Star de Ardoyne. Jamás habían recibido una bienvenida como aquella. Las divisiones políticas quedaban fuera de su comprensión, pero les encantó Belfast.

Cuando Freddie Barr, quien regentaba un respetado gimnasio en Kingston, Surrey, recibió una llamada telefónica de Gerry invitándolo a llevar un equipo a Belfast, se quedó de piedra. Estaba al tanto de los atentados gracias al telediario de la BBC. ¿Estarían de verdad a salvo sus chicos si viajaban a Belfast?

«Completamente», dijo Gerry con optimismo.

«¿Puedes garantizar nuestra seguridad, Gerry?».

«Desde luego, Freddie».

Gerry llegó incluso a alquilar un avión para que el equipo inglés viajara a Belfast, convencido como estaba de que en cada velada se vendería todo el papel y se cubrirían los gastos. Y así fue cómo el equipo de Surrey siguió el camino del equipo canadiense, y aquellas noches de boxeo fueron todo un éxito y transcurrieron en paz. Los chavales ingleses lo pasaron tan bien después de la última velada que bebieron y bailaron con las chicas locales hasta las 4 de la madrugada.

Hubo tal demanda de entradas en Shankill Road para presenciar la derrota de los visitantes, que la reventa comenzó a funcionar, con los taxistas llevándose la mayor tajada al ser quienes poseían la mayor parte de las entradas.

«Los taxistas me la han clavado», se quejaba un rudo hombre de Shankill Road.

Gerry sonrió. Era mejor meterle un sablazo a alguien en el precio de una entrada que meterle un tiro o un bombazo.

Jimmy Craig, conocido terrorista de la UDA y gánster, consideraba a Gerry el mejor entrenador *amateur* del mundo. Craig estaba también al tanto de que Martin Regan, líder republicano, era aficionado al boxeo. Le pidió a Gerry que le hiciera saber a Regan que sería un placer tenerlo como su invitado personal, con toda seguridad garantizada, cuando unas semanas después Shankill Road celebrase una nueva velada.

Cuando Gerry le pasó el mensaje a Regan, este dudó, sorprendido de ser invitado a Shankill Road. Después recordó que tenía una reunión aquella misma noche, aliviado de tener una excusa plausible.

«Pero, Gerry», dijo Regan, «¿Por qué no invitas a Jimmy Craig a que venga a nuestra siguiente velada en el Crumlin Star? Me aseguraré de que no haya ningún tipo de problema».

Craig tenía a su vez reuniones a las que asistir aquella noche, y Gerry aceptó, con sonrisa socarrona, su oportuna excusa para no visitar territorio enemigo. También sintió fortalecida su creencia de que el boxeo era una fuerza positiva en unos tiempos tan peligrosos. Y así continuó conduciendo cada noche por toda aquella desamparada ciudad de Belfast, pasando de un vecindario peligroso al otro.

Después de que el ejército instalase controles de paso, en las tres primeras ocasiones en que entró en Shankill Road vio cómo le daban el alto. Una noche, un soldado dirigió una linterna a su rostro en la valla de seguridad que separaba ambas comunidades.

«¿Quién es usted?», le preguntaron.

«Gerry Storey».

«¿El entrenador de boxeo?».

«Sí», respondió Gerry con una risita cuando notó la sorpresa en la voz del soldado.

«¿Y a dónde se dirige?».

«Al Albert Foundry», respondió Gerry. «Al gimnasio de Steamer Graham. Según se sale de Shankill, en Paisley Park».

«¿Qué están tramando?», preguntó un segundo soldado con mayor suspicacia. «Usted vive en New Lodge y la semana pasada le vimos tanto en Shankill como en Falls Road. Y ahora va a Paisley Park. Todo esto es muy raro».

«Voy a los clubes de boxeo», dijo Gerry, «Ayudo allá donde me es posible. No hay nada más que un poco de boxeo», les aseguró.

Su historial familiar era obvio, pero Gerry era un hombre tan encantador como íntegro. Los soldados le indicaron que continuara. Llegó un momento en el que ya ni tan siquiera le detenían. En cuanto veían su Ford Cortina de color bronce, levantaban la barrera.

Gerry sonreía, los saludaba y continuaba conduciendo por la oscuridad.

★

Era consciente de que en cualquier momento podían ir a por él, por eso a Gerry no le sorprendió que, una tarde de jueves, pocos meses después del Domingo Sangriento, recibiera una llamada del Loyalist Army Council (Consejo del Ejército Unionista). El Consejo del Ejército agrupaba a los terroristas de la UDA, UVF y la UFF. A menudo, estos tres grupos violentos solían estar en disonancia entre sí sobre cuál era la mejor estrategia para imponerse en su guerra contra el igualmente violento IRA, manteniendo, a su vez, a Irlanda del Norte leal a la Union Jack, la reina y el Reino Unido. Pero el Consejo del Ejército se reunía a menudo para discutir los objetivos comunes. La persona que llamó a Gerry se refería a estos como "los chicos", pero lo dijo con tal énfasis que Gerry comprendió que se refería a los peces gordos entre los paramilitares de Shankill Road.

«Los chicos tienen una reunión el domingo por la noche», dijo la voz al teléfono. «Y desean verlo, Gerry».

La mayor parte de la gente de Belfast quedaría aterrada al recibir una llamada como esta. La idea de ser llevado ante el Consejo del Ejército Unionista era el equivalente a escuchar el nefasto doblar de una campana.

«Perfecto», dijo Gerry amistoso. «¿A qué hora quieren que vaya?».

«A las ocho en punto», respondió la voz. «Enviaremos una escolta para que te traigan».

«Eso no será necesario», dijo Gerry con firmeza. «Conduciré yo mismo hasta Shankill Road».

«Perfecto», dijo aquel hombre. «Pero los chicos esperan que acuda. ¿Entendido?».

«Sí», dijo Gerry a pesar de no tener ni idea de qué querrían decirle. Anotó la dirección del club unionista en el que se reunirían y le deseó buenas tardes al que lo llamaba.

«¿Quién era?», preguntó Belle.

«Quieren verme en Shankill», le dijo Gerry a su esposa. Belle estaba tan acostumbrada a que su marido se pasease por toda Belfast que apenas mostró preocupación alguna. Confiaba en Gerry, y este se conocía las calles de Belfast como cualquier otra persona de la ciudad.

«¿Tardarás?», le preguntó con tranquilidad.

«No», le aseguró Gerry. «No una tarde de domingo. Será una pequeña charla».

Aquella tarde de domingo de la primavera de 1972, Belfast parecía incluso más desierta de lo usual, mientras Gerry Storey se dirigía despacio hacia Shankill Road. Se sintió aliviado y tranquilizado por su insistencia en conducir él mismo. No habría sido nada astuto permitir que una escolta unionista se detuviera delante de su casa y se lo llevara en un coche desconocido. New Lodge no permitía ese tipo de visitas, y ni tan siquiera la presencia de Gerry habría evitado un tiroteo.

Mantuvo a raya cualquier temor ante aquella reunión razonando que no tenía nada que esconder. Estaba claro que el Consejo del Ejército Unionista estaba al corriente de lo que hacía en Shankill.Si le hubieran dicho que tenía que cesar sus visitas, se habría limitado a hablar con ellos y explicarles sus motivos. No se permitió pensar en otras posibilidades más siniestras.

Gerry aparcó su coche en una calle lateral a la salida de Shankil. A excepción de tres guardaespaldas que vigilaban fuera del club, no se veía a nadie. Gerry salió de su coche, lo cerró y se encaminó al club. Estaba claro que los guardaespaldas lo estaban esperando. Sin cruzar una palabra, uno de ellos condujo a Gerry hasta la primera planta, ascendiendo por la siniestra escalera. El gorila golpeó la puerta y esperó. Cuando llegó la respuesta, empujó la puerta y le hizo un gesto a Gerry para que entrara. Este era el momento en el que a la mayoría de los hombres se les habría helado la sangre. Pero, después de tomar un poco de aire para calmarse, Gerry entró en la habitación. Un gran grupo de hombres, más de una docena, lo vieron acercarse a la mesa redonda alrededor de la que se sentaban.

«Buenas tardes», dijo Gerry rompiendo el silencio.

«Gerry Storey», dijo uno de los hombres mientras se levantaba y extendía su mano.

Gerry reconoció algunos de los rostros. Harry Burgess. Bob Morrison. Tucker Lyttle. Optó por no mirar demasiado fijamente a ninguno de los demás. Era mejor no estar completamente al tanto de quiénes eran aquellos con los que se reunía. En Belfast resultaba peligroso saber demasiado.

«Toma asiento, Gerry», le dijo Burgess señalando una silla vacía que había en la mesa.

Gerry se sentó y esperó a escuchar el motivo por el que le habían llamado. La formalidad del escenario y la seriedad de los hombres le demostró que estaba en lo cierto: desde luego que estos chicos eran los paramilitares de mayor rango del norte.

«Estamos al corriente de lo que has hecho hasta ahora», le dijo otro hombre con tranquilidad. Gerry asintió y esperó. «Nunca lo has ocultado», prosiguió el hombre. Se hizo un largo silencio y entonces otro líder unionista se inclinó al otro lado de la mesa. Estaba tan cerca que si Gerry hubiera extendido la mano podría frotar el pelo de aquel hombre. Pero, consciente de la intensidad del momento, Gerry se limitó a mirarlo.

«Comprendemos lo que intentas hacer», continuó este. «Y estamos contigo al ciento por ciento».

La tensión se templó mientras los comentarios de asentimiento recorrían el contorno de la mesa. Aquellos hombres curtidos sentían una admiración y amor tan genuinos hacia el boxeo que Gerry, siendo el mejor entrenador *amateur* de boxeo de Gran Bretaña e Irlanda, era admirado por el Consejo del Ejército Unionista. Resultaba increíble; muchos de los hombres de aquella habitación estaban habituados a ordenar el asesinato de cualquier católico, o a planear atentados a objetivos en las comunidades republicanas. Y pese a ello daban la bienvenida a un entrenador católico de boxeo cuya familia tenía vínculos con el IRA.

«Gracias», dijo Gerry, sonriendo de una manera que no hubiera imaginado al comienzo de aquella reunión.

«Gerry», continuó Burgess, «nos encantaría que organizaras más veladas en la calle Rumford. Trae a tus chicos de la Sagrada Familia y boxea en nuestro club».

El Club Social de Rumford, justo a la salida de Shankill Road, era un conocido lugar de encuentro entre los paramilitares unionistas. A Gerry eso le daba igual, estaba encantado de que le invitaran a llevar allí a sus boxeadores.

«Somos conscientes de que es mucho pedir», dijo un hombre fornido. «Pero si estás dispuesto a hacerlo, contaréis con nuestra protección. Y eso implica la protección de todos los que estamos en esta mesa».

El hombre extendió los brazos indicando que toda la fuerza combinada del UDA, el UVF y el UFF lo protegerían. Si Gerry no creyera en el poder del boxeo, habría pensado que aquello era todo un milagro.

«Insistimos», dijo una nueva voz. «Si alguien se mete contigo, o con alguno de los tuyos, tendrá que vérselas con nosotros».

«Y tendrán que afrontar toda nuestra severidad», dijo otro hombre con gran seriedad, con su áspera voz remarcando la última palabra, amenazante. Quedaba claro que cualquiera que se metiese con Gerry sería mutilado o moriría.

«Eso no será necesario», dijo Gerry. «A mis chicos les encantará pelear en el Rumford».

Y todos aquellos hombres se levantaron como si fueran uno solo, para estrechar su mano. La escena fue tan pacífica y harmoniosa que Gerry se preguntó por qué las cosas no podían ser siempre así de simples, por qué era el boxeo lo único que podía juntarlos.

Aquel mismo mes, y contrastando con la tan diferente despreocupación de Gerry Storey y el espíritu de reconciliación que definió la reunión del Consejo del Ejército, el Torneo de Rugby de las Cinco Naciones no pudo completarse. El rugby se parecía al boxeo en que los mejores jugadores del norte, de los clubs del Úlster y cualquier otro sitio, jugaban sus partidos internacionales con el equipo irlandés. Willie John McBride, protestante que trabajaba como gerente de banco en Belfast y jugaba en el Ballymena, era el líder más experimentado de Irlanda. El imponente e influyente cierre había jugado ya en cuarenta y siete ocasiones con Irlanda, y en trece con los leones británicos. Llegaría a ser el capitán del mejor equipo que los *Lions* han tenido nunca, el que destruyó a Sudáfrica en el *tour* de 1974.

Era curioso que McBride y Mike Gibson, otro protestante del norte y el jugador de mayor talento de 1972, se enfundaran la camiseta verde y escucharan el canto de la multitud que los animaba con la letra del *The Soldier's Song*. En su ciudad natal, Ballymena, no podía sonar el himno irlandés, *Amhrán na bhFiann,* pues allí el *God Save the Queen* tenía un enorme significado entre la comunidad unionista; pese a ello, McBride ponía todo su corazón al jugar con Irlanda.

También estaba convencido de que aquel 1972 Irlanda contaba con el mejor equipo de aquel Cinco Naciones. Vencieron en sus dos primeros encuentros fuera de casa, batiendo a Francia por 14-9 en Colombes e imponiéndose por 16-12 a Inglaterra en Twickenham, el 12 de febrero. Habían pasado apenas trece días desde el Domingo Sangriento y que la embajada británica hubiera quedado hecha una ruina pasto de las llamas en Dublín, con lo que la tensión entre ambos países estaba en lo más alto.

A McBride le habían puesto un guardaespaldas en el hotel del equipo en Londres, puesto que le habían dicho que era objetivo de un grupo desconocido de republicanos. Pero ni aquel gran hombre ni Irlanda cederían al desaliento. Inglaterra iba por delante 12 a 7 cuando apenas quedaban tres minutos para el final, y entonces, los encorajinados irlandeses marcaron un *golpe de castigo* tardío y un brillante ensayo para hacerse con la victoria.

Los dos partidos que le quedaban a Irlanda los disputaría en casa, contra Escocia y Gales, siendo decisivo este último partido para determinar quién se llevaría el torneo. Pero los escoceses y los galeses se negaron a viajar porque no se sentían a salvo en Irlanda. El Cinco Naciones tuvo que ser cancelado y McBride y Gibson se enfurecieron por no poder completar un torneo que tanto valoraban.

Derry, jueves 20 de abril de 1972

Charlie Nash le dio vueltas al periódico, despacio, con sus manos. No le resultaba sencillo asimilar las palabras que acababa de leer. Eran tan grotescas que a duras penas podía creer que hubieran sido impresas en papel. Y en Derry, todo conocido de Charlie sentía lo mismo. La gente quedo consumida por el engaño y la injusticia que significaba el Widgery Report, el informe efectuado sobre el Domingo Sangriento. Por su parte, a Charlie le mortificaba el recuerdo de su hermano Willie. Aquello era como si le hubieran echado sal en una herida muy profunda.

Lord Widgery, elegido a dedo por el primer ministro británico, Edward Heath, para que maquillase la verdad sobre lo sucedido en el Domingo Sangriento, había redactado una investigación de lo más distorsionada. Las peores mentiras vieron la luz en el periódico que Charlie leía el día siguiente a que el informe fuera hecho público. Widgery aseguraba que la barbarie comenzó con los disparos a los que los paracaidistas británicos se habían visto sometidos. «Para todo aquel que busque repartir alguna responsabilidad sobre los sucesos del 30 de enero, resulta vital hacerse la pregunta "¿Quién disparó primero?"», escribió Widgery. «Estoy plenamente satisfecho de que el primer disparo en aquel aparcamiento (Rossville Flats), fuera dirigido contra los soldados».

Tanto el padre de Charlie como su hermano Eddie habían estado en la manifestación. Ambos juraban que los únicos disparos efectuados salieron de las armas de los paracas. Y lo mismo aseguraron otros amigos y testigos independientes que habían sido testigos de lo que sucedió aquel día.

Y todavía peor era la aseveración de Widgery sobre que algunos de los muertos «dispararon armas o manipularon explosivos durante aquella tarde, y que otros los habían ayudado de manera activa». También exoneraba de toda mala práctica a los paracaidistas. «Aquellos que estén acostumbrados a escuchar a testigos no podrían dejar de sorprenderse ante el comportamiento de los soldados de la Primera de Paracaidistas», concluía Widgery. «Presentaron sus pruebas con toda confianza y sin duda o prevaricación alguna, y soportaron un riguroso contrainterrogatorio sin contradecirse nunca, ni a ellos mismos ni a sus compañeros. Con una o dos excepciones, he de aceptar que lo que contaban era la verdad tal y como la recordaban».

La verdad, la auténtica, solo sería oficial treinta y ocho años después, en 2010, cuando la Investigación Saville concluyó que: «A pesar de las pruebas contrarias suministradas por los soldados, hemos concluido que ninguno de ellos disparó en respuesta a los ataques o la amenaza de posibles ataques de bombas de clavos o gasolina. Nadie lanzó o amenazó con lanzar ninguna bomba de clavos o de gasolina a los soldados durante el Domingo Sangriento».

Derry no tardaría en arder con nuevos disturbios, después de que las noticias de los periódicos corrieran entre la población. Charlie vio a chavales y jóvenes cubrir sus cabezas y rostros con pasamontañas negros. Los vio correr con botellas de leche llameantes en las manos, antes de arrojarlas sobre los miembros del RUC y del Ejército. Vio las bombas de gasolina hacer una parábola por el aire antes de explotar en llamas. Vio el odio y la rabia. Y lo comprendió. Él mismo quiso luchar. Pero recordó lo simpático que era su hermano. Willie siempre prefirió bailar a combatir. Por eso Charlie le dio la espalda a la violencia y la ira. Caminó en dirección contraria, al St Mary's, al refugio que para él suponía el boxeo.

Rinty Monaghan, el gran peso mosca de Belfast que había sido campeón del mundo en 1948 le dijo a Davy Larmour que la mejor manera de fortalecer sus manos era meterlas en salmuera. Davy busco el significado de *salmuera* en el diccionario. Era vinagre con sal. Había tomado prestado un enorme frasco de caramelos de la alacena de su madre, rellenándolo con cuatro botellas de vinagre y tres bolsas de sal. Esto fue su salmuera casera.

Cada noche, después de cada entrenamiento, Davy veía la pequeña televisión en blanco y negro del salón de la casa de sus padres mientras dejaba que aquella salmuera empapase su mano derecha. Después de media hora cambiaba de mano y se aseguraba de que la mano izquierda disfrutase de otro baño de la misma duración. Aquella poción salina siempre estaba helada. Después de una semana Davy notó que los nudillos de ambas manos se endurecían y blanqueaban cuando cerraba las manos en un puño. Pensaba que la salmuera endurecía los huesos de las manos.

Lo que Davy no podía sumergir en salmuera era su corazón. En el ring era implacable, pero fuera del boxeo era de gran sensibilidad. Cuando apenas era un crío fue víctima de acoso por parte de los niños mayores en su colegio, el Brown Street Primary School. Pero los maltratos dentro del aula eran todavía peores, sobre todo los que venían de uno de sus profesores. Davy tenía una caligrafía muy buena, pero la había conseguido a un gran precio. Recordaba que aquel profesor pasaba por detrás de él, despacio, y le abofeteaba la cara. «Larmour, su caligrafía es igual al rastro que dejaría una gallina caminando por su página», decía desdeñoso el profesor. Años después, en 1974, después de que Davy consiguiera la medalla de oro en los Juegos de la Commonwealth con Gerry en su rincón, aquel mismo profesor le escribió: «Davy, siempre estuvimos seguros de que usted triunfaría».

Davy había aprendido a hacerse boxeador. Su madre fue quien plantó aquella idea en su imaginación. «¿Por qué no vas al gimnasio del tío John y aprendes a defenderte?», le preguntaba. Se había dado cuenta de lo embobado que Davy se quedaba delante de la televisión las tardes del sábado, cuando la BBC emitía *America's Fight of the Week*, programa semanal de boxeo. Le encantaban Sugar Ray Robinson y Carmen Basilio.

El pequeño Davy, de ocho años de edad en 1960, acudió al gimnasio de boxeo Springmount, situado en un viejo depósito de carbón. Ascendió por los tres tramos de una mugrienta escalera, iluminados apenas por una bombilla. Estaba tan nervioso que, aunque su padre le hubiera comprado un par de guantes de seis onzas, no se atrevía a abrir la puerta. El entrenador, Jimmy Hamilton, le hizo entrar. «¿Qué es lo que quieres, hijo?», le gruñó.

«Quiero boxear», susurró Davy.

«¿Y dónde te has dejado la camiseta?», le preguntó Jimmy. «¿Dónde están tus calzones y tus botas? ¿Y tu toalla?».

Davy lo miró con ojos como platos. No tenía camiseta, ni calzón, ni botas o toalla. Le dijeron que regresara cuando tuviera el equipamiento adecuado. Corrió hasta su casa, llorando; Davy cargó por la puerta y tiró su par de guantes nuevos bajo las escaleras. Había terminado con el boxeo antes siquiera de comenzar.

Tres semanas después, cuando su madre consiguió el dinero para comprarle una equipación en condiciones, Davy regresó al gimnasio. Jimmy Hamilton le dio la bienvenida.

Desde el comienzo, a Davy le gustaron los olores y vistas de aquel gimnasio. No tardó en comprobar que podía pelear.

Fue en secundaria cuando comprendió que sus logros en el cuadrilátero comenzaban a ser conocidos. Davy sabía tocar la armónica, también, y los chicos siempre lo animaban a tocar la última canción de los Beatles. Estaba en mitad de una interpretación en 1964 cuando, en cuanto su profesor entró por la puerta de la clase, todos los que estaban a su alrededor se dispersaron. La imponente figura del tutor dejó su maletín en la mesa y miró a aquella clase que se había quedado muda de repente. Entonces se sentó, sacó su periódico y comenzó a leer las páginas de la sección de deportes en silencio.

Todos lo contemplaron divertidos. Después de leer un instante, el profesor bajó su periódico. «Soy una criatura de costumbres», dijo, «y esta mañana bajaba por la calle Malone y, como cada mañana, compré mi ejemplar del periódico. En cuanto llegué al colegio hice lo de siempre, fui a la sala de profesores para leer sobre las carreras de caballos y perros en las páginas traseras».

La clase continuaba en silencio, esperando comprender a dónde quería llegar aquel hombre. «Y esta mañana», continuó el maestro, «me encuentro una historia en la parte trasera del periódico en la que se cuenta que uno de mis pupilos ha gozado de la distinción de acudir a Dublín para pelear por un título irlandés de boxeo».

Davy se puso muy colorado, puesto que en aquella clase nadie más sabía que boxeaba; el resto seguía confundido. Después de un largo silencio, el profesor dijo: «Señor Larmour, salga al encerado».

Davy era el chico más bajito de la clase y, cuando se levantó, el resto de los compañeros quedaron de lo más sorprendidos. «Señor Larmour, ¿desde cuándo lleva usted boxeando?», le preguntó el profesor.

Al principio la voz de Davy sonó tímida, pero poco a poco fue ganando en confianza, según sus compañeros le iban preguntando cosas. Con doce años, Davy saboreaba las primeras mieles del reconocimiento.

Se había adjudicado el campeonato infantil del Úlster para menos de cincuenta kilos, y en Dublín conseguiría el título irlandés de la misma categoría. En la noche del viernes, tras regresar, Davy se encontraba exultante, porque cuando fue al club de boxeo, todo el mundo había admirado aquel trofeo que él no se había atrevido a enseñar a su padre.

«Chico, esta noche quiero hablar contigo», le había dicho su padre. Su padre era un antiguo militar, siempre dispuesto a aplicar el cinturón sobre la espalda de Davy cada vez que consideraba que su hijo se lo había buscado. Aquella noche, ignorando lo que su padre podría decirle, Davy le esperó. Sabía que cuando su padre iba al pub a tomar alguna pinta, siempre bebía solo. Debió de ser durante alguna de sus visitas solitarias al pub cuando escucharía a alguien hablar sobre la gran victoria que el pequeño Davy había conseguido en Dublín.

Justo antes de que dieran las diez y media su padre llegó a casa. «Ven aquí, chico», le dijo. Siempre llamaba *chico* a Davy, pero era la primera vez en que se le notaba algo de alegría en su tono.

«¿Qué sucede, papá?», le preguntó Davy.

«Eso del boxeo», dijo su padre. «Ya puedes despedirte de ello». Davy se quedó paralizado por la sorpresa.

«¿Por qué?».

«Has llegado más lejos de lo que tus tíos jamás llegaron», dijo su padre. «Ya es suficiente».

«Pero yo no boxeo para ser mejor que mis tíos», dijo Davy en voz baja.

«Ya has ganado el título del Úlster; y ahora has ganado un título irlandés. ¿Qué más quieres?».

Davy no se atrevió a decir nada sobre la posibilidad de disputar unos Juegos Olímpicos algún día, o llegar a profesionales. Esos eran sueños imposibles de explicar.

«¿Por qué te gusta boxear?», le preguntó su padre.

«Me divierte», dijo Davy. «Y enseña mucha disciplina», añadió en un intento de apelar al militar que su padre fuera.

Su padre se quedó mirándolo durante un buen rato. «¿Qué es lo que sientes cuando golpeas el rostro de otro?».

Davy se sentó, en silencio, evaluando sus emociones. La respuesta que acabó dando fue tan simple como cierta: «Cuando golpeo a alguien siento un impulso eléctrico subir por el brazo».

Su padre siguió contemplándolo, como si aquella fuera la primera vez en que veía a Davy; y entonces le hizo un gesto para que se fuera. «Vete a la cama».

No volvieron a hablar sobre que Davy dejara el boxeo hasta años después, cuando su padre estaba en el lecho de muerte. La única manera que tenía Davy de conocer los sentimientos de su padre era a través de su hermano John, que no hacía más que preguntarle: «¿No va siendo hora de que lo dejes?». Su hermano estaba orgulloso de que él fuera boxeador, pero su padre no hacía más que apremiarle para que le repitiera aquella pregunta.

Su madre no hablaba sobre boxeo. Davy pensó que, como le sucedía a su padre, temía que en algún momento le hicieran daño. Cada vez que se iba al gimnasio o regresaba con el pelo enmarañado y la cara marcada, se hacía el silencio en la casa. No sería hasta mucho después cuando se enteró de que sus padres estaban al corriente de su carrera pugilística. La gente les decía: «me he enterado de que tu hijo ha ganado tal pelea?», o «he visto que tu hijo ha logrado otro título». Estaban orgullosos, pero en el fondo, sus padres temían por Davy.

En la Sagrada Familia, Gerry siempre intentó con todas sus fuerzas no mostrar favoritismos. Se mostraba convincentemente justo con todos, pero Davy sabía que el entrenador sentía un afecto especial por Hugh Russell. Con su brillante cabello rojo y su cara pecosa, además de haber nacido en New Lodge, Hugh llevaba años siendo un púgil destacado de la Sagrada Familia.

Gerry decía en broma que Hugh «había cumplido once años cuatro años seguidos». Solo podía cruzar puños a partir de cumplir los once años, pero en los años previos a alcanzar esa barrera, Hugh siempre desaparecía cuando llegaba el momento de demostrar su edad. «Tenía la gripe, Gerry», le decía a su entrenador cuando este le preguntaba por qué no había ido al gimnasio el día que tenía que entregar la prueba de su fecha de nacimiento. Gerry sabía que todavía le quedaba bastante para cumplir once años porque cuando lo pesaron por vez primera, Hugh apenas alcanzaba veintidós kilos. Pero seguía empeñado en boxear, y Gerry lo comprendía. Hugh quería hacer lo mismo que hacía su hermano Sean, disputar pequeños *sparrings* y pelear de verdad en la Sagrada Familia, y en veladas por todo el norte y el sur de Irlanda.

Cuando por fin cumplió once años, en diciembre de 1970, continuaba por debajo de los treinta y dos kilos. Pero después de tantos años de merodear por la Sagrada Familia algo se le había pegado, porque en 1971 logró el título del condado de Antrim, además de los campeonatos del Úlster e incluso el campeonato de Irlanda en la categoría de peso más liviano. Con Gerry en su esquina Hugh era tan bueno que fue elegido el mejor boxeador de los nacionales para chicos en edades entre once y diecisiete años. A la gente le costaba asimilar que aquel pequeño terrier pelirrojo fuera tan buen boxeador, porque entre cada asalto Gerry tenía que levantar y bajar a Hugh de la banqueta, puesto que no llegaba al suelo; sus pies colgaban en el aire.

Davy Larmour, un peso mosca que ahora pesaba cincuenta kilos, parecía imponente cuando saltaba la cuerda junto al pequeño Hugh, en una invernal mañana de febrero de 1972. Davy no solo había logrado el título sénior del Úlster en el peso mosca, campeonato que Hugh soñaba, más que cualquier otro, con conquistar algún día, sino que también había peleado en los Juegos de la Commonwealth. Y lo que es un milagro todavía mayor, algunos de sus combates habían sido televisados. Hugh no se perdía ninguna película de John Wayne en la televisión y Davy Larmour pasó a ser objeto de la misma admiración.

Davy no le prestaba demasiada atención a Hugh. No podía ni imaginarse que una década más tarde aquel pequeño pecoso y él pelearían en dos de los combates más recordados y sangrientos celebrados durante los Troubles. El púgil de Shankill Road y el pequeño boxeador de New Lodge, el protestante y el católico, demostrarían la fuerza cautivadora del ring mientras sus comunidades parecían empecinadas a destruirse entre sí.

Para Gerry era suficiente con ver a Davy y Hugh, de diecinueve y doce años, trabajar junto a las filas de púgiles que atestaban la Sagrada Familia. Sus edades, religiones y extracción social no significaban nada para él. Eran dos púgiles especiales de la Sagrada Familia.

Estadio Nacional, Dublín, viernes 28 de abril de 1972

«No voy a ganar», dijo Davy Larmour en voz baja en un rincón de un atestado vestuario.

Su entrenador, Steamer Graham, quien llevaba años trabajando con él en el Albert Foundry, al lado de Shankill Road, lo miró sin creer lo que oía. Estaban a apenas cinco minutos de hacer el largo paseo hasta el ring para que Davy peleara con Neil McLaughlin en la final de los pesos mosca de los campeonatos irlandeses.

«¿Qué quieres decir con eso de que no vas a ganar?», le dijo Steamer con incredulidad.

«Aquí no me favorecerá una decisión», respondió Davy mirando alrededor de un vestuario repleto de púgiles del sur, como para recordarle a Steamer que volvían, de verdad, a estar en Dublín.

«No seas estúpido», bramó Steamer. «Ya has vencido antes a McLaughlin».

Larmour y McLaughlin habían peleado en otras cuatro ocasiones. Mclaughlin, un fino pero poderoso pegador salido del Bogside, en Derry, había perdido la primera vez que peleó contra Larmour. Después vengó aquella derrota con una dolorosa victoria en Belfast. Desde entonces habían peleado en otras dos ocasiones en

1971, con McLaughlin llevándose la parte mala en la decisión en los campeonatos del Úlster y haciéndose después con el título irlandés tras una peleadísima victoria a los puntos en los Nacionales de Dublín. El resquemor por aquellas derrotas seguía quemando a Davy por dentro. Pero el dolor dejado por el Domingo Sangriento le convencía de que no tendría nunca opción alguna de vencer a McLaughlin en Dublín.

«No voy a ganar este combate», repitió.

«Sácate eso de la cabeza», le advirtió Steamer. «Vas a ganar con tanta autoridad que serás el nuevo campeón».

Davy sacudió la cabeza, solemne.

«¿Pero qué mosca te ha picado?», preguntó Steamer.

«¿Quién va a votar por un tipo de Shankill antes que por un chico del Bogside?».

Steamer estaba a punto de responder, pero Davy continuó. «¿En Dublín? ¿En el Estadio Nacional? ¿Contra un tipo de Derry, después del Domingo Sangriento?».

A Davy le caía bien Neil McLaughlin. Era un buen boxeador, sólido púgil que trabajaba desde detrás de un largo *jab* y guardaba una enorme energía en los puños, y gran tesón en el corazón. Neil, como la mayoría de los boxeadores, era un tipo educado y equitativo, con pocas pretensiones y nada rebuscado. Corría el rumor de que sus lazos con el IRA se habían fortalecido después del Domingo Sangriento, pero Davy ignoró esas habladurías. Consideraba a Neil según lo que veía: un buen hombre que resultaba ser un duro oponente. Ya era bastante difícil derrotarlo de por sí, pero la idea de enfrentarse a él luchando por el título irlandés cuando casi todo el mundo de aquel lugar animaría a un chico católico contra aquel picajoso protestante, le quitó toda esperanza.

«Venga», le animó Steamer. «Puedes hacerlo».

El entrenador le recordó a Davy que, si derrotaba a McLaughlin enfrente de sus apasionados seguidores, el puesto para la selección irlandesa que Gerry Storey llevaría a los Juegos de Múnich sería suyo, seguro.

Subirse al cuadrilátero siempre demanda mucho valor; pero Davy tiró de todas sus reservas de valentía mientras se preparaba para una pelea que —seguía estando seguro— no podía ganar a menos que pillara a McLaughlin con un buen puñetazo y lo noqueara. Dejó que Steamer le vendara las manos en silencio y que después le pusiera los guantes. Le puso una toalla blanca alrededor del cuello y Gerry se acercó a desearle suerte. Davy era miembro honorario de la Sagrada Familia, pero lucía su camiseta del Albert Foundry en honor a sus raíces, Shankill Road

Los abucheos comenzaron cuando Davy se aproximaba al ring. Todas sus dudas sobre ser un protestante a punto de pelear contra el vigente campeón de Derry resonaron de nuevo en su cabeza. Davy se abstrajo de todo. Dejo de pensar en injusticias y sectarismos, en Derry y en Dublín. Todo se limitaba a McLaughlin y él en el ring. Ninguna otra cosa importaba mientras mordía su protector bucal y chocaban los guantes en el centro del ring.

Desde el primer toque de campana hasta el último, Larmour dominó el combate. Neutralizó a McLaughlin, lanzando *body shots* a su estómago y flancos. También atacó a la cabeza con afilados *jabs*. Ni tan siquiera dos avisos en el primero asalto, por golpear demasiado abajo mientras McLaughlin intentaba alcanzarlo con su *jab*, detuvieron al púgil de Shankill. Larmour siguió presionando, conquistando el combate y a la multitud asalto tras asalto. Cuando sonó la campana que marcaba el final del combate el pabellón se alzó en una ovación de reconocimiento, en especial para con aquel peso mosca de Belfast al que habían abucheado al comienzo. Davy abrazó a Neil. Sin dudas, lo hecho en aquella pelea devolvería el título a Belfast.

Con el anuncio de la decisión dividida, resonaron unas pocas palmas, lentas. El consenso general era que Larmour había ganado aquel combate, claramente. Pero cuando se anunció el nombre del ganador comenzaron los abucheos. McLaughlin, quien por lo general era uno de los púgiles más admirados en Dublín, parecía avergonzado mientras escuchaba el descontento del público.

Davy sonrió y se encogió de hombros. Le dolía aquella nueva derrota, pero se sentía todo un vencedor. ¿Quién más sería capaz de ganarse de aquella manera al público de Dublín viniendo de Shankill Road?

Más tarde se sentaría junto al ring, aceptando tantos elogios como lamentos, mientras presenciaba cómo el gran Charlie Nash retenía su título de los pesos ligeros con una sencilla victoria sobre Christy McKenna. Charlie no hizo celebración alguna en el ring. Seguía mostrando un aire de aflicción. Habían pasado menos de tres meses desde que perdiera a su hermano en el Domingo Sangriento.

Pero, sin saber cómo, Charlie siguió peleando. Igual que haría Davy Larmour.

John, el hermano de Davy, y su padre trabajaban en el mercado de Belfast. Eran protestantes trabajando en zona republicana, pero no tenían miedo de que los sacasen y los tiroteasen por venir del lado contrario de la división sectaria. Cada vez que otras personas les exponían el temor que sentían por ellos, Samuel Larmour hacía caso omiso de esos miedos: «Esa gente no nos hará daño. En el mercado estamos a salvo».

Todo el mundo decía que el mercado estaba dirigido por peligrosos republicanos, pero al padre de Davy aquello le daba igual. Se llevaba bien con algunos de los mandamases del mercado, como Joe McCann, oficial al cargo en el IRA Oficial, por lo que los temores de los demás le sonaban ridículos. Joe siempre había sido una persona justa, y Samuel Larmour y él se respetaban mutuamente. ¿Qué más daba si algunos republicanos escondían armas en el trabajo? Ni le iban a disparar a él, ni iban a disparar a John.

Davy trabajaba como aprendiz de alicatador en Carrickfergus, o Carrick, como era conocida, a 17 kilómetros de Belfast, en el Condado de Antrim. Una tarde de mayo de 1972, cuando terminó su jornada laboral, Davy pasó a visitar a un amigo. Este amigo, Bert Shields, todavía no había llegado a casa, pero Davy fue conducido al salón. La señora Shields estaba cotorreando con una vecina, así que encendió la televisión para que Davy pudiera ver las noticias mientras esperaba a Bert.

El telediario comenzó informando de una explosión en la calle Ann, en el centro de Belfast. Mientras miraba las imágenes en blanco y negro, Davy estuvo a punto de dar un grito al reconocer el camión de su padre en la pantalla. Habría reconocido ese camión bajo cualquier circunstancia, por mucho que estuviera volcado de lado y hubiera saltado por los aires; no tenía dudas de que era su camión. Era el mismo camión que su padre y John conducían cada mañana rumbo al mercado.

El hermano de Bert se acercó corriendo y, al ver la cara de Davy, supo que su amigo se había enterado de la noticia. «Es el camión de mi padre», dijo Davy señalando con un dedo tembloroso a la pantalla.

Bert entró corriendo detrás de su hermano. Su voz sonaba ronca y entrecortada. «Davy», le dijo, «tienes que ir al Royal. Le han puesto una bomba a tu padre».

En un primer momento, Davy no se movió. En la televisión logró distinguir que, según informaciones, aquello había sido un atentado del IRA, cometido con un coche bomba puesto en un Volkswagen amarillo. Había explotado justo en el momento en el que pasaba un camión del mercado, cerca de la comisaría de policía de Musgrave y camino a la calle Victoria.

«Es mi padre», dijo Davy, con la mirada clavada en la pantalla.

Un doctor había presenciado la explosión y, viendo al conductor del camión con una herida en la garganta que sangraba con profusión mientras salía tambaleante del vehículo, salió raudo a ayudarlo. El conductor, temiendo que fuera a atacarlo, intentó golpearlo. «Estese tranquilo, hijo», le aplacó el doctor. «Vengo a ayudar». El conductor había sufrido un profundo corte en la yugular, y el doctor detuvo la hemorragia hasta que llegó la ambulancia. «Están hablando de mi padre», dijo Davy, mirando impotente a Bert y a su hermano.

«Vamos, Davy», le conminó Bert. «Vamos a ver a tu padre en el Royal».

Bert y su hermano llevaron a Davy hasta el hospital Royal Victoria. Aquel trayecto transcurrió como una pesadilla, y Davy no podía decir a ciencia cierta cómo había llegado a aquella tercera planta cuando sacaron a su padre del quirófano. La cara y cabeza de Samuel Larmour estaban cubiertas por un pasamontañas blanco, hecho con vendajes. Según se filtraba la sangre a través de las vendas, aquel pasamontañas se iba tiñendo de rojo.

«Santo Dios», dijo Davy. Sabía que su padre era una persona complicada. Él mismo había podido sentir el dorso de sus manos en muchas ocasiones. Tampoco podía escapar a la desilusión de que su propio padre quisiera que abandonara la gloria y el dolor del boxeo y cambiarlo por una vida ordinaria. No compartían ningún tipo de vínculo real, pero Davy seguía necesitándolo.

Costaba creer que el cuerpo de su padre, tan herido y despedazado por la bomba, pudiera regresar a una vida normal. Permaneció en el hospital, apenas hablando con nadie mientras, bajo aquellos vendajes y tras la vidriosa expresión de sus ojos, continuaba respirando, pero no viviendo. Davy no sintió ira hacia los republicanos que habían atentado contra su padre por accidente. Lo que lo consumía era una enorme tristeza.

Davy cambió su trabajo como aprendiz de alicatador por un empleo en la fábrica de tabaco Murray, en Sandy Row. Era zona unionista, pero también había un puñado de católicos trabajando allí. Una mañana, unas pocas semanas después de que su padre sufriera el atentado, un católico que trabajaba como técnico de calefacción y él estaban trabajando juntos, tranquilamente. Habían cruzado algunas palabras mientras vertían cemento en el suelo de la fábrica. A Davy le caía bien aquel técnico, a pesar de que corrían rumores de que era miembro del IRA. Cuando pararon para un pequeño descanso, el técnico lo miró. Habló en voz baja y afectada. «¿Estás bien, chavalín?», le preguntó.

«Sí, claro», respondió Davy.

Después de un largo silencio, el hombre del IRA le dijo: «Davy, si te sirve de consuelo, anoche hubo una explosión en Short Strand. Era una fábrica en la que estaban preparando bombas. Los cuatro tipos que había allí eran los mismos que atentaron contra tu padre».

Davy miró fijamente al hombre, mientras asimilaba la noticia. «Para serte sincero», dijo, «no me sirve de consuelo alguno, porque eso significa que ahora hay otras cuatro familias más sufriendo».

El republicano apreció su comprensión... «Solo pensé que debía decírtelo», dijo en voz baja.

Capítulo 4

EL AÑO MÁS NEGRO

Fue el peor año en la historia de los Troubles; y también en la vida de Charlie Nash. Su hermano William fue una de las 497 personas que perdieron la vida en 1972 a consecuencia directa de la violencia confesional. Amigos suyos cercanos, como Damien McDermott, dicen que Charlie nunca fue el mismo tras el Domingo Sangriento. Siguió siendo una persona amable y educada, y un boxeador entregado. Pero tras la muerte de Willie se volvió incluso más callado e introspectivo.

Décadas después, al echar la vista atrás, se sorprendería de los logros que consiguió peleando con la selección irlandesa durante los Juegos Olímpicos de 1972, apenas siete meses después del Domingo Sangriento. Enero había sido un mes cruel. Perdió a su hermano y a su mejor amigo, *Mousey* Harkin; su madre había sufrido un ataque al corazón, su padre había recibido un disparo del ejército británico y su ciudad natal estaba devastada.

A pesar de que en el boxeo recibiera dolorosos golpes, este le servía de bálsamo contra las heridas provocadas por todo lo sucedido. En un deporte tan violento y duro, Charlie encontraba paz y consuelo. El mundo exterior era cruel y albergaba maldad, pero en el cuadrilátero había unas reglas, y te recompensaba. El boxeo le proporcionó a Charlie un propósito y desahogo. En el exterior la gente se mataba sin razón alguna, pero en el cuadrilátero, en su búsqueda por mejorar sus capacidades, siempre con respeto al oponente, los boxeadores eran capaces de encontrar un objetivo puro.

Más que una alegría, la confirmación de su asistencia a los Juegos como parte del equipo de Irlanda fue un socorro para Charlie. Se había proclamado campeón de los pesos ligeros los tres últimos años, con lo que su selección era mera formalidad. Pero la preparación para los Juegos requeriría de una concentración extrema que le permitiría abstraerse del dolor y la cotidianeidad de Derry. Y que Gerry Storey fuera el entrenador facilitaba las cosas.

Durante el verano de 1972 Charlie viajaba a Belfast cada tarde. Las noches de viernes y sábado se quedaba con Gerry y Belle Storey, además de los cuatro hijos de estos, en New Lodge. Esto les permitía entrenar en la Sagrada Familia los viernes por la tarde, hacer dos sesiones de entrenamiento los sábados y otra el domingo por la mañana.

Charlie se sentía cómodo con Gerry y su familia. Los tres chicos —Gerry, Sam y Martin— daban sus primeros pasos en el boxeo en la Sagrada Familia. La casa Storey exudaba boxeo. Gerry padre nunca le obligó a hablar del Domingo Sangriento. Prefería centrarse en las habilidades pugilísticas de Charlie, mientras que Belle fue como una segunda madre durante aquellos fines de semana veraniegos en New Lodge. Aquel ritmo de vida tan relajado ayudó a Charlie a recuperarse de todo lo que le había sucedido durante aquel año.

Cada viernes por la tarde Charlie salía pronto de su trabajo en la imprenta, donde continuaba al cargo de la guillotina. Todavía no tenía carnet de conducir, por lo que tomaba el autobús de Derry a Belfast. Era un trayecto largo, dos horas de camino interrumpidos por numerosos controles de seguridad. Gerry lo recogía en la estación de autobuses y, por lo general, media hora después Charlie se encontraba en la Sagrada Familia listo para entrenar.

Pero los Troubles centraban toda la atención en 1972. La combativa UDA contaba con cuarenta mil miembros y docenas de asesinatos con su firma; por su parte, su odiado enemigo, el IRA Provisional, había asumido la militancia republicana. Los provos (IRA Provisional) contaban con una nueva arma: los coches bomba. Comenzaron a utilizarlos en las calles de Belfast. El padre de Davy Larmour había saltado por los aires en un ensayo de cara a una sucesión de atentados planeados para Belfast durante el mes de julio. Un coche normal y corriente, como aquel Volkswagen amarillo que saltó por los aires al paso del camión de Larmour, podía portar y enmascarar explosivos. Y en cuanto el coche quedaba aparcado con el detonador programado para estallar en el momento en el que se consideraba que podía sembrar mayor muerte y destrucción, el metal y los cristales que saltaban por los aires se convertían en una metralla letal.

El 7 de julio, en Londres, se habían celebrado unas conversaciones secretas entre el Gobierno británico y el IRA —un jovencísimo Gerry Adams estaba entre el grupo de liberados del internamiento para asistir a esas negociaciones—, pero no llegaron a acuerdo alguno. El IRA se mostraba inflexible en su exigencia de la retirada total de las tropas británicas en el norte de Irlanda. Esta petición fue rechazada por el Gobierno británico, y toda esperanza de reconciliación se vio sustituida por una creciente intransigencia de ambos bandos. El ala Provisional del IRA decidió realizar una campaña de terror sin precedentes.

Charlie llegó a Belfast en la tarde del viernes del 21 de julio de 1972, encontrando allí el caos. Veintidós bombas del IRA fueron detonadas por toda Belfast en setenta y cinco minutos. Murieron nueve personas y ciento treinta resultaron heridas. Había cuerpos mutilados y seccionados por todas partes, mientras la gente se dispersaba en todas direcciones presa del pánico, sin saber si se ponían a salvo o, por el contrario, corrían en dirección a la siguiente bomba. «Parecía que aquellos que caminaban alrededor de las 14:30 por las calles escucharan una nueva bomba a cada minuto. En el centro de la ciudad el *shock* y la histeria bajo las que se encontraban varias mujeres obligaron a tener que atenderlas», informó el *Irish Times*. «Pocos sucesos en este horrible año han causado tanta consternación a la ciudadanía».

Otra lóbrega muesca quedaba marcada para la terrorífica posteridad de los Troubles. Si en Derry hubo un Domingo Sangriento, aquel sería el Viernes Sangriento en Belfast.

Sus consecuencias resonarían durante años, y los habitantes de la ciudad quedaron aterrorizados por todo lo que vieron y escucharon. Incluso aquellos que escaparon a los atentados sufrieron sus consecuencias. Por toda Belfast se escuchaban descripciones de partes de cuerpos que habían quedado esparcidos por los suelos de toda la ciudad. Hubo gente que murió o quedó amputada por haber tenido la mala fortuna de tomar un autobús en Oxford Street justo cuando algunas de las bombas iban a explotar, o porque habían salido de sus casas u oficinas para hacer la compra. La vida cotidiana saltó por los aires. Gerry se planteó parar los entrenamientos, pero el boxeo ofrecía un atisbo de salvación entre tanta locura y miseria. Los Juegos significaban mucho para ellos, por lo que a la mañana siguiente condujeron hasta Dublín para retomar los entrenamientos en un ambiente más tranquilo.

Aquel viaje dejó cálidos recuerdos en Charlie. Ya había viajado hasta Dublín con Gerry en otras ocasiones, parando para recoger a Davy Larmour de camino. Charlie y Davy se llevaban muy bien, y el hecho de profesar religiones diferentes carecía de toda importancia durante aquellos viajes a Dublín. Pero Neil McLaughlin había sido seleccionado para los Juegos en lugar de Davy.

Además de los dos púgiles de Derry, en el equipo también estaban Mick Dowling, Jim Montague, John Rodgers y Cristy Elliot. Cuatro de los seis púgiles eran de Irlanda del Norte, siendo Dowling y Elliott los únicos criados en el Sur. Con esto el equipo olímpico dejaba todavía más claro, si cabe, el importante papel que ocupaba el boxeo en el subconsciente deportivo irlandés. La división y la lucha consumían al resto de la sociedad, pero, en el boxeo, en aquel equipo unificado irlandés reinaba la armonía. Por el contrario, la mayoría de los deportistas olímpicos de Irlanda del Norte compitieron por el equipo británico en Múnich.

En las dos semanas previas a partir rumbo a Múnich los seis púgiles irlandeses entrenaron juntos en Dublín. A Charlie le dieron dos semanas de vacaciones en la imprenta para ponerse en forma antes de pelear contra los mejores púgiles de Cuba y de los países del Este de Europa; boxeadores que, gracias a gozar de la manutención del estado, entrenaban durante todo el año sin depender de un trabajo normal y corriente para subsistir. Como de costumbre, todo estaba en contra de los irlandeses.

Al principio, Múnich significó todo un descanso para Charlie Nash. No había barricadas en llamas, ni blindados rugiendo, ni coches bomba o violentas incursiones armadas en mitad de la noche. Al contrario, la Villa Olímpica era todo diversidad y tranquilidad, y en ella los boxeadores irlandeses conocieron a atletas de todo el mundo mientras se preparaban para su asalto a la gloria. Charlie comenzó a relajarse lejos de la incesante tensión de Derry y Belfast.

Gerry Storey sumergió a sus hombres en una serie de ejercicios que buscaban afinar su condición física y la coordinación puño-vista; ejercicios que serían imitados por algunos de los grandes boxeadores cubanos más avanzada aquella década. Utilizaba pelotas de tenis, que sus pupilos debían botar y golpear. La mayor parte de los entrenadores internacionales encontraron estas prácticas una curiosa extravagancia, pero diez años más tarde, cuando los cubanos visitaron Irlanda para una serie de veladas, todos los entrenadores utilizaban el truco de la pelota de tenis para pulir a sus pupilos. Gerry disfrutaba de tan buena reputación en el boxeo internacional que otros famosos entrenadores profesionales, como el legendario Ray Arcel, acudían a él para compartir estrategias y psicología sobre el cuadrilátero.

Gerry fue el entrenador más erudito que Charlie conociera. Su dominio de los principios del boxeo era tan minucioso, y los consejos que daba resultaban tan valiosos, que incluso veteranos púgiles olímpicos consiguieron mejorar bajo su batuta. Resultaba especialmente versado a la hora de pulir las combinaciones de golpes y la preparación táctica al nivel más alto del boxeo *amateur*, e incluso logró pelear al mismo nivel que los boxeadores y entrenadores comunistas que comenzaban a dominar la competición olímpica. En Múnich, tres de sus púgiles perdieron por un margen muy estrecho contra boxeadores que terminarían llevándose la medalla de oro; de ellos, Mick Dowling fue el menos afortunado de todos al perder por decisión no unánime contra el cubano Orlando Martínez, quien acabaría alzándose con la medalla de oro en el peso gallo.

Charlie Nash se impuso con solvencia en sus dos primeros combates en Múnich, superando al danés Erik Madsen antes de acabar con el mexicano Antonio Gin en poco más de un minuto. Debía superar al polaco Jan Szczepanski en los cuartos de final para asegurarse, al menos, la medalla de bronce; y contando con la sabiduría de Gerry desde el rincón abrió brecha en los dos primeros asaltos. Sin embargo, Szczepanski era el campeón europeo de los pesos ligeros, además de todo un curtido profesional, en comparación con el pobre *amateur*. La superioridad física del polaco quedó patente durante una furiosa lluvia de golpes en el tercer y último *round*. Charlie tenía mucha más clase, pero tres combates en días consecutivos y la obligación de vigilar el peso resultaron demasiado para él. El árbitro declaró terminada la pelea justo antes de la campana final. Szczepanski conseguiría el oro, pero caer derrotado por el que a la postre sería el campeón no fue consuelo alguno para Charlie.

Aquella misma tarde, la del 4 de septiembre, el nadador norteamericano Mark Spitz conseguiría su séptima medalla de oro, marcando con ello un récord olímpico. Pero incluso un logro como aquel se vería eclipsado por la muerte.

En las primeras horas del 5 de septiembre de 1972 ocho miembros del grupo terrorista palestino Septiembre Negro irrumpieron en la Villa Olímpica, matando a dos miembros del equipo israelí además de tomar nueve rehenes. El estruendo confundió a muchos de los somnolientos atletas olímpicos, pero Charlie estaba más que familiarizado con aquel ruido que le había arrancado del sueño.

«Un rifle», dijo en la oscuridad mientras sus compañeros de equipo, confundidos, preguntaban qué sucedía. «Han disparado a alguien».

La crisis de los rehenes duró cerca de veinte horas, en las que el grupo Septiembre Negro exigiría la liberación de doscientos treinta y cuatro palestinos prisioneros de Israel. Después de romperse las negociaciones la policía alemana abatió a cinco miembros del grupo terrorista en su fallido intento por liberar a los rehenes. Todos los rehenes israelíes, además de un policía alemán, recibieron disparos, elevándose la cifra de muertes hasta las diecisiete.

Charlie, Gerry y el resto del equipo irlandés estaban a salvo, pero aturdidos por tanta violencia y muerte; violencia y muerte que tampoco tardarían demasiado en trasladarse hasta su propio país.

Dos días antes Mary Peters, una secretaria de Belfast de 33 años, había conseguido la medalla de oro en pentatlón para la delegación británica. Apenas unas horas después de su victoria la BBC en Londres recibía una llamada anónima con una amenaza de muerte. «Mary Peters es una protestante que ha ganado una medalla para Gran Bretaña. Se va a atentar contra su vida y el IRA será acusado de ello. Pídanle a Mary Peters que haga algún llamamiento a la unidad. No deseo que acabe convertida en una mártir. Dentro de muy poco su casa saltará por los aires».

Peters, nacida en Inglaterra y criada en Ballymena desde los 11 años, era una mujer audaz y risueña. Estaba entusiasmada con su recién conquistado título de campeona olímpica, y aunque se tomaba en serio la amenaza, no cedió a intimidación alguna. Tras aterrizar en Belfast una serie de policías armados la mantuvieron alejada de la multitud, por lo que la gente decidió colgar pósteres con su imagen y dejarle bolsas con regalos en las vallas con metal de espino que mantenían alejada a la multitud. Pese a todo, desfiló por Royal Avenue, en pleno corazón de la ciudad, mientras le enseñaba la medalla de oro a todo aquel que la aclamaba. La policía estaba nerviosa, pero Peters les dijo «si alguien quiere matarme, lo harán después de que haya conseguido lo que siempre soñé».

Unos días más tarde iba en la parte trasera de un camión rumbo al ayuntamiento. Miles de personas llenaban las calles mientras Peters mostraba su medalla. No hubo disparos aquel día en el que Belfast, siquiera por un corto periodo de tiempo, celebró un logro deportivo.

El destino de Charlie Nash cambiaría en otro camión descubierto. Después del peor año de su vida, conoció a la que sería su futura esposa en la parte trasera de un camión que desfilaba por Derry, mientras Charlie, Neil McLaughin, el nadador Liam Ball y el judoca Terry Watt eran homenajeados como héroes al regresar a su ciudad natal, aunque no trajeran consigo ninguna medalla. Al llegar a Bogside Tommy Donnelly, el entrenador de Charlie, encaramó a una bonita chica a la parte trasera del camión. Se llamaba Betty y trabajaba en una fábrica local de camisas junto a la esposa de Tommy, Josie. Betty estrechó la mano de los cuatro deportistas mientras Charlie, a pesar de su fama en Derry, se ponía colorado.

Diez días más tarde el destino le echaría un oportuno capote al tímido boxeador. Algunos de los amigos de Charlie lo convencieron para cruzar la frontera la noche del sábado. La pequeña ciudad de Muff quedaba apenas a 12 kilómetros, pero estaba en el Condado de Donegal, en la República de Irlanda, no en el norte. Cada sábado por la noche se celebraba un baile en un club llamado Borderland [5]. En mitad del cotidiano terror de Derry, el *Borderland* suponía una válvula de escape. Se autodenominaba como «La sala de baile del amor», y cientos de jóvenes de Derry tomaban los autobuses nocturnos del sábado que cruzaban la frontera, conducidos por soldados con rifles, para así bailar un poco y olvidarse del día a día.

Joe Dolan y sus Drifters tocaban aquella noche en el Borderland, y Charlie acudió junto a sus amigos luciendo su mejor chaqueta de *sport*. Fue una típica noche de sábado en Muff. Las chicas, vestidas con sus conjuntos favoritos, se reunían en un lateral de la sala, hablando entre ellas mientras se mecían con gracia al son de la música que precedía a la salida a escena de la banda. Los chicos se distribuían, torpes, por la pared contraria, mirando vergonzosos a las chicas sin reunir el valor suficiente como para acercarse a ellas e invitarlas a bailar.

Pese a que tenía veintiún años Charlie era demasiado tímido como para pensar en acercarse a hablar con alguna chica antes de que el resto se le adelantase. Recordó una vez más a Willie, y lo mucho que a su hermano le gustaba bailar. Entonces, se encaminó al pequeño mostrador en el que vendían té y bebidas sin alcohol para todos aquellos que no bailaban. Charlie se sintió más cómodo alejado de aquella estricta división por sexos, esperando un rato antes de envalentonarse lo suficiente como para regresar al interior.

Los Drifters ya estaban desatados en el escenario y Joe Dolan canturreaba. Muchas de las chicas habían salido a la pista de baile,

---

5   N. del T.: Zona fronteriza

siendo imitadas por unos pocos chicos; pero Charlie prefirió esperar un poco más. Conocía la rutina. Después de tres rápidas llegaría el turno de tres canciones lentas. Como casi todo el mundo, esperaba a la primera lenta antes de lanzarse. Bailar era mucho más complicado que el boxeo.

Unchained Melody, la primera de las lentas, le pilló por sorpresa. Parecía que todo el mundo hubiera sido más rápido que él y se hubiera emparejado ya. Charlie se había quedado solo; fue entonces cuando la vio.

Betty, la chica del camión. Tenía diecinueve años y era muy guapa.

Estaba tan cerca de él que pareciera como si los hubieran empujado uno contra el otro. Charlie tragó saliva y dejó salir las palabras por su boca: «¿Quieres bailar?».

«Sí», se limitó a contestar Betty devolviéndole una sonrisa igual de tímida.

Mientras Joe Dolan pronunciaba aquellos primeros versos del clásico de los Righteous Brothers —*Oh, my love, my darling, I've hungered for your touch* (Oh, amor mío, vida mía, he anhelado tanto tu tacto)— Charlie tomó a Betty de la mano. Bailaron, rozándose en silencio, al son de las tres lentas de los Drifters mientras Joe canturreaba sobre el amor y la magia.

Como dictaba el protocolo cuando te gustaba una chica, Charlie le preguntó a Betty si querría *quedarse* y seguir bailando con él después del tríptico de lentas en que las manos, sudorosas, se estrechaban mientras los pies rozaban el suelo de manera sutil. «Sí», volvió a decir ella. Comenzaron a bailotear juntos al son de nuevas piezas de los Drifters.

Al rato, Charlie le preguntó a Betty, «¿Te gustaría un poco de agua?».

«Sí», contestó una vez más Betty; y mientras se refrescaban, Betty asintió una vez más después de que Charlie le preguntara si podrían tomar el autobús de vuelta a Derry juntos, para acompañarla a su casa en Carnhill.

Al llegar a la puerta delantera, le hizo la gran última pregunta: «¿Podré verte de nuevo?».

Se escuchó otro «sí», el definitivo. Charlie se despidió con un beso de su nueva novia. Cuando se cerró la puerta a sus espaldas su cabeza y su corazón bullían de una manera que ya no pensaba que pudieran hacerlo de nuevo, después del Domingo Sangriento. En el fondo, parecía que sí era posible volver a sentir felicidad y esperanza.

Carnhill estaba a cinco kilómetros de la casa de Charlie, en Creggan, y eran las dos de la madrugada. Era consciente de que en su regreso a casa se toparía con varios puntos de seguridad y con soldados, pero no le importaba. Eran tiempos sombríos, pero la alegría le embargaba. Emprendió el largo camino de vuelta a casa, pero menos de treinta segundos más tarde no se contuvo más. Comenzó a acelerar sus pasos, hasta convertirlos en un trote. Charlie Nash corrió hasta llegar a su casa, con sus ligeros pies volando bajo su peso. Era como si supiese que en menos de un año Betty y él contraerían matrimonio; un matrimonio que continúa más de cuarenta y cinco años más tarde. Corría al encuentro de un futuro bien diferente. Charlie jamás podría olvidar el pasado, pero desde aquella noche podía comenzar de cero, otra vez.

La suerte de Davy Larmour también cambiaría durante el nuevo año. El 17 de marzo de 1973, el día de San Patricio, contrajo matrimonio con Ellen. Tanto él como todos quienes la conocían la llamaban Ellie. Davy y Ellie se habían conocido dos años atrás, en un restaurante chino de Belfast. Con semblante preocupado, ella se acercó a la mesa en la que estaba Davy. Ellie les pidió a Davy y a su amigo que la permitieran sentarse con ellos unos minutos. Un tipo de la planta de arriba la estaba molestando. Davy, incapaz de soportar a los abusones, la tranquilizó. Estarían encantados de que se quedase en su mesa todo el tiempo que quisiera.

Ellie se sintió tan segura con Davy que su gratitud acabó en romance. Pero la relación siempre estuvo condicionada a que ella aceptara la dedicación de Davy al boxeo. Siete semanas después de su boda Davy consiguió su primer título de campeón de Irlanda tras derrotar a Brendan Dunne, convirtiéndose en campeón de los pesos gallo en Dublín el 11 de mayo de 1973. Sus amigos de

Derry, Damien McDermott y Charlie Nash también revalidaron sus títulos al ascender, respectivamente, al peso ligero y al súper ligero. Pero de lo que más se habló durante aquel torneo fue de la exitosa victoria de Davy después de haber sufrido unas decisiones tan polémicas en sus dos últimas peleas contra McLaughlin en la República.

Justo antes de la boda había regresado a su trabajo como aprendiz de alicatador en la fábrica de neumáticos de Michelín. Ballymena era conservadora y profundamente protestante, una ciudad en la que los columpios quedaban bajo candado los domingos. También era la parroquia del reverendo Ian Paisley, aquel que llamara a «No rendirse ante el IRA jamás» y criticaba al catolicismo a la mínima oportunidad que se le presentaba. «El perro lamerá su vómito, la puerca recién lavada volverá a su pocilga a regodearse en la inmundicia», bramaba Paisley, «pero la gracia de Dios jamás caerá de nuevo sobre los papistas. Nunca más habrá un Papa aquí, en Ballymena; ni en el Úlster, ni en Irlanda del Norte».

Davy consideraba que aquella retórica de Paisley, natural de Ballymena y diputado por el condado de Antrim en el Parlamento, era tan peligrosa como ofensiva. Predicaba con tal fuego y azufre que azuzaba, y casi legitimaba, a los asesinos paramilitares del UDA y UVF. Paisley creía en la idea del separatismo, en una versión teológica del *apartheid*, pero Davy se negaba a aceptar una segregación como aquella y, como protestante, detestaba la discriminación que sufrían los católicos en Irlanda del Norte.Davy continuó entrenando en la Sagrada Familia junto a Gerry y viéndose con sus amigos católicos y compañeros boxeadores como Paddy Maguire en Falls Road.

El boxeo no tardaría en ofrecerle a Davy una nueva oportunidad para difuminar todavía más, si cabe, las barreras confesionales. Regresó a su trabajo en Michelín como campeón irlandés, pero con una actitud humilde. No era el tipo de persona que alardeaba de sus logros, por lo que cierto viernes como otro cualquiera fue el primer sorprendido cuando le avisaron en la fábrica de que, en la barrera de seguridad, había un sacerdote que quería verlo. Davy era consciente de que no había mucha gente de Shankill Road dispuesta a hablar con un cura católico en Ballymena. Había estado alicatando los lavabos, así que se limpió la lechada de la cara y se apresuró a ir a la puerta.

Su sorpresa fue incluso mayor cuando se encontró al padre Darragh, vinculado al All Saints Boxing Club de Ballymena. El cura traía unas noticias sorprendentes. Davy había sido seleccionado para librar su primer combate internacional representando a Irlanda; sería contra Rumanía, esa misma noche en Dublín. El padre Darragh llegaba con el tiempo justo para entregarle a Davy dos billetes de tren para que este pudiera regresar a Belfast, recoger su equipo y tomar la conexión a Dublín. Davy regresó a Belfast a toda prisa y, entonces, dándose cuenta de que no llevaba encima dinero alguno al olvidarse de cobrar la nómina semanal, echó a correr hasta su casa con las botas del trabajo todavía puestas. «Mamá, necesito una equipación que esté limpia: esta noche peleo en Dublín representando a Irlanda», le dijo a su madre, perpleja al verlo subir a toda prisa las escaleras.

Su madre detestaba que Davy fuera boxeador, pero tan pronto como su hijo tuvo listo un macuto con unas toallas, calcetines, botas, vendas, vaselina, una coquilla y el protector bucal, entregó a su hijo una camiseta recién planchada, una camisa, unos calzones y dos billetes de cinco libras.

«Gracias, mamá», dijo Davy sonriendo. Tomó el autobús de regreso a la estación de Belfast y viajó en el tren hasta Dublín. Desde allí, un taxi lo condujo al Estadio Nacional. Acababan de dar las nueve en punto y los torniquetes estaban cerrados, ya que la velada había comenzado hacía noventa minutos. Davy golpeó una de las puertas del estadio.

«¿Qué quiere?», le gruñó un hombre con una gorra de visera mientras abría la puerta apenas una rendija.

«Soy Davy Larmour y peleo esta noche», dijo el fornido y pequeño peso gallo.

La puerta se abrió y un hombre con un profundo acento Dublínés le preguntó al visitante de Belfast si conocía el camino. Davy asintió y corrió camino de los vestuarios, donde un antiguo boxeador con una gran panza, Benny Carabini, lo esperaba.

«Lo conseguiste, chavalín», exclamó Benny. «Será mejor que te des prisa en prepararte».

Benny le entregó un paquete y Davy lo destrozó. Un par de calzones de boxeo de satén blancos, con cinturón verde y rayas en los laterales, a juego con una camiseta verde esmeralda. En mitad de la camiseta había un escudo de algodón con dos tallos de trébol verde, resplandecientes bajo los brillantes focos del vestuario.

La camiseta centelleaba bajo la mirada de Davy. Apenas era capaz de creer lo que veía. Estaba a punto de debutar con Irlanda. El hecho de ser un protestante de la unionista Shankill le llenaba de un orgullo todavía mayor. Podía imaginar al reverendo Paisley enrojeciendo de ira al verlo con la camiseta verde de Irlanda en lugar de lucir una Union Jack.

El sonido de su nombre pronunciado a gritos al fondo del pasillo lo sacó del ensimismamiento.

«¡Larmour! ¡Davy Larmour! ¡Le requieren en el ring!».

Davy se quitó a toda prisa su ropa de calle y se puso los colores nacionales y las botas. Se vendó las manos a toda prisa y llevó sus guantes hasta el ring, con la esperanza de que Gerry Storey se encontrara allí para ayudarlo. La gente le palmeaba la espalda y le deseaba buena suerte a gritos.

Davy permaneció en pie contemplando mientras los dos boxeadores del combate anterior se disponían a salir del cuadrilátero.

«¿Qué tal estás?», le preguntó un comisario irlandés con un *blazer* verde.

«Nervioso», admitió Davy.

«Bah, te irá bien», le prometió el hombre, animado.

Ver a Gerry en el ring tranquilizó a Davy. Quería preguntarle el motivo de tanta confusión, pero necesitaba que lo ayudasen a ponerse los guantes. Aural Mehi, su oponente, achaparrado y cetrino, lo esperaba en el centro del ring. A Gerry no le dio tiempo de darle ningún consejo antes de que ambos púgiles fueran presentados: «En el rincón verde, procedente del club Albert Foundry de Belfast y defendiendo a Irlanda, ¡un fuerte aplauso para DAVY LARMOURRRRRRRRRRR!».

Gerry introdujo el protector bucal en la boca de Davy mientras el árbitro hablaba a los púgiles. Lo que dijera quedó sepultado bajo el ruido que emitía la multitud. Davy apenas fue capaz de comprender las últimas palabras: «¡Crucen los guantes y peleen!».

El primer asalto transcurrió en un cruce de *jabs* cautelosos entre Davy y Mehi. Ambos medían las habilidades del otro sin asumir demasiados riesgos. Al sonido de la campana Davy regresó al rincón, y fue entonces cuando se dio cuenta de la intensidad del estrés que corría por su interior. Podía ver la boca de Gerry moviéndose mientras le sacaba el protector y lo entregaba para que se lo limpiaran antes de pasarle la toalla. Gerry continuó hablando mientras limpiaba el rostro de su boxeador y volvía a untarlo de vaselina. Davy no era capaz de escuchar nada. Estaba atenazado por una tempestad de nervios.

Al inicio del segundo asalto se notó frío y tenso. Davy sintió un escalofrío ante la ligereza del rumano, que esquivaba con facilidad sus golpes directos antes de escurrirse y propinarle varios *jabs* ganadores de puntos, unos golpes que no dolían lo suficiente como para sacarlo de su paralizante coraza. El coraje tan habitual que mostraba en el combate no aparecía por lado alguno.

En el rincón, antes del último asalto, Gerry completó la misma rutina. Con calma, le sacó el protector, le secó el sudor y puso vaselina en sus cejas. Gerry comenzó a hablar otra vez, con gran insistencia, pero el aturdido cerebro de Davy era incapaz de registrar sus palabras. Tan solo quería cerrar los ojos, exhausto.

Gerry lo empujó de vuelta al ring para el último asalto. Davy deseaba evitar la humillación de verse superado en su primer combate internacional. Lanzó unos cuantos golpes bastante buenos, pero durante la mayor parte del asalto se aferró a su oponente, lo que también le permitía mantenerse en pie.

Tras el sonido de la campana, no hubo drama ni tensión. Lo único que sorprendió a Davy fue que el veredicto no fuera unánime. «El vencedor, por decisión mayoritaria, es: ¡Mehi!».

Mientras regresaba a los vestuarios acompañado de Gerry, la decepción comenzó a hacer mella. Davy decidió no volver a pisar un cuadrilátero con tal ausencia de preparación.

Como siempre, Gerry lo consoló. Incluso uno de los federativos irlandeses fue a explicarle por qué le avisaron de aquella pelea apenas seis horas antes de celebrarse. RTE, la televisión pública de la República de Irlanda, había firmado un contrato con la Asociación de Boxeo *Amateur* de Irlanda para retransmitir once combates aquella noche. Pero en la federación habían seleccionado a diez púgiles, como era habitual. Cuando al mediodía se dieron cuenta del error, buscaron a alguien a toda prisa, y fue así como avisaron a Davy.

Ojalá todo hubiera sido de otra manera, pensó el boxeador. Pero cuando regresó de la ducha, no pudo borrar la sonrisa de su rostro al ver su camiseta verde, perfectamente doblada, en la parte superior de su macuto. Así era como Gerry le recordaba que lo había conseguido. Había boxeado representando a Irlanda: y durante los siguientes años lo haría en muchas más ocasiones, y con un éxito mucho mayor. Un día, se prometió a sí mismo, lograría una medalla en un gran torneo, representando a Irlanda.

Damien McDermott, compañero que se había proclamado campeón de Irlanda aquel mismo año y que era amigo tanto de Davy Larmour como de Charlie Nash, se vio golpeado por el horror de la constante violencia en Derry. La emoción por lograr su título nacional de 1973 en Dublín se esfumó en un callejón del barrio de Creggan. Se escucharon cuatro disparos, entre los que pasó el tiempo suficiente como para comprender que cada uno de ellos iba dirigido a un objetivo diferente. Damien era consciente de que en el callejón podría haber cuatro cadáveres, pero que lo más probable era que una sola víctima hubiera recibido los cuatro disparos en diferentes partes del cuerpo. Llevaba viviendo en Derry el tiempo suficiente como para reconocer el repetido sonido de los disparos de castigo.

El pistolero caminó con calma, bajo la fina llovizna de una tarde veraniega. No ocultó su rostro. Al contrario, miró de frente al boxeador mientras pasaba a su lado. Damien lo conocía. Era un hombre del IRA con quien conversaría en varias ocasiones en años venideros. Aquel hombre resultaría ser sorprendentemente agradable, pero no mostraría rastro alguno de arrepentimiento por los castigos que había infligido como soldado del IRA Provisional.

Pero lo que había en aquel callejón era cualquier cosa menos agradable. Un joven alcohólico de la urbanización, un alma perdida a quien Damien conocía, yacía sobre el suelo sollozando y desangrándose. Damien pudo ver los agujeros que las balas habían provocado en los vaqueros del hombre. Los disparos lo habían alcanzado por encima y debajo de las rótulas.

«¿Voy a morir?», preguntó el hombre, dolorido.

«No, te pondrás bien», le dijo Damien mientras utilizaba el esparadrapo que había en su macuto de boxeo para practicar un torniquete alrededor de las destrozadas piernas.

Otro vecino del barrio bajó la calle corriendo. Se quedó en la entrada del callejón contemplando los intentos de Damien por detener el pegajoso flujo de sangre que manaba de las heridas.

«¿Quiere hacer el maldito favor de llamar a una puta ambulancia?», gritó Damien.

«Antes de dispararlo ya habían llamado», contestó el hombre.

«Maldito listillo», murmuró Damien para sí mientras apretaba el torniquete.

Habían sido unos disparos de castigo de manual. Aquel alcohólico empezó a beber cuando tenía diecisiete años, y con el tiempo le fue dando a la botella más y más. Damien sabía que el joven estaba al cuidado de su abuela, quien lo cuidaba y pasaba por alto los problemas que tenía; pero no era un chico violento. No era más que un alma descarriada y, como tal, días atrás había atracado una tienda en busca de dinero para beber. El IRA decidió administrar justicia: era su manera de castigar al borracho ladrón y de advertirle a todo el mundo en Creggan que el crimen no era tolerado. La suya era una lucha por una causa mayor. Pero aquella causa tampoco sería tan noble si validaba disparar a alguien en las rodillas en un callejón nauseabundo.

Unos pocos años después, aquel pobre alcohólico a quien Damien ayudó aquella tarde acabaría por suicidarse. Con el tiempo Damien se preguntaría cuánto estaba dispuesto a recordar aquel pistolero de todo lo que había hecho durante los Troubles. Obedecería órdenes, claro, ¿pero es que no queda un resquicio en el alma de una persona para arrepentirse de acciones como aquella?

Décadas después Damien se enfrentaría a las consecuencias que le provocó todo aquello a otra alcohólica. Hoy, esta alcohólica sin remedio es una anciana; había sido miembro del IRA y, en su infame recuerdo queda brear y emplumar a sus víctimas durante la década de los 70. Los hombres que metían la pata o cometían algún crimen recibían un disparo en la pierna como castigo; pero las mujeres caídas en desgracia recibían otro tipo de correctivo.

Aquel mismo verano de 1973 dejó escenas terribles. Las mujeres de Derry a las que se acusaba de mantener relaciones con los soldados británicos eran tratadas con severidad. Aquella futura alcohólica, junto a otros tres o cuatro miembros del IRA, conducía a la desvergonzada al centro de la urbanización. Allí, ataban a la *amante de los británicos* a una farola. Lo normal era raparle la cabeza antes de verter la brea. Después le arrojaban plumas por todo el cuerpo.

Aquel pringue tardaba días en despegarse por completo de cada dolorido poro de piel. En otras ocasiones se utilizaba pintura en lugar de brea, y para completar la desagradable escena se le colgaba a la víctima un cartel del cuello. La inscripción de aquellos carteles resultaba de lo más grosero. Le decían a todo Derry que la mujer embreada y emplumada era *amante de un soldado*, o una *ramera*. Después de una o dos horas, cuando el IRA abandonaba el lugar, algún familiar de la mujer se atrevía a desatarla y liberarla.

Este tipo de imágenes pasaban una y otra vez por la cabeza de Damien, hasta que en la tranquilidad del gimnasio saltaba la cuerda, golpeaba el pesado saco o se enfrentaba al habilidoso Charlie Nash en un *sparring*. El boxeo le ayudaba a olvidar lo que había presenciado; hasta la próxima escena.

Las tardes de los miércoles siempre eran tranquilas en la Belfast de 1973. Las tiendas cerraban a las 13:00 y el resto de la tarde transcurría igual que una tarde de domingo. A Gerry le gustaban los miércoles porque podía fichar pronto en los Muelles Deep Sea, donde conducía una carretilla elevadora, y entrenar a sus púgiles en la Sagrada Familia. Aquel miércoles condujo por el camino de

Antrim, disfrutando de la ausencia de tráfico mientras planeaba los entrenamientos. Se detuvo un instante en casa para cambiarse y saludar a Belle y los niños. Al regresar al coche escuchó aquel ruido tan familiar.

Lo llamaba *jugar a las pistolitas*, en un intento de rebajar la gravedad que significaba el intercambio de balas que llevaban a cabo entre el IRA, los paramilitares unionistas y el ejército. Aquella última ráfaga de *pistolitas* parecía llegar desde la parte occidental de Belfast, así que se subió en su Ford Cortina. Condujo con cuidado por Willowbank Gardens y se dirigió rumbo este hacia el camino de Antrim, donde giró a la izquierda. Como era una tarde calurosa, Gerry bajó la ventanilla. Después de conducir algo menos de un kilómetro el tiroteo sonó más cercano. Al girar a la izquierda en New Lodge los disparos continuaron. Subió la ventanilla y, diez segundos después, todo quedó en silencio excepto por el ronroneo de su Cortina. Como siempre, se sintió a salvo y continuó por el centro de Patrickville, donde estaba por aquel entonces el gimnasio de la Sagrada Familia.

Los de las *pistolitas* habían terminado. Gerry tomó su macuto y cerró el coche. Al llegar a la entrada del gimnasio recordó que se había dejado algunos papeles en el maletero. Regresó al coche y echó otro vistazo cuidadoso por si veía algún rastro de paramilitares. Mientras recogía sus papeles no oyó ni vio nada, así que regresó al gimnasio. En cuanto entró, volvieron a escucharse los disparos. Las balas surcaban el aire y rebotaban contra los bolardos del pavimento. Trocitos de plástico saltaban por los aires como confeti en aquella tarde de miércoles.

Algunos de sus boxeadores lo miraron sorprendidos. «¿Has venido por New Lodge, Gerry?», le preguntó el peso pesado Patsy Reid.

«Sí», respondió Gerry. «Ya había escuchado a los de las pistolas antes de llegar allí».

«Llevan cosa de veinte minutos», dijo Reid. «Han parado justo cuando tú llegabas, y se ve que han vuelto a ponerse a ello».

Gerry asintió. Quería hacer que sus chicos subieran de nuevo al ring y se olvidaran de los tiroteos. «Venga, muchachos», les apremió.

El entrenamiento fue bastante bien y Gerry pudo olvidarse de todas las balas que danzaban en el exterior; hasta que Patsy y otro de sus boxeadores estuvieron listos para marcharse.

«¿Estás seguro de que quieres irte ahora mismo, Patsy?», le preguntó Gerry.

Patsy aguzó el oído hacia el exterior y escuchó. «Parece que se ha acabado, Gerry», le contestó. «no nos pasará nada».

Gerry les recordó que debían entrenar el día siguiente por la tarde, y redirigió su atención al nuevo grupo de púgiles que esperaba sus instrucciones.

Patsy y su compañero acababan de llegar a la parte baja de New Lodge cuando los militares salieron a su encuentro. Los soldados los empujaron contra el muro de ladrillos, encañonándolos con sus armas y separando sus pies a patadas para hacerles extender las piernas. Registraron a los púgiles de la Sagrada Familia, pero no encontraron arma alguna. Los soldados ordenaron a Patsy y su compañero que se giraran.

«Muy bien, ¿quién es ese que conduce un Cortina de color bronce?», preguntó uno de los soldados.

«Es el coche de Gerry Storey», contestó Patsy.

«¿Y qué hace ese?», espetó otro soldado.

«Es entrenador de boxeo».

«Ya», escupió el soldado. «Ya hemos escuchado algo sobre el tal Storey y lo del boxeo. ¿Pero qué hace?».

«¿A qué se refiere?». Preguntó Patsy.

«Es un jefazo del IRA, eso es lo que es», dijo el soldado.

«¡Qué va!», insistió Patsy, «solo es nuestro entrenador en la Sagrada Familia. No tiene nada que ver con el IRA».

El soldado acercó su rostro a la cara de Patsy. «Escucha, en cuanto entró por la parte alta de New Lodge rumbo hacia aquí hubo un alto el fuego, hasta que entró en el gimnasio».

Se hizo una larga pausa y el soldado rio con sarcasmo. «¿De verdad quieres que nos creamos que no es más que un entrenador de boxeo cuando el IRA no pega un solo tiro mientras él está en los alrededores?».

Patsy encogió los hombros. «Es Gerry. Todo el mundo sabe que solo se dedica al boxeo».

Los soldados contemplaron a Patsy. Después, empujando al chico y a su compañero con el arma, enviaron a los boxeadores de la Sagrada Familia rumbo a otra tranquila tarde de Belfast.

Capítulo 5

TRASPASANDO BARRERAS

Gerry Storey no podía decir a ciencia cierta si aquella bomba llevaba su nombre. Lo que sí sabía, en todo caso, es que había sido colocada al mediodía de un brumoso viernes en los muelles de Belfast, con la intención de acabar con la vida de su objetivo. Sería el primero de los tres atentados con bomba que casi terminan con su vida. Ya a finales de 1972 le habían amenazado mediante una nota manuscrita anónima. Aquel papel garabateado le apremiaba a abandonar Belfast si quería seguir con vida. El entrenador tiró aquel papelajo. A todo aquel que le preguntaba por qué arriesgó su vida le replicaba con toda simplicidad: ¿y qué iba a ser de Belfast si toda la buena gente se iba de allí?

Nueve meses más tarde, justo antes de aquella explosión del otoño de 1973, el boxeo tenía consumido a Gerry. Esa noche había una velada en Dublín y debía llevar a tres chicos de Belfast a tiempo para el primer asalto. Por su parte, los terroristas calculaban entre las sombras de los muelles dónde dejar su paquete.

Los muelles de Belfast, que estaban divididos, eran terreno abierto para Gerry. Cruzaba con su carretilla elevadora aquellos muelles segregados con la misma libertad con la que pasaba de un lado a otro de los barrios con credos opuestos al volante de su Cortina. Gerry trabajaba en los Deep Sea Docks, compañía cuyos empleados eran católicos en su casi absoluta mayoría. También dejaba y se llevaba cargas de la Cross Channel Docks, que contaba con un 99% de trabajadores protestantes. Gerry llevaba años trabajando en ambos lados del muelle e, incluso en el peor momento de los Troubles, se negó a dejar de hacerlo. Iba allá donde lo necesitaban.

En Deep Sea todo el mundo estaba al tanto y aceptaba su trabajo en el boxeo con gente de ambos credos; por eso no resultaba tan extraño que Gerry fuera tan a menudo a la parte protestante. De igual modo resultaba un rostro familiar por los terrenos de la Cross Channel, y su trabajo era tan valorado en la empresa que tanto para los jefes como para los trabajadores protestantes él era «Gerry»; no lo consideraban ni católico, ni republicano, ni un *Taig* o un bastardo feniano.

Aquella tarde Gerry conducía su carretilla con Frank Mc-Cann, quien trambién trabajaba en la Sagrada Familia y a quien llamaban Yank. Gerry y Yank tenían una serie de contenedores de tabaco que descargar en Sinclair Wharf, en la parte de los muelles que pertenecía a la Deep Sea, pero acababan de pedirles que fueran a un atracadero más lejano de la Cross Channel para recoger un cargamento diferente. Aquella llamada de última hora daba al traste con sus planes de terminar a tiempo y apresurarse con rumbo a Dublín.

«Vale, Yank», preguntó Gerry, «¿cómo lo hacemos?».

«¿Qué te parece si nos acercamos a Cross Channel y les pedimos que descarguen un poco más cerca de aquí?»! sugirió Yank. «Podemos volver y llevarnos el tabaco mientras que ellos estiban su carga».

Gerry sonrió y arrancó la carretilla. Traquetearon por los remolinos de niebla y llegaron al punto indicado cinco minutos después. No había ni un alma en los alrededores y los muelles tenían un aspecto fantasmagórico. Desde las grises aguas resonaba una sirena antiniebla, inquietante. Gerry empezó a sentirse incómodo.

«Yank, no estoy muy seguro», dijo en voz baja. «Creo que va a descargar en el otro lado, en Sinclair. Mejor vamos para allá».

Yank asintió. Gerry era el jefe y conocía mejor que nadie el funcionamiento de los muelles.

Gerry encendió de nuevo el motor y giró de vuelta a Sinclair Wharf. Nada más llegar a la puerta un estallido atronador sacudió los muelles. Se trataba del inconfundible sonido al que seguían unos instantes de silencio, antes de que se escuchara el crepitar de las llamas y las primeras humaradas negras se elevaran sobre los restos.

Yank se aferró al brazo de Gerry después de que hubieran girado y vieran el lugar de la explosión. Esta había tenido lugar a escasos metros de donde se habían detenido mientras esperaban a que llegara la carga.

«Si no nos llegamos a mover...», dijo Yank, con la voz apagándose en un susurro mientras los escombros producidos por la bomba se agitaban en la lúgubre luz.

«Seríamos historia», dijo Gerry con sencillez. Era consciente de que habría sido imposible que sobrevivieran a aquella bomba, que o bien llevaba la firma del IRA con la intención de destruir la carga de la Cross Channel o era una bomba unionista con él como objetivo.

«Yank», dijo Gerry pensativo, «me parece que no vamos a llegar a tiempo a Dublín».

En las zonas católicas los boxeadores eran muy respetados. Davy Larmour era un campeón y entrenaba a menudo en la Sagrada Familia, así que era aceptado. Pero cuando regresaba a Shankill Road encontraba una crispación poco habitual. Un grupo de unionistas solían burlarse de él, y después de varias semanas de ver cómo los ignoraba lo atacaron por juntarse con católicos. Davy respondió a la agresión, devolviendo casi tantos golpes como le lanzaron a él, con lo que se ganó el respeto de la gente por no dejarse amilanar. Pero Davy comprendió que su situación se estaba complicando. Tenía las papeletas para una *OBE, one behind the ear*, como se decía en Shankill, significando una por la nuca y siendo ese *una*, una bala. Davy acudió a hablar con dos jefes paramilitares del UVF que vivían en su barrio. Les explicó que si acudía a New Lodge era porque allí los combates de *sparring* eran mejores. Los jefazos del UVF, aficionados al boxeo ambos, le prometieron que no tendría nuevos problemas. Algo debieron de decirles a los tipos aquellos que lo habían provocado, porque desde entonces miraban para otro lado cada vez que Davy se acercaba con el macuto de entrenamiento al hombro.

Pero en Dublín nadie podía echarle una mano. Al contrario, en la República tenía que aguantar constantemente que le recordaran que era el único protestante en el equipo nacional irlandés. Davy respondía con animosidad cuando insinuaban que era un protestante oportunista.

«Yo nunca me pongo ningún tipo de etiqueta», insistía Davy.

«Pero usted es protestante», le respondían sus detractores en Dublín, como si hubiera cometido algún crimen.

«¿Y qué es un protestante?», espetaba Davy poniendo el énfasis en las sílabas que formaban la palabra *protesta*. «Miren, yo no protesto contra nada. Estoy contento con cómo soy».

Aquella caza persiguió a Davy incluso en América, a finales del año 1973. Gerry se llevó a un pequeño combinado irlandés a realizar unos combates en Chicago. Fueron invitados a un concierto y un imponente representante de NORAID, la organización no gubernamental que tenía por objetivo ayudar al IRA con dinero estadounidense, los recibió. Sabía que Gerry procedía de un baluarte republicano, por lo que el estadounidense se giró hacia Davy y a su amigo John Rodgers, el peso wélter católico que acababa de convertirse en miembro del equipo irlandés. El hombre le preguntó a John por su procedencia.

«Lisburn», contestó John en referencia a su procedencia, que no distaba del centro de Belfast ni quince kilómetros.

El hombre emitió una especie de gruñido, como si no estuviera del todo seguro sobre la importancia de Lisburn, y entonces miró a Davy desde sus dos metros de altura. «¿Y usted?», preguntó al pequeño pero fornido boxeador.

«Yo vengo de Shankill Road», dijo Davy mientras alargaba su mano para saludarlo.

El hombre retrocedió como si Davy le hubiera metido una vara por el trasero. «Espero que esté de broma», dijo con disgusto ante la idea de que la selección nacional irlandesa no estuviera compuesta íntegramente por republicanos.

«John, dile a este señor de dónde soy», replicó Davy con frialdad.

Rodgers sonrió. «El pequeño Davy es de Shankill Road por los cuatro costados».

«¿Pero cómo cojones?», dijo el norteamericano sin poder asimilarlo. Dio una rápida zancada en dirección a Gerry en busca de confirmación.

«Por supuesto que sí», sonrió Gerry en su habitual tono amistoso. «Esta selección irlandesa acoge a miembros de ambos lados de la división».

Davy, Gerry y John Rodgers rieron encantados mientras el hombre se alejaba atropelladamente, refunfuñando en voz alta: «¿Pero a dónde narices van a llegar las cosas?».

Iban rumbo al futuro, a un momento en el que ningún irlandés del norte se vería etiquetado por su confesión religiosa. Mientras tanto, Davy buscaba un nuevo término que lo definiera: campeón, pero no solo de Irlanda, sino de toda la Commonwealth. Davy había conseguido la medalla de bronce para Irlanda del Norte en los Juegos de la Commonwealth de Edimburgo en 1970. En enero de 1974 tenía entre ceja y ceja alzarse con el oro. Conocía a la mayoría de los púgiles de la categoría de los pesos gallo, y estaba seguro de que en Christchurch, Nueva Zelanda, ninguno sería capaz de derrotarlo.

En una entrevista para la televisión poco después de regresar de Chicago, y no mucho antes de volar con el equipo de Gerry rumbo a Christchurch, Davy se mostró soberbio: «He derrotado a algunos de ellos; y otros me han derrotado a mí, pero no temo a nadie. Voy allí a traerme la medalla de oro».

A principios de febrero de 1974 su taxi recorrió Shankill Road. Davy se sentaba en la butaca trasera, amodorrado y exhausto tras un viaje de treinta horas desde Nueva Zelanda. Estaba ansioso por llegar a casa y echarse a dormir. Gerry Hamill, compañero de equipo en los Juegos de la Commonwealth y Jack Monaghan, directivo de la federación irlandesa, compartían el mismo taxi desde el aeropuerto. Davy sería el primero en bajarse, en cuanto llegaran a la calle Leopold, pero tuvieron que alejarse de Shankill y girar a la derecha para remontar la calle Cambrai. El tráfico era más denso de lo normal y había caído la oscuridad.

La calle Leopold era la última antes de girar a la izquierda para salir de Cambrai. La larga calle se antojaba todavía más larga según el taxi reducía su velocidad. No fue hasta que no giraron para entrar en Leopold cuando Davy creyó adivinar el motivo. Había una multitud apiñada en la calle, alrededor de una hoguera en mitad de la calzada.

«Detenga el taxi», le dijo Davy al conductor. «Es un disturbio».

«No, qué va, no es ningún disturbio», insistió el taxista mientras avanzaba centímetro a centímetro.

«Le van a quemar el coche», insistió Davy. Su padre había perdido ya varios coches, incendiados y utilizados como barricada. Davy recordaba un pequeño Morris Minor que su padre adoraba, hasta que se lo robaron. Acabó formando parte de lo alto de una barricada en New Lodge. No habían prendido fuego al pequeño Morris, pero lo habían puesto sobre otros dos coches, y no tenía reparación. Por lo general, los manifestantes cubrían el coche de gasolina y encendían una cerilla. A Davy no le seducía nada la perspectiva de quedar atrapado en un taxi en llamas.

«No es ningún disturbio», repitió el taxista otra vez.

«Me quiero bajar», respondió Davy. Podía ver su casa, la quinta en la esquina izquierda de la Calle Leopold. Le dio algo de dinero a Gerry y Jack para que pagaran al chófer tras bajarse del taxi, unas pocas calles más adelante, y fue a la parte trasera para sacar su equipaje del maletero. En aquel momento la gente corrió hacia él, gritando su nombre. Davy estaba confuso. Si aquello era una revuelta en todo su apogeo, ¿por qué se le acercaba toda esa gente sonriendo?

Antes incluso de que sacara su equipaje levantaron a Davy en volandas y lo subieron a hombros de un tipo enorme que lo llevó hasta su casa. Pudo escuchar que lo que gritaba la gente era *campeón*; así que era cierto, el conductor del taxi llevaba razón, y aquello no era un disturbio. Al contrario, era una celebración por la medalla de oro que había conseguido en Christchurch, en los Juegos de la Commonwealth.

Aquello pilló a Davy por sorpresa, porque cuatro años atrás la medalla de bronce que había conseguido en los anteriores Commonwealth apenas tuvo repercusión. Pero aquella medalla de oro simbolizaba una pequeña liberación para la gente durante los momentos más desalentadores que se habían vivido en Shankill Road. Todos los entrenamientos que había realizado en New Lodge, y haber defendido previamente la camiseta verde de Irlanda en un equipo repleto de católicos, habían quedado perdonados; u olvidados.

Gerry Storey había ejercido de sabio hermano mayor para Davy en Christchurch. Lo preparó de manera estratégica para cada combate, mientras que le dejaba al boxeador la suficiente cuerda como para que este mantuviese sus propias rutinas de entrenamiento. Gerry nunca creyó demasiado en el trabajo de fondo, pero sabía que a Davy le encantaba correr por las mañanas. Cuando Davy había completado su sesión de carrera y se había recuperado, Gerry daba paso a los entrenamientos por intervalos y las series, que era lo que él consideraba más beneficioso para un púgil.

En la final de los pesos mosca Davy se enfrentó con Chandra Narayanan, de largo el rival más duro contra el que peleó aquella semana. El pequeño indio no dejaba de lanzar puños; por eso Gerry aconsejó a Davy que se mantuviera en guardia. Por lo general, su estilo era más directo, pero en este combate se convirtió en un contragolpeador. El cambio de táctica funcionó a las mil maravillas y Davy ganó el combate por puntos, llevando la medalla de oro a Irlanda del Norte. Todos aquellos años de duro trabajo comenzaban a dar sus frutos.

La turba celebrante irrumpió en casa de Davy y entonces, el boxeador escuchó un grito que llegaba desde la calle.

«¡Larmour, Larmour!», gritaba Gerry Hamill de manera desconsolada.

Davy contempló a su compañero de cuadrilátero y le preguntó si todo iba bien.

Hamill señaló a la multitud a sus espaldas. «Diles que nos dejen continuar nuestro camino», suplicó.

Davy se dio cuenta de que el taxi negro había quedado completamente cercado entre aquella multitud. Era imposible salir de la calle Leopold. La fiebre por el boxeo, y la felicidad, se adueñaron de este rincón de Belfast.

Barry Mcguigan cumplió los trece años aquel mismo mes, el 28 de febrero de 1974, y que un púgil irlandés consiguiera la medalla en los juegos de la Commonwealth prendió la mecha de su fervor por el boxeo. Estaba convencido de que el futuro le deparaba momentos de una gloria como aquella. Barry quería ganarlo todo, desde los títulos júnior y sénior del Úlster y de Irlanda hasta los europeos; y, algún día, el título de campeón del mundo.

Apenas llevaba boxeando un año, en la ciudad fronteriza de Clones, situada por muy poco dentro de la República de Irlanda; pero sus puños mostraban un potencial pocas veces visto. Barry lo comprobó desde el primer momento en que metió sus manos en unos guantes de boxeo, en una casa abandonada de la calle Analore, que llevaba al Diamond, donde sus padres regentaban una tienda de alimentación en Clones. Había escalado hasta la casa abandonada junto a sus amigos, y allí encontraron un par de viejos guantes de boxeo. Eran unos guantes genuinos de ocho onzas de los años cincuenta, con el interior de crin de caballo. Aquellos guantes eran preciosos y estaban llenos de misterio.

Barry escogió el derecho, mientras uno de sus amigos se ponía el izquierdo. Lucharon entre sí en una serie de peleas a un guante, y Barry resultó ser mucho mejor y golpear mucho más fuerte que nadie. Era de baja estatura, y cuando llegó a la edad adulta, apenas le sacaba unos pocos centímetros a Davy Larmour cuando ambos entrenaban juntos durante los ochenta. Pero incluso cuando apenas tenía trece años, Barry contaba ya con unas manos enormes.

Sus puños parecían granito cuando jugaban a *Hardy Knuckles*. En los gélidos días de invierno de Clones, se desafiaban unos a otros. Uno de los chicos cerraba el puño y otro debía golpearle con toda la fuerza posible en los nudillos. Entonces llegaba el turno de devolver el golpe. Los puños y nudillos de Barry eran los más duros de todo el grupo de amigos.

Los Mcguigan tenían ocho vástagos entre hijos e hijas, siendo Barry el tercero más mayor; pero si había un hermano con el que estaba unido, ese era Dermot, su hermano mayor. Barry y Dermot comenzaron a pelear uno contra el otro en la habitación que compartían, además de coleccionar la revista americana de boxeo *The Ring*, devorando los artículos sobre los grandes campeones como Sugar Ray Robinson y Jake LaMotta. Pero Barry quería probar el verdadero boxeo. Por eso le pidió a su padre, Pat, que lo llevara a un gimnasio.

El más cercano estaba en Wattlebridge, en la frontera con Irlanda del Norte, y solo se podía llegar atravesando unas peligrosas carreteras que eran utilizadas, normalmente, por los paramilitares. Pero sin darle importancia a aquel siniestro telón de fondo, cuando su padre y él llegaron allí Barry quedó fascinado por el gimnasio. Su padre arrugó la nariz cuando percibió el hedor a sudor mezclado con aceite de gaulteria; pero Barry se deleitó en él. Le encantó el cuadrilátero sin cuerdas que había en el extremo más alejado de aquel local rectangular, y no pudo contenerse de lanzarle unos cuantos puños a la pera.

Barry se enganchó al deporte, y tras apenas unas semanas en el club disputó su primer combate, en el Cine Luxor de Clones. La idea de luchar contra Ronan McManus, del St. Michael de Enniskillen, le ponía de lo más nervioso. Pero, a la vez, tenía tantísimas ganas de empezar que se abalanzó sobre su oponente en el mismo instante en el que el árbitro les dio las instrucciones. Cuando el árbitro se giró para dirigirse al cronometrador —que no era otro que Dennis, tío de Barry— en lugar de regresar a su rincón, Barry se abalanzó sobre McManus, pues no sabía que el protocolo dictaba que debía de esperar a que sonase la campana. Las carcajadas resonaron por todo el cine, mientras el árbitro se lo llevaba y le explicaba cuál era el protocolo a seguir en el boxeo.

Cuando por fin dio comienzo la pelea, Barry no se detuvo a pensar en táctica alguna. Corrió hacia McManus y lanzó un torbellino de puñetazos sin ningún tipo de clase. Pero luchó con tal ardor que su rival, mucho más experimentado, quedó acorralado. Resultaba sorprendente aquella ferocidad en un chico que, por lo general, era muy educado y se mostraba de lo más cuidadoso cuando colocaba la fruta y las verduras en la tienda de sus padres cada mañana antes de ir al colegio.

Clones estaba tan cerca de la frontera que, si Barry caminaba menos de quinientos metros por la carretera que salía de su pueblo, se encontraba en el norte. La geografía política de Clones se veía complicada por el hecho de encontrarse en el Condado de Monaghan, uno de los tres condados del Úlster situados en el sur, junto con Cavan y Donegal. Desde los Troubles, se había convertido en un enclave republicano; pero en 1961, cuando Barry vino al mundo como Finbar McGuigan, la división resultaba bastante equitativa, alcanzando unos porcentajes de un sesenta por ciento de católicos por un cuarenta de protestantes. Llegados a la mitad de los setenta, bajo la creciente ola de republicanismo, muchas de las familias protestantes se mudaron al norte, con lo que la mayoría católica ascendió hasta el ochenta por ciento.

Siendo unos de los protestantes que se quedaron en Clones, la familia Mealiff regentaba una tienda de comestibles y un pequeño hotel cruzando el Diamond, en el corazón de la ciudad. Los McGuigan y los Mealiff se llevaban bien, sin indicio alguno de animosidad confesional. En 1981, cuando ambos tenían veinte años, Barry McGuigan y Sandra Mealiff se convirtieron en la pareja mixta más famosa de Irlanda.

Pero durante los setenta, resultaba muy complicado abstraerse al enrarecido ambiente de Clones. El desempleo estaba disparado por toda la frontera, además de cometerse gran número de atrocidades. Diez años antes Clones había sido una próspera ciudad comercial en la intersección entre el Norte y la República; pero la laxitud fronteriza desapareció con los Troubles. Afloraron los puntos de control y la tensión fue escalando.

El abuelo de Barry, James, el padre de su padre, había sido capitán del IRA en el Condado de Tyrone, en Irlanda del Norte. Aquello fue poco después del Alzamiento de Pascua de 1916 y la Guerra de la Independencia. Pese a que su participación se limitara a tareas de reconocimiento, gracias a su conocimiento sobre el ferrocarril —para el que trabajaba como portador de equipajes—, James fue a la cárcel en dos ocasiones. A finales de 1922 fue condenado a nueve meses en el tristemente recordado campo de Ballykinlar, en el Condado de Down. Menos de un año después fue arrestado de nuevo durante la primera ola de internamiento de católicos.

A las seis de la mañana unos soldados del conocido regimiento de los Black and Tans, que había sido desplegado en Irlanda del Norte específicamente para apaciguar al IRA, despertaron a James. Fue esposado y le ordenaron que subiera a la parte trasera de un camión del ejército. El salto hasta el camión era demasiado alto para James, que era un hombre de corta estatura, por lo que al tener las manos esposadas le resultó imposible subir. Un soldado le asestó un culatazo con su rifle en la parte trasera de la cabeza, y mientras manaba la sangre por su cabeza, la esposa de James comenzó a llorar. Su hermana, Margaret, reprendió al soldado por su cobardía. La abuela de Barry le contaría años más tarde al futuro boxeador que el soldado de los Black and Tan le puso la bayoneta en el cuello a Margaret y le dijo: «Cierra la boca o te atravieso el cuello con esto».

James Mcguigan pasó dieciocho meses encarcelado en el buque prisión Argenta, en Lame Dock.

Después de su liberación se fue al sur y encontró trabajo en Clones, en el ferrocarril. Allí vivió una vida apacible como ferroviario, aprovechando sus gigantescas manos para empujar las enormes palancas de las agujas de las vías.

Barry solo conoció al abuelo McGuigan cuando ya era un adorable hombre mayor que entretenía a su nieto contándole historias de cómo, para accionar la aguja, había que usar una gran dosis de fuerza bruta, además de la habilidad de pasar el cable en el momento preciso. Había hombres enormes incapaces de elevar las palancas, pero el pequeño abuelo McGuigan era capaz de hacerlo siempre, con solo mover sus manos frente a Barry como si estas tuvieran poderes. Se reía cuando su nieto le decía que tenía las manos tan grandes como racimos de plátanos.

La cariñosa naturaleza de James fue heredada por Pat, el padre de Barry, quien se convirtió en un cantante de suficiente fama como para representar a Irlanda en el año 1968 en Eurovisión, en el Royal Albert Hall. Pat McGuigan era tenor, pero era capaz de pasar a falsete sin problemas. Antes de cantar de manera profesional

Pat había trabajado como carbonero, llenando de carbón las carretillas que alimentaban maquinaria de vapor. Después de Eurovisión, cuando Barry apenas tenía siete años, la carrera de Pat despegó. Era bastante conocido en Dublín, y también viajaría por toda Europa, cantando en sitios tan dispares como Budapest, Copenhague y Sofía. En Malta, Pat McGuigan y su banda, los Big Four, tuvieron como telonero a un jovencito llamado David Bowie.

Pat estaba demasiado ocupado como para pensar en política, y cantaba para todo aquel que lo contratara. Antes de que Gerry Storey se convirtiese en una figura respetada en la Belfast unionista, Pat cantaba en clubes y bares de Shankill Road. Cuando entonaba sus melodías de *crooner*, carecía de la menor importancia que fuera católico. Los parroquianos de los bares de Shankill siempre le mostraron consideración.

Pero era imposible escapar a los Troubles. Kate, la madre de Barry, explicaba el impacto que las protestas tuvieron sobre el negocio familiar: «Para protestar contra el Ejército británico ponen bombas en las carreteras, y con eso crucifican nuestro negocio».

Clientes que, en circunstancias normales, vivían a apenas diez minutos, necesitaban una hora para llegar a la tienda de los McGuigan. No salía a cuenta, por lo que optaron por realizar sus compras en tiendas situadas en el norte. La salud del negocio de los McGuigan, al igual que el de los Mealiff, se vio afectada.

Barry no comprendía estos problemas. Su cabeza estaba demasiado ocupada con el boxeo. Como su padre estaba a menudo fuera de casa por sus recitales, Barry y su amigo Noel McGovern acudían al gimnasio en bicicleta durante las tardes de los días laborales. Se podía llegar a Wattlebridge desde Clones sin necesidad de cruzar la frontera y adentrarse en territorio norirlandés, pero la contrapartida era que había que pedalear durante casi quince kilómetros. Una alternativa mucho más rápida era pedalear por la carretera de Cavan y luego cargar con la bicicleta por los puentes demolidos, antes de continuar por el camino más rápido hasta Wattlebridge. Pero eso suponía traspasar hasta en cuatro ocasiones la frontera por unas carreteras negras como la boca del lobo, y con la única iluminación de un pequeño faro para guiarse. Daba un poco de miedo, pero reducía el trayecto a la mitad.

Las carreteras fronterizas habían sido escenario de numerosos asesinatos religiosos, empezando una mañana de domingo a principios de 1972, cuando tres protestantes fueron tiroteados por el IRA. Robin Bell, soldado británico del Regimiento para la Defensa del Úlster, recibió sepultura con todos los honores militares. El día siguiente dos granjeros católicos, Michael Naan y Andrew Murray, fueron acuchillados y asesinados por un grupo de soldados británicos que los confundieron con miembros del IRA camuflados. Los Asesinatos de Pitchford, nombre que recibieron los hechos, sembraron el terror por toda la frontera.

Barry y Noel no se cruzaron jamás con los paramilitares, pero una noche de 1974, cuando el invierno estaba ya muy cerca, descendían por una colina regresando del entrenamiento en Wattlebridge cuando casi colisionan con una barricada del ejército. Había dos hombres en el suelo, inmovilizados por soldados vestidos de camuflaje; un par de policías armados con rifles los vigilaban.

«¿Qué se os ha perdido aquí, chicos?», preguntó con ira uno de los policías.

Barry y Noel fueron incapaces de contestar, petrificados por el miedo que les produjeron las armas de fuego. Entre tanta confusión pensaron equivocadamente que había habido un nuevo asesinato.

«¡Iros a tomar por culo de aquí!», gritó el policía.

Los chicos ascendieron la colina a toda velocidad, zambulléndose de nuevo en la oscuridad. Barry no habló demasiado durante el camino de regreso, pero no dejó de darle vueltas a lo afortunados que habían sido porque el ejército no los hubiera disparado. Sus pensamientos salieron cual torrente cuando su madre le preguntó por qué había tardado tanto. Kate McGuigan se mostró tajante: «No volverás a Wattlebridge. Te buscas otro club; mejor, otro deporte. ¿Estamos, Barry?».

«Sí, mamá», dijo Barry obediente. No le quedaban ganas de pasearse por las tierras fronterizas de noche.

Su padre le ayudó a encontrar otro club en Smithborough, a diez minutos en coche por unas carreteras mucho más seguras.

El club estaba dirigido por Danny McEntee y Frank Mulligan. McEntree había sido campeón de Irlanda júnior y subcampeón sénior; también había peleado contra el gran boxeador italiano Nino Benvenuti. Poseedor de bastantes conocimientos sobre el boxeo gracias a su pasión por la revista *The Ring*, Barry era consciente de que si Danny había compartido tapiz con alguien que fue campeón del mundo de los pesos medios, por fin había encontrado su lugar.

Danny era un purista de la vieja escuela. Enseñó a Barry a rodar y salir de los golpes, bloquear y desviar, impartiendo sus lecciones de manera sosegada. Bajo la batuta de Danny, Barry se alzó con el campeonato del Mid Úlster, noqueando a casi todos sus contendientes.

También aprendió la fuerza que albergaban sus puños, y lo hizo de una manera mucho más terrorífica. Danny estaba enfermo y, como estaban solos en el gimnasio, Frank Mulligan llevo a Barry a las manoplas. Barry ya era lo suficientemente mayor como para saber que Frank era un alcohólico, pero de lo que no tenía idea alguna era de que el entrenador guardaba secretos mucho más oscuros. Abusaba sexualmente de niños y en 2012 pasaría seis años en prisión por dos condenas de violación a un niño de 14 años durante la década de los noventa. Pero Frank jamás tocó a Barry. Al contrario, lo ayudaba con sus golpes combinados.

Frank era todo un entusiasta, y aquella tarde cambiaron las manoplas por el cuadrilátero. El entrenador se puso unos guantes y una máscara y, haciendo círculos por el ring, le lanzaba puñetazos a Barry mientras le animaba con gritos de «¡venga!, ¡vamos!».

Barry lanzó un derechazo, que no alcanzó su objetivo, pero lo continuó con un gancho de izquierda que alcanzó a Frank en plena mandíbula. El entrenador se desplomó sobre el suelo. No había duda de que estaba inconsciente, porque no emitió ningún sonido por mucho que Barry se apoyara sobre él.

«¡Lo siento, Frank!», dijo. «¡Lo siento! ¡No era mi intención!».

Como Frank no reaccionaba, Barry pensó que lo había matado. Abandonó el gimnasio presa del pánico y se dirigió a la casa del párroco local, que estaba al final de la calle. Barry tocó el timbre y aporreó la puerta. No hubo respuesta. El joven boxeador regresó al gimnasio y, para su alivio, vio que Frank volvía poco a poco en sí. Fue capaz de incorporarse sobre un codo, mientras Barry le pedía nuevamente perdón.

«¡Santo Dios!», dijo Frank lentamente. «¡Jamás me han dado un golpe así!».

Miró al joven púgil y volvió a sacudir su atontada cabeza. Estaba claro que Barry McGuigan era un talento especial.

Pat McGuigan iba allá donde lo llamaran. Cantaba y tocaba con su banda en Portadown, en el acérrimo club social unionista, y hacía lo mismo en la parte occidental de Belfast, en lugares del republicanismo más fiero. Era un hombre afable y se llevaba muy bien con la Miami Showband, y el que fuera su cantante, Dickie Rock. La Showband era oriunda de Dublín, en lugar de Miami, y al igual que los Big Four de Pat McGuigan tocaban versiones de éxitos pop intercalados con temas de swing, country y western, e incluso música tradicional irlandesa de vez en cuando. Eran el grupo más famoso de Irlanda y tenían bolos más allá de la línea fronteriza. La música de la Showband tenía una capacidad similar a la del boxeo a la hora de traspasar las barreras ideológicas.

La Miami Showband no mostraba temor alguno en su ímpetu por tocar en todos lados, sin importar el aluvión de asesinatos que hubo en 1975. Estos daban continuación a la ola de atentados con coche bomba que el IRA colocó en Inglaterra el año anterior, cuando cinco personas murieron y sesenta y cinco fueron heridas en dos pubs de Guildford en octubre de 1974. Un mes después veintiuna personas morían y ciento ochenta y dos eran heridas cuando explotaron sendas bombas en dos pubs de Birmingham.

El 31 de julio de 1975 la Miami Showband cayó en la emboscada de un grupo de pistoleros del UVF, quienes los obligaron a salirse de la carretera en la A1 cerca de Bushkill, a doce kilómetros de Newry. Regresaban de un concierto en Banbridge y los hombres de la UVF vestían uniformes del Ejército británico.

La Miami Showband fue obligada a ponerse uno al lado del otro en la cuneta, siendo registrados mientras dos hombres del

UVF desaparecían en la parte trasera de la furgoneta. Su plan era poner una bomba con temporizador en el vehículo, que haría explosión cuando la banda estuviera de regreso en Dublín. Habría parecido que llevaban a escondidas una bomba del IRA, y con su muerte quedarían tachados de ser militantes republicanos, en lugar de músicos. Pero la bomba detonó mientras aquellos dos hombres del UVF la instalaban en secreto, muriendo ambos. El resto de los pistoleros entró en pánico y comenzaron a disparar, matando a tres miembros de la Miami Showband e hiriendo a los otros dos.

Brian McCoy recibió nueve disparos en la espalda con una Luger 9 milímetros. Fran O'Toole, quien intentaba arrastrar a su compañero Stephen Travers, severamente herido, para ponerlo a salvo, recibió veintidós disparos de ametralladora. Tony Geraghty también fue alcanzado en su intento por escapar, recibiendo cuatro disparos en cabeza y espalda. Sus últimas palabras fueron: «Por favor, no me disparen. No me maten».

Esta fue la masacre de la Miami Showband.

En el salón de sus padres en Clones, el joven Barry McGuigan, de 14 años, presenció la interminable cobertura mediática en televisión. Sentía que la ira de Dios se extendía por todos lados. En ambos lados de la frontera, fanáticos asesinos se daban a una orgía de violencia

Capítulo 6

EL CLINT EASTWOOD DE BELFAST

Tres años después de haber sido alcanzado por la bomba del IRA en la calle Ann, Samuel Larmour seguía siendo un fantasma de sí mismo. Había vuelto a trabajar y conducía otro de sus adorados Morris Minor, pero el padre de Davy no se había recuperado del todo de las terribles heridas sufridas, tanto físicas como emocionales. Su tendencia a la introspección también se acentuó. Al menos, desde que su chico había conseguido su segundo título de campeón nacional alzándose con el título de los pesos mosca el 25 de abril en Dublín, ya no fastidiaba a Davy con la cantinela de que dejase de pelear.

Samuel comprendió que su hijo mediano iba camino de formar parte del equipo irlandés que viajaría a los Juegos de Montreal con Gerry Storey. Incluso alguna que otra vez llevaba a su hijo a New Lodge para que entrenara con Gerry en la Sagrada Familia.

En el verano de 1975 Davy y su padre redujeron la velocidad en la parte alta de Upper Canning. Había un control militar bloqueando el camino. Aquella era una escena cotidiana en New Lodge, y no se sorprendieron cuando un soldado los ordenó que salieran del Morris Minor. Davy observó en silencio mientras otro soldado revolvía su macuto de entrenamiento, esparciéndolo todo por el pavimento. También se mantuvo en silencio cuando rebuscaron en su equipación y revolvieron el resto del coche. Pero cuando no pudo contener por más tiempo su ira fue cuando el soldado insultó a su padre, pensando que era otro republicano y no un hombre mayor que llevaba a su hijo, un campeón, en coche desde Shankill Road.

Samuel le respondió cortante, sugiriéndole que debería cuidar su vocabulario. El soldado giró su fusil, con lo que la culata quedó a la altura de la cabeza del anciano. Se acercó amenazante hacia Samuel, como si estuviera a punto de abrirle la cabeza con su arma. Davy aferró la culata del rifle y lo alejó de su padre.

«¡Suelta!», dijo el soldado.

«Claro que sí», dijo Davy, «pero primero me va a escuchar. Este hombre luchó en la Segunda Guerra Mundial y estuvo en la reserva durante muchos años. Vestía el mismo uniforme que usted viste ahora. Y tan solo me llevaba al club de boxeo».

Despacio, después de que Davy soltara el rifle, el soldado bajó su arma. Continuó mirando a Davy. «Recoja sus cosas», dijo.

Mientras Davy recogía su equipamiento, el soldado se giró a su padre. «Será mejor que se vaya a casa».

«Ve, papá», murmuró Davy. «Seguiré a pie».

Vio cómo su padre se subía temblando al Morris Minor. Samuel intentó a duras penas girar el coche en la estrecha calle, hasta que por fin pudo encontrar la manera de alejarse de la barricada.

Davy se dirigió hacia North Queen, donde pudo ver a ocho soldados vestidos de antidisturbios golpeando sus enormes escudos de plexiglás mientras marchaban camino de New Lodge Road, a poco más de un kilómetro. Furioso todavía por la manera en que habían tratado a su padre, el pequeño boxeador pasó rápidamente a su lado. Lo ignoraron y continuaron golpeando sus escudos con las porras. Se enardecían para la batalla, a la vez que le mandaban al enemigo un mensaje: ya llegaban. Tras girar para entrar en New Lodge Davy estuvo a punto de tropezar con la figura agachada de otro de los boxeadores de Gerry en la Sagrada Familia. Tanto Davy como el otro chico habían ganado títulos de campeón júnior del Úlster la década anterior. «¡Hola, amigo!», dijo Davy.

Su amigo del boxeo, que se había unido al IRA, lo miró.

«¡Davy!», exclamó. «¿Pero cómo te va?».

«Bien», respondió Davy. «¿Y a ti?».

«Todo bien, Davy», dijo el joven boxeador. «Dile a Gerry que pronto iré a visitarlo».

Davy asintió mientras echaba a andar, dejando que su amigo siguiera a su tarea: preparar un cóctel molotov.

Un poco más adelante saludó a otro de los boxeadores de Gerry, Alex Maskey, quien contemplaba los disturbios. Alex, quien se convertiría en el primer alcalde republicano de Belfast durante el siglo XXI, le sonrió y le devolvió el saludo.

Cuando llegaba a la Sagrada Familia un pelotón de soldados hizo su aparición desde la parte trasera del edificio. Uno de los militares empujó a Davy contra una pared y le obligó a abrir su macuto.

«¿A dónde va?», preguntó el soldado.

«Al club de boxeo», dijo Davy señalando a la Sagrada Familia. «Esto es mi equipo de entrenamiento».

«Continúe», dijo el militar haciendo un movimiento de cabeza.

Mientras Davy subía las escaleras del gimnasio pasó junto a otro antiguo boxeador a quien había vencido en una ocasión en los campeonatos del Úlster.

«¿Todo bien?», dijo Davy

«¡Davy!», dijo el hombre ofreciéndole su mano.

Los antiguos oponentes, compañeros en la Sagrada Familia y amigos procedentes de zonas diferentes de la división, se estrecharon las manos. Davy sabía que aquel hombre se había convertido en uno de los comandantes del IRA Provisional. Estaba claro que estaba muy ocupado y que no tenía muchas ganas de charlar.

Davy necesitaba la tranquilidad de la Sagrada Familia, lejos de los escudos antidisturbios y de los cócteles molotov, de los paras y los provos. Empujó la puerta. El ritmo percutor de las peras y los sacos siendo golpeados, el zumbido de las cuerdas de saltar y el ruido sordo y los resoplidos de un fiero combate de entrenamiento en el ring eran la viva definición de oasis. De pie, en el lado contrario del ring y observando el progreso de los dos boxeadores, Gerry Storey le lanzó una de sus habituales sonrisas.

«¡Davy!», le gritó a modo de bienvenida. «Sí señor... siempre puntual».

El boxeador levantó su mano saludando y sonrió. Se volvió a sentir en casa.

★

Los tres hijos de Gerry ya destacaban sobre el ring. Gerry hijo, Martin y Sam mostraban talento y aptitudes para el boxeo. Estaban metidos en el negocio. El boxeo siempre conseguía vender todo el papel en el Ulster Hall, y los tres chicos ayudaban a su abuelo, Sammy Burns —el padre de Belle— a vender los programas fuera del recinto. Los cientos de aficionados que se acercaban al pabellón desde ambas partes de Belfast, bromeando y soltando ocurrencias, les hacían sentir a los chicos que el boxeo tenía algo mágico, algo que trascendía ese confuso arte de esquivar y golpear, defenderse y atacar. Y eran conscientes de la importancia capital que su padre tenía en el boxeo de Belfast. En aquel escenario confuso, su padre les proporcionaba un atisbo de certeza de que el mundo podía funcionar.

En las finales sénior del campeonato del Úlster del 18 de febrero de 1975 Sam Storey no vendió ningún programa. Le pidieron que formara parte de los combates de apertura. Apenas tenía doce años, y el hecho de que dos peleas de categorías inferiores fuesen programadas como apertura a los combates de la velada era todo un honor pocas veces visto. A Sam le pidieron que peleara contra Damien Friars, del club Sagrada Trinidad de Turf Lodge, al oeste de Belfast, en una reedición de su combate por el título júnior del Úlster celebrado apenas unas semanas antes. Aquella noche Friars se llevó el gato al agua, y Gerry supo, mucho antes de que Sam entrara en el cuadrilátero, que su hijo perdería y por qué. Sam se había tirado toda la tarde jugando al fútbol, tres horas seguidas.

A su padre aquello no le hizo ninguna gracia. «¿Eres consciente de contra quién peleas esta noche?», le preguntó a Sam en cuanto llegó a casa, embarrado y extenuado.

«Ya verás cómo no hay problema», dijo Sam encogiéndose de hombros, recordando que su padre le había advertido de que no había que menospreciar a ninguno de los pequeños púgiles de la Sagrada Trinidad.

«Eso espero», dijo Gerry en voz queda, dándole a su hijo una palmadita. Ya aprendería la lección en el ring.

Aquella noche, Friars fue muy superior a Sam. Ahora tenía la oportunidad de demostrar lo bueno que podía ser cuando no se había tirado tres horas corriendo detrás de un balón de fútbol. Pese a todo, Sam estaba preocupado. Friars era muy buen boxeador y pelearían ante todo un Ulster Hall repleto de gente. «No tienes que preocuparte por eso», le dijo Gerry. «Te has ganado el derecho a pelear ahí».

Fue un comentario tranquilizador que le dio confianza. Aquella noche, Sam Storey le demostró a toda Belfast que algún día sería lo suficientemente bueno como para pelear por un título mundial. Su padre permitió que Bobby McAllister acompañara a su hijo desde el rincón y Gerry contempló, impávido, la pelea desde el fondo del vibrante pabellón. Podía escuchar a su esposa, Belle, animar a gritos a su hijo, el pequeño Sam, desde el palco. Belle era una mujer que rezumaba estilo, pero la visión de su hijo peleando en el ring le hizo dejarse los pulmones animando. Cuando, al terminar la pelea, Sam fue declarado vencedor por decisión amplia, Gerry sonrió.

Pero no tardaría en regresar al ring, trabajando en la esquina para uno de sus chicos, que se enfrentaba al gran Charlie Nash. Gerry admiraba a Nash, lo había entrenado en los Juegos Olímpicos, pero estaba convencido de que Gerry Hamill podía con él. Sam había vuelto a toda prisa junto al cuadrilátero, después de ducharse y cambiarse de ropa, puesto que Hamill era su boxeador favorito. Nash le caía bien, pero pensaba que Hamill era genial.

Aquella noche, con Gerry Storey guiándolo desde el rincón, Hamill estuvo a la altura de las expectativas del pequeño Sam. Boxeó de manera preciosa.

Sam Storey contemplaba el ring con los ojos como platos, viendo admirado cómo su padre dirigía a Hamill en aquella sorprendente victoria sobre el renombrado púgil olímpico. Siguiendo a la perfección las indicaciones de Gerry Storey, Hamill deslumbró a Nash. A Sam le dio la sensación de que Nash estuviera acorralado en todo momento. Pocas opciones tuvo contra un púgil tan excelente dirigido de tan manera magistral por un mago del rincón.

Charlie Nash alcanzó el final del camino en junio de 1975. Al regreso de Katowice, en Polonia, decidió que ya estaba harto de boxeo. Después de alzarse con su cuarto título nacional en los pesos ligeros aquel abril, vengándose de Hamill cuando un corte en la ceja obligó a este a dejar de pelear en la misma noche en que Davy Larmour alzaba su cinturón de los pesos mosca, Charlie pensó que en Polonia conseguiría, al fin, convertirse en campeón de Europa. Se tomó dos semanas de vacaciones en la imprenta con la esperanza de alcanzar la medalla de oro en Katowice.

Pero se encontró con una derrota en dieciseisavos contra Simian Cutov, el peso mosca rumano que se alzaría con el título cinco días después. Había sido el mismo resultado que en el último europeo, celebrado dos años antes, cuando Nash cayó en la misma eliminatoria frente al propio Cutov, quien de la misma manera acabaría proclamándose campeón en Belgrado.

Charlie se sintió vacío y hastiado. Ya había tenido suficiente boxeo y no podía justificar nuevas excedencias no remuneradas para pelear contra aquellos atletas a tiempo completo de los países del Este de Europa. Era consciente de que se estrellaría contra el mismo muro en los Juegos de Montreal de 1976, porque siendo un simple *amateur*, a duras penas tendría opciones de derrotar a los púgiles del bloque del Este y cubanos, cuyos estados les pagaban por boxear.

El boxeo le había llenado de placer y orgullo, aplacando las penas y la oscuridad que lo rodeaban. Pero ya era suficiente. Su esposa, Betty, acababa de tener a su primer bebé, Julie; así que Charlie debía adoptar una vida normal y corriente. Necesitaba un sustento económico estable, sin desviar parte del sueldo para entrenar en Belfast o Dublín y viajar después a otra ciudad desconocida en la que podría ganar, o no, una medalla cuyo valor se limitaría a aquel que le otorgaran su propia autoestima y el reconocimiento de la gente.

Su propia pasión lo había dejado seco.

Después de unos pocos días en casa, algunos periodistas de Derry aparecieron para preguntarle por su último y valiente intento, y para sondear sobre sus intenciones de cara a los Juegos de Montreal. Charlie sorprendió a los periodistas, a la mayor parte de Derry y a todo el mundo del boxeo irlandés cuando anunció su retirada.

Pasaron un par de días tranquilos y Charlie comenzó a acostumbrarse a su nueva rutina. No echaba de menos el gimnasio, y fue todo un alivio olvidarse de la estricta dieta que le obligaba a permanecer siempre por debajo del límite de los 61,235 kilos que marcaban el límite de los pesos ligeros. Charlie acababa de cumplir veinticuatro años y se sentía preparado para convertirse en un padre, esposo e impresor a tiempo completo.

Pero en Belfast, Gerry Hassett tenía planes diferentes para él. Gerry era un exboxeador profesional y embaucador que había vivido de todo. A lo largo de los diecinueve años que duró su carrera como profesional, comenzando en los pesos wélter y terminándola como semipesado, Hassett disputó un total de sesenta y nueve combates. De ellos se adjudicó cuarenta y cinco, pero a menudo peleaba como púgil de relleno y, para poder sacar adelante su vida en el East End de Londres, peleó en cientos de veladas más en el boxeo de ferias y verbenas, en las que aparecía anunciado como un duro irlandés dispuesto a pelear contra todo el que quisiera batirse con él, siempre y cuando pagase una entrada al ring. Hassett tenía demasiado saber hacer como para preocuparse por aquellos matones de feria, pero jamás consiguió hacer el dinero suficiente con el que labrarse un nuevo futuro.

Al contrario, tuvo que trabajar de gorila en algunos de los peores clubes nocturnos de Irlanda y Gran Bretaña. Hassett fue también el guardaespaldas de Muhammad Ali cuando el campeón viajó a Irlanda en 1972, y desde entonces estaba metido en el negocio de la seguridad; aunque él se imaginaba haciendo montones de dinero como mánager y promotor de boxeo. El boxeo profesional había desaparecido en la Irlanda del Norte de aquellos años.

La sombra de los Troubles era tan lúgubre y alargada que muy pocos luchadores del resto de Gran Bretaña, Europa o más allá se atrevían a viajar a Belfast o Deryy. Los profesionales irlandeses con esperanzas de ganar dinero en el cuadrilátero tenían que mudarse a Inglaterra. Los coches bomba y los disparos los alejaron de Irlanda del Norte.

Paddy Maguire, un impresionante peso gallo de cerca de Falls Road y amigo de Davy Larmour, debutó como profesional en el Ulster Hall de Belfast en marzo de 1969. Se adjudicó sus primeros ocho combates en Belfast, pero a principios de 1971 los Troubles lo obligaron a marcharse a Londres. Encontró un trabajo en la construcción, en Lambeth, y viviendo solo en Londres intentó relanzar su carrera pugilística. Su primer combate en Londres fue contra el versadísimo ghanés Bob Allotey, futuro campeón de Europa que ya había peleado en sesenta ocasiones.

Maguire perdió a los puntos, pero vencería diez de sus siguientes once combates, con lo que se ganó la oportunidad de luchar por el título británico de los pesos gallo en diciembre de 1974 contra Dave Needham en el Ice Rink de Nottingham. Apenas habían pasado un par de semanas desde que dos bombas del IRA acabaran con la vida de veintiuna personas en Birmingham. Maguire se vio atrapado frente a una multitud hostil que lo insultaba gritándole cosas como «¡qué! ¿dónde te has dejado las bombas hoy?». Needham ganó, a pesar de que el afilado puño de Maguire lo había hecho pedazos. Aunque en octubre de 1975 se haría justicia cuando Maguire derribó a Needham en el Royal Albert Hall de Londres, en una reválida de ese combate. Eso sí, jamás boxearía de nuevo en Belfast.

Por su parte, Gerry Hassett tenía un plan muy ambicioso en su cabeza. Sabedor de lo popular que era Charlie Nash en Derry, Hassett estaba convencido de que este atesoraba la clase suficiente y una base de fans considerable como para labrarse una carrera. Juntos podrían hacer que el boxeo profesional regresara a Derry; e incluso a Belfast, con el tiempo.

Era una persona con mucha labia, y consiguió que Charlie accediese a pasar a profesionales con él como promotor. Pero Charlie insistió en que llevaría sus asuntos él mismo. Declinó la primera bolsa que Hassett le ofreció para pelear contra Ray Ross. Charlie lo había vencido en *amateurs*, pero Ross había sido el campeón de Irlanda de los pesos ligeros en 1974. Ross también había librado cuatro combates como profesional. Así que la bolsa de Charlie ascendió hasta alcanzar las doscientas libras. El combate, a diez asaltos, sería por el título profesional de los pesos ligeros, el dos de octubre de 1975.

Hassett había acertado. El Templemore Sports Complex de Derry estaba repleto para presenciar el debut de Charlie. Betty estaba en primera fila, la primera y única ocasión en la que acudiría a una pelea. Aquella experiencia fue demasiado angustiosa para ella, por mucho que Charlie se adjudicara con facilidad el combate a los puntos. Juró que no volvería a presenciar ninguna de las peleas de su marido.

Mientras tanto, Hassett tenía buenos motivos para que no se le borrara la sonrisa. El centro deportivo había atronado con los cánticos de «¡Char-lie, Char-lie, Char-lie!», mientras el hijo predilecto de Derry comenzaba una andadura que lo llevaría a pelear por los títulos europeo y mundial, poniendo su granito de arena para la resurrección del boxeo profesional en Irlanda del Norte. Por su parte, Charlie estaba orgulloso de haberse convertido en campeón de los pesos ligeros tanto en categoría *amateur* como en categoría profesional dentro del mismo año. Había hecho su pequeña porción de historia pugilística.

Gerry Storey sabía ver la magia que una postal podía albergar. Cada vez que se encontraba en algún punto del mundo en uno de sus viajes relacionados con el boxeo —ya fuera en Múnich, Chicago, Christchurch o La Habana— Gerry le enviaba una postal a su sobrino Bobby, quien cumplía una sentencia de dos años en el presidio de Maze. Situada en una antigua base de la Royal Air Force en Long Kesh, a las afueras de Lishburn, la prisión más famosa de Irlanda del Norte era conocida de manera coloquial como el Maze[6], los Bloques H o Long Kesh. Gerry sabía muy bien que aquello era un infierno para los prisioneros republicanos.

---

6   N. del T.: una de las acepciones más comunes de la palabra Maze

Big Bobby Storey, un hombre alto e imponente, llevaba fichado desde mucho tiempo antes de cumplir los diecisiete años y poder ser recluido de acuerdo a la ley. Había sido arrestado y puesto en libertad en docenas de ocasiones por participar en disturbios contra el RUC y el ejército británico. Pero en cuanto tuvieron la oportunidad, las autoridades británicas enviaron a Big Bobby a Long Kesh. Estaba considerado un peligroso republicano, incluso a tan corta edad; pero para Gerry solo era su sobrino, ese que cuidaba tan bien de su hermano pequeño, Brian, que tenía síndrome de Down y había sido objeto de agresiones por grupos de unionistas.

Gerry comprendía por qué Big Bobby consideraba que la presencia del Ejército británico en el norte de Irlanda era un cáncer que había que extirpar. Había sido testigo de la persecución a la que Bobby, Brian, Seamus, Geraldine y sus padres se habían enfrentado durante años. Se habían visto obligados a abandonar Marrowbone tras ser víctimas del fuego de los unionistas, encontrando una casa en la calle Manor, la última calle católica en una de las zonas fronterizas más brutales del norte de Belfast. La actitud familiar hacia los unionistas y el Ejército británico se endureció.

Gerry nunca se olvidaba de las postales para Bobby cuando iba con Davy Larmour y John Rodgers a boxear a sitios como Chicago o Christchurch. Ni tampoco se olvidó entonces, en agosto de 1974, cuando acudió a los primeros campeonatos del mundo de boxeo en La Habana, Cuba. En un viaje memorable, conocieron a Fidel Castro y a Kid Chocolate, el antiguo gran campeón cubano de boxeo. Tal y como hiciera en América y en Christchurch, Gerry compró tres postales para que tanto él como Davy y John pudieran escribirle a Bobby a la prisión.

Davy siempre se tomaba su tiempo para escribir las postales, pues quería encontrar las palabras adecuadas para levantarle el ánimo al sobrino de Gerry. Porque aquellas postales ayudaban a Bobby Storey. Le enternecía el hecho de que su tío Gerry animara

___

es laberinto, y la prisión de Long Kesh era conocida por formar un intrincado laberinto de bloques y pasillos.

a un campeón protestante como Davy Larmour a escribirle a él, un presidiario del IRA.

Dos meses más tarde, en octubre de 1974, Big Bobby se encontraba entre los prisioneros del IRA que incendiaron las *jaulas* de Long Kesh en protesta por las condiciones inhumanas en las que se veían obligados a vivir. Por fin, en el verano de 1975, Big Bobby sería liberado. Unos pocos días más tarde fue a visitar a Gerry para agradecerle todas aquellas postales. Incluso en un lugar tan desolado como era Long Kesh el boxeo había llevado algo de calor humano.

Tras ser liberado del penal de Long Kesh, Bobby siguió recibiendo palizas constantes de los soldados británicos, e incluso en una ocasión lo metieron en un vehículo blindado y lo llevaron a una intimidante zona de la UDA, justo a las afueras de Shankill Road. Fue empujado al exterior del blindado, cayendo en la calzada mientras uno de los soldados gritaba: «¡Es del IRA!». De alguna manera Bobby consiguió llegar a su casa en New Lodge, donde su tío continuaba con su labor alejado de la violencia.

El mayor desafío para Gerry era sacarle al día las horas suficientes como para trabajar en los muelles, entrenar a sus muchachos en la Sagrada Familia y que le quedara algo de tiempo para pasarlo con Belle y sus cuatro hijos. Belle era una mujer hermosa y de lo más agradable, y Gerry temía en ocasiones no prestarle la atención que se merecía. Pero Belle siempre le decía que no se preocupara. Era consciente de lo mucho que el boxeo significaba para su marido, y ella misma se sentía parte de la Sagrada Familia, como demostraba limpiando equipos de boxeo o atendiendo a los boxeadores que se alojaban con ellos, convirtiéndose en su segunda madre para ellos.

La noche del sábado era sagrada; era la noche que Gerry procuraba reservarle a Belle. Era su momento de estar juntos, cuando solía llevar a Belle a tomar algo. Hacia finales de 1975, otro año bastante movido, Gerry le comunicó a Belle que aquel fin de semana estaría en Dublín con el equipo nacional. «¿Por qué no salimos el viernes por la noche a tomar algo en el club National?», le propuso a su esposa. Belle asintió y sonrió, y Gerry le dijo que se aseguraría de regresar a las ocho. Aquella fue una ocupada tarde de viernes en la Sagrada Familia, en la que un montón de nuevos chavales revoloteaban por el gimnasio, ante la alegría de Gerry. Se detuvo a charlar durante un buen rato con los padres, alabando a los niños y comentando después las posibilidades de Davy Larmour en los próximos Juegos de Montreal. Cuando quiso mirar su reloj se sorprendió de lo tarde que era. Ya habían dado las 21:45.

Gerry recogió sus cosas a toda prisa. «Pobre Belle», pensó, «la he vuelto a dejar tirada». Por una vez no se paró a charlar con el resto de los entrenadores del club y salió corriendo hacia casa.

«¡Belle, Belle», llamó mientras franqueaba la puerta. «¡Lo siento!».

Su esposa bajó las escaleras. Estaba espléndida, con su vestido especial que había elegido para lucirlo en el National. Besó a Gerry, pero negó con la cabeza cuando este le dijo que se apresuraran a subirse al coche e ir al club.

«Oh, Gerry», contestó ella, «ya se ha hecho muy tarde».

Como es lógico, Gerry insistió. No tardó en conseguir que su esposa comenzara a reír y que cogiera su abrigo mientras ambos les daban a sus hijos un beso de buenas noches.

«No tardaremos», les prometió.

Las noches de viernes Belfast cerraba temprano. Había poco que hacer cuando la noche se llenaba de patrullas y controles; por no hablar de las bandas de terroristas dispuestos a perpetrar una nueva atrocidad. Por eso el National estaba ya vacío cuando Gerry y Belle llegaron nada más dar las 22:15. Jimmy, el barman, estaba a punto de bajar los postigos tras la barra cuando los vio aparecer.

«Adelante, Gerry», les dijo. «¡Qué menos que un par de copas!».

El National cerraba por las noches, pero Jimmy le trajo a Gerry un par de pintas y un par de bebidas a Belle. «Que las disfrutéis», dijo Jimmy, «y no tengáis prisa, quedaos el tiempo que queráis».

Como siempre, sin importar las circunstancias, Gerry y Belle pasaron una agradable velada. Se pusieron al día de lo que habían hecho cada uno a lo largo de la semana y las bebidas fueron cayendo. Puede que, si lo hubieran pedido, hubieran convencido a Jimmy de que les pusiera otra ronda; pero los niños esperaban en casa y Gerry tenía que levantarse pronto para viajar a Dublín por la mañana.

Se subieron al coche y regresaron pasando por el camino de Antrim. Su conversación se vio interrumpida por el sonido de unos gritos. Fue un sonido que les heló la sangre, un grito que Gerry todavía es capaz de escuchar, incluso después de haber pasado más de cuarenta años.

Primero vieron a un grupo de adolescentes corriendo por un lado de la calle con el miedo a la muerte pintado en sus rostros. «¿Qué está pasando ahí?», dijo Gerry deteniendo el coche.

Belle vio a la chica antes que él. «¡Mira!», gritó.

Había una chica de pie en un lado de la calzada. Tenía la boca completamente abierta mientras gritaba sin cesar: «¡Está muerto! ¡Está muerto!».

Un chico yacía en mitad de la calzada mientras dos hombres permanecían en pie a su lado. Gerry supo que o lo acababan de asesinar o estaban a punto de matarlo.

Había unos coches bloqueando el lado izquierdo, el más cercano a la chica que no dejaba de gritar, por lo que Gerry tuvo que detenerse en el lado contrario. «Belle», dijo con tranquilidad, «pon el seguro de las puertas y no salgas del coche».

Antes de que Belle pudiera decirle nada en contra de lo que hacía, Gerry había abandonado el coche y caminaba hacia los hombres.

«¡Eh!», gritó. «¡Déjenlo en paz!».

Los hombres se giraron hacia él. Gerry estaba dispuesto a soltar un par de puñetazos para ahuyentarlos. Solo se detuvo cuando uno de los hombres metió la mano en el bolsillo y la elevó para que Gerry pudiera ver la disimulada figura de un arma apuntándolo.

Gerry jamás había llevado un arma, pero tampoco estaba dispuesto a rendirse ante una pandilla de terroristas. Llevaba puesta su gabardina negra, así que sumergió la mano derecha en lo más profundo de su bolsillo. Con los dedos abultando el bolsillo como para que pareciese que él también tenía un arma, elevó la mano en dirección a los hombres.

«Si fuera ustedes», dijo Gerry con frialdad, «me marcharía de aquí».

Los hombres dudaron y hubo un momento de contemplación. Incluso la chica, que hasta entonces no había dejado de gritar, se quedó en silencio mientras esperaba el desenlace. Gerry mantuvo su mirada clavada en ambos hombres.

Estos dieron un paso atrás y un coche salió de las sombras, amenazador. Los dos matones corrieron hacia él, abrieron de golpe las puertas y el coche se marchó a toda velocidad.

Gerry se giró a la chica, que había empezado a gritar de nuevo: «¡Está muerto! ¡Está muerto!».

Pero el chico se movió y gimoteó: «¡Muchas gracias, señor, muchas gracias!».

«Ya pasó, muchacho», murmuró Gerry mientras se ponía en cuclillas. El chico sangraba por una herida superficial. Gerry miró a la chica. «Cariño, no te preocupes. ¡Está bien!».

La chica siguió gritando —esta vez sin decir nada claro— por lo que Gerry se acercó a ella y la abofeteó para que volviera en sí.

«No ha muerto», le dijo con ternura. «Mira: se encuentra bien».

Belle se había acercado al chico y lo estaba consolando. La chica comenzó a llorar aliviada.

Gerry le puso la gabardina por encima al chico, que no dejaba de tiritar. «Vamos a meteros en el coche y os llevaremos al hospital. ¿Cómo te llamas, hijo?».

«Eastwood», contestó el chico.

Gerry Storey, el Clint Eastwood de Belfast, tomó con tranquilidad al chico en brazos y lo llevó hasta el coche.

«Me ha salvado la vida, señor», dijo el joven Eastwood mientras Belle y la novia del chico los seguían. «Iban a matarme. Pero pensaron que usted los dispararía».

Gerry se rio. «Porque no sabían la verdad», dijo en voz baja. «No tengo ninguna pistola».

Todos los de la Sagrada Familia sabían que su entrenador era un hombre de recursos. La historia del día que llevó a sus boxeadores a un torneo en Lisburn se había convertido en toda una leyenda en el club. Los dos Russell, Sean y Hugh, y otro par de jóvenes boxeadores iban apiñados en su viejo cacharro, mucho antes de que Gerry lo cambiase por el Cortina de color bronce; avanzaban a duras penas por las afueras de Belfast cuando comenzó el lío. El coche comenzó a petardear y a estremecerse, y en menos de dos kilómetros se había detenido. Gerry casi no sabía nada de mecánica, así que tenía poco sentido abrir el capó. Para él era todo un misterio cómo funcionaba cualquiera de las viejas tartanas que había tenido. Después de quedarse en un lado de la carretera con la esperanza de recibir ayuda, con los cuatro chicos embutidos dentro del coche y a salvo del frío, Gerry levantó el brazo. Una ambulancia se detuvo y el conductor bajó la ventanilla.

«¡Gerry Storey!», exclamó. «¿Pero que hace usted aquí?».

Jamás había hablado con el conductor, pero Gerry era reconocido por toda Belfast. «Llevaba a estos pequeños boxeadores a un torneo en Lisburn», explicó, «y el coche me ha dejado tirado».

«¿A Lisburn?», preguntó el conductor de la ambulancia.

«No está tan lejos, ¿no?», dijo Gerry esperanzado, preguntándose si se iba a dar un pequeño milagro que los rescatara a los chicos y a él. «¿Por casualidad no se dirigirá allí?».

El conductor miró a su compañero, sentado en el asiento del copiloto y ambos rieron ante la extravagante idea. «Suban, Gerry», dijo el conductor. «Los llevaremos. Tiene toda la pinta de ser una emergencia».

«Son ustedes nuestra salvación», les dijo Gerry con una sonrisa de alivio.

«Ya suponemos», dijo el hombre riendo mientras contemplaba cómo Gerry les comunicaba a los chavales la increíble noticia. Abrieron la parte trasera de la ambulancia y el equipo de la Sagrada Familia saltó a su interior.

«Por casualidad no podrán poner la sirena, ¿verdad?», bromeó Gerry mientras los chavales miraban asombrados el nuevo coche del equipo.

El pequeño Hugh Russell, quien acababa de cumplir once años y era el más joven del equipo, apenas podía dejar de reír cuando su hermano, Sean, le preguntó a Gerry con seriedad:

«Gerry», «qué crees que van a pensar de nosotros en Lisburn... cuando nos vean salir de una ambulancia para pelear en un campeonato de boxeo?».

Cinco años más tarde, en diciembre de 1975, Hugh cumplía dieciséis años. Gerry estaba deseando poner a prueba al hombrecito. A principios del mes siguiente Gerry decidió que su joven peso mosca estaba listo para subirse a un cuadrilátero con Davy Larmour. Apenas quedaban seis meses para los Juegos de Montreal y Davy necesitaba retener su título de campeón de Irlanda en Dublín, el 1 de mayo de 1976, para asegurar su presencia en la selección de Gerry.

Hugh había quedado con Gerry y Davy en los muelles. Davy había terminado sus prácticas como aprendiz alicatador en Ballymena y había encontrado trabajo en Harland & Wolff. Hugh tenía la esperanza de trabajar como piloto de remolcador en cuanto terminara el año de colegio que le quedaba. Pero el boxeo crearía un vínculo mucho mayor entre ambos. Gerry estaba convencido de que Hugh progresaría lo suficiente como para pelear en los Juegos cuatro años más tarde, por lo que, durante la preparación de Davy para los Juegos de Montreal, el pequeño pelirrojo le ayudaba en sus rutinas de calentamiento.

Además de ser tan rápido como habilidoso, Hugh era zurdo. Estos tres atributos —la velocidad, la habilidad y pelear de esa manera tan poco ortodoxa, con el puño derecho abriendo camino— resultaban siempre complicados. Davy estaba al tanto de que había un escurridizo zurdo cubano en los Juegos con el que podía cruzarse, por lo que aceptó cuando Gerry le sugirió darle al chavalillo pelirrojo la oportunidad de ser su *sparring*.

«Tómatelo con calma», dijo Gerry mientras se acercaba por el rincón de Davy en la Sagrada Familia.

«Tranquilo», asintió Davy. «Solo es un chaval».

Pero Hugh Russell ya era todo un púgil y su intención era dejarle un recuerdo al campeón de Irlanda, que era siete años mayor que él. Le propinó a Davy un puñetazo nada más comenzar y este, habiendo probado el cuero que recubría los puños del adolescente, imprimió un ritmo más serio. Comenzó a acosar a Hugh por el ring, acorralándolo contra las cuerdas. Pero el pequeño Hugh era mucho más rápido de lo que esperaba, y se alejaba del alcance de sus puños. Davy volvió a cercarlo y, echando mano de su mayor experiencia, encontró la manera de asestarle un par de golpes. Hugh los encajó bien y desencadenó una combinación que Davy desvió encogiendo los hombros.

Gerry, de pie junto a la lona, se sorprendió ante aquella intensidad. Ese nivel de entrega beneficiaba a ambos boxeadores, que estaban en etapas diferentes de sus carreras, pero el entrenador quería proteger a su joven aprendiz, al que llamaba Cue, en lugar de Hugh. «Sigue moviéndote, Cue, sigue», le dirigió. «No quieres entrar en una guerra con Davy Larmour».

Hugh comenzó a moverse y durante los tres siguientes asaltos hizo que Davy lo persiguiera por todo el cuadrilátero, mientras ambos intercambiaban *jabs* y amagos.

«Ha estado muy bien», dijo Gerry al final del tercer asalto. «¿Qué opinas, Cue?»

«¿Cuándo podemos pelear de nuevo?», preguntó el joven y pecoso pelirrojo.

Gerry Storey eligió el hermoso enclave de la villa de Caherdaniel, en el Anillo de Kerry, para establecer la concentración de cara a los Juegos. Rodeados de ondulantes montañas y divisando una serie de playas arenosas y pequeñas islas sobre un mar de color turquesa, Caherdaniel era el lugar perfecto para que Gerry y sus boxeadores —Davy Larmour, Brendan Dunne, Gerry Hamill, Christy McLaughlin y Brian Byrne— trabajaran. Además del precioso y tranquilo escenario, Gerry llevó consigo sus avanzadas técnicas de entrenamiento, nunca utilizadas con anterioridad en una concentración de la selección irlandesa.

En 1976 se consideraba revolucionario que Gerry utilizara la ayuda tecnológica que brindaban los vídeos como herramienta de preparación para sus pupilos. Los grababa durante sus espárrines cada día, y por las noches, les enseñaba las grabaciones para explicarles cómo podrían mejorar su estrategia y su ejecución. Gerry los sometía también a entrenamientos físicos que estaban a años luz de los que se usaban tanto en Irlanda como en Gran Bretaña. Incluso preparaba ungüentos y lociones para detener las hemorragias cada vez que sus chicos se producían un corte en una pelea. Grandes entrenadores norteamericanos como Ray Arcel y Angelo Dundee se habían fijado en Gerry cuando este llevó a sus combinados *amateur* a pelear en Filadelfia y Nueva York. Incluso ellos, maestros reverenciados de los rincones, querían descubrir cómo era capaz Gerry de sellar una brecha en mitad de una pelea.

Los periodistas irlandeses que acudieron de visita una tarde a la concentración jamás habían presenciado nada igual. «Bueno, Gerry», dijo uno de los periodistas más populares de Dublín «tiene usted todo lo que quería. Tiene este bonito lugar donde hacer una concentración, tiene todos sus vídeos y equipamiento. ¿Qué resultados espera obtener?».

«No espero ningún resultado», contestó Gerry. «Solo los preparo para que lleguen en el mejor estado de forma posible para competir».

«¿A qué se refiere?», le preguntó el reportero.

«Ya lo verán. Los estoy poniendo lo suficientemente en forma como para meterse en un ring con todos esos púgiles olímpicos: pero ni con eso será suficiente como para que consigan los resultados que se merecen».

Gerry conocía muy bien el funcionamiento del boxeo *amateur*, corrupto en la práctica totalidad. En los últimos campeonatos de Europa, en Polonia 1975, el torneo que certificó la retirada de Charlie Nash como *amateur*, los países del bloque del este obtuvieron treinta y seis de las cuarenta y dos medallas. Contaban con boxeadores excelentes que entrenaban como profesionales, pero, además, había cierto sesgo en las puntuaciones que incidía todavía más en los resultados.

En los Juegos Olímpicos, al menos en el boxeo, no siempre contaba lo bueno que uno fuera, sino el país del que provenía. De entre su pequeño equipo de completos *amateurs*, que se tenían que enfrentar contra púgiles mantenidos por sus respectivos Gobiernos, gozando por ello de la posibilidad de entrenar como profesionales, Gerry consideraba que solo Davy tenía una mínima esperanza de poder dar la campanada y lograr una medalla olímpica.

Todos los púgiles de Gerry cayeron eliminados en las primeras rondas, pero Davy tuvo algo de suerte. Los Juegos de Montreal sufrieron el boicot de veintiocho países en protesta contra la decisión del COI de no vetar a Nueva Zelanda después de que los All Blacks disputaran cuatro partidos de rugby de preparación en Sudáfrica.Los primeros dos rivales de Davy, Robert Musuku, de Sudán, y Agustín Martínez, de Nicaragua, se retiraron de los Juegos.

En los cuartos de final, Davy se enfrentó al norteamericano Leo Randolph. Gerry se había percatado de que el comisario norteamericano del torneo se dirigía a todos los jueces entre uno y otro asalto, mientras fumaba su pipa. No hacía más que hablar en todo momento con los jueces, por lo que a Davy no le quedó más remedio que preguntarse si acaso aquel comisario intentaba influir en sus decisiones. Gerry no podía demostrar nada, por lo que no le hizo a Davy comentario alguno que pudiera desanimarlo.

El peso mosca de Belfast peleó de manera admirable, y si la competición se hubiera celebrado en cualquier otro lugar, Gerry estaba convencido de que la decisión hubiera caído del lado de Davy, con lo que habría logrado una medalla olímpica. No resulta descabellado pensar en que pudo lograr, incluso, el oro, porque después de su afortunada victoria en los cuartos de final Randolph se impuso en la final.

El reportero de Dublín encontró a Gerry junto al cuadrilátero, después de la controvertida derrota de Davy. «Dio usted en el clavo hace unas semanas, Gerry», le dijo. «Ahora comprendo a lo que se refería».

Sugar Ray Leonard, la estrella de los Juegos Olímpicos de Montreal 1976, era tan bueno que no precisó de la ayuda de los jueces para lograr la medalla de oro en Montreal. Davy y Gerry conocieron a Leonard quien, según se enteraron, estaba a punto de comenzar una carrera multimillonaria en el boxeo profesional, lo que les dejó impresionados.

«Voy a hacer como Sugar Ray y me voy a meter a profesionales», le dijo Davy a Gerry. «Ya estoy harto de aficionados».

Gerry Hassett, quien estaba causando sensación con Charlie Nash en Derry, ya había entrado en contacto con Davy para brindarle su ayuda en una hipotética carrera profesional.

«En Belfast será mucho más complicado», le advirtió Gerry, sabedor de que tampoco tenía que explicarle que solo había un Sugar Ray Leonard.

«No te preocupes», dijo Davy. «No voy a dejar el trabajo. Soy consciente de lo que me espera en Belfast».

Capítulo 7

TIÑENDO SHANKILL ROAD DE VERDE

Danny McAllister tenía la complexión de un becerro. Su musculado físico exudaba fuerza; cada paso que daba en el abarrotado recinto rezumaba poderío y amenaza. Tenía una enorme cabeza y un ancho cuello, más propio de un peso medio que de un peso mosca. Barry McGuigan, quien estaba a punto de pelear contra él en la final del campeonato júnior del Úlster de 1977, apenas podía creerlo. De alguna manera, McCallister consiguió dejar la báscula en 48 kilos y 995 gramos. Pero daba la sensación de pesar veinte kilos más. Además, su aspecto era más propio de un hombre de veinticinco años, y no los dieciséis con los que contaba el adolescente McGuigan.

Hacía años que McAllister estaba considerado como el mayor valor en ciernes del boxeo irlandés. Era un pegador del gimnasio de Oliver Plunkett, en Falls Road, la equivalente republicana a Shankill Road en Belfast. Y le encantaba noquear a cada chico que le ponían enfrente.

Barry había presenciado todos los combates de McAllister rumbo a la final. McAllister salía con los brazos moviéndose como si fueran las aspas de un molino —¡boom!— asestando ganchos a diestra y siniestra. Y esto, más que aterrorizar a Barry, lo tranquilizó. Los únicos que le daban problemas eran los contrincantes escurridizos y móviles, los que optaban por alejarse y evitar el combate. Barry prefería los oponentes que se dirigían hacia él con aviesas intenciones. Y el que peores intenciones tenía, y el más fuerte de todos los chicos del Úlster en los pesos ligeros, era McAllister. Y estaba hecho a su medida.

Gerry Storey estaba intrigado. Lo sabía todo sobre McAllister, pero había escuchado que el chico de Clones mostraba auténticas hechuras. Gerry dudaba de que McGuigan fuera capaz de soportar tanta presión; pero como seleccionador nacional irlandés, siempre estaba a la búsqueda de nuevos talentos.

El recinto estaba sumido en una neblina de humo de cigarrillos, pues tanto hombres como mujeres fumaban mientras animaban a los púgiles. McGuigan fue el primero en salir a aquella neblina, que le daba al espacio por encima del cuadrilátero un tono azulado. El toro entró a continuación, ante los rugidos de la multitud.

Más de uno estuvo a punto de tragarse el cigarrillo cuando McGuigan derribó a McAllister en el primer asalto. Pero el chaval de Belfast era duro de roer y se reincorporó para encarar de nuevo a McGuigan. Para el de Clones resultaba muy sencillo esquivar sus embestidas, igual que un tranquilo matador que sabe que el toro está herido, pero que desea que el espectáculo continúe todo lo posible para no hurtarle a la multitud el placer que les proporciona su sed de sangre. En lugar de ello, McGuigan se agachaba y se estiraba, se retiraba y rejoneaba a McAllister con su largo *jab*.

McAllister volvió a caer en el segundo asalto y el público exclamó sorprendido. El combate resultó tan desequilibrado que la campana final fue una salvación para la derribada estrella de Falls Road. Barry McGuigan acababa de hacerse con su primer título del Úlster y el seleccionador nacional irlandés se acercó a su rincón. Daba la sensación de que a Gerry Storey se le fueran a salir los ojos de las órbitas.

«Este muchacho es magnífico», le dijo Gerry a Danny McEntee.

«Lo sé», dijo Danny sonriendo. «Barry, este es Gerry Storey».

«Hola, señor Storey», dijo Barry con educación una vez que la malevolencia del ring hubo desaparecido.

Gerry le explicó que hablaría con los seleccionadores de Dublín y les pediría permiso para que Barry se les uniese en una concentración; siempre y cuando el joven boxeador estuviera interesado.

Resultaba difícil de creer que el entrenador jefe de la federación irlandesa quisiera trabajar con él. Barry se giró sorprendido a su entrenador, y Danny asintió apremiante.

«Me encantaría», dijo Barry.

«¡Muy bien!», dijo Gerry palmeando el brazo de Barry. «Sigue trabajando y me pondré en contacto con Danny».

Fue todo un subidón para la confianza de Barry. Dos meses más tarde se haría con el título unificado irlandés de la categoría júnior en el Hotel Parkway de Limerick. Le propinó a Martin Brereton, un viejo conocido, la madre y el padre de todas las palizas, noqueándolo y dejándolo muy dolorido. Barry fue el boxeador del torneo, y aquella fue la primera ocasión en la que la prensa nacional escribió sobre él. Cerca de doscientas personas de Clones formaron una caravana de autobuses y siguieron a Barry de camino a su primer título nacional. El júbilo fue patente durante las tres horas que duraba el viaje de regreso.

Gerry quedó convencido de que McGuigan atesoraba calidad. Por eso, apenas una semana después, le pidió al joven de dieciséis años que viajara a Dublín para ayudar a Phil Sutcliffe en su preparación para los campeonatos de Europa sénior que se celebrarían en la República Democrática de Alemania en mayo de 1977. Sutcliffe era un año mayor que Barry y tenía mucha más experiencia. Barry lo había vencido en un torneo en Edenderry, pero Sutcliffe era un pegador percusivo y el flamante campeón irlandés en categoría sénior.

Barry disfrutaba con la dureza de los entrenamientos de intervalos y, cada día, su trabajo como *sparring* de Sutcliffe fue muy bueno. Trabajaban en las combinaciones de puñetazos y el adolescente progresó bastante a las órdenes de Gerry. El entrenador hacía que todo pareciera tan obvio que a Barry le resultada sencillo seguir sus consejos. Como consecuencia, la sobresaliente excelencia técnica de Gerry como entrenador florecía a medida que sus sencillas directrices se convertían en acciones fluidas en los puños de un púgil de tan desmedido talento. Ver al entrenador y al boxeador trabajar en tan perfecta combinación resultaba fascinante.

Un impresionado Pat McGuigan preguntó si no sería posible que Barry entrenara en la Sagrada Familia. «Por supuesto que sí», dijo Gerry. E invitó a Barry a unirse al club para las sesiones de los fines de semana en Belfast. Al igual que hiciera Charlie Nash, Barry se podía alojar con Gerry y Belle en New Lodge y trabajar sus habilidades pugilísticas. Barry sonreía encantado. Estaba en su salsa.

Gerry Hassett aferró por el cuello a Charlie Nash en los sótanos del Hotel Grosvenor en Mayfair, Londres, una noche de lunes de mayo de 1976. Las tensiones entre el promotor y su boxeador eran cada vez mayores y una discusión en el vestuario desencadenó la pelea. Hassett era un hombre mucho más grande y sujetó al boxeador contra la pared. Charlie era un muchacho tranquilo, pero durante tantos meses de frustración, la ira había crecido en su interior. Empujó a su promotor.

«Has visto lo que ha sucedido, ¿verdad?», le dijo al botones del hotel, quien le acababa de entregar un mensaje que decía que le habían prohibido la entrada en el hotel a su antiguo entrenador, Tommy Donnelly.

«Sí, señor», dijo el botones, como si acabara de decidir que el imbatido boxeador se merecía mucho más respeto que su iracundo promotor.

Hassett dijo de mala manera: «Pues vale, que entre. Si tanto lo desea, dejadle entrar».

Charlie asintió al botones. «Ya le has escuchado. Esta noche Tommy Donnelly trabajará conmigo».

La cada vez más tensionada relación se convirtió en abierta acritud cuando Charlie le dijo a Hassett que ya no lo quería en su esquina del ring. Necesitaba reunirse con su entrenador en aficionados. Pero cuando Hassett se negó a facilitarle a Tommy el acceso a través de la seguridad del hotel, Charlie se negó a pelear. La ruptura llevaba meses fraguándose.

Siete meses atrás Charlie había creído que si trabajaba duro y entrenaba cada noche tras el trabajo la recompensa acabaría por llegar. Pero el boxeo profesional era un lugar inmisericorde para un hombre tan honesto como él. Había todo tipo de quiebros y requiebros, obstáculos y zanjas.

Después de alzarse con la victoria en sus cinco primeros combates, peleas de promoción de poca monta, Charlie necesitaba darle a su carrera un enfoque más estructurado, lo que significaba reunirse de nuevo con Tommy Donelly y repensar el rol de Hassett como promotor. Había quedado claro ya que en Londres podían conseguirle muchos más combates a través de Jack Solomons, el promotor de boxeo más poderoso. Solomons estaba dispuesto a echar una mano, pero Charlie tenía que recomponerse y acabar con su oponente. Jimmy Revie ocupaba un puesto alto en el ranking, y con una victoria convincente por una bolsa de quinientas libras, Charlie se garantizaría luchar por el título británico.

La llegada de Tommy atemperó a Charlie. Había todavía tiempo suficiente como para confirmar la estrategia a seguir en el combate y calentar con las manoplas antes de que llamaran a la puerta del vestuario. Charlie atravesó caminando la sala de banquetes, repleta de hombres de negocios con corbata negra y esmoquin que se deleitaban con el postre antes de la principal pelea de la velada. Se sintió muy lejos de Derry, pero la gresca con Hassett había fortalecido su convicción.

Charlie desvió los golpes con facilidad, para contragolpear con combinaciones que parecían aguijones. Tumbó a Revie en el primer asalto, repitiendo en el tercero, momento en el que el árbitro entró en acción para ayudar al veterano. La victoria de Charlie fue más impresionante que la defensa en ocho asaltos con la que el campeón británico, Jim Watt, había parado los pies a Revie en su combate previo.

Tras otras dos victorias el contador de combates de Charlie estaba en ocho victorias por ninguna derrota. Pero su relación con Hassett quedó hecha añicos. Hassett no viajó a Derry cuando Charlie encabezó una velada en el Templemore Sports Complex en noviembre de 1976; pero sí que envió a un boxeador reconvertido en recadero en su nombre. Después del combate Charlie se quedó de piedra al ver al tiburón contando billetes del sobre que contenía su bolsa. El hombre dijo que se llevaba la tajada que le correspondía a Hassett por su trabajo como mánager.

«Ese no es mi mánager», protestó Charlie. «Solo firmé con él un contrato de promoción».

El tipo se metió el dinero en el bolsillo y le dijo a Charlie que eso lo tendría que discutir con el propio Hassett. Pero hubo otros asuntos incluso peores, porque Hassett había firmado en nombre de Charlie un contrato para pelear contra Jim Watt por el título británico en Glasgow. Todavía no se había llegado a un acuerdo con la televisión, por lo que Charlie apenas se embolsaría dos mil libras totales, lo que significaba que los gastos de alojamiento y viaje a Glasgow correrían por su cuenta.

Solomons le advirtió a Charlie de que aquel combate valía mucho más que dos de los grandes, y que sería mejor que se negara a viajar a Glasgow, dado que Hassett no tenía derecho de apoderamiento sobre él ni tenía el puesto de mánager.

La siguiente lección que Charlie aprendió sobre la dureza del negocio del boxeo profesional llegó cuando recibió una citación de los juzgados. Los promotores de Watts le demandaban. Como Charlie no había aceptado en ningún momento los términos del combate y Hassett no era su mánager, Solomon le aconsejó que defendiera el caso en juicio. El promotor de Londres le dijo que, en el poco probable caso de que Charlie perdiera en los juzgados, él correría con las costas. Solomons era tan sabio en temas de abogados como lo era en los temas que rodeaban al ring: Charlie fue exonerado de cualquier responsabilidad. También era libre de cortar toda relación con Hassett y trabajar en exclusiva para Solomons, quien no le reclamaría nunca un porcentaje sobre sus futuras bolsas.

Dos nuevas y rutinarias victorias en Londres sobre rivales norteamericanos elevaron su récord de victorias a once, lo que le llevó a un combate mucho más complicado en Derry. Benny Huertas, un canoso portorriqueño afincado en Nueva York, llevaba ya cincuenta y cinco combates como profesional. Huertas se había enfrentado a los tres últimos campeones del mundo, incluido Roberto Durán, y era un púgil duro, listo y con un *jab* malintencionado que acabó rompiendo la nariz a Charlie. Pese a todo, fue una victoria aplastante a los puntos para Charlie, quien se vio recompensado con un combate todavía más complicado cuatro meses después. En ese combate se enfrentaría a Larry Stanton, quien estaba en el *ranking* mundial. El boxeo se había convertido en un asunto muy serio para un tipo tan apacible como Charlie.

Templemore Sports Complex, Derry, martes 26 de julio de 1977

La noche de su debut profesional, Davy Larrmour sentía la boca seca y le temblaban las manos mientras le aplicaban los vendajes. Su oponente, Jimmy Bott, de Liverpool, ya había luchado en ocho ocasiones como profesional. Bott se había acostumbrado a los nervios que atenazan al púgil antes de la primera campana.

Estas oleadas nerviosas eran distintas del miedo. A Davy no le daba miedo que lo golpearan y le hicieran daño. Como *amateur* ya había recibido golpes en numerosas ocasiones; pero aquellos golpes lo entumecían más que provocarle dolor. Hasta que no había pasado una hora del final del combate, puede que incluso hasta la mañana siguiente, no comenzaban a dolerle los hematomas. Pero lo que más le preocupaba a Davy era que Bott pudiera vencerlo. Podía imaginar la cantidad de risas burlonas que tanto lo avergonzarían.

El negocio del profesionalismo traía consigo una profunda oleada de misterio. Era como dar un paso para adentrarse en lo desconocido, y aquella enajenación se veía acentuada por el hecho de que, al calentar, no llevaba puesta su familiar camiseta del gimnasio Albert Foundry, ni tampoco la camiseta verde de irlanda. El boxeo profesional hacía que los nuevos púgiles se sintieran desnudos y vulnerables, al entrar en combate a pecho descubierto.

Le ayudó bastante que varios rostros conocidos de Derry prepararan, a su vez, sus propias peleas. Charlie Nash encabezaba la velada, peleando contra Larry Stanton, mientras que el viejo rival *amateur* de Davy, Neil McLaughlin, estaba a punto de disputar su noveno combate. Como *amateur*, Neil había vencido a Davy en más ocasiones que al contrario, pero en profesionales ya contaba con cinco derrotas. La aparición de Damien McDermott, quien se pasó por el vestuario a saludar, ayudó a contrarrestar la fría estadística. Damien no luchaba aquella noche, pero había conseguido sus dos primeras victorias como profesional en aquel mismo recinto. Davy estaba decidido a empezar con el mismo buen pie su carrera como boxeador pagado.

Tenía otros dos trabajos, además del boxeo. Su principal ocupación era la de montador en Harland & Wolff, en los muelles de Belfast. Era una ocupación que exigía un gran esfuerzo físico: en los diques secos en los que unas enormes grúas, llamadas Sansón y David, colocaban los buques averiados en el sitio adecuado con la ayuda de los montadores para proceder, después, a su reparación. Davy también conducía un taxi por las tardes en las que no entrenaba en el gimnasio. La mayoría de las noches de fin de semana conducía su propio coche, reconvertido al alquiler privado, por las ardientes calles de Belfast, esquivando disturbios y barricadas, puntos de control del ejército y pistoleros callejeros. Conducía por toda la ciudad, desde Shankill a Falls, desde Ardoyne hasta Ballybeen. Ponerse al volante del taxi daba mucho más miedo que encerrarse en el ring.

Cuando lo llamaron para subir se sintió preparado. Por norma general, había mucho respeto hacia los boxeadores, pero en tiempos tan peligrosos como aquellos, Davy escuchó una oleada de abucheos. Una vez más era un protestante que luchaba en el corazón del catolicismo en Derry. Davy había perdido muchos combates en las decisiones, tras el recuento de puntos de los árbitros en Derry y Dublín, donde a menudo parecía tener mayor importancia su religión que la habilidad del oponente. Por eso decidió no dejar lugar a duda alguna.

Tras el toque de la campana, Davy ocupó rápidamente el centro del ring. Alcanzó a Bott con *jabs* y poderosas combinaciones de golpes, sorprendiéndose de la facilidad con la que parecía estar causándole problemas a un boxeador profesional. Aumentó un punto más la presión y entonces, con repentina brutalidad, Bott cayó al tapiz tras un cruzado de derechas y un gancho de izquierdas. Davy sabía que se había terminado. En los confundidos ojos y gestos de Jimmy Bott estaba escrita la palabra derrota; apenas intentó detener la cuenta. La carrera profesional de Davy comenzaba de manera emocionante, con un nocaut en el primer asalto tras apenas treinta segundos.

«Después de esto no va a haber quien quiera batirse contigo», dijo Damien McDermott.

Davy sonrió y se dirigió a las duchas. Quería estar de vuelta junto al ring para ver a Charlie Nash en la pelea más importante de su carrera. Tal vez, soñaba Davy, algún día él también sería cabeza de velada, igual que Charlie, y podría dejar el peligroso trabajo al volante del taxi.

En la pelea de Charlie Nash contra Larry Stanton no hubo final prematuro; Stanton era un ambicioso púgil de Estados Unidos que ocupaba el número 11 en el *ranking* mundial. Stanton era tan hábil en los golpes lejanos como en el cuerpo a cuerpo y exigió de Nash que diera lo mejor de sí durante los diez disputados asaltos. Nash se hizo con la decisión, pero había sido su combate más duro hasta la fecha. El callado chaval de Derry estaba listo para pruebas todavía más brutales.

Barry McGuigan había atravesado un bache, pero regresó con un plan audaz. A finales de 1977 cayó en las semifinales de los campeonatos júnior de Irlanda. Fue una derrota inesperada contra un fornido muchachote llamado Mick Holmes. La siguiente ocasión en que se cruzaron, McGuigan noqueó a Holmes con un devastador punch; pero durante los campeonatos júnior Barry se había mostrado descuidado y mereció la derrota. Tras la decepción, decidió asaltar el título sénior del Úlster en su primerísimo intento.

Cierta lógica típicamente irlandesa guiaba aquella audacia. Perder los campeonatos júnior para hacerse con el título sénior seis semanas más tarde parecía una especie de redención para un chico de dieciséis años. Puede que el adolescente McGuigan tuviera todavía un tono de voz un poco agudo, pero sus puños eran pura dinamita y su alma estaba forjada en acero.

Los campeonatos sénior del Úlster eran una de las citas más importantes en el calendario del boxeo irlandés, celebrándose todos los años a finales de enero. En 1978 Dermott, el hermano mayor de Barry, le ayudó a pergeñar su estrategia. Dermot sabía que Barry tenía la calidad suficiente como para superar a la mayoría de sénior irlandeses en su categoría de peso. Pero también sabía que los hombres hechos y derechos tenían la suficiente corpulencia como para aguantar la fuerza de los puños de Barry con mucha más solvencia que los chicos a los que hasta ahora había noqueado. Y también pegaban mucho más fuerte, por lo que había llegado el momento de que Barry demostrara que no solo podía pelear, sino boxear. Tenía que dominar el mandamiento más básico del boxeo: golpear al oponente sin exponerse demasiado a que este le golpeara a él.

Sean Russell —el hermano mayor de Hugh y una de las estrellas de la Sagrada Familia— era el absoluto favorito en la categoría de los pesos gallo. Había conseguido varios títulos júnior y parecía predestinado a convertirse en campeón nacional unos meses después. Entrenado por Gerry, Russell era rápido y tenía confianza en sí mismo; se situó junto al ring para observar al que sería su rival en la final. En la semifinal, Barry tenía que pelear contra Noel Reynolds, de Lisburn. Reynolds era un duro fajador que acababa de ingresar en la veintena y quería dejar en evidencia al novato de Clones.

Pero lo que ocurrió fue que McGuigan superó a Reynolds desde la misma campana, con rápidas sucesiones de movimientos con los que entraba y salía del alcance de la pegada de su rival para desencadenar luego duros y certeros golpes. En cuanto Reynolds comenzó a apagarse McGuigan conectó un puñetazo que lo llevó a la lona. Reynolds se sobrepuso y aguantó otros tres asaltos. Llegó hasta la campana final, pero había sido derribado de nuevo. Cada vez que McGuigan le asestaba un nuevo golpe directo, Reynolds sufría.

«¿Cuántos años tienes?», le preguntó Reynolds a Barry en el vestuario.

«Dieciséis».

«¿*Dieciséis*?», exclamó Reynolds casi sin poder creerlo.

«Pero cumplo diecisiete el mes que viene».

Reynolds le pasó un brazo a su vencedor por los hombros. «Jamás me han dado golpes como los tuyos. Sabes que te toca pelear con Sean Russell en la final, ¿no?».

Barry asintió, esperando que Reynolds le advirtiera de las dificultades contra las que se iba a enfrentar.

«Lo vas a noquear», le prometió Reynolds.

Barry se sorprendió ante un anuncio tan atrevido. Continuó quitándose las vendas de las manos.

Sean Russell llegó hasta él. Se presentó, le ofreció la mano y le felicitó por su increíble actuación. El adolescente no sabía muy bien cómo reaccionar. Ninguno de los rivales contra los que había peleado con anterioridad se había mostrado tan halagador, y se suponía que Russell debía de ser el mejor de todos contra los que había peleado hasta entonces.

«Lo siento, Sean», dijo Reynolds, «pero este chico te va a noquear».

Russell se rio. «No es más que un chavalín. No puede noquearme».

Mientras Russell se alejaba en dirección a su hermano Hugh, Reynolds se giró de nuevo hacia Barry, susurrándole «Ya te digo yo que lo vas a hacer...»

Al igual que Barry, Hugh Russell disputaba su primera final sénior del Úlster. Su rival, Jimmy Carson, también peleaba para la Sagrada Familia. Hugh había intercambiado asaltos con Carson a menudo y estaba seguro de tenerle cogida la medida a un rival que era mayor que él y que había alcanzado la final del título nacional irlandés en los dos años anteriores.

Hugh, que acababa de cumplir diecinueve años, tenía la confianza por las nubes porque sabía que Gerry estaría en la esquina de Carson. Hugh se había dado cuenta de que cada vez que dos púgiles de la Sagrada Familia se enfrentaban en un gran torneo, Gerry solía cuidar del boxeador que consideraba más proclive a perder, y quien, por lo tanto, más precisaba de sus consejos.

Sería Bobby McAllister, otro entrenador de la Sagrada Familia, quien ayudara a Hugh. Tampoco era que necesitase decirle gran cosa al pequeño pelirrojo, puesto que Hugh sabía perfectamente qué era lo que podía esperar de Carson: un muy buen *amateur* que no alcanzaba el suficiente nivel como para pelear de manera internacional. Hugh intentaba hacerse un hueco en la selección nacional, y el primer paso para conseguirlo era el título del Úlster. El resultado fue el esperado. Hugh ganó la decisión por un gran margen sobre Carson y, poco tiempo después, estaba de nuevo junto al ring para ver a su hermano mayor pelear contra McGuigan.

Gerry sabía que McGuigan era un talento especial. Intentó advertir a Russell, pero sus palabras no fueron suficientes. Ya a comienzos del primer asalto McGuigan puso a Russell contra las cuerdas y desencadenó una lluvia de golpes, alternando entre la cabeza y el cuerpo de su rival. Derribó a Russell junto a las cuerdas y el luchador de Belfast salvó la cuenta por muy poco.

Los golpes de McGuigan en el segundo asalto fueron auténticos latigazos y, en bastantes ocasiones Russell se tambaleó bajo su fuerza. El trabajo de McGuigan mostraba intención y claridad de ideas, y cuando llegaron por fin los inevitables descubiertos en la guardia de Russell, lo alcanzó con claridad. Durante el asalto Russell cayó derribado por otros dos duros golpes. La ferviente afición de Belfast, en la que la mayoría de los presentes iba con el púgil de la Sagrada Familia, quedó estupefacta. Apenas se escucharon un par de gritos sordos cuando el combate fue detenido.

Entre el contingente de Clones, quienes habían cubierto los ciento veinte kilómetros que los alejaban de Belfast, se extendió la euforia. Después de que Barry recibiera su medalla y se duchara, los aficionados de Clones corrieron a sus coches para llegar a tiempo de ver la retransmisión de la pelea en Ulster TV, a las 22:00. Por lo general el trayecto se cubría en noventa minutos, pero en aquella fría noche de enero fueron necesarias dos horas para llegar tan solo a Monaghan, desde donde todavía restaban veintidós kilómetros hasta Clones. Los retrasó un control del ejército en Middletown, puesto que los soldados obligaron a todo el mundo a bajarse de los coches mientras los registraban.

Acababan de dar las diez cuando entraron en el Hotel Four Seasons de Monaghan, uno de los sitios en los que Pat McGuigan solía cantar, entrando a toda prisa en el salón. Pat conocía al director, por lo que les permitieron encender la televisión y acomodarse para ver el combate. Unos pocos minutos después Barry pudo verse en la televisión.

«¡Vaya, hijo! ¡Pero mira qué pedazo de mata de pelo!», dijo Pat.

Barry se puso colorado mientras Dermot reía. La estancia se quedó en silencio durante unos instantes mientras esperaban a que sonara la primera campana, como si no supieran ya qué era lo que presenciarían. Otros invitados se arremolinaron alrededor de la televisión. Una mujer se giró hacia Barry, quien estaba sentado en el suelo viéndose a sí mismo en la televisión, y le preguntó: «Eres tú?».

«Sí», contestó Barry orgulloso, «soy yo».

Fue una experiencia surrealista. Mientras todos a su alrededor gritaban y gañían, Barry se veía pelear por primera vez. Pensó que peleaba de manera temeraria, pero no podía negar que gracias a ese estilo había doblegado a Russell y lo había obligado a rendirse. Contempló la pantalla impresionado mientras el comentarista, Harry Thompson, ofrecía sus conclusiones, a la vez que, en la televisión, Barry alzaba las manos al aire al final de la lucha: «McGuigan es todavía un poco rudo, tiene aspectos que pulir, pero este chaval tiene un *enorme* potencial».

Dermot miró a su hermano menor. Sus ojos reflejaban orgullo. «Esto es solo el comienzo», predijo.

Barry sonrió. «Lo sé», contestó, con un tono más sincero que arrogante.

«Demasiado peligroso», le dijo Felix Jones, presidente de la asociación *amateur* de boxeo irlandesa a Gerry Storey en Dublín. «Tendremos que cancelar lo de Belfast».

«No puedes, Felix», dijo Gerry con una fuerte sacudida de su cabeza. «Los de la Alemania del Este están ya aquí».

«¿Pero te has vuelto loco?», preguntó Jones. «¿Después de todo lo que ha sucedido?».

Una semana antes, el 17 de febrero de 1978, el IRA había pegado una enorme bomba a unos barriles de gasolina suspendidos de unos ganchos de colgar carne y disimulados debajo de la ventana del principal restaurante del Hotel La Mon en Gransha, a diez kilómetros del centro de Belfast.La intención del IRA había sido la de avisar por teléfono de la inminente detonación de la bomba, tal y como afirmaban que era su intención siempre que el objetivo no era el Ejército o la Policía; pero su misión se fue complicando. La cabina de teléfono más cercana había sido vandalizada, por lo que tuvieron que conducir en busca de otra. Su camino se vio interrumpido por un control, y para cuando pudieron reanudar la marcha en busca de otra cabina de teléfono, apenas quedaban unos pocos minutos para la detonación. No hubo tiempo suficiente para desalojar el edificio y doce personas murieron calcinadas; otras treinta resultaron heridas por la explosión. El atentado del La Mon había sido la mayor atrocidad desde el Domingo Sangriento y la bomba en el McGurk en diciembre de 1971.

La cifra de muertos desde el comienzo de los Troubles ascendía ya a más de dos mil. Después de la bomba en el La Mon los recuentos oficiales confirmaban la cifra de dos mil tres personas asesinadas por la violencia interconfesional. La idea de que Gerry Storey siguiera obcecado en sacar adelante su velada en un ambiente tan atroz le parecía una auténtica locura a Jones. Cuando Gerry le sugirió por primera vez la idea de que una selección irlandesa boxeara contra otra selección de Alemania Oriental en Shankill Road, ya le había parecido un asunto muy delicado. Le costaba pensar que los paramilitares unionistas del UDA y UVF permitieran que una camiseta verde irlandesa luciera en uno de los máximos enclaves rojo, blanco y azul del unionismo, el protestantismo y la lealtad hacia la Union Jack.

«Pero quienes llevarán puesta esa camiseta verde serán unos boxeadores», se limitó a decir Gerry. «Eso lo cambia todo».

Dio cuenta de las reuniones que había tenido con los más altos gerifaltes tanto de la UDA como de la UFF y la UVF, por un lado, y los del IRA Provisional por otro. Gerry había recibido garantías personales por parte de todos los líderes de que sería posible celebrar una velada internacional entre un combinado irlandés y otro de la República Democrática de Alemania en el Rumford Social Club —un club de trabajadores unionistas en el mismo borde de Shankill Road— sin ningún temor a ataque alguno. Sería una pacífica noche de boxeo.

Pero parecía que la bomba del La Mon lo había cambiado todo. Pese a ello, Gerry no cejaba en su empeño. Durante los últimos días había hablado de nuevo con todos los líderes, incluido Tommy "Tucker" Lyttle, el brigadier de la corrosiva UDA, recibiendo las mismas garantías de seguridad. Después de un largo silencio, Jones realizó la pregunta más directa: «Gerry», le dijo al entrenador, «¿me puedes garantizar la seguridad del equipo de Alemania del este si viene a Belfast?».

«Sí», dijo Gerry sin titubear. «Garantizo la seguridad de todo el mundo. Puedo garantizar que no habrá ningún problema».

Jones contempló durante diez largos segundos a su entrenador principal. «De acuerdo», acabó accediendo. «Pero será tu responsabilidad».

Rumford Social Club, Shankill Road, Belfast, lunes 6 de marzo de 1978

Había gran presencia paramilitar aquella noche. Vigilaban las puertas del atestado club, asegurándose de que cada asistente entregaba sus armas antes de entrar; si es que llevaba alguna. Se les devolverían al abandonar el recinto.

La atmósfera en el interior del club era electrizante y había buen humor. No se percibió ningún tipo de animosidad contra las camisetas verdes que lucían los boxeadores locales, ni tampoco contra el trébol blanco que lucían en su parte delantera. Todo el mundo quería asistir al debut internacional de los dos adolescentes que se acababan de proclamar campeones sénior del Úlster, Hugh Russell y Barry McGuigan. Sus habilidades pugilísticas eran más importantes que el hecho de que ambos procedieran de ambientes católicos como New Lodge y Clones.

El único incidente tuvo lugar durante el cuarto combate, cuando Gerry Hamill noqueó a su rival alemán. Los aficionados que estaban más cerca del cuadrilátero pudieron escuchar al árbitro decirle al alemán que se quedara sentado, que iba a descalificar a Hamill. Se montó un auténtico lío en cuanto el árbitro indicó por gestos que el combate había terminado y se dirigía junto al afligido alemán, quien se tocaba la cabeza con gestos tristes, que indicaban que lo habían barrido.

Se había movido tanto dinero en las apuestas por el resultado final que lo que estuvo a punto de provocar un motín a gran escala fue el dinero, y no los enconados odios. Tucker Lyttle, quien además de ser uno de los principales miembros del UDA era corredor de apuestas, entró en el ring. Después de consultar con Gerry en el rincón de Hamill, Lyttle hizo un llamamiento a la calma. Alabó el valor de ambos contendientes y entonces gritó: «Pagaremos como si Hamill hubiera sido el vencedor».

Hubo un rugido de aprobación y el árbitro, avergonzado, alzó el brazo de Hamill. El golpe con el que había ganado el combate no tenía nada de irregular, y el club social estalló en alegría ante otra victoria irlandesa legítima. La paz y la alegría fueron restablecidas.

Barry McGuigan era el cabeza de cartel, entre otras cosas porque su oponente, Torsten Koch, se había mostrado avasallador un par de noches antes. Koch había peleado en Dublín contra Gussie Farrell, el vigente campeón irlandés de los pesos gallo, y lo había dominado sin resquicio alguno a la duda. El alemán era altísimo para los estándares de los pesos gallo, alcanzando metro ochenta.

El club de Shankill se encendió mientras McGuigan y Koch se dirigían al ring. Ambos púgiles recibieron una ovación, pero resultaba irónico aquel apoyo a McGuigan, el nieto de un antiguo capitán del IRA y residente al otro lado de la frontera. Pero aquella noche, en Shankill Road, tan solo era un brillante boxeador que contaba con la ayuda del grandísimo Gerry Storey en su rincón.

En un combate feroz McGuigan intentó negarle al alto alemán la ventaja de sus largos brazos, manteniéndose pegado a Koch en todo momento. Ya había probado el poderoso golpeo lejano de los largos brazos de Koch, un zurdo rápido y fluido, por eso incrementó su asedio. Luchó contra el alemán desde la distancia corta, haciendo mella en él con sus golpes directos al cuerpo y unos *uppercuts* poderosos. Koch no pudo contrarrestar la ferocidad de McGuigan y cayó derrotado con claridad. McGuigan, cuya camiseta verde se había oscurecido con el sudor, recibió una estruendosa ovación. Tanto él como el resto de sus compañeros saludaron a la multitud, sintiéndose completamente en casa en Shankill Road.

Cuando los boxeadores se retiraban a los vestuarios para cambiarse y ponerse su ropa de calle, una popular banda llamada los Club Sound se arrancaron a tocar canciones familiares, y el club estalló en alegría al ver a Pat McGuigan unirse a la banda para cantar unos temas. Pat gozaba de fama allí porque había cantado en otros sitios de Shankill Road, y el público no dudó en unirse cuando comenzó a cantar *I Got a Tiger by the Tail*. Gerry Storey sonrió mientras llevaba a sus chicos a unirse a los cánticos. El boxeo lo había vuelto a hacer.

Horas más tarde, después de que Gerry hubiera sacado a todos sus boxeadores de Shankill Road sin un solo rasguño, un desconcertado Felix Jones se sentó a cenar con algunos altos mandos del Ejército. Les preguntó cuáles eran, en su opinión, las posibilidades reales con las que Gerry había contado a la hora de cumplir la palabra dada de que aquella noche no habría ningún tipo de problema.

«Señor Jones», dijo el comandante de mayor antigüedad, «a nuestros reclutas y soldados les encantaría que Storey trajera un equipo a Shankill Road cada noche. Dicen que ha sido la única vez en la que no han tenido miedo a que hubiera problema alguno».

Capítulo 8

UN SEGUNDO AVISO

La pacífica labor de Gerry Storey dio lugar a una serie de intentos de acabar con su vida, pero Gerry no hizo caso alguno de ninguna de estas tramas siniestras. Él se centraba en trabajar con sus boxeadores en la Sagrada Familia, y en su labor con la selección nacional de Irlanda. También intentaba ser el mejor marido y padre que podía, aunque el boxeo se interponía en demasiadas ocasiones. Un día, tras volver del trabajo se tiró una hora al teléfono discutiendo temas de combates antes de que Belle señalase su reloj con unos toquecitos. Gerry debía llevarla al hospital para un chequeo rutinario. El entrenador levantó la mano suplicando cinco minutos más.

«Mejor llamo a un taxi», dijo Belle en voz baja.

«Un momento», dijo Gerry a su interlocutor al otro lado de la línea, antes de girarse hacia Belle.

«Vente a los muelles», le sugirió. «Tardo veinte minutos en cargar los camiones y después te llevo al hospital y te espero allí».

Belle no había estado nunca en los muelles, por lo que dejándose llevar por la curiosidad y la sorpresa accedió.

Diez minutos después Gerry estaba listo para llevar a Belle a los muelles. «Será divertido», le prometió a su mujer antes de bromear: «Verás qué importante soy».

Belle sabía que su marido tenía un trabajo especial en los muelles de Belfast, ya que era uno de los pocos carretilleros que podían conducir tanto por las zonas católicas como por las protestantes.

Cuando se encontraba fuera de la ciudad con algún combinado de boxeo no era raro que las mercancías quedaran intactas porque nadie pudiera pasarlas del lado católico al protestante y viceversa. Gerry siempre era bienvenido en todos los muelles.

Los rayos del sol bañaban Sinclair Wharf mientras Gerry bajaba su ventanilla para que Belle escuchara los graznidos de las gaviotas. Le mostró los grandes buques cisterna atracados en la bahía y las gigantescas grúas que se alzaban amenazadoras sobre ellos. Entonces Gerry aparcó cerca de su carretilla elevadora y de los cajones de tabaco que debía cargar.

«Ve a tomarte un té», le dijo señalando la caseta en la que los trabajadores descansaban. «Vuelvo en veinte minutos».

Belle prefirió esperar en el coche. Disfrutaría de la paz y el silencio de no tener a los chicos a sus faldas todo el rato. Gerry acababa de bajarse del coche y se dirigía hacia su carretilla cuando un hombre le gritó.

«¡Gerry! ¡Gerry Storey! ¡No te acerques a tu carretilla!». Billy O›Neill corrió hasta su amigo. «¡Hay una bomba debajo de las ruedas!», le gritó.

Gerry contempló su carretilla elevadora. Junto a la rueda trasera se veía un bulto negro.

«Es una bomba», le confirmó Billy. «Y de las grandes».

Se habían dado cuenta de pura casualidad. Un conductor llamado Alfie, que trabajaba con Gerry, había llegado para llevarse un cargamento de tabaco de la carretilla. Mientras Alfie caminaba hacia las uñas para comprobar la carga, se percató de aquel bulto negro. Al principio pensó que se trataba del bidón de agua que Gerry siempre llevaba para el radiador. Pero al agacharse vio unos cables sobresaliendo del paquete.

De no ser por la advertencia de Alfie, Gerry no habría mirado debajo de la carretilla. Y si Belle no hubiera preguntado tantas cosas en aquella, su primera visita a los muelles, Gerry habría arrancado la carretilla antes de que Billy lo hubiera visto.

En cuanto la bomba fue detonada en un entorno seguro, un mando de la policía confirmó la noticia. Si Gerry hubiera girado la llave de encendido la bomba habría detonado. El policía lo miró.

«Señor Storey, usted hubiera saltado en pedazos».

Belle le preguntó si la bomba iba dirigida a Gerry. «Sí. Era un atentado con un objetivo intencionado».

Belle quedó tan alterada que, en lugar de llevarla al hospital, Gerry la condujo a casa. Le preparó una taza de té y le dijo que necesitaba alguna explicación. Cuando telefoneó a Harry Burgess, el líder unionista mostró su sorpresa. Le aseguró a Gerry que no había posibilidad alguna de que hubiera sido uno de sus hombres. Tanto la UDA como la UVF habían dado instrucciones precisas a sus soldados de que ni Gerry ni sus boxeadores debían ser objeto de ataque alguno en su parte de la ciudad. Y nadie se atrevería a contradecir esas órdenes. El IRA había extendido un mensaje similar por zona republicana. Pero los muelles eran territorio neutral.

La Rama Especial del RUC sugirió que Gerry podría ser objetivo de un disidente solitario fuera de la órbita paramilitar. ¿Tal vez alguien del mundo del boxeo que estuviera celoso de sus éxitos? Gerry tenía demasiada fe en la gente del boxeo. Pero accedió a que la Rama Especial lo acompañara a ver a su director en los muelles de Belfast.

Cuando este escuchó que la bomba iba dirigida contra Gerry, su jefe rio entre dientes. «No tienen ni que decírmelo», dijo antes de señalar a Gerry. «¡No dejaré que nadie se suba a una carretilla con este hombre!».

Cuando dejaron de reír, la Rama Especial le dio un consejo muy claro a Gerry. Tenía que mostrarse más cauteloso en los muelles y mirar siempre debajo de su coche y de su carretilla en busca de nuevos paquetes oscuros. Estaba claro que alguien quería acabar con él.

Charlie Nash había escuchado cosas sobre el ascenso de Barry McGuigan. Cuando el joven *amateur* le llamó para preguntarle si podrían cruzar unos asaltos, el flamante campeón británico no dudó en absoluto. Invitó a McGuigan al St. Mary's, en Derry, aquel mismo domingo al mediodía, en la primavera de 1978. Tendrían una pequeña sesión.

Unos pocos meses antes, el martes 28 de febrero de 1978, seis noches antes de que Gerry Storey llevara a McGuigan y al combinado irlandés a Shankill Road, Nash se había convertido en campeón británico de los pesos ligeros. Fue una noche febril en Derry, y un momento cargado de emotivo simbolismo. Derry y la familia Nash quedaron destrozados por la atrocidad cometida por el ejército británico durante el Domingo Sangriento y, seis años después, el Gobierno de Westminster insistía en que la masacre había sido provocada por terroristas y alborotadores republicanos.

A pesar de que la inmensa mayoría de la gente de Derry se mostraba partidaria de una Irlanda unificada, la ciudad seguía formando parte del Reino Unido. Charlie tenía que viajar con pasaporte británico, por mucho que su corazón fuera completamente irlandés. Pero, como boxeador, era consciente de que el título británico lo colocaría un paso más cerca de aspirar a los campeonatos europeo y del mundo durante los próximos años. Por eso aceptó la oferta de pelear con el londinense Johnny Claydon por el vacante cinturón de los pesos ligeros británicos.

Claydon era un buen rival; había vencido en catorce de sus veinte combates y la velada se celebraría en el Templemore Sports Complex de Derry. Lo único que sembraba dudas en Charlie era lo que sucedió durante su anterior combate, en octubre de 1977, en el que había llegado su primera derrota. En el Ulster Hall de Belfast, tras una colisión entre cabezas, Charlie sufrió un profundo corte sobre el ojo derecho que obligó a detener la pelea, en el quinto asalto; el veredicto cayó a favor de Adolfo Osses, un veterano púgil de Panamá. Que su inmaculada racha de trece combates imbatido se viera arruinada por un estúpido corte y un oponente mediocre le causó a Charlie un profundo disgusto.

Pero la fe que Derry albergaba en su campeón seguía indemne, así que el Templemore vendió todas las butacas. Pancartas de color blanco en las que aparecía cosido el nombre de Charlie en letras negras pendían sobre la cabeza de las dos mil personas presentes, quienes no dejaron de cantar «Char-lie, Char-lie» durante todo el combate. Charlie fue tan superior, adjudicándose todos los asaltos, que el árbitro se compadeció de Claydon y detuvo la pelea en el duodécimo asalto de quince.

Charlie Nash era el nuevo campeón británico. Su afición invadió el ring mientras seguían con los cánticos y hacían el símbolo de la V de la victoria con los dedos. Charlie había conquistado el campeonato británico en nombre de toda Derry.

Pasadas unas horas, por la noche, hubo una desenfrenada recepción en el St Mary's. Cuando Charlie apareció, por fin, la banda tocó *Congratulations*, que acabó convertida en un cántico comunal de *The Town I Loved So Well*[7]. La ciudad de la canción era Derry, y Charlie era su campeón.

Barry McGuigan había sido uno de los presentes aquella noche de febrero en Templemore. Pero cuando semanas después su padre y él se presentaron en el club en un silencioso mediodía de domingo, Barry ignoraba la emoción que había inundado el St Mary's. Charlie se mostró amigable, pero formal en todo momento. Acababa de realizar tres asaltos de *sparring* con Daniel McDermott para cuando Barry terminó su calentamiento.

«¿Preparado?», le preguntó Charlie.

Barry asintió, mostrándose de repente presa de los nervios. Era diez años menor que Charlie.

«¿A cuántos asaltos quieres ir?», preguntó Charlie. «Tres», contestó Barry en voz queda.

«Perfecto. Vamos».

La reputación de gran pegador de la que gozaba Barry había llegado hasta Derry, y Charlie era consciente de que no había que tomarla a la ligera. Decidió boxear con el *amateur* igual que si se estuviera enfrentando a un curtido profesional. Charlie era demasiado buena persona como para conducirse con malicia, pero tam-

---

7   Popularizada por *The Dubliners,* la canción compuesta por Phil Coulter. *The Town I Loved So Well* comienza recordando el Derry de la infancia del autor para después transmitir su tristeza por lo que los Troubles le habían hecho a su ciudad. Si bien Coulter es católico y nacionalista irlandés, esa nostalgia por lo perdido, la desazón por la militarización y el sueño de un nuevo día para Derry lograron emocionar tanto a republicanos como unionistas.

bién quería enseñarle a McGuigan cómo era enfrentarse contra un hombre que se ganaba la vida con el boxeo. Era más rápido y habilidoso, lo que tampoco sorprendía a nadie teniendo en cuenta la década de diferencia que lo separaba con respecto a aquel chaval de diecisiete años. En los segundo y tercer asaltos Charlie se movió con facilidad por todo el ring, alejando a Barry cada vez que este intentaba cerrar el hueco entre ambos. Sus *jabs* eran afilados y casi nunca fallaban. Ese abismo entre el profesional y el *amateur* le produjo a Barry un dolor muy superior al que le produjeron los golpes.

En cuanto terminó el combate de entrenamiento, Barry se dirigió a un almacén al final del gimnasio. Por su parte, Charlie comenzó a golpear el saco. No se dio cuenta cuando, cinco minutos más tarde Pat McGuigan se dirigió al entrenador de Charlie, Tommy Donnelly. Mientras Charlie golpeaba el saco con directos que sonaban muy diferentes de la rutina de las peleas de *sparring*, el sudor bañaba su cuerpo.

Tommy desapareció en el almacén. Charlie siguió golpeando el saco, haciéndolo bailar y retroceder mientras la cadena de metal que lo unía a la viga daba vueltas bajo el impulso de los golpes. Por fin, Tommy regresó cariacontecido. «Charlie, ¿puedes hablar con el joven Barry?».

«¿Está bien?».

Tommy hizo un gesto en dirección al almacén para que Charlie pudiera comprobarlo por sí mismo.

Después de secarse el sudor y quitarse los guantes Charlie se dirigió hacia la sala.

Barry estaba sentado en un rincón, sobre una silla de madera. Parecía increíblemente triste. «Eh, ¿qué te pasa?», le preguntó con gentileza. Se dio cuenta de que Barry había estado llorando.

Barry se encogió de hombros sin decir nada. «¡Venga!», insistió Charlie. «¿Qué te ocurre?».

El dolor salió como si hubieran abierto una compuerta, a la vez que las lágrimas afloraban de nuevo dándole una mayor punzada de dolor a sus palabras. Barry explicó que había hecho ya muchos combates de entrenamiento de calidad. Incluso había ido a Londres a trabajar con Charlie Magri, quien se acababa de convertir en campeón de los pesos mosca británicos. Barry le había asestado un par de golpes tan duros a Magri que le había roto la nariz. El entrenador de Magri, Terry Lawless, tuvo que detener la sesión para recordarle al adolescente que «aquí los *sparrings* los hacemos suaves".

Barry alzó la vista, mientras sus ojos se llenaban de lágrimas otra vez. «Allí logré hacer algo así, pero hoy, ahí fuera, no he sido siquiera capaz de rozarte».

Charlie le explicó cómo las sesiones de *sparring* dependían de los estilos, al igual que los combates. También le recordó que él ya llevaba catorce combates ganados en profesionales, mientras que a Barry todavía le quedaban unos años entre los aficionados. Charlie tenía casi veintisiete años; Barry tan solo diecisiete. Él era un peso ligero grande, mientras que Barry era un peso gallo. Las diferencias naturales entre ambos explicaban por qué Barry no debía tomarse aquella sesión tan a la tremenda.

«¿Por qué no vuelves el domingo que viene y hacemos otra sesión?», sugirió Charlie.

Barry esbozó una sonrisa. «Vale», contestó.

Una semana después el contraste fue notable. Como no podía ser de otra manera, hay dos versiones distintas de aquel entrenamiento. Charlie contaría, años después, que el joven Barry tenía los ánimos tan por los suelos que decidió tomarse el entrenamiento con calma. Permitió que Barry marcara el ritmo y que le pegara en el cuerpo. Gran parte del *sparring* fue cuerpo a cuerpo, que era lo que mejor le venía a Barry; además, Charlie se limitó a responder y a encajar algunos buenos golpes, lanzando él muy pocos. Se contentó con que, pasados tres asaltos, Barry volviera a sonreír.

«Lo ves?», dijo Charlie, «hoy has estado mucho mejor. Algún día serás un gran profesional».

Barry escribiría años después que le dio a Charlie *una buena lección* en su segundo *sparring*, vengándose de la humillación que sintió una semana antes. Ya en otro siglo, cuando McGuigan estaba en los últimos años de la cincuentena y Nash en los años finales de su sesentena, no había discrepancias entre los dos viejos boxeadores. McGuigan diría que las *batallitas de gimnasio* siempre son confusas y contradictorias, mientras que Nash se mostraba encantado de ayudar, en su día, a un joven púgil a fortalecer su confianza. Coincidían en no coincidir sobre lo que sucedió, en realidad, la última vez que compartieron un ring en Derry.

Davy Larmour continuaba trabajando en los muelles, pero como el dinero escaseaba, también conducía el taxi las noches de los fines de semana por las ardientes calles de Belfast. Necesitaba el dinero; su carrera profesional trastabilló tras el rotundo nocaut sobre Jimmy Bott en su primer combate pagado.

Era complicado encontrar rivales asumibles de los que poder aprender algo, por lo que pasaron siete meses antes de pisar de nuevo un ring. La única pelea que pudo asegurarse fue contra una excelente e imbatida promesa, John Feeney, quien llegaba con un inmaculado récord de seis victorias por ninguna derrota. Davy perdió, y lo mismo sucedió contra George Sutton en su siguiente pelea. En mayo de 1978 su historial de combates mostraba un modesto dos a dos.

Había muchos conductores de taxi que temían cruzar al lado contrario de la división; pero Davy estaba dispuesto a conducir hasta el corazón de la zona republicana porque, gracias a ser boxeador, estaba familiarizado con esas calles. Y, cómo no, porque era de Shankill Road. Acababa de bajar por Durham, giró a la izquierda en Glengall y se dirigía a Wellington Place con tres pasajeros cuando se dieron de bruces con un bloqueo del ejército.

Por delante de ellos había dos coches y uno de los pasajeros dijo «mejor nos bajamos ya». Davy se echó a un lado y los tres hombres se sumergieron en las sombras. Para entonces el ejército llegaba al coche de Davy. Lo inspeccionaron por dentro y por fuera antes de indicarle que continuara. El día siguiente, cuando Davy limpiaba el coche, descubrió bajo la funda del asiento trasero un arma que el ejército no había encontrado. Era un puñal con una hoja de treinta centímetros insertada en un mango de goma negra. En el mango se podía leer, pintada al esténcil, la palabra *Typhoon*. Parecía una de esas dagas que llevan los submarinistas. Davy tembló al pensar en el daño que sus pasajeros pensarían causar con un arma como aquella. Un compañero taxista de Davy tuvo mucha menos fortuna. Recogió a dos pasajeros cerca del Hotel Europa —el hotel en el que más bombas se han puesto en toda Europa— y le pidieron que los llevara hasta Glencairn, una zona protestante cerca de Shankill. El conductor era un protestante casado con una católica, por lo que no albergaba ningún tipo de prejuicio. Pero esa actitud tan aperturista no lo salvó. Sus pasajeros eran paramilitares republicanos con ganas de llevarse por delante la vida de algún protestante. En las afueras de Glencairn dispararon al taxista en la cabeza.

La vida se antojaba mucho más segura sobre un ring así que, como Davy iba corto de dinero, aceptó su quinto combate, que se celebraría apenas cuarenta y ocho horas después. El martes 27 de junio de 1978 le pidieron que viajara a Caerphilly, en Gales, para luchar el jueves por la noche contra Johny Owen, quien llevaba catorce combates invicto. En noviembre del año anterior Owen se había convertido en el campeón británico de los pesos gallo al deshacerse de Paddy McGuire, el mejor amigo de Davy.

Paddy era un tipo muy duro, por lo que luchar contra Owen en su tierra, Gales, y sin haber preparado el combate, se antojaba una misión poco halagüeña. Además, Davy era consciente de que para perder los cinco kilos y medio que tenía que quitarse de encima para dar el peso, tendría que recurrir a laxantes. Como preparación era un desastre, pero la bolsa del combate era buena y, la noche en la que le propusieron la pelea, Charlie Nash acababa de conseguir otra gran victoria en Derry. Había derrotado a Adolfo Osses en el tercer asalto, vengando así su única derrota. Charlie reemprendía su ascenso en el *ranking*, y Davy quería emularlo.

Pero el riesgo que suponía enfrentarse a un boxeador tan bueno como Johnny Owen terminó en absoluto desastre. Tras quitarse varios kilos de encima a toda prisa y sin haber entrenado, Davy fue derribado en el séptimo. En aquel momento a nadie se le habría ocurrido pensar que Davy emprendería una racha de victorias sobre el ring que lo llevaría a protagonizar algunas de las batallas interconfesionales más épicas de la historia de Belfast. Por contra, el pobre Johnny Owen perdería la vida tras luchar por el título mundial de los pesos gallo contra Luis Pintor en Los Ángeles. Para algunos púgiles el boxeo fue una salvación, pero para otros fue la tumba.

Barry McGuigan se pasaba la mayoría de los fines de semana trabajando con Gerry Storey en la Sagrada Familia. A menudo cruzaba asaltos con Davy Larmour. Le venía muy bien entrenar con profesionales y, para cambiar las cosas un poco, a veces Gerry se llevaba a Barry a Albert Foundry, el gimnasio de Davy, justo al lado de Shankill. En las afueras del gimnasio había una pista de atletismo y un viejo cobertizo, pero lo que Barry recordaría sobre todo era el condenado frío que hacía allí. Incluso después de que encendieran un par de estufas de gas el ambiente seguía siendo gélido. Lo único que conseguía hacerlo entrar en calor era la ferocidad de los combates con Davy.

Su padre lo llevaba de regreso a Clones a última hora de la noche. Cada vez que los soldados les hacían indicaciones para que se detuvieran en alguna carretera rural, les invadía el terror. Mientras Pat bajaba la ventanilla sus corazones parecían a punto de salirse de sus pechos. «Va usted un poco rápido, ¿no cree?», podría decirles una soldado mientras Barry y su padre deseaban responderle: «Somos del sur y estamos petrificados. ¿Qué esperaba usted que hiciéramos?». Pero Pat se controlaba y respondía con educación, porque no tenía sentido alguno provocar al ejército.

Cuando la fama de Barry creció y comenzó a ser reconocido, todo resultó más fácil. Pero, en su interior, ardía cierto disgusto que terminaría por cambiar el curso de su vida para siempre. Y, también, cambiaría la historia del boxeo, a la vez que arrojaba un rayo de esperanza sobre los Troubles.

Barry se convirtió en campeón sénior de los pesos gallo después derrotar a Michael Holmes en Dublín, en abril de 1978. Derribó a Holmes, y aquella sencilla victoria debería haberle dado el pasaporte automático para los campeonatos europeos sub-19. Pero los seleccionadores optaron por Holmes. Barry tuvo que enterarse de la noticia a través de los periódicos del domingo. Los directivos de la federación insistían en que era «demasiado joven», pero Barry no podía comprender que escogieran a un boxeador al que le había costado tan poco derrotar en la pelea por el campeonato nacional.

Gerry lo consoló. «No le des más vueltas», le dijo, «el destino te tendrá preparada otra cosa». El entrenador ya había avisado al Consejo de Deportes de Irlanda del Norte de que los seleccionadores de la federación irlandesa de boxeo en Dublín se habían quitado de encima a McGuigan. Así que estos telefonearon a McGuigan para preguntarle si, a pesar de vivir en la República de Irlanda, tenía algún tipo de relación familiar con el norte. Barry les habló de su abuelo paterno, James, quien había nacido y se había criado en el norte. Lo que no mencionó es que James McGuigan también había sido capitán del IRA.

Cuando Irlanda del Norte comenzó sus maniobras para seleccionarlo para los Juegos de la Commonwealth comenzó a resonar en la mente de Barry un silencioso «¡que os follen!» al pensar en el sur. Irlanda no competía en los Juegos de la Commonwealth, pero Barry era consciente de que pelear por el norte lo alejaría para siempre de Dublín. Y también sabía que, en Irlanda del Norte contaría con Gerry en su rincón, por lo que, después de todo, la decisión de rechazar a la República fue una decisión sencilla.

La decisión de boxear representando a Irlanda del Norte en los Juegos de la Commonwealth marcaría su reputación: como campeón en el boxeo y como joven deseoso de acabar con las fronteras que dividían dos países y dos comunidades. *Fichar* por el norte le deparó una atención de la que nunca hubiera gozado de haberse mantenido como un púgil de Clones puramente irlandés. Con esta atrevida decisión mostró su osada naturaleza.

El asunto tuvo ramificaciones más serias, porque los republicanos de Clones esperaban de él que representara a Irlanda. Pero escogió unirse a la selección de Gerry, junto a Hugh Russell, Jimmy Carson, Kenny Webb, Gerry Hamill, Kenny Beattie y Tony McAvoy.

Bajo las órdenes de Storey, Mcguigan terminó por explotar. Siempre había gozado de un incisivo *jab*, una dura derecha y un gran gancho de izquierdas. Y Gerry le enseño a juntar todo aquello. Una ola de confianza lo recorrió. Cuando llegaron a Edmonton, Canadá, para los Juegos de la Commonwealth en agosto de 1978, Barry se mostró encantado de compartir habitación con Hugh Russell.

Entrenaban junto con las selecciones de Nueva Zelanda y Australia en un pabellón dedicado al hockey sobre hielo, y los llevaban a entrenar y los devolvían a sus habitaciones en viejos autobuses escolares amarillos. Después de hacer *sparring* y trabajar con los sacos, en ocasiones trabajaban con las manoplas en los anchos pasillos de sus residencias; lo más extraño de esa situación era que compartían alojamiento con hombres muy maduros que competían en bolos sobre hierba. El bum, bum, bum, ¡bang! de los puños golpeando el cuero reverberaba contra las desnudas paredes.

«Dios bendito, chicos, dais miedo», le dijo a Barry uno de los jugadores de bolos.

La sensación del boxeo adoptada por Irlanda del Norte se limitó a sonreír antes de volver al trabajo con Gerry, quien estaba centrado en afinar sus combinaciones de golpes y sus movimientos. A un bum, bum, bum, ¡bang! de golpes le seguía un pequeño encogimiento de hombros y un movimiento a un lado antes de que, siguiendo las indicaciones de Gerry, Barry diera un paso de vuelta hacia adelante y aporreara de nuevo las manoplas con otra rapidísima sucesión. Según mejoraban su fuerza y su fluidez, Barry se maravillaba del impacto que el entrenamiento de Gerry tenía sobre su progresión.

Venció en los dos primeros combates antes de enfrentarse al favorito local, Bill Ranelli, en la semifinal. El canadiense era agresivo, pero McGuigan lo noqueó con una combinación de diez puñetazos. Ranelli cayó desmadejado sobre el tapiz y el público enmudeció. Le esperaba la final.

Gerry Hamill consiguió el oro en los pesos ligeros, Kenny Beattie perdió contra el futuro gran profesional Mike McCallum en la final del peso wélter, y Hugh Russell se hizo con la medalla de bronce en los mosca. Barry tenía ante sí la prueba más dura, pero Gerry le evitó una prematura visión de su oponente: Tumat Sogolik, de Papúa Nueva Guinea.

Todos los finalistas calentaban juntos, con púgiles de diferentes categorías calentando unos al lado de los otros. A Barry le llamó la atención un peso ligero de piel muy oscura y aspecto imponente. Le alivió pensar que su rival sería mucho más pequeño. Cuando los llamaron al ring, a Sogolik y a él, Barry se sorprendió de que ese enorme muchacho negro emprendiera la marcha precediéndolo.

«Creo que este chico no ha oído bien el nombre", dijo Barry.

«No», dijo Gerry tranquilo. «Es tu rival».

«¡Hostia puta!».

Gerry lo apresuró a subir al ring. «No hay problema, Barry, puedes con él».

Unos pocos minutos después sonaba la campana y el monstruo de Papúa Nueva Guinea se dirigía hacia él. Luciendo el dorsal número 133 en su camiseta verde de Irlanda del Norte, y moviendo las piernas y los brazos a toda velocidad, Barry boxeo bien y mantuvo a Sogolik a tiro de *jab* durante todo el primer asalto. Y entonces, mediado el segundo, Sogolik soltó un enorme puñetazo. A Barry le pareció como si le hubiera caído una casa encima. De alguna manera consiguió mantenerse en pie, pero estaba tan aturdido que el árbitro inició la cuenta.

En el tercero quedó de nuevo por encima de Sogolik, gracias a su veloz *jab* y a sus combinaciones. Comenzaba a abrir la guardia de su rival cuando Sogolik forzó otra cuenta. McGuigan agitó la cabeza, pero el *uppercut* de derechas había alcanzado su objetivo. Se recuperó y, siguiendo el consejo de Gerry de que debía terminar fuerte, regresó hacia Sogolik, acertando varios golpes que sumaron puntos. «El jovencito está librando una valentísima batalla mientras soporta una gran presión, y eso que comparado con Sogolik es bastante más frágil», dijo Harry Carpenter, el venerable comentarista televisivo de la BBC.

Al sonar la campana, mientras las imágenes mostraban al marido de la reina aplaudiendo, Carpenter dijo: «Queda claro que al príncipe Felipe le ha gustado el combate».

Des Lynam, comentarista de BBC Radio, pensaba que McGuigan había ganado por poco, mientras que Carpenter consideraba que las dos cuentas habían sido decisivas en favor de Sogolik.

Los púgiles fueron llamados de nuevo al centro del cuadrilátero para escuchar la decisión. Barry lucía un albornoz de satén blanco con rayas verdes, mientras que Sogolik seguía vestido con su camiseta y sus calzones. El adolescente dejó caer la cabeza hacia atrás en una mezcla de deleite e incredulidad cuando su nombre completo, Finbar Barry McGuigan, fue anunciado como ganador. Barry elevó los brazos. En cuanto abrió los ojos, estos se llenaron de lágrimas. Barry lloraba mientras se abrazaba a su oponente. El hombretón no era ningún monstruo. Sogolik levantó a Barry del suelo con un abrazo de oso y lo balanceó por los aires.

Llegó el momento de subir al podio de los Juegos de la Commonwealth. Cuando comenzó a sonar *Danny Boy* como himno nacional norirlandés, Barry pensó en sus padres y en la de veces que su padre había entonado aquella misma canción, tan acertada en Clones, en donde había tanta alegría como tristeza. Cuando escuchó el famoso verso *Allí estaré, cuando brille el sol o en las sombras*, las lágrimas corrieron de nuevo por su rostro.

El poder del boxeo durante los Troubles conmovería al campeón de diecisiete años cuando regresó junto a su equipo a Belfast. En el aeropuerto se congregaron tres mil personas para darles la bienvenida. Pasadas unas horas, cuando por fin llegó a Monaghan, en el sur, otros varios miles de aficionados locales le dieron la bienvenida con honores. No parecía importarles que hubiera ganado el oro para Irlanda del Norte.

Y así fue como la vida de Barry McGuigan quedó ligada al ascenso del boxeo durante los Troubles en estos momentos tan sísmicos. La trascendental decisión que tomaron una serie de directivos anónimos de la federación de boxeo en Dublín, dejando a Barry fuera de su selección de cara a los campeonatos de Europa, empujó a McGuigan hacia los hospitalarios brazos de la selección de Irlanda del Norte. El entrenamiento de Gerry Storey fue crucial para que pudiera hacerse con el oro en los Juegos de la Commonwealth, y el inspirador impacto de la noticia resonó tanto en el norte como en el sur. La poderosa pureza del boxeo, combinada con el encantador atractivo del inocente carácter de McGuigan, establecieron un modelo que lo llevaría a recorrer esta misma senda, traspasando una y otra vez toda frontera y división confesional a lo largo de toda su posterior carrera profesional. Había encontrado la manera de adoptar la filosofía de Gerry y hacerla suya.

Barry McGuigan y Sandra Mealiff se conocieron en el Diamond de Clones cuando ambos tenían tres años y sus familias regentaban sendas tiendas contiguas, sin que a nadie le importara lo más mínimo que los Mealiff fueran protestantes y los McGuigan católicos. Los Mealiff tenían más dinero; en parte porque solo tenían cinco hijos, en comparación con la prole de ocho que criaban los McGuigan. Pero había otras razones económicas. Los ingresos que los Mealiff obtenían de su tienda de alimentación, que mantenía una sana y amistosa rivalidad con la de los McGuigan, se sumaban a los del hotel que el padre de Sandra poseía y regentaba, también en Diamond. Además, tenían cerdos, terneros y cientos de gallinas en su patio, por lo que no solo eran autosuficientes, sino que las gallinas les proporcionaban ingresos extra.

El padre de Sandra era mucho más convencional de lo que lo era el de Barry. Era el presidente de la administración local, mientras que Pat McGuigan era un cantante profesional que había viajado por todo el globo. A Sandra le encantaba el aire bohemio y audaz de los McGuigan. Incluso las diferencias entre ambos resultaban palpables en cosas como los helados. Los McGuigan tenían la tienda más a la moda, mientras que los Mealiff eran más conservadores. Pat regresaba de Nueva York y le decía a Kate, su esposa, que era quien dirigía la tienda: «tenemos que hacernos con una máquina Mr Whippy, en Estados Unidos están arrasando». Y el padre de Sandra se encogía de hombros. Eso de invertir en maquinitas de Mr. Whippy no iba con él. La mayoría de los niños les pedían a sus padres que compraran en la tienda de los McGuigan, cosa que a Sandra no le costaba comprender. Ella misma quería gastar allí todo el dinero que podía.

Los Troubles fueron una oscura amenaza durante sus vidas. Sandra iba al colegio al otro lado de la frontera, en el norte, en Newtonbutler and Fermanagh, mientras que Barry fue a la escuela de Clones. El instituto de Sandra estaba puerta con puerta con el acuartelamiento del ejército británico.

Años antes, su prima Kathryn Eakin fue asesinada por una bomba del IRA en Claudy, no muy lejos de Derry, el 31 de julio de 1972. Kathryn tenía ocho años y fue la víctima más joven de las nueve de aquel día. La fuerza de la onda expansiva envió a Sandra contra una ventana, fracturándose el cráneo. Sandra tenía tan solo once años por entonces, y pensó que jamás podría superar lo que le había sucedido a su primita. La tía de Sandra siguió cocinando para aquella hija fallecida durante un año más, día tras día.

En Clones la rutina era más pacífica. Los hermanos de Sandra, Sam y David, eran grandes amigos de Dermot y Barry, y Sandra se juntaba con Sharon, la hermana de Barry. Al principio Sandra no se sentía atraída por Barry. Prefería el lado tierno de Dermot. Cuando a Sandra le asustaba bajar de lo alto del corral de las gallinas porque tenía miedo a las alturas, Dermot le acercaba una escalera mientras que sus propios hermanos y Barry salían corriendo. En Barry percibía una intensidad que, durante la adolescencia, ella encontraba «un poco rara». Siendo apenas un niño Barry mostraba ya una enorme determinación, lo que tanto a Sandra como a todo el mundo le parecía un poco *rarito*. Barry tenía montones de amigos y era encantador. Pero tenía también cierta tendencia al aislamiento y mantenía una concentración feroz. Quería ser el mejor, y estaba dispuesto a trabajar todo lo duro que hiciera falta para conseguirlo. Cuando empezó con el boxeo se negaba a salir por ahí porque tenía que entrenar cada tarde. Y en el colegio era un estudiante modélico. Trabajaba duro y estaba siempre dispuesto a ayudar a los profesores. Cuando escuchaban una nueva batallita de Barry, Sandra y Sharon ponían los ojos en blanco por el hastío. Si una profesora decía «necesito salir para comprar un bocadillo», Barry se ponía en pie: «No se preocupe. Iré corriendo a traérselo. De todas maneras, hoy tengo que correr para mi entrenamiento». Era el típico niño repelente.

Incluso el padre de Sandra pensaba que Barry era poco corriente. Cuando le escuchaba decir a Barry que se iba al gimnasio, el señor Mealiff lo miraba sorprendido. «¿Pero es que has perdido la cabeza?», le preguntaba con toda seriedad. Era la única persona que, por entonces, iba al gimnasio en Clones.

Barry sabía que los boxeadores tenían que esforzarse. El gimnasio de boxeo se convirtió en su mundo. Cuando comenzaron sus éxitos, aquello que en un principio le parecía una rareza a todos los que le rodeaban, se convirtió en admiración. Sandra fue una de las asistentes al primer combate *amateur* de Barry en el Luxor Cinema, y en el hotel de su padre acabaría discutiendo con el chico al que Barry derrotó. El chico aseguraba que Barry le había ganado única y exclusivamente porque comenzó a lanzarle puñetazos antes de que sonara la campana. Sandra y sus amigas salieron en defensa de Barry; empezaban a comprender la pasión que este ponía en el boxeo. No era un chico normal y corriente. Era un boxeador especial y ellos estaban orgullosos.

Cuando Barry consiguió el oro de la Commmonwealth, el padre de Sandra fue uno de los empresarios locales que aportaron fondos para regalarle una esclava de oro como homenaje por lo que había hecho por Clones.

Todo el mundo había visto el combate de Edmonton, pero ni aun así sentía Sandra inclinaciones románticas por Barry.

No comenzaron a salir hasta un mes después de que Barry regresara a Clones, y fue casi por casualidad. Sandra y Sharon habían salido una noche de sábado a la discoteca en Monaghan, a finales de septiembre de 1978. De toda la panda, Barry era el único que conducía, por eso se ofreció a llevarlas. Pero el resto de los amigos no tardaron en apuntarse, por lo que las chicas tuvieron que buscarse la manera de ir. Eso sí, Barry las compensó llevándolas a casa.

Mientras llegaban a Diamond, Barry se giró a Sandra y le preguntó si le gustaría escuchar una canción que acababan de lanzar en la radio. Uno de los que estaban sentados en el asiento trasero dijo: «¡Genial! ¡Vamos a escucharla todos!». La intensidad típica de McGuigan salió a flote, y con una simple mirada el joven boxeador consiguió que el chico captase su mensaje. Todo el mundo, menos Sandra y Barry, salió del coche.

La chica protestante y el chico católico se besaron por primera vez, sin pensar en los Troubles que florecían a su alrededor. Sandra

Mealiff y Barry McGuigan estaban juntos; y lo siguen estando más de cuarenta años después.

La madre de Charlie Nash, Bridie, murió el día en el que su mujer cumplía años, el 16 de mayo de 1979. Llevaba ocho años enferma del corazón, antes incluso de perder a Willie durante el Domingo Sangriento; pero su muerte fue una dura sorpresa. Charlie recordaba que la noche en la que ganó el título británico en febrero de 1978, su madre no pudo quedarse junto al ring para verlo pelear. Tenía demasiado miedo de que Charlie se hiciera daño, por lo que se levantó y ser fue del Templemore Sports Complex poco después de que comenzara la pelea. Se quedó fuera, montando una discreta guardia mientras caminaba de un lado de la puerta al contrario, pasando un par de cuentas del rosario mientras rezaba por Charlie.

El 27 de junio de 1979, seis semanas después de su fallecimiento, Charlie ya no pudo contar con su apoyo al enfrentarse al campeón francés Andre Halyk por el vacante título europeo de los pesos ligeros, de nuevo en el Templemore de Derry. Charlie estuvo a punto de desistir del combate, pero su promotor, Jack Solomon, le dejó claro que tal vez no tuviera otra oportunidad para convertirse en campeón de Europa. Y también sabía que su madre habría querido que lograra aquel título por Derry.

Charlie seguía trabajando en la empresa de artes gráficas. Como ocurría antes de cada combate, se tomó dos semanas libres para prepararse. Halyk había perdido tan solo tres combates de los cuarenta que había librado, e incluso había derrotado a Jim Watt, el campeón del mundo de los pesos ligeros, la primera vez en que pelearon.

Harry Thompson, de la BBC de Irlanda del Norte, describió el combate de Charlie Nash por el título europeo en Derry como «la noche más importante de la historia reciente del boxeo en Irlanda». Una vez más el Templemore estaba abarrotado, y se pudieron escuchar cánticos en apoyo a Charlie durante los combates preliminares.

Charlie Nash salió al pasillo bajo una estruendosa aclamación. Cuando entró al cuadrilátero se quitó el albornoz y, tras chocar guantes contra su rival francés, se retiró a su rincón, se apoyó sobre una rodilla y rezó una breve oración.

Mientras esperaban a la campana inicial ambos púgiles daban pequeños saltos sobre el lugar en el que estaban. Nash, con su típico bigote cuyas guías se prolongaban por las comisuras de sus labios, parecía en calma. Escogió pelear a Halyk desde la distancia, utilizando su guardia de izquierdas y sus continuos movimientos para esquivar los golpes poderosos, a la vez que lanzaba rápidas combinaciones. Cada golpe que Nash conectaba era acompañado por un rugido de la multitud.

Los gritos de «Char-lie, Char-lie, Char-lie» no tardaron en convertirse en cánticos de «¡fácil!, ¡fácil!, ¡fácil!» con los que la multitud le hacía llegar a los jueces su percepción de cómo marchaba la puntuación del combate.

La victoria a los puntos fue clara. Charlie Nash, el rey de Derry, se convertía en el nuevo campeón de Europa de los pesos ligeros. Charlie alzó los brazos sin sonreír en ningún momento. Por su cabeza fluían los recuerdos de su madre y de Willie, muertos siete años y seis meses antes, cada uno.

Al día siguiente, Charlie fue entrevistado en la BBC por la tarde. Apareció con un traje de raya diplomática y una corbata negra con pequeños toques de blanco en el medio. Lucía un moratón en el ojo izquierdo y parecía muy tímido. Pero cuando le dijeron que Watt, el escocés campeón del mundo, le había descartado como posible contendiente porque decía que tras el octavo asalto se diluía, Charlie adoptó un tono resoluto extraño en él.

«Acabo de disputar doce asaltos contra un hombre que ganó a Jim Watt a los puntos hace tres años», dijo. «Watt era entonces tres años más joven y fuerte de lo que puede serlo en la actualidad. Eso lo dice todo».

El campeón europeo no tardó en mostrarse más hablador. Un nuevo Charlie Nash hacía aparición al opinar sobre el campeón del mundo: «Por lo que yo sé, Jim Watt está sobrevalorado. Es un buen profesional, pero también es demasiado lento. Por mucho que haya derribado a muchos rivales, no tiene un puño capaz de noquear. Sé que puedo vencerlo en cualquier momento, porque soy más rápido y hábil».

«Pero Jim Watt dice que tendrá que ser en Glasgow o no peleará», apuntó Harry Thompson.

«Estoy preparado para pelear contra Jim Watt allá donde sea necesario», dijo Charlie Nash con la seguridad de un hombre que ha estado en todo tipo de lugares tenebrosos y ha salido bien de ellos. «Sé que puedo vencerlo».

Samuel Larmour yacía en su lecho de muerte. En noviembre de 1979, una semana antes de su pelea contra Dave Smith, Davy fue a casa a ver a su padre. La tristeza reinaba en el hogar familiar y todo el mundo sabía que la resolución era inminente.

En las casas protestantes de la Belfast de los setenta no resultaba sencillo verbalizar palabras emotivas. A Davy le costó decirle a su padre lo mucho que lo quería, porque sabía que algo tan íntimo incomodaría al anciano. Incluso cuando aquella bomba del IRA lo alcanzó, prefirió sufrir en silencio. El muro que erigió a su alrededor les dificultaba a los demás decirle cuánto significaba para ellos.

Davy se movía despacio y tratando de no hacer ruido mientras ascendía por las escaleras para visitar a su padre, una de las últimas veces en que lo haría estando el hombre todavía vivo. La familia se había reunido alrededor de la cama. Davy se sentó con ellos durante casi una hora, mientras sus hermanos y él quebraban el silencio con comentarios sobre sus respectivos trabajos. No estaban muy seguros de lo que su padre escuchaba o no, porque ya parecía un fantasma.

Al final, Davy se levantó. «Papá», dijo, «he de irme».

Su padre movió la cabeza hacia él, mirándolo. Davy sintió una punzada de culpabilidad por marcharse, por eso explicó el motivo de su marcha. «He de entrenar. Dentro de una semana tengo un combate».

El pobre moribundo contempló a su hijo, a quien tanto amaba, durante un buen rato. Se pasó la lengua por los labios, tragó saliva y buscó la fuerza suficiente para decirle: «Que esta sea la última».

Davy asintió. «Claro que sí, papá», respondió. Su padre lo miró, con los ojos hundidos en su rostro, llenos de súplica. Davy sintió la necesidad de alargar aquella mentira. «Este será mi último combate».

Tenía claro que continuaría con el boxeo, porque por encima de todo lo demás era boxeador; pero sintió que ofrecer ese pequeño atisbo de paz era lo correcto. Davy apretó la mano de su padre. No sintió que este devolviera el apretón, por lo que lo soltó. Davy contempló sus propias manos y recordó que hubo un tiempo en que las sumergía en salmuera para curtir la piel. Todavía era capaz de visualizar lo blancos que parecían sus nudillos cuando sacaba una de las manos de aquel líquido congelado y la cerraba en un puño. Hacía frío afuera, por lo que metió las manos, esas que una vez bañara en salmuera, en sus bolsillos, cerrándolas de manera instintiva en un puño mientras bajaba por las escaleras, salía por la puerta principal y se sumergía en la noche invernal.

Una semana después, el 26 de noviembre de 1979, Davy Larmour ganaba otra vez, deshaciéndose con facilidad del peso gallo londinense Dave Smith en el combate principal de una velada celebrada en un repleto Ulster Hall. Era su tercera victoria consecutiva y se sintió orgulloso de haber peleado en su ciudad natal. Le habría gustado dedicarle aquella victoria a su padre, quien yacía a punto de morir; pero consciente de que le había mentido, se sintió mal.

Davy lloraría a su padre unos pocos días después. Pero nunca consideró mantener la promesa que le hiciera en su lecho de muerte. El boxeo significaba demasiado para él. Necesitaba seguir peleando.

Capítulo 9

LA CÁMARA

Brondby Hallen, Brondby, Dinamarca, jueves 6 de diciembre de 1979

Dieciocho años de trabajo extenuante habían llevado a Charlie Nash a un curioso lugar de Dinamarca, y al momento definitorio de su carrera. Ken Buchanan era el mejor boxeador que había dado el Reino Unido en décadas. Como ejemplo de su brillantez queda que el gran Roberto Durán lo describió como su rival más duro. Un joven y peligroso Durán le había arrebatado a Buchanan el título de los pesos ligeros en el Madison Square Garden en 1972, cuando al final del combate consiguió, al fin, doblegar al escocés.

Siete años más tarde, Buchanan contemplaba el ocaso de su carrera a sus treinta y cuatro años. Pero en los diecisiete combates que había peleado desde Durán, había vencido en dieciséis. Su única derrota fue en Japón contra Guts Ishimatsu, quien retuvo el campeonato del mundo de la WBC en los pesos ligeros en 1975. Buchanan se había retirado, pero regresó al cuadrilátero en 1979 con un nuevo promotor, Mogens Palle, de Dinamarca.

Charlie Nash era el campeón europeo, y un extranjero frente a un pabellón de ocho mil localidades repleto. Con veintiocho años se sentía en su mejor momento. Además de trabajar en la imprenta había entrenado duro durante cuatro noches a la semana, además de entrenar también durante las mañanas de los sábados y domingos. Charlie corría por la preciosa playa de Lisfannon, cerca de Buncrana, antes de que su entrenador, Tommy Donnelly, lo llevara a la tortuosa arena de las dunas. Allí realizaba veinte aceleraciones y, después, hacía quince asaltos de boxeo sin rival. Cada día se sentía más y más poderoso.

Se centraba en los entrenamientos con *sparring* en St Mary's, donde cuatro boxeadores, entre los que estaba Damien McDermott, peleaban contra Charlie un asalto cada uno, con lo que en cada asalto se enfrentaba a un rival fresco que llegaba con energías renovadas. La mayoría de las noches realizaba doce asaltos, mientras que los que subían al ring con él apenas acumulaban cada uno tres. La intensidad era lo que mejor le iba a su estilo, porque usaba mucho de los movimientos laterales.

Cuando era *amateur* le encantaba la manera que tenía Buchanan de pelear, con tanta habilidad y efectividad. Con los años Charlie se había convertido, también, en un peso ligero de enorme calidad. Pero había una diferencia clara entre ambos: los puños que soltaba Buchanan eran mucho más venenosos que los golpes de Charlie, mucho más ligeros. La ausencia de fuerza bruta en los puños le complicó a Charlie la vida como profesional, puesto que para doblegar a sus rivales debía avasallarlos, en lugar de tomarse un respiro de vez en cuando desencadenando rápidos nocauts.

En Brondby, se sintió presa de los nervios cuando subió al cuadrilátero para enfrentarse a su ídolo de juventud. En el pabellón había alrededor de cien seguidores irlandeses, por lo que la soledad intrínseca del boxeo se le presentó de nuevo en su máxima expresión. El tapiz del ring tenía un color extraño, el verde de una pista de tenis, y Charlie brincaba nervioso en su rincón. Buchanan era digno de estudio por el contraste que presentaba, mostrándose inmóvil.

Antes de la primera campana Charlie se santiguó y pronunció una breve oración. Era el combate más exigente de su carrera.

En un combate de alto nivel técnico, Buchanan atraía una y otra vez a Nash para alcanzarlo con su *jab*. La estrategia del irlandés —esperar a que fuera Buchanan quien se acercara a él para entonces contragolpear con un ritmo exquisito— daba la sensación de no ser la mejor. Después de los primeros cinco asaltos, al regresar a su rincón, se encontraba unos pocos puntos por detrás en las cartulinas. Empezaba a hinchársele la parte baja del ojo derecho.

«¡Pégate a él, Charlie!», le insistía Tommy Donnelly. «¡Intenta encerrarlo!».

Comenzó a lanzar más golpes combinados y aumentó la presión sobre Buchanan. Nash se adjudicó los siguientes tres asaltos, pero levantó un poco el pie en el noveno para darse un respiro. Buchanan tenía tanta experiencia que supo ver la oportunidad de inmediato. No había más remedio que aguantar como fuera hasta el final de la pelea, por lo que siendo más joven y encontrándose en mejor estado físico, Nash tomó la iniciativa. Pero para cuando sonó la campana final, ambos continuaban intercambiando golpes.

Los dos púgiles se abrazaron y Charlie alzó el brazo de Buchanan antes de elevar su brazo derecho, rápidamente, para recordarle a los jueces que había vencido al viejo maestro. Charlie parecía exhausto, tenía el pelo empapado de sudor; por su parte, Buchanan parecía igual de fundido.

Esperaron al veredicto separados por el árbitro, quien mantenía una de las manos de cada púgil en cada una de las suyas. El resultado estuvo reñido, pero era claro. Los tres jueces neutrales coincidieron en que el combate había estado muy reñido, con unas puntuaciones de 116-115, 118-116 y 118-116 de nuevo, a favor de Nash, quien retuvo su título de campeón de Europa. Colgaron una enorme corona alrededor de su cuello. Charlie se giró hacia los fotógrafos, quienes llamaban su atención, mientras Buchanan caminaba alrededor de todo el ring soltando besos hacia la concurrencia. Esta respondía con aplausos, pero Buchanan, generoso, regresó hacia Nash. Señaló al campeón, con un gesto que daba a entender que era él quien se merecía la ovación, y abrazó de nuevo al hombre de Derry.

Charlie Nash seguía siendo el rey de los pesos ligeros en Europa. Ahora le esperaba la oportunidad de convertirse en campeón del mundo.

Bobby Storey, el sobrino de Gerry, fue arrestado, otra vez, en Londres, en diciembre de 1979. Se le acusó de conspirar para ayudar a Brian Keenan, uno de los líderes del IRA, a escapar de la prisión de Brixton. El segundo cargo lo acusaba de participar en el intento de secuestrar un helicóptero. La importancia de Keenan para la militancia republicana quedaba de manifiesto por el hecho de que se hubiera creado un equipo de rescate de cuatro hombres para sacarlo de Brixton. Big Bobby Storey, Bobby Campbell, Gerard Tuite y Dickie Glenholmes intentaron —sin lograrlo— completar la espectacular huida de la prisión. Keenan fue sentenciado a veintiún años, mientras que Storey pasó dos años en prisión.

Continuaba la pauta que siguió la vida del sobrino de Gerry. Después de ser liberado de Long Kesh en 1975 tras quemar las celdas el año anterior, Bobby fue arrestado de nuevo en 1976 acusado de la bomba en el Hotel Skyways. Estuvo en prisión preventiva durante trece meses, pero nunca llegó a estar condenado. El día de su liberación Storey fue arrestado de nuevo, acusado de un tiroteo. No se pudieron probar las acusaciones en su contra, por lo que tuvieron que liberarlo... para ser acusado nuevamente cinco meses después por disparar a dos soldados en Turf Lodge. La acusación fue retirada en diciembre de 1977. Fue acusado, una vez más, de dispararle a otro soldado en 1978, pero fue puesto en libertad en mayo de 1979.

Big Bobby terminó el año tal y como lo comenzó: de vuelta en prisión y esperando las postales de su tío Gerry y los boxeadores con los que este viajaba.

La relación entre Gerry y su sobrino era la típica en muchas familias de Irlanda del Norte durante los Troubles. Tenían una percepción radicalmente opuesta sobre cuál era la mejor manera de llevarle esperanza a la gente, por lo que Bobby y Gerry jamás discutieron sobre sus posiciones. Había lealtad para con el otro, porque eran familia y cada uno comprendía las convicciones del otro. Bobby jamás intentó persuadir a Gerry de que apoyara al IRA; por su parte, el entrenador jamás intentó convencer a su sobrino de que abandonara la senda de la militancia republicana. Existía un respeto mutuo, pero pesaba más el silencio alrededor de los diferentes métodos de cada cual. Bastaba con saber que Gerry estaba convencido por su compromiso por la reconciliación y la paz, y de que quería a su sobrino, estuviera Big Bobby en prisión o en libertad.

La vida de Gerry cambió cuando le ofrecieron un nuevo trabajo en el Consejo de Deportes del Úlster. El sueldo era superior al que ganaba en los muelles, y el empleo tenía mucho más que ver con su labor en la Sagrada Familia e Irlanda. Cerró el cambio cuando convenció a su antiguo empleador, la Deep Sea Docks, de que fuera su hijo mayor, Gerry hijo, quien cubriera su vacante.

A finales de 1979, durante su primera semana en el Consejo de Deportes, llevó a su hijo a los muelles antes de partir a su trabajo. «Papá, ¿por qué no entras a saludar?», dijo su hijo.

Gerry miró a su reloj. Tenía algo más de media hora antes de su hora de entrada en el Consejo, por lo que sonrió y dijo que le encantaría ver a todo el mundo de nuevo. También quería agradecerles a todos que le hubieran dado la bienvenida a su hijo. Entraron a los muelles y Gerry no tardó en verse rodeado de viejos compañeros, gastándole las bromas habituales. Después de tomarse un té Gerry hijo se despidió de su padre y se dirigió a su carretilla elevadora. Gerry observó a su hijo con una mezcla de orgullo y aflicción. Por un lado, sentía nostalgia por dejar su viejo empleo, pero por otro le alegraba ver que su chaval era quien hacía ahora el mismo trabajo que él había realizado durante tantos años.

Gerry se dirigió a saludar al estibador, el trabajador de los muelles que descargaba la carga y la dejaba anotada en el registro. Habían trabajado juntos durante muchos años; el estibador le dio un apretón de manos a Gerry mientras le preguntaba por su nuevo empleo. No tardaron en mirar de nuevo a Gerry hijo. Gerry contemplaba la soltura con la que manejaba la carretilla y alzaba la carga su hijo. En ese momento se cortó su respiración. Gerry afinó la vista para asegurarse de que sus ojos no le jugaban una mala pasada.

Pero no cabía duda alguna. Una de las sacas de tabaco tenía un color diferente. Era mucho más oscura, y Gerry sintió una punzada familiar de pánico.

Tenía que pensar con rapidez. Si le gritaba a su hijo que quería comprobar esas sacas su hijo no le haría caso y se alejaría. El chico ya era un hombre hecho y derecho, y no le haría ninguna gracia que su viejo se entrometiera en un trabajo que ahora era suyo. Así que, con toda la calma de la que consiguió hacer acopio, corrió en dirección a la carretilla.

«Gerry», le dijo, «el estibador quiere que comiences por el muelle de carga número seis».

Su hijo asintió y echó la carretilla marcha atrás para acercarse al muelle seis. El estibador, que había sido testigo de todo, se acercó. Contempló a su antiguo compañero. «¿Otra vez el viejo presentimiento?», preguntó.

Gerry asintió. El estibador sintió de inmediato la gravedad del momento. «Apágala, hijo», dijo en voz baja a Gerry hijo. «Mira eso», dijo Gerry en cuanto su hijo estaba a salvo fuera de la carretilla. «Esta saca tiene un color diferente».

El estibador asintió. «Cierto. No me había dado cuenta hasta ahora».

Con cuidado miraron debajo de la saca de color oscuro. Pudieron ver los cables de una bomba.

«Se ve que no saben que ya no trabajas aquí», le dijo el estibador a Gerry. «Esta llevaba tu nombre».

«Es ya la tercera», dijo Gerry sombrío. Le pidió al estibador que avisara a los artificieros. «Tengo que ir a ver a alguien y hablar de este asunto». Cuando Gerry se despidió de su hijo y del estibador su amabilidad y sus bromas se habían esfumado. Sabía que debía ponerle punto y final a aquello o llegaría el día en el que él y su familia tendrían menos suerte. Gerry condujo a los cuarteles de la UDA en la calle Rumford. Entró y preguntó por Harry Burgess.

«¿Todo bien, Gerry?», le preguntó Burgess en su despacho.

«No, Harry. La bomba de esta mañana tampoco me habría alcanzado. Pero sí habría alcanzado a mi hijo».

«¿De qué estás hablando?», preguntó sorprendido Burgess.

Gerry le habló de la descolorida saca de tabaco y la bomba que llevaba debajo.

«Santo Dios, no me digas eso», dijo Burgess.

«Harry, es la tercera bomba que me ponen».

«No es nuestra».

«Bueno, lo que sé es que no es de los republicanos», dijo Gerry.

Burgess le explicó que los muelles eran un lugar complicado de vigilar, con tanta gente entrando y saliendo.

«Eso me da igual», le dijo Gerry. «Tienes que terminar con esto».

Burgess asintió. Le ofreció su mano y le dio su palabra a Gerry. Se aseguraría de que todo el mundo estuviera al corriente de que debían dejar en paz a Gerry Storey, a su familia y a sus amigos.

«Y a mis boxeadores», añadió Gerry.

«Me aseguraré de ello», prometió Burgess.

Gerry nunca se enteró de qué fue lo que hizo Harry Burgess, pero aquel tercer intento de acabar con su vida fue el último. Desde ese momento, y en adelante, sería libre de seguir con su trabajo a su manera. Había sobrevivido a tres intentos de acabar con su vida con sus principios de paz y harmonía intactos.

1979 había sido otro año sangriento en los Troubles. Hubo ciento veinticinco muertes, algunas de gente renombrada. Lord Louis Mountbatten, el tío del príncipe Felipe y primo lejano de la reina fue asesinado por el IRA en agosto de 1979. Cinco meses antes habían acabado también con la vida de Richard Sykes, embajador británico en Holanda; y con la de Airey Neave, el portavoz conservador de Irlanda del Norte, mientras este abandonaba la Cámara de los Comunes. Margaret Thatcher fue elegida primera ministra británica en mayo de 1979. Su línea dura en contra del IRA agravó todavía más las tensiones. Los bandos en conflicto se radicalizaron todavía más, y ni siquiera la encarcelación en febrero de ese año del grupo conocido como los Carniceros de Shankill, quienes habían asesinado a diecinueve católicos, consiguió mitigar las oleadas de terrorismo lanzadas desde ambos bandos.

El veintitrés de diciembre de 1979 un reservista del RUC fue asesinado a manos del IRA tras cruzar la frontera y alcanzar Glaslough, a menos de treinta y cinco kilómetros de la casa de Barry McGuigan en Clones. Stanley Hazelton, protestante de cuarenta y ocho años, cayó en una emboscada mientras se dirigía a por el pavo que cenaría su familia en navidad. Descrito por un cura católico de Tyrone como un «buen vecino», Hazelton ya había sobrevivido a un intento previo de acabar con su vida, cuando tres años antes pusieron una bomba en su lugar de trabajo. Esta vez no tuvo tanta suerte.

Durante el último día de aquel violento año un maquinista católico de diecinueve años, Sean Cairns, recibió un disparo en la cabeza mientras veía la televisión en casa de sus padres, en la parte oeste de Belfast. Un paramilitar unionista encapuchado entró en la casa, a menos de cuatrocientos metros de la intersección con una comunidad protestante, matando al adolescente. El forense resumió aquel último asesinato con escueta precisión. «Este es otro de esos asesinatos tristes, demenciales, sin motivo y arbitrario que tan a menudo suceden en Irlanda del Norte".

Kelvin Hall, Glasgow, viernes 14 de marzo de 1980

Había llegado, al fin, la noche que Charlie llevaba años esperando. Pelearía contra Jim Watt por el título mundial de la WBC de los pesos ligeros en Glasgow. La bolsa de quince mil libras le preocupaba mucho menos que conseguir ese título, un título que serviría de bálsamo tanto para Charlie como para la gente de Derry.

La ciudad de Glasgow también se veía marcada por la violencia confesional. La agria historia de la rivalidad entre los clubes futbolísticos de la ciudad, el Celtic y el Rangers, tenía sus raíces en las diferencias religiosas. La afición del Celtic era católica en su mayoría, y su contraparte del Rangers los ridiculizaba llamándolos «Bastardos Fenianos». Ellos, por su parte, se burlaban de la afición del Ranger definiéndolos como «Bastardos Orange». El Rangers era un club mayoritariamente protestante, y seguía esa identidad con tal rigidez que tendrían que pasar nueve años más hasta que fichara a Mo Johnston, su primer jugador católico declarado desde los años de la Primera Guerra Mundial. El pasado de Johnston como jugador del Celtic resultaba, para algunos de los aficionados del Rangers, un agravante menor que su religión.

David Miller, el secretario general de la Asociación de Aficionados del Rangers declaró sobre el fichaje de Jonhston en 1989: «Es un día triste para el Rangers. Hoy muchos aficionados devolverán sus abonos de temporada. No quiero ver a un católico romano en Ibrox. Es algo que se me atraganta de verdad».

Nueve años antes, en el momento álgido de los Troubles a la otra orilla del mar, el ambiente en Glasgow era más ruidoso, si cabe. Charlie Nash tan solo deseaba boxear, conseguir un título de campeón del mundo, pero una y otra vez tuvo que responder a las preguntas sobre el hecho de que Jim Watt fuera un aficionado a ultranza de los Rangers.

Y qué más da, decía Charlie una y otra vez, Jim Watt es un buen hombre y un gran campeón del mundo.

El propio Watt había tratado de pararle los pies también a los intolerantes que querían encender la llama de los odios confesionales. Señaló que su esposa era católica. Amaba al Rangers y lucía unos calzones del mismo tono de azul royal que el que lucía su equipo, pero no odiaba a nadie. Watt era callado y educado, pero Charlie no estaba muy seguro de que el escocés lo respetase. Pensaba que Watt lo subestimaba, por ser un pegador flojo con una resistencia siempre dudosa. Pero Charlie estaba dispuesto a mostrarle una perspectiva diferente de sí mismo.

En su vestuario, incluso en el largo pasillo que tuvo que atravesar de camino al cuadrilátero bajo la tempestad que provocaba el público, Charlie sentía una calma escalofriante. Después del trauma del Domingo Sangriento no había nada que pudiera asustarlo. Estaba dispuesto a hacer una declaración de intenciones: por Derry, por su hermano Willie y por sí mismo.

Charlie y Tommy Donnelly habían ideado una nueva estrategia. Eran conscientes de que Watt esperaría que Charlie se mantuviera fiel a su típico estilo: esquivar, cambiar de posición y contragolpear. Pero Watt era un púgil tan fuerte que, justo cuando se llegaba al decimoquinto asalto era cuando mejor parecía encontrarse, por lo que necesitaban acabar con él antes.

«Puedes hacerle daño, Charlie», insistía Donnelly, «y cuanto antes se la hagas, mejor».

En lugar de boxear desde una distancia prudente Charlie se arriesgaría a probar unas cuantas raciones de los puños de Watt e intentar dominarlo desde el inicio. Para convertirse en campeón del mundo tenía que arriesgarse y buscar la manera de hacerle daño. Eso sería mejor que permitir que el escocés lo machacara.

Desde el primer toque de campana, mientras los dos zocatos se acercaban el uno al otro, Charlie fue más rápido. Le asestó los primeros *jabs*, arponeándolos bajo la ardiente atmósfera del Kelvin Hall. También se valía de su mano derecha, además de lanzarse al cuerpo en un intento de imponer su voluntad sobre la del campeón. Ambos rivales eran un torbellino de movimientos, saltando y girando con ligereza sobre sus pies, como lúgubres bailarines, con sus trenes superiores subiendo, bajando, tejiendo un ritmo propio mientras intentaban escapar de los golpes del rival en busca de un hueco. Se miraban como dos serpientes enroscadas, precavidas pero venenosas.

Después de que Watt le metiera un gancho con la derecha Nash respondió con un *jab*. Ambos dieron un paso atrás y continuaron moviéndose, oscilando en busca de su oportunidad. Fue entonces cuando Nash desencadenó un *uppercut* de derechas, y un cruzado de izquierdas desequilibró a Watt, proporcionando al irlandés un hueco desde el que lanzar una formidable derecha. Watt cayó de espaldas, aterrizando sobre la parte posterior de sus calzones de color del Rangers, acusando el impacto de esos tres golpes combinados de manera tan perfecta.

Nadie se esperaba aquello y Nash se retiró a una esquina neutral. El árbitro, que lucía unas enormes gafas de pasta, tenía aspecto de no creerse lo que estaba viendo. Aferró el brazo derecho de Nash y lo atrajo hacia sí. Fue un acto de pura sorpresa, porque el derribo había sido tan claro que debió comenzar una cuenta, no acercar a Nash.

Watt, revivido al ver que el árbitro no había permitido que Nash se retirara a un rincón neutral, se reincorporó. El golpe que lo había derribado fue muy poderoso, pero deseaba demostrar que había sido de chiripa. Pero en aquel golpe tan nítido de Charlie hubo más de habilidad que de suerte. El árbitro, Sid Natham, indicó con una floritura de sus brazos que los contendientes prosiguieran, igual que un director le indica a su orquesta que viene un arranque complicado; y gritó «sigan boxeando...».

Nash regresó en aluvión, lanzando swings con ambas manos, pero su sorpresa porque no hubiera cuenta y su cada vez mayor deseo de acabar con Watt cuanto antes le allanaron el camino al campeón para que este lo rodeara en un abrazo. Watt contó con unos pocos, pero preciosos segundos para aclarar su cabeza antes de que el árbitro los separara.

Watt se separó con una mueca en su rostro. Nash fallo un gran *uppercut* de derechas del que Watt se pudo zafar; pero el escocés no pudo librarse de los dos siguientes puñetazos. El cadavérico rostro de Watt tornaba rojo, pero logró alcanzar a Nash con un derechazo. El aspirante se tocó el ojo izquierdo. Justo en el momento en el que sonaba la campana notó una gota de sangre. Sid Natham saltó entre ambos contendientes haciendo otra floritura. Había sido un asalto impresionante, y ambos se sentaron aliviados sobre sus taburetes. Watt necesitaba un respiro. Nash necesitaba recomponerse mientras restañaban su ojo en el rincón.

Harry Carpenter, comentarista de la BBC se mostró encantado ante el «increíble» primer asalto que habían presenciado, pero señaló el «notable rastro rojo» que había sobre el ojo de Nash. Donnelly presionó un hisopo y un apósito de algodón contra el corte para detener el flujo de sangre. No era un corte demasiado grave y Donnelly pudo enjugar el sudor de la cara de Nash, diciéndole lo bien que había peleado y que se mantuviera fiel al plan.

Watt era un campeón resuelto, y el minuto de pausa le vino muy bien. Regresó al ring con aspecto más decidido y comenzó a tirar de *jab* derecho, en un intento de ensanchar el corte y hacerse de nuevo con el control, costase lo que costase. Con treinta y un años y cuarenta y dos combates a sus espaldas Watt equilibraba su edad con su enorme experiencia. Nash seguía al ataque, lanzando *jabs* y combinaciones con fuerza y acierto. Pero Watt luchó por su pellejo como un auténtico campeón. Se mostraba mucho más agresivo y fiero porque era consciente de que, para domar la ambición mostrada por Nash, necesitaba hacerle sufrir. Watt sorprendió a Nash con un golpe a la mandíbula y el de Derry se vio obligado a dar un paso atrás. Viéndose contra las cuerdas, Nash contraatacó.

Watt retrocedió, pero la afición escocesa lo espoleó con sus cánticos, que llenaban de ambiente el pabellón.

Había sido un asalto muy reñido, y el corte sobre el ojo izquierdo de Nash volvía a sangrar. Mientras Donnelly presionaba un apósito de algodón contra la herida Nash ladeó su cabeza para beber un trago de agua. Después escupió en el cubo que había junto a sus pies. Donnelly no se atrevía a retirar el apósito de la herida, cada vez más rojo, y untó vaselina sobre los pómulos de su púgil con la otra mano. Al fin consiguió restañar la herida y envió a su boxeador de vuelta al combate.

El tercer asalto fue más decisivo. Watt se había recuperado tras su desastroso comienzo y golpeó a Nash de manera consistente con su *jab* derecho y un duro cruzado de izquierda. Nash perdió parte de su efectividad y bastantes de sus golpes se quedaron cortos. Otro duro asalto que fue al zurrón de Watt; el campeón respiraba con profundidad mientras le pasaban una esponja por el rostro en su banqueta. El corte de Nash no empeoraba y Donnelly le conminó a ser más decidido.

Como si todavía continuara al mando de una orquesta el árbitro movió las manos de manera ostensible para indicar a los boxeadores que regresaran a la liza. Nash fue el primero en volver al tajo, con su *jab* derecho culebreando mientras trataba de recuperar la iniciativa. «Hay un numeroso contingente de público llegado desde Derry en este pabellón, animando a Charlie Nash», sugería Carpenter mientras gritos de «Char-lie, Char-lie» se imponían sobre los ruidosos cánticos escoceses. «Antes de este combate Nash había dicho que deseaba llevarse consigo el título por toda la ciudad de Derry».

Nash sacudió a Watt con otra combinación de tres golpes, enviándolo contra las cuerdas y atacando al cuerpo. Carpenter notó que las defensas de Watt «se han visto superadas por tres buenos golpes», y que «cuando Nash lleva la pelea contra Watt se muestra muy peligroso». Otro buen derechazo de Nash alcanzó su objetivo antes de que el escocés respondiera con un gran golpe de izquierdas. Ambos se aferraron al otro y rodaron por los suelos cuando la bota derecha de Watt pisó sobre el pie izquierdo de Nash. La combinación del puñetazo y el trastabilleo de sus pies mandaron a ambos al suelo. Fue un derribo mucho menos claro que el que Watt había sufrido en el asalto inicial, pero el árbitro comenzó a contar en el mismo momento en el que Watt se puso en pie. Nash se ayudó de las cuerdas para reincorporarse, con aspecto de estar un poco grogui, y sus puños no estuvieron de nuevo en posición hasta que la cuenta no llegó a ocho.

Watt regresó en estampida, lanzando puñetazos mientras Nash retrocedía contra las cuerdas. El escocés acosaba a Nash, haciéndolo retroceder en busca del golpe definitivo. Un cruzado de izquierda, duro como una trituradora, hizo que Nash cayera sobre sus rodillas. Parecía estar en una situación desesperada.

«Mary Peters está sentada justo a mi lado», dijo Carpenter sobre la medallista olímpica de 1972, oriunda de Belfast, «y sus gritos dicen "¡Char-lie, Char-lie!"».

Nash intentaba frenar al desenfrenado Watt con zarpazos. Era como si peleara bajo el agua, sus brazos intentaban en vano moverse con rapidez y precisión. Se cerraban, pero Nash no pudo detener por más tiempo lo inevitable. Un cruzado de izquierdas lo alcanzó. «Charlie ha caído de nuevo», gritó Carpenter. «Sus piernas le han fallado por completo».

La cuenta de Nathan llegó hasta «seis... siete... ocho...» y entonces agitó los brazos.

Nash lo contempló con mirada aturdida, intentado mantener el protector bucal en su sitio ayudándose del guante izquierdo mientras las manos de Nathan se cruzaban frente a sus ojos. El árbitro extendió entonces sus brazos como si las últimas notas de una sinfonía percusiva estuvieran a punto de apagarse.

Charlie Nash fue derribado a un minuto de terminar el cuarto asalto. El sueño había terminado.

Barry McGuigan llevaba seis años soñando con la gloria olímpica. Desde que cayera enamorado del boxeo a la edad de trece años, en Clones, el adolescente siempre supo lo que quería. En el colegio, en la clase de manualidades, había confeccionado una pequeña cruz, en cuya parte trasera había escrito: «Por favor, Dios, permíteme ganar la medalla de oro en 1980».

Pero el trascendental año olímpico comenzó mal para McGuigan después de que fuera seleccionado para pelear por el Úlster contra Leinster en el Estadio Nacional de Dublín. Dirigiéndose al cuadrilátero para su combate contra Richie Foster, el vendaje que llevaba Barry en las manos estaba sujeto por cinta adhesiva. Un comisario intervino justo cuando McGuigan comenzó a ponerse los guantes, insistiendo en que Barry debía usar un esparadrapo correcto.

«No tengo otra cosa», contestó Barry. El comisario se mostró inflexible e indicó a Barry que debía regresar al vestuario y buscar un esparadrapo adecuado.

En un momento de furia Barry se arrancó los vendajes de las manos y, pese a quedar sin ningún tipo de protección, se puso los guantes. Enrabietado, vapuleó a Foster, enviándolo al suelo hasta en tres ocasiones. Pero el daño que provocó a sus aspiraciones olímpicas fue igual de grave, puesto que se astilló uno de los nudillos de su mano izquierda.

Parecía que, en un principio, se había recuperado después de que un cirujano ortopédico le inyectara cortisona en el nudillo. Barry tuvo que perderse los nacionales sénior del Úlster, pero regresó a tiempo de participar en el campeonato nacional irlandés, astillándose de nuevo el mismo hueso durante la sencilla semifinal en la que se alzó con la victoria. Tuvo que retirarse de la final. Con descanso y más cortisona se aseguró su presencia en la selección olímpica tras boxear bien en Italia y la República Democrática de Alemania.

Pero nuevos problemas llegaron durante la concentración olímpica con Gerry Storey. Barry, a quien habían nombrado capitán del equipo de boxeo, era demasiado grande y pegaba demasiado duro como para enfrentarse a los boxeadores más pequeños. Lo pusieron en el cuadrilátero contra Tommy Davitt, un peso wélter profesional con una pegada formidable. El *sparring* fue feroz hasta que, en el quinto de los seis asaltos planeados, Davitt lanzó un gancho de izquierdas que fracturó las costillas a McGuigan. Los asaltos de *sparring* preolímpicos tocaron a su fin, y para colmo de males, la mano lesionada volvía a doler.

En la Villa Olímpica de Moscú Hugh Russell sería el compañero de habitación de Barry. Ambos eran las aspiraciones más serias a medalla en la selección irlandesa, en la que también estaban Gerry Hawkins, Phil Sutcliffe, Sean Doyle, Martin Brereton y PJ, el hermano menor del triturador de costillas, Davitt. Durante el camino a Moscú Hugh había tenido problemas de otra índole. Trabajaba como piloto de remolcador en los muelles, pero sus jefes no estaban dispuestos a concederle las semanas libres para que acudiera a la concentración y a los Juegos. Gerry intentó ayudar tanto como pudo, pero después de dejar su empleo en los muelles para trabajar para el Consejo de Deportes ya no contaba con tanta influencia. Con veinte años, Hugh apenas llevaba un par de años en el remolcador, por lo que la elección a la que lo sometieron fue de lo más cruel: trabajo o Juegos.

Sus padres lo convencieron de no dejar pasar la oportunidad de boxear en los Juegos. Le prometieron mantenerlo cuando regresara de Moscú. Pero no era una decisión sencilla, porque en los remolcadores ganaba un buen sueldo, llevando a casa un salario comparable al de su padre. Pero los Juegos ofrecían una evasión casi mágica de los Troubles.

Barry encontró Moscú estéril, pero al pequeño Hugh le parecía que habían entrado en el paraíso. Las mujeres de la Villa Olímpica eran de una belleza inconcebible y aprovechó la camaradería y el sentimiento de vivir entre los mejores deportistas del mundo. Pero en cuanto miraban con un poco más de atención, quedaba claro que aquellos no eran unos Juegos Olímpicos normales y corrientes. La gente formaba imágenes de Lenin y de la hoz y el martillo con cartulinas, en un claro ejemplo de que la intención de la Unión Soviética era la de aprovechar aquellos Juegos como arma propagandística. Con esto respondían a la afrenta de que apenas ochenta países tomaran parte en aquellos Juegos de Moscú, la participación más pequeña desde los Juegos de 1956; sesenta y seis países boicotearon aquellos juegos en protesta por la invasión soviética de Afganistán. Fueron los Juegos más controvertidos desde que Hitler aprovechara los de Berlín 1936 para convertirlos en un escaparate para la propaganda nazi.

La competición de boxeo comenzó el primer día de Juegos, el 20 de julio de 1980 y, presa del estímulo, Hugh ganó cada asalto de su combate de debut contra el iraquí Samir Khiniab. Dos días más tarde derrotaría al tanzano Emmanuel Mlundwa, con otro cinco a cero igual de arrollador.

McGuigan provocaba mayor expectación, y su comienzo fue positivo cuando luchó contra el también tanzano Issack Mabushi. Noqueó a Mabushi en el segundo asalto, forzando dos cuentas antes de que el combate fuera detenido en el tercer asalto. Pero se ensombreció cuando aquella tarde, repasando la pelea en vídeo, escuchó a Harry Carpenter sugerir «parece que los problemas en las manos de McGuigan son cosa del pasado». La mano le dolía. Recordó el abatimiento que sintió al regresar a su rincón y decirle a Gerry que la mano volvía a dolerle.

Gerry soltó una queda maldición. No podían hacer nada a cuarenta y ocho horas de la siguiente pelea.

Gracias a los analgésicos le entumecieron la mano a McGuigan y, contra el zambiano Winfred Kabunda, Barry pensó que había boxeado bien y había hecho lo suficiente como para vencer. Pero los jueces le otorgaron la decisión a Kabunda. Las esperanzas olímpicas del chaval de Clones se habían esfumado. Tampoco le supuso consuelo alguno que, a su vez, durante el siguiente combate al propio Kabunda le robaran la pelea. Sucedería en su pelea contra Rudi Fink, de la República Democrática de Alemania, quien se alzaría con la medalla de oro. McGuigan había tenido ya suficiente *amateurismo*.

En los siguientes días el resto de los boxeadores del equipo irlandés cayó eliminado, a excepción de Hugh Russell. Había alcanzado las semifinales, en las que tuvo que enfrentarse al altísimo peso mosca norcoreano Yo Ryon-sik, en una batalla que decidiría quién de los dos se colgaría, al menos, la medalla de bronce. Hugh era casi dieciocho centímetros más bajo que el coreano, y lo pasó mal en aquel combate.

Al igual que había hecho después de que Russell se adjudicara las dos primeras victorias de manera tan epatante, Gerry apaciguó a su boxeador, consiguiendo así que la pelea bajara la intensidad y fluyera. Fue un combate complicado de puntuar, y ya estaban resignados a que la victoria cayera del lado de otro boxeador del bloque comunista cuando, por una vez, prevaleció la fortuna irlandesa. Hugh se alzó con el combate por 3 a 2 en las tablas de puntuación. Se convertía así en el sexto boxeador irlandés en subir a un podio en la historia de los Juegos.

La semifinal se celebraba en el penúltimo día de Juegos, el 1 de agosto, y Hugh cayó derrotado ante el búlgaro Petar Lesov, quien se proclamaría campeón olímpico en la final. Lesov tenía un aspecto demasiado fornido como para ser un peso mosca, pero de alguna manera dio el peso correcto. Aquella victoria hizo que Hugh se viera arrasado por las lágrimas en el vestuario.

«No llores, Cue», le dijo Gerry utilizando el nombre con el que solía dirigirse a él. «Deberías sentirte orgulloso».

El día siguiente el pequeño pelirrojo se había recuperado y una ola de orgullo recorrió su interior en el momento en el que le colgaban la medalla al cuello.

Fue muy complicado telefonear a sus padres desde Moscú; no solo por las propias dificultades logísticas de realizar una llamada telefónica desde la Unión Soviética, sino por el hecho de que sus padres no tenían teléfono en New Lodge. Menos mal que su tío Dan sí compartía una línea, por lo que Hugh consiguió hablar, por fin, con su madre y su padre, después de que hicieran la inscripción en su medalla. Su madre lo sorprendió al decirle que los grandes disturbios de New Lodge se detenían cada vez que una de sus peleas era ofrecida por televisión. La gente dejaba en el suelo los cócteles molotov y todo el mundo entraba en algún sitio para ver al pequeño Hugh boxeando en Moscú.

Durante quince minutos, con cada pelea, las calles de New Lodge quedaban inusualmente desiertas. El boxeador, ganador de aquella medalla olímpica de bronce, apenas conseguía creerse que el boxeo provocara aquellos efímeros momentos de paz. Pero su entrenador en la Sagrada Familia sonreía, sabio: «¡Claro que sí!», decía Gerry Storey.

Contaron todo el dinero que habían sacado cambiando divisas en el mercado negro y se maravillaron de lo poco que habían gastado, ya que en la Vila Olímpica todo era gratis. Barry seguía con dolores, pero le aliviaba saber que por fin podría comprarle a Sandra un anillo de compromiso. En casa, durante cada entrenamiento, ella anotaba cada serie de ejercicios que realizaba Barry, cada uno de los asaltos de *sparring* y cada uno de los puñetazos que lanzaba. Barry le pedía a Sandra que contara cada golpe para anotarlo en un libro parecido al libro de contabilidad en el que su padre anotaba cada una de las transacciones que realizaba en la tienda.

Al final de cada entrenamiento le preguntaba a Sandra: «¿Cuántos golpes he lanzado hoy?». Y ella le respondía «cuatrocientos treinta». «No», corregía él, «han sido cuatrocientos treinta y dos».

«¿Pero es que tú también los has estado contando?», exclamaba Sandra.

«Claro», respondía Barry.

Sandra era consciente de lo bueno que era Barry en el ring, y aplicó la misma devoción para ayudarlo en su búsqueda del éxito. Como no tenían dinero sus tardes de salir se limitaban a ir al gimnasio o, de vez en cuando, ir a ver escaparates soñando con las cosas que algún día podrían comprar. Pero, al menos, después de los Juegos Barry pudo comprarle su anillo de pedida.

Hugh, a quien ninguna chica le esperaba de vuelta a casa, no tenía muy claro cómo gastarse el dinero de los Juegos. Al menos tenía claro que debía librarse de todos sus rublos, puesto que en Belfast no valdrían nada. Gerry salió con él la última tarde que pasaron en Moscú, siendo entonces cuando Hugh vio aquella cámara. En 1980, para que algo fuera considerado bonito tenía que ser grande, y aquella cámara Zenith era una monstruosa preciosidad. Tenía una lente enorme que se acoplaba al cuerpo de la cámara como si fuera un rifle.

«¿Qué pensaría la gente en Belfast al ver algo así?», dijo Gerry con tono irónico.

«¿Me la compro?», dijo Hugh dubitativo. Jamás, en toda su vida, había sacado una fotografía.

Gerry asintió. «Creo que te pega», le dijo, como si de alguna manera supiera que Hugh Russell estaba destinado a convertirse en uno de los grandes documentalistas gráficos de los Troubles. Aquella enorme cámara Zenith que compró en Moscú le cambiaria la vida para siempre.

La calle de Hugh en New Lodge fue decorada con una enorme bandera en la que se leía «Bienvenido a casa, bronce». Aquella medalla de bronce que colgaba de su cuello era el objeto más feliz que se había visto en años en New Lodge, y el muchacho pelirrojo de cabello rizado fue alzado a hombros de dos enormes tipos. Caminaban detrás de una banda que tocaba música, delante de una multitud que admiraba asombrada aquella enorme pancarta.

La había confeccionado Artie Osborne, un director de pompas fúnebres que utilizó para ello tela para forrar ataúdes. También había hecho las banderitas con tela de ataúdes de diferentes colores. Incluso en lugares dedicados a la muerte podía encontrarse algo de vida en aquella Belfast.

No hubo disturbios en New Lodge aquella nublada tarde veraniega de agosto de 1980, y tan solo las camisetas con la inscripción *I shot J.R.* (Yo disparé a J.R.) aludían de forma visible a algún tipo de violencia. J.R. Ewing, el sórdido magnate del petróleo, había recibido un disparo poco antes en la famosa serie de televisión *Dallas*, convertida en fenómeno global de tal magnitud que ni tan siquiera la gente de Irlanda del Norte había escapado a ella. Pero en ese momento, en Belfast, Hugh Russell era más conocido que el mismísimo J.R. Ewing.

Unas pocas semanas después el reputado fotógrafo Brendan Murphy llegaba a casa de Hugh. Sus vívidas y compasivas instantáneas de la violencia y el dolor captadas en las calles de Belfast solían aparecer en la portada del *Irish News*, resultando tan cautivadoras como inquietantes. A Murphy le habían encargado fotografiar al poderoso bronce, y fotógrafo y púgil forjaron de inmediato un vínculo. Murphy, alcohólico en recuperación, sentía una empatía instintiva para con los boxeadores, comprendiendo la fiera profundidad de sus batallas en el cuadrilátero. Ya había fotografiado a Hugh con anterioridad, pero este sería un retrato para el que necesitaba pasar un tiempo en compañía del púgil.

«¿Qué es eso?», le preguntó Murphy después de veinte minutos juntos. Señalaba a la Zenith, que estaba en un rincón de la sala delantera del dúplex familiar.

«Una cámara que compré en Moscú», respondió Hugh.

Murphy tomó la máquina con gran cuidado. «¿La has usado ya?».

Hugh asintió con timidez. «Me he unido al clubecillo de fotografía que hay al final de la calle».

Murphy le pidió ver alguna de sus fotografías. Hugh se mostró dubitativo, sabedor de que las fotografías en blanco y negro que había tomado de la vida en New Lodge no eran gran cosa. Pero, a la vez, quería compartirlas con un reputado fotógrafo como Murphy. Se sentaron en silencio mientras Murphy ojeaba una docena de fotografías. A cada una de ellas le prestaba atención y cuidado, estudiándolas. Al final miró a Hugh. «¿Te gustaría convertirte en fotógrafo?».

El boxeador se sorprendió a si mismo al responder que sí. «Sí», dijo simple y llanamente Hugh.

«Muy bien», dijo Murphy pensativo. «Creo que puedo ayudarte».

Capítulo 10

HAMBRE

Barney Eastwood, un corredor de apuestas y millonario, tenía buen ojo para reconocer las oportunidades de negocio. Amasó su fortuna gracias a su gran astucia, desde el mismo momento en el que utilizó un préstamo de tres mil libras para comprar un pub en Carrickfergus, en la costa de Antrim. Eastwood y su esposa llevaban el pub bastante bien, y comenzaron a aceptar pequeñas apuestas en el mostrador. Con el paso de los años su pequeña correduría de apuestas *amateur* se convirtió en una empresa en expansión. Para 1980 dirigía una cadena de casas de apuestas con casi veinte establecimientos y unas ventas anuales multimillonarias. También expandió su negocio a las propiedades inmobiliarias, pero lo que más atraía a Eastwood era el complicado negocio del boxeo.

Eastwood ya había incursionado en la promoción del boxeo a finales de la década de los cincuenta, pero los Troubles desterraron el boxeo profesional de Belfast. Pese a todo Eastwood veía atisbos de esperanza —y beneficio— en el modesto éxito de pequeños promotores a tiempo parcial como Gerry Hassett, quien había intentado resucitar el boxeo en Belfast. Hassett carecía del músculo financiero y los conocimientos en promoción como para lograr un impacto sostenido en el tiempo, pero quedaba claro que el hambre por el boxeo profesional no se había extinguido.

Charlie Nash gozaba de un apoyo incondicional en Derry, pero Eastwood tenía el pálpito de que, con una promoción bien enfocada y boxeadores mucho más jóvenes, el boxeo profesional podría regresar a Belfast con asiduidad, consiguiendo un beneficio considerable con ello. Para lograrlo, tan solo tenía que encontrar la nueva hornada de boxeadores adecuada.

En Belfast nadie conocía el mundo del boxeo mejor que Gerry Storey. Eastwood se dirigió a Storey cuando lo vio caminando por Castle Lane un día de finales de 1979. Ya había hablado con Gerry en muchas otras ocasiones, por lo que condujo al entrenador a una pequeña iglesia. En un banco vacío, una tarde de día laborable, Eastwood le explicó a Gerry que estaba pensando en regresar al boxeo. Su aspiración era la de llevar a un boxeador local hasta el título de campeón del mundo.

«Estoy pensando en Danny McAllister», dijo casi en un susurro, como si no quisiera que nadie lo escuchara en aquel recinto sagrado.

«Danny es buen chico», dijo Gerry alabando al talentoso peso ligero que boxeaba en el gimnasio de Oliver Plunkett, en Falls Road. «Pero no es el que busca».

Eastwood se tocó la nariz meditabundo. A menudo, Gerry se había percatado de que cuando Eastwood se tocaba la nariz era porque estaba confuso o preocupado.

«¿Y a quién me recomendarías?», le preguntó Eastwood, como si buscara ayuda en el confesionario.

«Solo hay un boxeador capaz de lograr algo así. Hay un chico capaz de convertirse en campeón del mundo».

«¿Y quién sería?», preguntó Eastwood, insistiendo en pasarse todavía el dedo por la nariz.

«Barry McGuigan».

«¿El chavalín de Clones?»

«Es su hombre. Le propinó una auténtica paliza a Danny McAllister».

Gerry le dio un par de palmaditas a Eastwood en el brazo diciéndole que debía regresar ya a la Sagrada Familia. Eastwood estrechó la mano de Gerry, pensativo, y se despidió de él.

El entrenador pisaba el último escalón de la escalera de la iglesia cuando escuchó que Eastwood se acercaba corriendo a sus espaldas. El millonario se aferró al abrigo del entrenador. «Gerry

Storey», le dijo, «en todos estos años desde que te conozco jamás te he escuchado hacer una afirmación como esta. ¿Qué tiene ese chico para que te muestres tan seguro?»

Gerry habló de algunas de las viejas glorias del boxeo de Belfast, como Freddie Gilroy y Johnny Caldwell, a quienes Eastwood tanto había admirado. Estaban entre los mejores boxeadores que Gerry había visto, pero McGuigan sería mejor.

«El chico tiene algo especial», dijo. Gerry explicó que McGuigan contaba con una pegada muy fuerte. Era duro y mostraba gran dedicación. No fumaba, no bebía y estaba completamente enamorado del boxeo. Gerry hizo una nueva aseveración: «Nunca he visto otro mejor, y va directo al título mundial»

«¿Tan seguro estás?», preguntó Eastwood. Había dejado de toquetearse la nariz.

«Tan solo es mi opinión», dijo Gerry con un divertido encogimiento de hombros. «Pero me sorprendería mucho equivocarme».

Gerry Storey no era el único en el mundo del boxeo que vaticinaba la grandeza de Barry McGuigan. Mickey Duff, quien ya entonces era el mayor promotor de boxeo en Gran Bretaña, escribió de puño y letra al adolescente para pedirle que se uniera a su grupo de púgiles, no sin recalcar antes que jamás le había escrito anteriormente una carta de invitación personal a ningún otro boxeador. Terry Lawless, quien le había advertido a Barry que no debía golpear tan fuerte mientras peleaba como *sparring* en su gimnasio del East End de Londres, quería convertirse en su entrenador y apoderado, papel que no tardó en adoptar con Frank Bruno. Eddie Thomas, el escocés que había sido mánager de Howard Winstone y Ken Buchanan, llevando a ambos a sendos títulos mundiales, insistió a McGuigan de que debía unirse a su equipo. Varios americanos de raíces irlandesas también se ofrecieron como magos del apoderamiento. Le prometieron convertirlo en un hombre rico.

Pat McGuigan, quien ya había cruzado sables con más promotores, agentes y apoderados de los que quisiera recordar en el mundo de la música, acudió a alguien en quien tenía plena confianza. Gerry Storey actuó como intermediario presentándoles a Barney Eastwood a los McGuigan, sin atosigarlos para que unieran sus caminos con los del corredor de apuestas. Pat sabía que Gerry les daría el mejor consejo.

Gerry insistió en que Barry, quien en febrero de 1981 cumpliría veinte años, debía de concentrarse en el boxeo. Y esa concentración incrementaría si este se sentía cómodo con todo aquello que lo rodeara. Gerry no creía que un joven púgil sin pulir y salido de la pequeña Clones se pudiera adaptar a una vida lejos del hogar, como pasaría si se mudaba a Londres o Gales. Eastwood le ofrecía a Barry la ventaja de entrenar en Belfast, cerca de Clones, mientras que Gerry insistió en que sus boxeadores de la Sagrada Familia eran respetados en ambos lados de la barrera confesional.

«Con Barry pasará lo mismo», dijo Gerry de manera profética. «Tendrá club de *fans* en Shankill Road y tendrá club de *fans* en Falls Road».

La idea de que su hijo boxeara en Irlanda del Norte resultaba atractiva a Pat. Pero sus esperanzas de que Gerry aceptara el puesto de entrenador profesional de Barry no se cumplieron. Gerry era conocido de Eastwood, pero eso no significaba que fuera un entrenador que se dejaría influenciar o controlar por un promotor. Eastwood reconocía que, bajo ese aire de despreocupación tan encantador, Gerry defendía con uñas y dientes su independencia en el trabajo. Además, Gerry estaba dedicado en cuerpo y alma a a sus boxeadores *amateur*, además de tener un empleo en el Consejo de Deportes del Úlster. Sería muy complicado que dejara un trabajo tan estable como el del Consejo. En el boxeo profesional había intereses y disputas, por lo que Gerry prefería volcar todas sus energías en ayudar a sus chavales de la Sagrada Familia a convertirse en mejores boxeadores y personas.

Al aconsejar a Barry que uniera su camino al de Eastwood, Gerry no ganaba nada. Tan solo le ofrecía su profundo saber, lo que facilitó que Eastwood cerrara un acuerdo con los McGuigan. El promotor dijo que tenía la esperanza de llenar enormes recintos en Belfast, sitios como el Ulster Hall o el King's Hall, con la esperanza de atraer a ambas comunidades rivales por igual. Eastwood sedujo a los McGuigan. Pero el verdadero poder no tardó en caer del lado del promotor.

«¿Cómo preferiría que me dirigiera a usted?», le preguntó Barry. «¿Barney, BJ o señor Eastwood?».

«Preferiría que me llamases señor Eastwood», dijo el promotor con tranquilidad pero con firmeza.

Ochenta y seis personas murieron como resultado de la violencia interreligiosa durante 1980. Fue la cifra más baja de muertes desde 1970. Pero toda sugerencia de que las cosas fueran a mejor quedaba descartada al comprobar la conexión entre muchos de estos asesinatos. Daba la sensación de que el bucle de represalias daba vueltas y más vueltas en una espiral sin fin.

El 12 de enero de 1980 un taxista de cuarenta y seis años, Thomas Montgomery, murió en un asesinato a sangre fría en la intersección de Crumlin con Woodvale. Se encontraba a menos de un kilómetro y medio de Shankill Road cuando, en las primeras horas del día, seis jóvenes que habían incursionado en territorio unionista desde el vecindario republicano de Ardoyne lo interceptaron. Había una niebla tan espesa que el taxista se vio obligado a avanzar muy despacio; el grupo aprovechó esta circunstancia para apedrear el vehículo. Habían bebido y decidieron salir en busca de una víctima, decididos a vengar la muerte de su amigo Alexander Reid, quien había sido sacado a rastras de un taxi en Shankill Road el 3 de enero.

Reid murió a manos de la UDA, que había planeado «acabar con un católico romano» en venganza por el asesinato de un protestante. Una vez detenido, el asesino admitió: «Agarré a aquel católico (el joven Reid, un obrero de veinte años) y me erigí en juez, jurado y ejecutor. Lo golpeé con un bloque de hormigón hasta matarlo, en un callejón que salía de Shankill».

Nueve días más tarde, cuando los jóvenes de Ardoyne apedreaban el taxi protestante, un gran trozo de hormigón atravesaba el parabrisas golpeando a Montgomery en la cabeza. El taxi se estampó contra un muro y Montgomery fallecía mientras uno de los miembros del grupo gritaba: «¡Te pillamos, hijoputa!».

En el juicio quedó claro que ninguno de los jóvenes de Ardoyne pertenecía al IRA. «Han sido ustedes descritos como matones dogmáticos», declaró el juez, «porque atacaron y mataron a un hombre sin ningún otro motivo que el hecho de ser un taxista protestante. Mucha gente ha sido asesinada en Irlanda del Norte, pero eso no justifica salir de nuevo a la calle para cometer un nuevo asesinato. Asesinan a un amigo suyo y su respuesta es matar a otra persona. Así, la rueda seguirá girando y girando».

Corría el rumor de que estaba a punto de desatarse una locura mucho mayor. La tensión aumentó en octubre cuando siete prisioneros republicanos de Long Kesh comenzaron una huelga de hambre para intensificar su protesta en contra de las condiciones en las que se veían encarcelados. La batalla entre prisioneros y captores había comenzado en 1976, cuando el Gobierno británico le retiró es estatus de categoría especial a los reclusos paramilitares. Ya no estarían reconocidos como presos políticos, sino como criminales peligrosos.

Para la identidad del IRA resultaba capital, en cuanto a la percepción que la opinión pública tenía sobre sus miembros encarcelados y la propia organización, que la violencia que ejercían y los asesinatos que cometían estuvieran enmarcados dentro de un contexto político. Pero si quedaban reducidos al estatus de criminales, en lugar de disidentes políticos, la confianza se vería afectada. En septiembre de 1976 miembros del IRA y el Ejército Irlandés de Liberación Nacional (INLA) comenzaron su *huelga de las mantas* contra el cambio en su estatus. En la prisión Maze se negaron a vestir los nuevos uniformes de presidiarios y permanecieron desnudos o envueltos en mantas que cubrían sus pálidos cuerpos. Sus peticiones ascendían a cinco: el derecho a no vestir el uniforme de la prisión; el derecho a no realizar trabajos de la prisión; el derecho a asociación con otros prisioneros y a organizar actividades recreativas y educativas; el derecho a recibir una visita, una carta y un paquete cada semana; y que se les aplicara, de nuevo, la reducción de sus condenas.

Las autoridades de la prisión y el Gobierno británico jamás accederían a estas peticiones por el mero hecho de que los prisioneros se cubrieran con unas sábanas y mantas, por eso, en 1978, pusieron en marcha una protesta más enérgica. Los prisioneros de la zona republicana del Maze se quejaban también de ser víctimas de ataques a manos de los guardas cuando abandonaban sus celdas para vaciar sus orinales. Por eso se negaron a *vaciarlos* y, por el contrario, amontonaron los detritos en los rincones de sus celdas. El hedor era insoportable, además de atraer a moscas y parásitos a cada hediondo montón. Cuanto más llenas estaban las celdas más lejos iban los prisioneros. Comenzaron a embadurnar las paredes de las celdas con la mierda.

Después de las primeras náuseas y arcadas causadas por el hedor, estas decrecían y los excrementos pasaban a teñir las paredes de marrón. Seamus Walsh, prisionero del IRA que participó en la *Protesta Sucia* admitiría que «no se puede concebir lo horrendo que fue». Después de que los reclusos fueran sometidos a manguerazos por la fuerza y se intentara limpiar las celdas, reemprendieron la protesta.

Pat McGeown, prisionero republicano, describiría también cómo era un día corriente en el apestoso Maze: «Había momentos en los que acababas vomitando. En otras ocasiones estabas ya tan hecho polvo que te limitabas a tumbarte durante días sin hacer nada. Entraba la lluvia por la ventana y tú seguías ahí tirado, en el suelo, mientras los gusanos recorrían todo tu cuerpo».

Sin embargo, el arzobispo Tomas ó Fiaich comprendió la naturaleza del desafío de los prisioneros del Maze: «Estaban decididos a continuar su protesta de manera indefinida, y parecían preferir la muerte a aceptar que los clasificaran como meros criminales. Cualquiera que tenga el mínimo conocimiento de historia irlandesa comprenderá lo arraigada que está esta actitud en el pasado de nuestro país».

Los prisioneros comenzaron a recordar a las figuras fantasmagóricas que poblaban los gulag soviéticos, con sus cuerpos demacrados, sucios y desnudos; sus matas de pelo y sus largas barbas. La depresión se adueñó de ellos y muchos de aquellos hombres se limitaban a yacer en silencio en aquellas celdas apestosas. Los líderes del IRA en la prisión Maze eran conscientes de la imposibilidad de mantener este ritual tan desagradable de manera indefinida.

Por su parte, Margaret Thatcher, la nueva primera ministra británica, elevó las apuestas del conflicto que había heredado. Aparte de contar con un conocimiento bastante limitado sobre el problema confesional, Thatcher era partidaria de un enfoque mucho más intransigente. Su *ethos* político, ya fuera lidiando con el desempleo, con el conflicto de las islas Falkland, las huelgas mineras o Irlanda del Norte, estaba escrito en piedra. Unos la alababan por ser clara y enérgica, mientras que otros la maldecían por mostrarse cruel e inflexible. A Thatcher le traía sin cuidado no ser considerada una persona caritativa y misericordiosa. Al contrario, estaba decidida a dividir y doblegar. Respecto al conflicto de Irlanda del Norte, su actitud se resumía en la frase «o ellos o nosotros», actitud que se amoldaba perfectamente a las posiciones de la política sectarista. Además, gozaba de amplio respaldo popular en Inglaterra después de que el IRA desencadenase una oleada de atrocidades contra personas inocentes. Incluso su propio rencor personal ejercería de combustible después de la muerte, el 30 de marzo de 1979, de Airey Neave, quien había sido uno de sus colaboradores más cercanos.

Treinta y cuatro días después de ser elegida primera ministra, Neave, quien por entonces era el secretario de Estado en la sombra de Thatcher para Irlanda del Norte, era asesinado por un coche bomba cuando abandonaba la Cámara de los Comunes. Tanto el INLA como el IRA reivindicaron la responsabilidad del atentado. Al final quedó esclarecido que la autoría del atentado se debía a agentes del INLA, justificándose la organización en las «furibundas declaraciones militaristas a favor de una mayor represión contra el pueblo irlandés» que Neave había realizado. Por su parte, Thatcher describió a Neave como «un guerrero de la libertad. Valiente, devoto, auténtico. Vivió por sus creencias, y ahora ha muerto por ellas». También había liderado la campaña de Thatcher para convertirse en la lideresa del Partido Conservador, además de dirigir su oficina privada. Su asesinato convirtió todo el conflicto norirlandés, así como la guerra contra las milicias republicanas, en un asunto personal para Thatcher.

Para ella no tenían cabida la historia, ni las persecuciones que los católicos habían sufrido, ni tampoco que hubiera legitimidad alguna en sus peticiones, ni que existiera injusticia alguna en Irlanda del Norte. No había lugar para matices ni sutilezas, para el perdón ni la reconciliación. Para Thatcher solo había certezas, certezas en blanco y negro. Los británicos eran los buenos; los terroristas irlandeses, el mal. No había argumentación política alguna que debatir: solo había terrorismo, un terrorismo que había que aplastar.

Los prisioneros republicanos en el Maze decidieron ver hasta dónde llegaba la obstinación de Thatcher. Si no se escuchaban sus persistentes demandas, estaban dispuestos a morir.

Durante cientos de años la huelga de hambre había sido parte de la historia irlandesa, sirviendo como arma de protesta contra los abusos del poder. En 1917 los prisioneros de la Prisión Mountjoy de Dublín recuperaron la huelga de hambre. A la estela del Alzamiento de Pascua, llevado a cabo el año anterior, los prisioneros irlandeses se negaron a comer después de haber sido apaleados por quitarse los uniformes de la prisión y negarse a realizar trabajo alguno en su presidio. Thomas Ashe, su líder, acabaría muriendo y treinta mil personas asistieron a su funeral.

En 1920 Terence MacSwiney, el alcalde de Cork y oficial al mando del IRA comenzó una huelga de hambre contra la intervención británica en la política irlandesa. MacSwiney describiría la huelga de hambre de una manera poética, en un intento de revolver a las masas: «Sea la más valiente de las pruebas, la más noble y la que ofrecerá la más cierta y mayor de las victorias».

MacSwiney y dos de sus colegas se dejaron morir de hambre. MacSwiney agonizó durante setenta y cuatro días, mientras que Joseph Murphy sobrevivió otros dos días, marcando con ello el ayuno más largo de la historia. Aquello produjo un torrente de republicanismo, encendido por las palabras de MacSwiney: «La lucha de nuestra causa no nace de la rivalidad o la venganza, sino de la resistencia. No serán quienes más daño puedan causar, sino aquellos que más sean capaces de sufrir, quienes vencerán».

En junio de 1972 Billy McKee encabezó una huelga de hambre de cuarenta prisioneros del IRA; duraría treinta y siete días. El

Gobierno británico garantizó el estatus de «prisionero de guerra» a los reclusos republicanos como parte de un alto el fuego temporal. Entre 1974 y 1976 hubo nuevas huelgas de hambre. Algunas fueron interrumpidas después de que los reclusos fueran forzados a alimentarse, mientras que Seán Mac Stíofáin, antiguo jefe de Estado Mayor del IRA, abandonó su huelga tras cincuenta y siete días. Su influencia dentro del IRA declinó y acabó siendo apartado.

La huelga de hambre acabó convertida en un campo de batalla para el movimiento republicano. Los prisioneros la consideraban una poderosa arma con la que, a menudo, forzaban a las autoridades a otorgar concesiones. El altruismo y el sufrimiento parecían tener más en común con la Biblia que con el sonido de un rifle Armalite o de una bomba de Semtex. Era un intento explícito de legitimar el carácter sagrado de la violencia en que quedaba enmarcada esa huelga de hambre.

Pero para los líderes republicanos, una huelga de hambre fallida acarrearía consecuencias desastrosas. Mostraría debilidad en la organización, ridiculizándola. Y lo que suponía un daño todavía mayor: la ausencia de una victoria afectaría la moral del movimiento republicano.

Pero dentro de Maze la certeza era total. Brendan Hughes, un carismático comandante del IRA que estaba en las jaulas y los bloques H de Maze, recibía el apodo de *Dorcha*, el Negro, por su tono cetrino de piel. El Negro se mostraba decidido en sus comunicaciones clandestinas con la dirección de fuera de la cárcel. Las condiciones en la prisión se habían vuelto del todo intolerables, y cuatro años de protestas con mantas y mierda no habían conseguido cambio alguno. Era necesaria una acción drástica.

El IRA quería centrarse en una campaña de terror, confiados en que la lucha armada era la única manera de obligar a Gran Bretaña a renunciar al control de los asuntos irlandeses. Si se conseguía la victoria en esa guerra, los presos serían liberados. Una huelga de hambre, con la cuidadosa atención que requería en términos de publicidad, consumiría demasiados recursos y distraería la atención.

Pero el Negro se mostró inflexible. En el interior de Maze había más líderes del IRA que fuera, y estos debían actuar en nombre de los prisioneros normales. Hughes sería quien liderara la huelga de hambre. Bobby Sands, su oficial delegado en Maze, planeaba unirse a la huelga, pero le convencieron de que continuara comiendo para reemplazar a Hughes en las tareas de dirección mientras se desarrollara la huelga.

Hughes convenció al Consejo Armado del IRA de que apoyaran una huelga de hambre conjunta de siete hombres para forzar cambios en la prisión. Seis miembros del IRA —Hughes, Raymond McCartney, Tommy McKearney, Sean McKenna, Leon Green y Tom McFeely—, además de John Nixon del INLA, comenzaron su huelga de hambre en la prisión de Maze el 27 de octubre de 1980.

Tal y como había predicho el Negro, la acción obligó al Gobierno británico a iniciar negociaciones secretas con el IRA. La postura pública de Thatcher insistía en que «no negociaremos con terroristas»; pero en privado se ignoraba dicha postura, puesto que oficiales del Ministerio de Asuntos Exteriores y del Consejo Armado del IRA se valían de un hombre de negocios católico apodado el Escalador para negociar la manera de alcanzar un acuerdo. El 1 de diciembre aumentó la presión sobre el Gobierno cuando, en la prisión femenina de Armagh, otras tres prisioneras anunciaron su decisión de unirse a la huelga de hambre. Se creía de verdad que se estaban logrando progresos, pero los huelguistas se vieron debilitados por la decisión de los siete hombres del Maze de comenzar su huelga de manera simultánea. En cuanto uno de ellos diera la más mínima muestra de flaqueza, todos se verían mermados. Solo podían ser tan fuertes como el más débil de los eslabones de aquella cadena. Habría sido más efectivo realizar una huelga escalonada, puesto que todos los huelguistas alcanzarían el punto de mayor inanición en momentos diferentes.

Cuando Sean McKenna cayó gravemente enfermo en la octava semana la resolución de los huelguistas sufrió una sacudida. Las negociaciones se volvieron más febriles después de que McKenna fuera llevado al Royal Victoria Hospital. Sabedor de que el destino de McKenna estaba en sus manos, Hughes se aferró a la esperanza de que, según le habían comunicado el día antes, el Ministerio de

Exteriores había accedido a enviar un documento con una serie de concesiones de gran calado.

McKenna estaba al borde de la muerte, por lo que el Negro decidió detener la huelga. Entre Bobby Sands y el resto de los prisioneros se extendió la euforia inicial. Para ellos era un alivio saber que sus compañeros no morirían, y que con su tremendo sacrificio habían conseguido un gran cambio.

Pero cuando llegó la documentación enviada por Londres la decepción fue mayúscula, pues no anunciaba grandes cambios en la situación de los prisioneros. Parecía que los británicos se hubieran retractado de sus promesas. En aquella partida de póker a muerte los primeros en pestañear habían sido los republicanos: se habían retirado y habían perdido.

Sands estaba tan furioso que quiso comenzar una nueva huelga de hambre, de la que él mismo sería la cabeza visible. Era consciente de que la única manera de vencer a los británicos era elevar la apuesta todavía más, con más hombres que murieran uno detrás de otro. Sands fue persuadido de que lo mejor era esperar y darles a los prisioneros la oportunidad de organizarse, pero la decisión estaba tomada.

El 4 de diciembre de 1981 los presos republicanos del Maze realizaron un anuncio formal. Dado que el Gobierno británico había faltado a su compromiso de realizar concesión significativa alguna, una segunda huelga de hambre daría comienzo el 1 de marzo, coincidiendo con el quinto aniversario de la fecha en la que los prisioneros republicanos perdieron su estatus de presos de categoría especial como prisioneros políticos. Margaret Thatcher se mostró inflexible. «No existe nada llamado asesinato político, atentado político ni violencia política», dijo. «Solo existe el asesinato criminal, el atentado criminal y la violencia criminal. No vamos a ceder. Un crimen es un crimen y nada más que un crimen. No es político. No hay motivo por el que conceder un estatus político».

El Sinn Fein, el brazo político del IRA, confirmó que los prisioneros mantendrían la huelga de hambre de manera escalonada. El domingo 1 de marzo Bobby Sands sería el primero en dejar de comer. No flaquearía hasta que se les reconociera el estatus político a todos los prisioneros republicanos.

Justo antes de comenzar su solitario descenso a la inanición Sands pidió que llamaran al capellán de Maze, Denis Faul. El sacerdote intentó que Sands reconsiderase su postura, diciéndole que aquella huelga desencadenaría miserias y violencia nunca vistas. Sands negó con la cabeza. Amaba la poesía y admiraba el sentimiento poético que rezumaban algunos pasajes de la Biblia. Estos fueron los versículos que repitió: «No hay amor más grande que dar la vida por los amigos».

Faul sabía que estas palabras provenían de Juan, capítulo 15, versículo 13. «Bobby, no quiero molestarte más», dijo. «Queda claro que tu conciencia está tranquila".

El sacerdote comprendió que el joven, quien apenas ocho días después de iniciar su huelga de hambre cumpliría los veintisiete años, estaba preparado para morir.

Barry McGuigan quedaba con Eddie Shaw cada mañana en el club National Foresters, al noroeste de Belfast. El pub católico de la calle Stanley estaba a menos de quinientos metros del club de Boxeo de la Inmaculada, escondido en Ardmoulin Place. Cerca del muro que separaba Falls Road de Shankill Road, el gimnasio de la Inmaculada quedaba empequeñecido ante la gigantesca sombra de la torre Divis. La torre se elevaba sobre el maltrecho corazón del complejo de pisos de Divis Flats, alcanzando una altura de sesenta metros en el cielo de Belfast. Había sido construida en 1966, siguiendo los preceptos de la arquitectura brutalista y siendo bautizado igual que la montaña Divis, en el cercano condado de Antrim.

El interior del edificio de veinte plantas albergaba ochocientos cincuenta pisos, dando cobijo a dos mil cuatrocientos residentes. Alrededor de la torre había otros doce bloques de pisos más pequeños, cada uno de ocho plantas, dominando una vista mancillada por alambradas de espino, eslóganes del IRA, coches calcinados y pandillas de chavales escuálidos. Las paredes de los pisos que ondeaban las banderas negras del IRA lucían otro nombre: «Bobby Sands. Héroe. Salvador».

Las huelgas de hambre comenzaron justo a la vez que los entrenamientos de Barry McGuigan de cara a su debut profesional. Toda esperanza de que su primer combate se celebrara en Belfast quedó descartada. La ciudad era un polvorín. Para escapar a cualquier tipo de suspicacia Barney Eastwood programó el debut de Barry en una velada en la que también pelearía Charlie Nash, en Dublín el 10 de mayo. Tenía dos meses por delante para entrenar junto a Shaw, a quien Eastwood había contratado para entrenarlo. No era mal entrenador, pero no era alguien del mismo calibre que Gerry Storey. Era competente y obediente, por lo que no había fricciones entre el promotor, el entrenador y el púgil. Bastante rodeados de conflictos y hostilidades estaban ya.

El complejo de Divis Flats tenía una reputación pésima. Su problemática presencia se veía acentuada por el hecho de que el ejército británico se hubiera adueñado de las dos plantas altas de la torre. Como no podían entrar ni salir con facilidad de Divis Flats el ejército utilizaba el tejado de la torre como punto de observación y pista de aterrizaje para sus helicópteros. Las otras dieciocho plantas y el resto de los bloques albergaban una comunidad de vecinos posicionada abiertamente a favor del IRA.

Barry le temía menos a los paramilitares que a los chicos que presenciaban sus zigzagueos junto a Eddie, casi todas las mañanas desde el Foresters a la Inmaculada. Durante la primera semana Barry aprendió que caminar en línea recta suponía todo un peligro, dado que los chavales consideraban a todos los peatones divertidos objetivos contra los que dirigir sus peligrosos proyectiles. Arrojaban todo tipo de objetos pesados desde los pisos superiores, con el objetivo de alcanzar a cualquier alma errante que pasara caminando.

Al comienzo de las huelgas de hambre, mientras la tensión escalaba por el resto de Belfast, Divis Flats se convirtió en un auténtico reino del caos. Los chavales se descontrolaron de tal manera que les daba igual arrojar sus proyectiles desde el octavo o el decimoctavo piso. Por encima, los helicópteros y soldados del ejército británico los contemplaban, a la espera, cosa que a los chavales les traía sin cuidado. Gritaban de júbilo cada vez que estaban cerca de aplastar al que pasara por debajo. Barry se estremeció al ver cómo se hacía añicos sobre el suelo de cemento, a apenas unos metros del lugar por el que Eddie y él huían en zigzag, el asiento de madera de un taburete o silla que, de alcanzarles, les habría destrozado la cabeza.

Era consciente de que parecían un dúo cómico: un pálido y pequeño peso plumo luciendo un incipiente bigote y su entrenador, cuya barriga cervecera lo hacía tambalearse y respirar a duras penas. Barry y Eddie cambiaban de rumbo una y otra vez, siempre a punto de tropezar el uno con el otro, mirando al cielo por si se les venía encima algún nuevo proyectil que pudiera alcanzarlos. Cuando los chavales decidieron arrojarles un frigorífico desde lo alto de uno de los pisos la cosa se puso muy seria. Barry tuvo que tirar de Eddie para ponerlo a salvo en el momento en el que el frigorífico impactaba contra el suelo, muy cerca del sitio en el que se habían escondido.

Pero había días en los que Barry y Eddie se sorprendían ante la calma absoluta que reinaba en Divis Flats. Aquella quietud acababa con los nervios del más pintado. Al día siguiente todo continuaba igual hasta que, salidos quién sabe de dónde, los chavales reaparecían gritando y arrojándoles nuevos proyectiles.

Barry no tardó en acostumbrarse a la caprichosa impuntualidad de Eddie. Había días en los que podía tirarse quince minutos esperando a Eddie antes de que Ned McCormick, quien también entrenaba a otros púgiles en la Inmaculada, fuera a por él. Ned se habría enterado de que Eddie llegaba tarde, por lo que se acercaba al Foresters para encontrarse con Barry.

Ni tan siquiera una persona como Ned, figura respetada en la comunidad y alguien muy metido en la política republicana, gozaba de inmunidad ante aquella casa de locos. No dejaba de ser un objetivo más para los endemoniados chicos de Divis Flats. Escasas semanas después de que aquel frigorífico estuviera a punto de alcanzarles a Eddie y a él, Barry quedó atónito ante un ataque todavía más surrealista. Ned y él corrían en zigzag por los cien metros más peligrosos de los bloques de pisos cuando un proyectil los rozó.

«¿Qué cojones ha sido eso?», gritó Ned.

Barry se quedó mirando mientras, ante la atronadora exaltación de los chicos de Divis Flats Ned giraba con su pie un trozo de carne con hueso reventado contra el pavimento. Era la pata trasera de una vaca.

Ned y Barry esprintaron hacia el gimnasio, poniéndose a salvo. «No me puedo creer esta puta locura», dijo Ned. «Han estado a punto de partirnos el cuello con una pata de vaca».

«¿Pero cómo han conseguido subir una pata de vaca hasta ahí arriba?», le preguntó Barry.

«Chavalín, aquí es posible cualquier cosa», respondió Ned.

El gimnasio de la Inmaculada estaba en el sótano. Era un bloque cúbico de cemento, de carácter inhóspito y anegado del hedor por la sudoración que provoca el boxeo. A Barry le encantaba su autenticidad. En su opinión, todo gimnasio de boxeo debía ser así. En un rincón había un enorme cuadrilátero azul, los sacos colgaban del techo, en las paredes la pintura se descascarillaba y, pese a que siempre hacía un frío que pelaba, las viejas columnas no tardaban en humedecerse, como si sudaran tal cual lo hacían los púgiles.

Un pasillo que daba a los Divis Flats atravesaba el gimnasio. Cuando la puerta del gimnasio estaba abierta podían ver los coches acercándose a toda velocidad hacia el área de las torres, que era territorio vetado a los de fuera. Algunos de los chavales iban al centro de la ciudad y allí robaban coches. Eran unos maestros en abrirlos y ponerlos en marcha haciendo el puente o, más simple, metiendo un destornillador en el contacto y girándolo hasta que el motor cobraba vida. Los chicos sabían que no tendrían mucho tiempo para divertirse con los coches antes de que la policía se fijara en ellos. Por eso cruzaban a toda velocidad por el callejón que había junto al gimnasio y tiraban de freno de mano para hacer un giro de ciento ochenta grados y regresar en dirección contraria.

Realizando uno de esos giros, un conductor perdió el control de su carrera y el coche se estampó contra la puerta de entrada del Inmaculada. Francie McCullagh se encontraba dándole golpes a la pera cuando el coche se estrelló contra el gimnasio. Se enfureció de tal manera que comenzó a gritarle al conductor y a su acompañante «¡malditos pequeñajos hijos de puta!». Francie era más veterano y, al ser un peso pesado ligero, era mucho más grande que Barry, quien había escuchado que Francie había estado a la sombra. Se rumoreaba que su padre y él tenían conexiones con el IRA, pero Barry nunca hizo preguntas al respecto. Le bastaba con saber que, en los viajes internacionales con la selección de Irlanda, Francie era uno de los compañeros más divertidos. Pero tenía muy malas pulgas y aquella tarde saltó a apalear a los niñatos del coche.

«¡Francie, Francie!», le gritó Ned. «Déjalos».

Ned era consciente de que aquellos chavales venían de familias repletas de fanáticos paramilitares. Enfrentarse a ellos sería todo un error. Ned saltó sobre el capó y rodeó con sus brazos al furioso boxeador, mientras los chavales desaparecían de allí. Barry se apoyó en el saco que había estado golpeando mientras contemplaba los intentos de Ned por calmar a Francie. Dos policías con armas automáticas aparecieron por la destrozada puerta y miraron al interior con semblante inquisitivo.

«Todo bien, amigos», dijo Eddie Shaw saludando de manera despreocupada. «Un día más en esta jaula de grillos».

Los policías se encogieron de hombros y desaparecieron. Barry McGuigan, a apenas unas semanas de su debut como profesional, regresó al trabajo. Le lanzaba *jabs*, ganchos y *uppercuts* al bamboleante saco, como si la soledad del boxeo le ofreciera un remanso de paz entre tanta locura.

★

El domingo 1 de marzo de 1981 un presentador del telediario de la BBC le confirmaba la noticia a todo el mundo más allá de Belfast. «Un prisionero republicano en la prisión Maze ha rechazado la comida que le ha sido ofrecida esta mañana, anunciando que no consumiría alimentos, aunque aquello le supusiera la muerte, hasta conseguir el estatus de prisionero político. Bobby Sands, de veintiséis años y que cumple una condena de catorce años de prisión por crímenes con arma de fuego sugirió que otros prisioneros también se unirían a su huelga de hambre la próxima semana».

Sands hizo una declaración más personal en su celda del bloque H3 de la prisión Maze. Dando comienzo a un diario de su huelga de hambre, cosa que hacía a petición del IRA, Sands escribió su primera línea en el pliego de un rollo de papel que sería sacado a escondidas de su celda. «Estoy ante el umbral de un nuevo y estremecedor mundo. Que Dios se apiade de mi alma».

Los primeros días transcurrieron de manera pacífica. Los guardas de la prisión llevaron raciones extra de comida a la celda de Sands en cada una de las horas de comida, y durante la primera semana se aseguraron de que Sands oliera su plato favorito en la prisión: el estofado irlandés. Sands no tuvo problema en resistir y disfrutaba de la lectura de periódicos, libros y poesía. También se sintió reconfortado durante el noveno día de su huelga de hambre, el lunes 9 de marzo, que era el día de su vigesimoséptimo cumpleaños. Comenzó a escuchar los gritos de ánimo que pasaban de una celda a otra en los bloques H. Todo el mundo pudo escuchar que Sands estaba bien y que su peso continuaba en unos relativamente sanos sesenta kilos.

«Y otra cosa», gritó una voz desde el ala D. Hubo una pausa antes de que el hombre hambriento pudiera escuchar a todos los prisioneros gritar en irlandés: «¡Feliz cumpleaños, Bobby!».

Gerry Adams y Bernadette McAliskey (Devlin, de soltera) preparaban una jugada propagandística que le daría a los presos inmersos en sus huelgas de hambre una notoriedad inmensa. El 5 de marzo Frank Maguire, el republicano irlandés independiente, parlamentario por Fermanagh y Tyrone, había muerto de un ataque al corazón. En un principio se pensó en McAliskey para ocupar ese puesto para las elecciones; pero a sugerencia de Adams, la propia McAliskey convino en que sería mucho más efectivo para la causa republicana que Bobby Sands fuera nombrado candidato.

Antes de ello, otros dos prisioneros del IRA se habían unido a la huelga de hambre. La primera ocasión en la que Francis Hughes rechazó la comida fue el 15 de marzo, justo dos semanas después de que Sands comenzara su ayuno. El siguiente domingo, 22 de marzo, Raymond McCreesh también dejó de comer. Otros siete hombres estaban listos para ocupar su lugar junto al primer trío de huelguistas.

Las noticias de lo que ocurría en Maze copaban los boletines de radio y televisión y los titulares de los periódicos de todo el mundo, sobre todo después de que, el 26 de marzo, el Sinn Fein anunciara que Bobby Sands se presentaría como candidato al parlamento británico en Fermanagh y Tyrone. Después de que Noel Maguire, el otro candidato nacionalista, decidiera dar un paso a un lado Sands se vería envuelto en una batalla electoral directa con el representante del Partido Unionista del Úlster, Harry West, quien había liderado la huelga general de mayo de 1974 contra el acuerdo para el reparto de poder firmado entre unionistas y nacionalistas.

En su aturdido ensimismamiento, mientras el mundo se alejaba poco a poco de él a la vez que su nombre resonaba por todos los rincones del planeta, Sands se sumergió en sus recuerdos para apuntalar su resolución. Podía recordar sus primeros días, creciendo en el barrio de Rathcoole, en el norte de Belfast, un lugar de mayoría protestante. John, su padre, trabajaba en Correos mientras que su madre, Rosaleen, cuidaba de ellos con la misma tranquilidad que caracterizaba a su marido. Eran buenas personas que se mantenían lejos de la política. Pero los Troubles se cruzaron en su camino. Cuando Bobby tenía diecisiete años su familia fue otra de las mil familias católicas que tuvieron que abandonar Rathcoole después de una campaña de intimidación unionista.

La familia se mudó a la parte occidental del Belfast, donde siguieron siendo puestos a prueba. La UDA marchaba por su calle por las noches, aprovechando que los protestantes sobrepasaban en una proporción de uno a seis a los católicos en aquella calle, mientras que los Sands se agazapaban en la oscuridad. Bobby y su hermana Marcella se sentaban en lo alto de las escaleras, esperando. Bobby blandía un cuchillo de cocina, por si alguien se atrevía a entrar en su casa.

Recibió cortes en un brazo a manos de dos unionistas que lo pararon con la excusa de pedirle fuego, antes de soltarle el tajo.

Bobby era un buen corredor de *cross* y confiaba en su velocidad y resistencia para escapar de las pandillas locales. Pero grandes grupos seguían reuniéndose en su puerta mientras les gritaban «¡Fuera los Taigs!». Después de que arrojaran un cubo de basura por la ventana de su salón supieron que había llegado el momento de mudarse de nuevo.

Encontraron refugio en una propiedad católica, Twinbrook, y poco después Bobby se convirtió en miembro activo del IRA. Apenas tenía diecinueve años y trabajaba como aprendiz de carrocero cuando fue encarcelado por primera vez en 1973. Bobby fue internado en la misma celda de Maze que ocupaba Gerry Adams, quien por entonces tenía veinticuatro años y era uno de los líderes republicanos emergentes.

Los traumas de su juventud habían convertido a Sands en un rebelde implacable. Leyó al Ché Guevara, Frantz Fanon, Camilo Torres y Amilcar Cabral, alimentando así su politización. Pero Sands también tenía un lado más delicado: le encantaba leer y escribir poesía, además de tocar la guitarra, el banjo y el bodhrán. Al despertar de sus sueños inconexos, hambriento en Maze, a menudo hablaba de que durante sus sueños había corrido, cantado o escrito, como si quisiera escapar al peso de su lugar en la historia.

Continuó escribiendo mensajes para sus camaradas a hurtadillas. Bobby firmaba las cartas con el nombre de su hermana Marcella. En una nota que escribió el 2 de abril dirigida a Adams, en la que lo llamaba *Brownie*, escribió «te he visto en la tele, pedazo de feo grandullón; no has cambiado nada. No me hago esperanzas para el futuro. Me temo que me he resignado a lo peor, pero al menos me aseguro de que le daré a mi familia algo de esperanza. He estado leyendo poesía, además de los periódicos y de escuchar todo tipo de música tradicional que pongan en la radio, aparte de aguantar: así que, por una vez me lo estoy tomando con calma (¡menuda excusa! ¿te estoy poniendo celoso?). Cuida de ese pedazo de tiarrón que eres y *Beannacht De ort* (que Dios te bendiga), camarada. Marcella xxxxxxx».

Sands fue debilitándose de manera progresiva. Durante el primer mes de ayuno perdió once kilos y medio. Bebía alrededor de seis pintas de agua al día, que contenían pastillas de sales, pero incluso beber se le había convertido en un acto repulsivo y ya no añoraba el sabor del suave pan integral cubierto de mantequilla, o probar un pedacito de queso; ni tan siquiera una cucharadita de miel. Lo sacaron de su celda y fue conducido al hospital de la prisión, donde pasaba la mayor parte de los días tumbado en la cama, mientras en Fermanagh y Tyrone los republicanos, tanto del norte como del sur, se afanaban en la campaña a favor del candidato moribundo.

Los votantes unionistas en la circunscripción estaban decididos a parar a Sands y su «voto por la violencia del IRA», y no pasaba ni una hora antes de que arrancaran cualquier póster que se hubiera pegado en las paredes y las vallas. La campaña fue feroz y malencarada, y el día de la votación, el 9 de abril, el recuento fue muy ajustado. West logró 29 046 votos. Después de una pausa dramática, el presidente de la mesa del Instituto de Secundaria de Fermanagh en Enniskillen confirmó los votos logrados por su rival: «Sands, Bobby, Anti-Bloque-H-Armagh, prisionero político... 30 492».

Bobby Sands había sido elegido miembro del parlamento britanico por 1446 votos.

El impacto positivo de la huelga de hambre tuvo un enorme calado. Ya no era un miembro del IRA el que la lideraba; ahora era Bobby Sands, parlamentario, el que lideraba la huelga de hambre. Básicamente, el electorado había descriminalizado a Sands, consagrando su estatus como preso político.

Thatcher y su Gobierno estaban furiosos y se decidieron, todavía más si cabía, a no ceder ante la presión pública. Bernard Ingham, el secretario de prensa de la primera ministra, mostró un tono belicoso y cáustico. «Si el señor Sands se niega a comer, el señor Sands tampoco será miembro del parlamento durante demasiado tiempo», se burló, «asumiendo que tenga el valor de continuar con su huelga».

En su cama del hospital, el nuevo parlamentario aparecía con el rostro demacrado, con la piel estirada sobre un cráneo huesudo, mientras que su cuerpo se consumía tanto por dentro como por fuera. No pasó mucho tiempo antes de que en el hospital se le uniera otro de los huelguistas, Francis Hughes. El 15 de abril Patsy O'Hara, quien sentía un terrible dolor cada vez que tocaba su hundido estómago, además de Raymond McCreesh fueron sacados de Maze. Los prisioneros republicanos cantaban sus nombres y golpeaban las puertas de sus celdas como muestra de aprecio al valor que reconocían en los vacíos rostros de los dos hombres. La muerte no tardaría en llegar y los siguientes huelguistas, liderados por Joe McDonnell, se prepararon para su propio deceso.

Bobby Sands era más popular de lo que jamás lo había sido. Importantes figuras, desde el Papa a Charles Haughey, primer ministro irlandés, hicieron llamamientos al Gobierno británico para que alcanzaran un compromiso que pusiera fin a la huelga de hambre antes de que Sands falleciera. El 25 de abril miembros de la Comisión Europea para los Derechos Humanos, incluido su presidente, el danés Carl Aage Norgaard, viajaron hasta Belfast para visitar a Sands y realizar así una queja formal ante el gobierno británico por el tratamiento que le estaban dando. Pero Sands insistió, a través de su abogado, en que tan solo los recibiría si los acompañaban Gerry Adams y Danny Morrison, del Sinn Fein.

Un compañero preso en Maze, *Bik* McFarlane, quien dirigía la huelga de hambre, acudió a visitar a Sands. Su amigo apenas estaba en condiciones de hablar, pero dejó bien claro que quería que los acompañaran Adams y Morrison. El Gobierno británico se negó y, tras ocho horas fútiles, la delegación europea se rindió. Se escurrieron por una salida lateral eludiendo la manifestación liderada por Ian Paisley y doscientos de sus seguidores unionistas.

A finales de abril el secretario del papa, el padre Magee, viajó a Belfast desde el Vaticano y visitó a Sands en tres ocasiones. También visitó a Humphrey Atkins, el secretario de Estado del Gobierno británico para Irlanda del Norte. Sands se negó a abandonar su huelga de hambre y Atkins se mostró intransigente: Westminster no haría concesiones. A Sands se le fue haciendo cada vez más complicado beber. Sentía arcadas y su famélico cuerpo se estremecía ante la mera idea de tragar ni tan siquiera un sorbo de agua. Tenía la piel tan fina y apergaminada que hubo de ser tumbado en una cama de agua para aliviarle el dolor. Daba la sensación de que sus huesos pudieran romperse y perforar el colchón en cualquier momento.

El papa hizo un llamamiento universal a la oración para «rezar por nuestros hermanos tanto católicos como no católicos en el Norte de Irlanda, en estos tiempos de graves tensiones».

El padre Magee intentó una vez más que los prisioneros renunciaran a alguna de sus cinco peticiones y permitir, con ello, que Charles Haughey tuviera algo que llevarle a Margaret Thatcher. Su petición fue denegada.

Mientras tanto, el fin llegó para Bobby Sands. En el septuagésimo tercer día de su ayuno Sands recibió la visita en el hospital de Jim Gibney, un oficial superior del Sinn Fein. Sands llevaba al cuello el crucifijo que el padre Magee le había entregado de parte del Papa.

«¿Cómo te encuentras?». le preguntó Gibney.

«¿Jim?», preguntó Sands con una voz que era apenas un seco susurro. «Eres tú?».

«Sí, Bobby, soy yo», le respondió Gibney mientras asía la mano esquelética de Sands.

«Me he quedado ciego», susurró Sands de nuevo. «Diles a los chicos que mantengan la cabeza alta».

Aquel mismo día, unas horas después, Gibney visitó de nuevo a Sands. Sands logró preguntar si los británicos habían mostrado algún cambio de actitud. Cuando escuchó la monosilábica respuesta, «no», suspiró y murmuró: «entonces ya está. Cuidad de mi madre».

Un día después, el domingo 3 de mayo de 1981, Sands entró en coma. Cuarenta horas después, a las 1:17 del martes 5 de mayo, rodeado de sus padres, su hermano Sean y su hermana Marcella, Bobby Sands fallecía. El Ministerio del Gobierno británico para Irlanda del Norte emitió un breve comunicado una hora más tarde. «El prisionero se quitó la vida por voluntad propia al negarse a recibir comida e intervención médica durante sesenta y seis días”.

Periódicos, emisoras de radio y canales de televisión del mundo entero, desde Estados Unidos a la India o Francia y la Unión

Soviética, transmitieron las palabras de sus líderes expresando sus condolencias por la pérdida de una nueva vida en Irlanda del Norte. Sands era la muerte número dos mil trescientas ocho desde que empezaran los Troubles.

La parte occidental de Belfast ardía por las barricadas prendidas por los cócteles molotov arrojados sobre los soldados británicos. La llamada a las armas, a los disturbios a gran escala, comenzó justo antes de las 2:00. Cientos de mujeres habían abandonado sus casas y tomado las calles. Armadas con las tapaderas metálicas de los cubos de basura comenzaron a golpear el pavimento en muestra de desolación y furia. El terrible golpeteo de las tapas de metal servía de aviso durante el internamiento. Diez años después resonaba con un mensaje diferente y mucho más ominoso. De una a otra calle, de una a otra casa, el repetido sonido se elevó en la noche. Los republicanos de toda Belfast comprendieron lo que significaba el ruido de aquellas tapaderas metálicas en mitad de la noche.

Bobby Sands ha muerto. Tomad las armas. Bobby Sands ha muerto.

Treinta y seis horas más tarde, después de que su esquelético cuerpo fuera devuelto a casa, a Twinbrook, en la parte occidental de Belfast, Bobby Sands era conducido desde la Capilla de San Lucas, justo después de las 14:00 del miércoles 6 de mayo. El cortejo fúnebre, flanqueado por hombres del IRA vestidos con uniforme de combate y pasamontañas, avanzó con lentitud a lo largo de los seis kilómetros que los separaban del cementerio, mientras cerca de cien mil personas lloraban a ambos lados de las calles. La gente no ocultaba sus lágrimas mientras un gaitero hacía sonar «La canción del Bloque H».

No vestiré el uniforme del convicto,
ni cumpliré con sumisión mi condena
Y que Gran Bretaña tache de crimen vulgar
ocho siglos de lucha irlandesa

En el interior del cementerio el ataúd de Sands fue sacado del coche fúnebre. Un trío de militares del IRA disparó tres salvas sobre el ataúd. Gerry Adams se encargó de la ceremonia, mientras que Owen Carron, el director electoral de Sands y persona que lo reemplazaría como parlamentario por Fermanagh y Tyrone, pronunció la oración fúnebre.

«Trataron de que Bobby Sands cediese", dijo Carron mientras su voz emergía de un megáfono. «Intentaron que sus seguidores cediesen. Pero fallaron. Por todo el globo, el Gobierno británico humilló a Bobby Sands. Con la muerte de Bobby Sands han plantado la semilla de su propia destrucción».

«Bobby se ha unido al resto de patriotas irlandeses muertos. Será recordado por los amantes de la libertad de todo el mundo como un luchador por la libertad, y como un preso político que dejó de comer en busca de justicia. No tengo ninguna duda de que el nombre de Bobby Sands marcará un punto de inflexión en la historia de Irlanda, además de un punto de inflexión en la lucha por la libertad irlandesa».

Pero lo cierto era que otro hombre joven había muerto. Para la destrozada familia Sands, junto a aquella tumba, los puntos de inflexión históricos o políticos no tenían significado alguno. Gerard, el hijo de Bobby, de siete años, fue uno de los que arrojó tierra sobre el ataúd hasta cubrirlo.

Capítulo 11

UNA BODA Y UN FUNERAL

Dalymount Park, Dublín, domingo 10 de mayo de 1981

Charlie Nash cumplió treinta años el "día del juicio final". Dublín estaba fría y lluviosa y, ante la gravedad de la huelga de hambre, no hubo bienvenida de cumpleaños para el campeón europeo de los ligeros. El funeral de Bobby Sands resultó la muestra de dolor más multitudinaria y triste para el republicanismo desde los enterramientos del Domingo Sangriento en Derry. Los recuerdos de Willie y aquel horroroso día habían vuelto a aflorar.

Dublín ofrecía poca oportunidad de escape. La capital de Irlanda también sentía las sacudidas por la crisis del penal Maze. El 8 de mayo un quinto miembro del IRA, Joe McDonell, se unió a la huelga de hambre, como si fuera necesario probar que la determinación de los presos seguía indemne. Incluso antes de la muerte de Sands se habían producido disturbios en Dublín, causados por jóvenes que mostraban simpatías para con la causa republicana y mostraban su rechazo al Gobierno de Thatcher. Una velada pugilística, por mucho que se tratara de la defensa de Nash de su título europeo y el debut como profesional de un muy publicitado Barry McGuigan, apenas contaba con posibilidades de traspasar la opresiva cortina.

Charlie estaba lleno de preocupaciones. No se sentía en plena forma ni con las garantías suficientes ante Giuseppe Gibilisco, quien contaba con diecinueve victorias en veintisiete combates.

No pudo entrenar en condiciones por culpa de un esguince que se produjo una tarde mientras corría. Charlie se salió de la acera porque, con todo el lío generado por el asunto de Bobby Sands, las calles de Derry estaban muy poco iluminadas. Metió el pie en un agujero en el que en algún momento hubo una farola, cayendo al suelo.

Durante las pocas semanas previas al combate tuvieron que aplicarle un fuerte vendaje en el pie, que había sufrido un esguince severo, y Charlie tan solo pudo realizar entrenamientos muy limitados. Pero no estaba dispuesto a cancelar el combate, convencido como estaba de poder con Gibilisco incluso con una única pierna en buenas condiciones. El italiano empezó a boxear en Australia, donde lo llamaban Joey en lugar de Giuseppe, regresando a Europa en 1978. Charlie era consciente de que contaba con una cruda pegada, y de que jamás había combatido a un nivel tan alto. Le habían prometido que si retenía su título europeo pelearía de nuevo por el título mundial, contra Sean O'Grady.

«Te irá bien», le prometió Mickey Duff, su promotor.

Barry McGuigan se sentía bien ante su propio combate. Estaba seguro de hacerlo bien ante Selvin Bell, un peso pluma temporero procedente de Manchester. Bell presentaba un modesto historial —dieciséis victorias y cuarenta y dos derrotas— por lo que durante la semana previa a la pelea Barry sintió más excitación que nervios, y ni tan siquiera la desolación provocada por la huelga de hambre mermó su entusiasmo.

Solo cuando llegó al vestuario comenzaron las dudas. Había sido un día de perros, lloviendo hasta que cayó la noche en el Dalymount Park un estadio de fútbol al norte de Dublín. Barry creía que el suyo sería el primer combate de la velada, por lo que quince minutos antes del comienzo ató unas bolsas de plástico alrededor de sus botas. Quería mantener secos los pies mientras atravesaba el enfangado campo que conducía al cuadrilátero. Presentaba un cuadro surrealista cuando, después de vendar sus manos, meterlas en los guantes y ponerse un albornoz, comenzó a calentar golpes y movimientos contra el vacío, bailoteando con las botas cubiertas por unas bolsas de supermercado. A Barry le daba igual lo que pensara aquel que lo viera; pero, de repente, el subidón de adrenalina se vio interrumpido por una joven del equipo de televisión. La chica abrió la puerta del vestuario para comunicarle que su pelea tendría lugar después del combate entre Nash y Gibilisco, para amoldarse a los horarios televisivos.

Fue todo un bajonazo para Barry, que sintió cómo lo atenazaban los primeros síntomas de nerviosismo. Vistiendo todavía bolsas de plástico en los pies, se sentó en un duro banco de madera en el vestuario y escuchó los comentarios de la pelea que llegaban a través de un pequeño altavoz Tannoy. De repente, al escuchar la manera en que Charlie Nash y Giuseppe Gibilisco eran presentados, se dio cuenta de lo diferentes que eran los mundos del boxeo profesional del boxeo *amateur*. Barry había hecho *sparring* con Charlie en un par de ocasiones, en Derry, pero de repente sintió la trascendencia de compartir cartel con el púgil más famoso de Irlanda.

Harry Carpenter era el comentarista de la BBC y, mientras Nash y Gibilisco se encontraban en el centro del cuadrilátero comentó que «ambos boxeadores han esperado hasta el ultimísimo momento para despojarse de la ropa, debido a que la noche es verdaderamente fría. Les resultará complicado mantenerse en calor».

El tapiz blanco había tomado un sucio tono marrón bajo las pisadas de todos los que habían dejado barro sobre él. A nadie más se le había ocurrido el pequeño truco de McGuigan con las bolsas de plástico. En su rincón, como de costumbre, Nash flexionó una rodilla sobre el tapiz y pronunció una pequeña oración. Lucía botas verdes y calzón verde con una raya dorada, mientras que Gibilisco vestía de blanco inmaculado, con el pelo negro peinado con permanente. Con 1.62 de altura Gibilisco era casi nueve centímetros más bajo que el campeón. Pero no mostraba temor alguno, pues salió en tropel y le propinó un par de izquierdazos a Nash en el primer minuto. Nash se recompuso y, mordiendo con su *jab* derecho desde la guardia de zurda, se adjudicó el primer asalto, alcanzando con facilidad al italiano.

Pero el segundo asalto sería diferente. Una serie de izquierdazos lejanos alcanzaron de pleno a Nash y lo hicieron retroceder hasta las cuerdas. Recibió dos nuevos ganchos de izquierda en la parte alta de la cabeza que lo dejaron aturdido. Más tarde se sabría que uno de esos puñetazos del segundo asalto le provocaron una conmoción, porque después de la pelea no era capaz de recordar nada de lo sucedido desde aquel instante. Encajó un *uppercut* de derechas y, llegando al final del asalto, le costó resistir un aluvión de golpes interrumpido por el árbitro, quien saltó entre ambos para darle una cuenta de pie.

En el rincón, al final del segundo asalto, Tommy Donnelly intentó retirarle a Charlie el protector. Se le habían roto un par de incisivos y el protector salió con un coágulo de sangre. Nash escupió un torrente rojo al interior del cubo que había a sus pies y miró de manera confundida a Donnelly, que lo apremiaba a pelear contra Gibilisco desde la distancia.

Durante el tercero Nash mostró poca convicción en su manera de pelear, tragando sangre y recibiendo el castigo de los ganchos circulares de Gibilisco. Parecía moverse a cámara lenta, incapaz de esquivar ni el más telegrafiado de los puñetazos. Cuando se le abrió un corte sobre el ojo derecho el árbitro llamó al doctor. El médico examinó el corte y, tras veinte segundos de deliberación Nash fue enviado de vuelta al combate.

«Será todo un milagro que Nash consiga sacar adelante este combate», sugirió Carpenter.

Al principio del cuarto asalto Nash era alcanzado de nuevo, sufriendo otra cuenta de pie antes de encontrar fuerzas para recuperarse. Superó a Gibilisco durante el siguiente minuto y todo el quinto asalto. Carpenter sugirió: «Por fin parece regresar el Nash campeón».

Pero la resurrección no duró mucho. En el sexto un nuevo *uppercut* de derechas y un cruzado de izquierdas hicieron que la sangre manara de su boca. Nash trató de retroceder, pero Gibilisco notó que aquel era el momento decisivo. Regresó como una locomotora, enviando crudísimos *swings* mientras Nash era incapaz de detenerlo. Un enorme izquierdazo lo impactó de lleno y, mientras caía contra las cuerdas, otro izquierdazo lo derribó como un fardo. Se aferró a la cuerda del medio usándola para recuperar, despacio, la vertical.

La pelea debió ser detenida en ese mismo momento, pero el árbitro les indicó que continuaran. Gibilisco lanzaba los puños con ferocidad, alcanzando a Nash en cuatro ocasiones. La última, una derecha trituradora, dejó a Nash tendido sobre el embarrado tapiz. Consiguió alzar la cabeza mientras la sangre corría por su rostro; pero el campeón ya no pudo alzarse de nuevo,

Mientras el árbitro le hacía la cuenta de protección Carpenter pronunciaba un veredicto igual de determinante: «En esta fría noche que envuelve Irlanda, el irlandés Charlie Nash ha perdido su título europeo. Y puede ser incluso peor. Viendo a Nash tendido de espaldas, me ha dado la sensación de que este podría ser el final de sus aspiraciones por el campeonato. Esta es una noche de lo más triste para el boxeo irlandés».

Nash parecía estar en estado tan deplorable que Gibilisco, el nuevo campeón, comenzó a llorar. No eran lágrimas de orgullo, sino de preocupación ante la posibilidad de haberle causado daños importantes al antiguo campeón. Al final, Nash precisó de ayuda para ponerse en pie, comenzando los preparativos para llevarlo al hospital y que pudieran suturarlo. Fue el comienzo del final para este valiente campeón.

En el vestuario, los pies de Barry se movían inquietos envueltos en las bolsas de la compra. Lo atenazó la lividez mientras asimilaba que Charlie Nash, uno de sus héroes pugilísticos, había sido noqueado de aquella manera en el mismo ring en el que ahora él tenía que debutar como profesional. Pero McGuigan era un luchador nato y, caminando hacia el ring justo antes de las diez de aquella noche y mientras la mitad del público ponía rumbo a la salida, una certeza recorrió su interior. Supo que iba a ganar. Eddie Shaw le recordó que comenzara con precaución, porque Bell era un incómodo veterano; por eso, McGuigan dedicó el primer asalto a tomarle la medida a su oponente.

Al comienzo del segundo, tras confirmar que Bell no era rival para él, el joven McGuigan, de veinte años, cortó por lo sano. Condujo a Bell hacia un rincón neutral, golpeándolo con combinaciones cargadas de intención, para derribarlo después con un gancho de izquierdas al cuerpo. Bell había tenido suficiente, por lo que no protestó cuando el árbitro extendió sus brazos para confirmar el final de la pelea.

Barry, Eddie Shaw, Barney Eastwood, Pat McGuigan, su hermano Dermot y el gran contingente llegado de Clones rodearon el ring con muestras de júbilo. Sandra Mealiff y Sharon McGuigan daban brincos, gritando tan alto que Harry Mullan, el venerable editor de *Boxing News* observó con sequedad desde el lado del cuadrilátero: «Cualquiera diría que el joven Barry McGuigan acaba de ganar el título mundial, y no que sea el tipo número cuarenta y tres que derrota a Selvin Bell».

La euforia se desvaneció en el vestuario. La visión del equipo de Charlie Nash desapareciendo del recinto despojó a Barry de toda alegría. Aquel boxeador, que hasta ese combate había sido un campeón, llevaba grabada en el rostro la soledad de la derrota. Tan solo Tommy Donnelly, su entrenador, se había quedado con él. Tommy iba a llevar a Charlie al hospital, donde pasaría la noche. Barry McGuigan se dio cuenta en ese instante, con una claridad que nunca había sentido, de que no hay nada que iguale al boxeo. Ofrece tanta alegría como miseria.

Dos días después, el 12 de mayo de 1981, moría otro de los presos en huelga de hambre. Francis Hughes dejó de respirar cincuenta y nueve días después de su último bocado. En las calles de Belfast y Derry estallaron grandes disturbios. Jóvenes con el rostro cubierto por pasamontañas o pañuelos corrían ciegamente contra el ejército y la RUC, sujetando cócteles molotov y bombas de clavos. En aquel escenario de coches ardiendo, gas lacrimógeno, balas de plástico, objetos incendiarios de toda índole y el incesante sonido de los disparos, su rabia, su desesperación y sus rostros cubiertos les daban aspecto de no tenerle miedo a nada. Jóvenes normales y corrientes se vieron inmersos en aquella locura; o simple y llanamente, vieron cómo se los llevaba por delante.

El 13 de mayo Emmanuel McLarnon, de veintiún años, recibió un disparo en las Divis Flats, cerca del lugar en el que Barry McGuigan entrenaba, mientras que una escolar católica de catorce años murió tras recibir el impacto de una bala de goma disparada por un soldado en la parte occidental de Belfast.

Las familias protestantes también sufrieron. El 7 de mayo un grupo de republicanos de New Lodge, no muy lejos de donde se encontraba la Sagrada Familia, apedrearon a un lechero protestante y a su hijo poco después de la muerte de Bobby Sands. Eric y Desmond Guiney, niño de catorce años, fallecieron cuando su furgoneta de reparto de leche colisionó contra una farola. La familia Guiney residía en Rathcoole, la zona protestante en la que Sands había vivido siendo un niño.

La rutinaria presencia de la muerte, en su interminable bucle de represalias y venganzas, paralizó a Irlanda del Norte mientras continuaron las huelgas de hambre en Maze. Raymond McCreesh y Patsy O'Hara cayeron gravemente enfermos, muriendo ambos el 21 de mayo. Habían resistido durante sesenta y un días. En menos de una semana otros tres prisioneros se unían a Joe McDonnell en nuevas huelgas de hambre, reemplazando a los cuatro fallecidos. Kieran Doherty, Kevin Lynch y Martin Hurson rechazaron tomar alimento alguno.

Gerry Storey se enteró, desolado, de la muerte de uno de sus púgiles favoritos años atrás. Joe Lynch había logrado la victoria aquella noche de 1969 en la que los púgiles de la Sagrada Familia lograron el pleno contra el equipo de boxeo de los paracaidistas británicos. Doce años después, con treinta y tres años, Joe moría bajo las ruedas de un Land Rover del RUC que lo embistió en el distrito republicano de Oldpark, al norte de Belfast. La policía aseguró que trataba de disparar a un grupo que provocaba disturbios, enardecidos por las huelgas de hambre; pero los testigos locales dieron una versión diferente: insistieron en que las calles estaban tranquilas y que el Land Rover fue a por Joe y su acompañante. El conductor aceleró su vehículo directo hacia ellos. Joe empujó a su amigo, sacándolo de la trayectoria del Land Rover, pero no consiguió salvarse a sí mismo.

Murió el 23 de mayo de 1981, siendo la víctima número dos mil trescientos veintisiete de los Troubles. Pero para Gerry Storey siempre sería Joe Lynch, un boxeador de la Sagrada Familia rebosante de energía; y un hombre amable y divertido.

Las cifras de muertos se elevaban y las apuestas políticas ascendían. La publicidad para el IRA y el Sinn Fein alcanzó cotas nunca antes vistas con las huelgas de hambre dominando los titulares de todo el mundo. En los Estados Unidos la comunidad de ascendencia irlandesa sentía una afinidad especial para con las aspiraciones republicanas; su romantizada visión de Irlanda no encajaba con la violenta realidad de los Troubles. Las donaciones para ayudar al IRA desde el otro lado del Atlántico se dispararon. El hecho de que gran parte de ese dinero estuviera destinado, muy a menudo, a causar la muerte y el dolor de gente inocente pasaba desapercibido entre la marea de apoyo a los presos de Maze.

Las presiones a las que se enfrentaba el Gobierno británico para hallar una resolución a la crisis iban en aumento; pero también los líderes republicanos estaban sujetos a altas tensiones. Los cuatro jóvenes que habían fallecido en las huelgas de hambre tenían, todos ellos, menos de treinta años. En el interior de Maze las cosas estaban muy revueltas. No parecía vislumbrarse final alguno, y lo más seguro era que varios jóvenes más murieran de hambre.

Margaret Thatcher no daba señales de concesión alguna. «Los prisioneros han sido quienes han acabado con sus propias vidas, de manera deliberada», dijo. «No sé de líder religioso o político alguno que me esté conminando a conceder el estatus político. Todos ellos son conscientes de que hacerlo equivaldría a concederle carta blanca a determinadas personas para asesinar a hombres, mujeres y niños inocentes".

Ante esta inquebrantable voluntad otros prisioneros, e incluso miembros históricos del IRA, comenzaron a hacerse complicadas preguntas en privado. ¿Cuántos hombres estaban dispuestos a sacrificar? ¿Estaban dispuestos a perder otros ocho, diez miembros? ¿Cuándo considerarían que era suficiente?

El deterioro de Joe McDonnell, el quinto de los huelguistas, no pasaba desapercibido. El 24 de junio de 1984 fue sacado de la celda y conducido al hospital de la prisión. McDonnell había alcanzado su cuadragésimo octavo día sin comer. Apenas había esperanzas de que sobreviviera a otras dos semanas, tres como muchísimo, de huelga. Garret FitzGerald y su partido, el Fine Gael, habían logrado la victoria en las elecciones generales de la República de Irlanda el 11 de junio. Mientras se preparaba para suceder a Charles Haughey, el nuevo presidente irlandés se mostró decidido a colaborar por el fin de la huelga de hambre. FitzGerald mostró su apoyo incondicional a una nueva iniciativa lanzada por la Comisión Irlandesa por la Justicia y la Paz, que intentaba terminar con aquella situación enquistada.

La comisión realizó progresos y, a principios de junio, daba la sensación de que se estaban consiguiendo avances. Se entrevistaron con Mike Alison, el ministro para Irlanda del Norte, logrando la base para un acuerdo. La comisión se dirigió después a *Bik* McFarlane, el oficial al mando del IRA en Maze. Sugirieron que las cinco demandas clave realizadas por los prisioneros podrían materializarse. McFarlane y otros líderes en la prisión recordaron que, después de la primera huelga de hambre, el Gobierno británico los había engañado, por lo que exigieron pruebas irrefutables. El 4 de julio de 1981 los prisioneros lanzaron una declaración de buenas intenciones en la que manifestaban su disposición a concretar una nueva oferta.

La Comisión Irlandesa no tenía ni idea de que el Gobierno británico y el IRA llevaban a cabo una ronda de negociaciones secretas y simultáneas a través de su intermediario, el misterioso Escalador. Ambas partes se mostraron implacables en su voluntad por imponerse a la parte contraria, en una apuesta muy arriesgada teniendo en cuenta que McDonnell estaba muy cerca de perecer. Pero se concretó un paso adelante cuando Danny Morrison, uno de los miembros más elocuentes del IRA, obtuvo permiso para entrar en Maze para explicar la oferta secreta que les había sido presentada. Morrison se reunió con otros ochenta prisioneros, incluido McDonnell, quien ya estaba ciego y se encontraba en silla de ruedas; allí discutieron la propuesta. McDonnell se mostró desafiante. Continuaría con su huelga de hambre hasta que las garantías quedaran por escrito.

El Gobierno accedió a que un miembro del Ministerio para Irlanda del Norte acudiera a la prisión el miércoles 8 de julio a las 8:30 para presentar las garantías.

Pero llegó demasiado tarde. A las 5:11 McDonnell exhaló. Su muerte marcó el final de cualquier esperanza de acuerdo inmediato. La pérdida del quinto huelguista tuvo un impacto terrible tanto dentro como fuera de Maze.

Los huelguistas recibirían un nuevo golpe catastrófico cuando Martin Hudson falleció de manera inesperada el 13 de julio, en su cuadragésimo sexto día sin comer. La crisis se agudizó y Denis Faul, el capellán de Maze, y *Bik* McFarlane tuvieron un furioso intercambio de opiniones. Faul acusó a McFarlane de escoger a hombres en mal estado de salud para que se unieran a la huelga de hambre, además de acusarlo de haber matado a Hurson, a todos los efectos. La iracunda respuesta de McFarlane fue que la responsable de la muerte de seis presos en huelga de hambre era Margaret Thatcher. Faul refutó de manera hiriente al acusar al IRA de buscar nuevos funerales con los que alimentar la maquinaria de su publicidad. Pero el IRA no podía volverse atrás después de haber llegado tan lejos, y el Gobierno de Thatcher —pese a mostrarse dispuesto a realizar concesiones en las negociaciones secretas— no movía un solo músculo en público. La máquina de la muerte seguiría triturando personas.

Fue necesaria la intervención de las familias de los presos en huelga de hambre. El 28 de julio se reunieron con Faul en un pequeño hotel a cincuenta kilómetros del norte de Belfast, para poner en relieve su preocupación ante la ausencia de progreso alguno. Faul les consiguió una reunión con Gerry Adams aquel mismo día, y accedió a pedirle a la dirección del IRA que ordenara a sus miembros en prisión el cese de la huelga de hambre. Cuando Adams obtuvo más tarde el permiso para visitar a los seis presos que continuaban con su huelga de hambre. todos ellos se negaron a abandonarla, enfatizando que aquello sería una traición a Bobby Sands y a los otros cinco hombres que habían perecido antes que ellos.

Paddy Quinn se había unido a la huelga de hambre el 15 de junio y, tras cuarenta y seis días, parecía cerca de la muerte. Faul estableció que cuando los prisioneros cayeran en coma sus familiares tendrían el derecho legal de tomar decisiones por ellos. Entonces, la madre de Quinn pidió que lo salvaran. Años más tarde Quinn describiría el dolor de la inanición y lo profunda que era su decisión de continuar adelante con la huelga.

«Te pasaba por la cabeza abandonar la huelga, pero tampoco quería rendirme», le dijo Quinn a Melanie McFadyean, de *The Guardian*, en 2006. «Maggie Thatcher no me iba a convertir en un criminal. Llegué a cuidados intensivos. Tenía los labios hinchados, agrietados y llenos de heridas. Dijeron que me los había estado mordiendo. Podía sentir el flujo de mi propia sangre corriendo por las profundidades de mi cabeza. Sentía aquel horrible dolor... Notabas cómo tu cuerpo se iba deteriorando, pero entonces pensabas *Tengo que hacerlo; tengo que aguantar.* Al final, lo único que sentías era dolor, un día tras otro. Estaba en silla de ruedas. Había perdido la vista, tan solo distinguía sombras. Había llegado a un punto en el que miraba a la muerte cara a cara. Sentía cierto alivio. Había aceptado que moriría. Estaba en paz con mi decisión».

Quinn le había pedido a su madre que no lo sacara de la huelga de hambre cuando entrara en coma: «Si no me apoyas, estarás apoyando a Maggie Thatcher».

El 31 de julio, cuando Quinn perdió la consciencia, su madre insistió en que se le aplicaran cuidados médicos. Su decisión llegó justo a tiempo, dado que Kevin Lynch moriría al día siguiente, seguido por Kieran Doherty el 2 de agosto. Thomas McElwee murió el 8 de agosto, y doce días después Michael Devine se convirtió en la décima y última muerte.

Aquel mismo día, el 20 de agosto de 1981, la familia de Pat McGeown lo sacó de la huelga de hambre tras cuarenta y dos días. Otros cinco hombres —Laurence McKeown, Matt Devlin, Liam McCloskey, Patrick Sheehan y Jackie McMullan— seguían negándose a comer. Había otros cinco hombres dispuestos a unirse a ellos.

Los boxeadores de Belfast encontraban la esperanza y la harmonía en la compañía mutua. Davy Larmour procedía de las proximidades de Shankill Road y Paddy Maguire de las proximidades de Falls Road. Y, sin embargo, ambos boxeadores, uno protestante y otro católico, eran inseparables. El boxeo les permitió establecer esta relación tan inusual. Los protestantes y los católicos de a pie podían llevarse bien en entornos como el trabajo, pero había ciertos límites en la forma de interactuar. No era tan sencillo mezclarse en los mismos pubs o vecindarios. La división confesional dictaba cómo habían de ser sus vidas. Pero el boxeo obviaba esas fronteras.

Paddy se había retirado en 1977, tras pelear por los títulos británico, de la Commonwealth y europeo. Había tenido la mala suerte de que su carrera coincidiera con la imposibilidad práctica de desarrollar una carrera profesional en el boxeo en Belfast. Pero no pudo quitarse de encima la adicción por el cuadrilátero, así que comenzó a entrenar a Davy, a quien todavía le costaba encontrar combates. Davy presentaba por entonces un modesto balance de ocho victorias por cuatro derrotas, pero con Paddy en el rincón se animó a darle una última oportunidad al boxeo.

Ambos amigos cruzaban las fronteras de Belfast y, cada vez que los detenía un control de seguridad por la noche, los soldados se sorprendían ante los diferentes antecedentes de ambos. El documento de identidad de Davy mostraba que vivía en la protestante Glengormley, mientras que el carné de Paddy, demostraba que vivía justo en el borde de la católica Falls Road. Una noche, uno de los soldados que iluminaba el interior del coche reconoció en Davy Larmour al conocido boxeador, pero se sintió confundido al ver a un católico a su lado.

«¿Y este quién es?», le preguntó a Davy.

«Paddy Maguire», dijo Davy. «Es amigo mío».

«¿A dónde se dirigen?», preguntó el soldado con tono de sospecha.

«Llevo a Paddy a su casa».

El soldado miró con dureza a Davy antes de indicarles con un gesto que continuaran. Mientras subía la ventanilla Davy escuchó al soldado decirle a uno de sus compañeros que sostenía un rifle: «A saber en qué están metidos estos dos...».

El 7 de agosto de 1981, en mitad de las huelgas de hambre, el padre de Paddy falleció. Davy sabía que tenía que estar con

Paddy en el funeral. El peligro que suponía cruzar las líneas de la paz y pasar de la Belfast unionista al corazón republicano de la ciudad resultaban irrelevantes. La noche antes del funeral les dijo a tres amigos del Albert Foundry que iba a mostrarle sus respetos al padre de Paddy, y a consolar a su amigo. Los tres púgiles protestantes, quienes conocían bastante bien a Paddy, se ofrecieron a acompañarlo. Davy se sintió conmovido, aunque no sorprendido. Puede que intercambiar puñetazos directos al rostro y las entrañas les otorgara a los boxeadores cierta nobleza que los situaba por encima de toda discriminación mezquina.

Los cuatro boxeadores se reunieron una hora antes del funeral y caminaron, juntos, desde un área de feroz identidad unionista hasta un vecindario del republicanismo más incondicional. En el erróneamente bautizado como *muro de la paz* —un muro de hormigón desnudo con alambre de espino en la parte alta que cumplía el propósito de barrera tanto física como simbólica entre dos comunidades en guerra— atravesaron la pesada puerta de acero y se dirigieron por la calle Cupar. Al girar a la izquierda en la calle Springfield se encontraron en el corazón del territorio republicano. Las madres que llevaban a sus hijos de regreso a casa desde el colegio apresuraron el paso al ver a cuatro desconocidos caminando por la calle. Por lo general, algo así solo podía significar una cosa: problemas.

En la calle Kashmir, en donde residía la enorme familia de Paddy, la mayoría de los hogares católicos habían sido los primeros en arder al inicio de los Troubles, en 1969. Pero un arraigado espíritu comunitario había sobrevivido, y cientos de personas se habían acercado al funeral de Maguire. Contemplaron a los cuatro hombres girar en Springfield y bajar caminando hacia ellos por Kashmir. Según se acercaban aquellos cuatro hombres la preocupación se extendió entre los asistentes al funeral. Y entonces la voz de Paddy se elevó entre tanta aflicción e inquietud.

«Es Davy Larmour», gritó.

Todo el mundo se relajó e incluso sonrieron mientras Paddy rompía la aglomeración de gente para acercarse hacia ellos. «¡Davy!», pronunció. Su amigo le alargó la mano saludándolo.

Ambos se acercaron el uno hacia el otro, el boxeador protestante y su entrenador católico, como si todas las tensiones y las luchas que flotaban alrededor no tuvieran significado alguno.

«¡Has venido!», dijo Paddy, simple y llanamente, mientras le estrechaba la mano. «Por supuesto que sí», respondió Davy dando un fuerte apretón de manos a su amigo.

«Tu padre era un buen hombre».

«Sí», asintió Paddy con tristeza. Su rostro se iluminó de nuevo al ver a sus compañeros del Albert Foundry Club. «Sed muy bienvenidos, amigos», dijo con dulzura. «Gracias por venir».

Los cinco púgiles reemprendieron el corto camino hacia la casa, desde donde el cortejo fúnebre se disponía a partir. La gente los contempló con respeto y admiración.

Barry McGuigan había alcanzado el periodo más problemático de su corta carrera profesional. El lunes 3 de agosto, en el Corn Exchange de Brighton, recibió un tremendo varapalo. Sufría su tercera derrota profesional, a los puntos, contra Peter Eubank, hermano mayor de Chris Eubank, quien ascendería a lo más alto del boxeo británico en la década de los noventa. McGuigan ascendió a los pesos superpluma para pelear contra Eubank, un temporero profesional, al que dominó durante los ocho asaltos de dos minutos. Golpeó a Eubank una y otra vez y lo derribó. Pero Eubank, al igual que su hermano menor, contaba con una mandíbula formidable y era un duro púgil de veintinueve años. Además, era el boxeador local y el árbitro, Roland Dakin, le concedió la decisión por el más estrecho de los márgenes: setenta y ocho puntos y medio contra setenta y ocho.

Aquella fue una decisión vergonzosa, y el público de Brighton abucheó el veredicto que había caído a favor de su púgil local. McGuigan derramó amargas lágrimas mientras paseaba por el paseo marítimo rumbo a su hotel acompañado de Barney Eastwood. «No le des muchas vueltas», dijo el promotor. «Tú fuiste quien venció el combate. Fue una decisión terrible».

Pero él también comenzaba a preguntarse si tal vez Gerry Storey no se habría equivocado al convencerlo de que fichase a Mc-

Guigan. Decidió someter al protegido de Storey a una prueba de fuego en su siguiente combate, frente al imbatido púgil belga Jean-Marc Renard, justo un mes más tarde. Renard, quien se hallaba en su mejor momento a los veinticinco años de edad, había logrado la victoria en sus seis combates previos de manera imperial. Contaba con una técnica excelente y un duro golpeo, como demostraban sus dos últimas victorias, que habían llegado por sendos KO técnicos. Daba la sensación de que Eastwood hubiera decidido que, si McGuigan tenía que hundirse, lo mejor sería que lo hiciera lo antes posible antes de seguir despilfarrando dinero en él. La carrera de McGuigan se encontraba en el filo y apenas era su cuarta pelea.

McGuigan miró a Renard y lo supo. «Renard eran palabras muy mayores», diría más tarde. El belga se convertiría en campeón de Europa y pelearía por el título mundial de los pesos pluma.

El 3 de septiembre de 1981, el precioso y vetusto Ulster Hall lucía una media entrada en la primera pelea de McGuigan en casa desde su paso a profesionales. Como si quisiera eludir la inmensidad de aquella prueba tanto como le fuera posible, McGuigan le dio la espalda a Renard y bailoteó con tranquilidad en su rincón. Tan solo se giró para encararse a su rival en el momento en el que el árbitro, Harry Gibbs, los llamó al centro del ring para darles las últimas instrucciones. Gibbs, duro estibador en Londres, era un árbitro escrupulosamente justo, por lo que McGuigan no podía contar con ningún trato de favor por su parte.

Gritos de «¡Adelante, Barry!» sonaron sobre el escaso ruido justo antes de que la campana anunciara el inicio del primer asalto. McGuigan, con una altura de 1.68 metros era cinco centímetros más alto que Renard, un estilista ortodoxo con piernas muy arqueadas. Estuvieron muy igualados. McGuigan lanzaba incesantes *jabs* y rompió al belga por el interior con su gancho de izquierdas. Por su parte, Renard contaba con un inteligente gancho de izquierdas y, en el momento en el que McGuigan lanzaba una derecha, Renard parecía soltar su mejor golpe igual que si fuera un resorte. Pero McGuigan era muy astuto, así que comenzó a amagar con la derecha para después deslizarse al lado cuando Renard lanzaba su gancho de izquierdas. Entonces contraatacaba con un puñetazo de respuesta y alcanzaba al belga. Además, McGuigan mantuvo un ritmo alto, sin dejar jamás que Renard impusiera su propio tempo.

Fue el combate más interesante que el Ulster Hall había presenciado en años y el público, sintiendo que un nuevo héroe emergía en medio de aquellos momentos tenebrosos, se entregó en cuerpo y alma. La acústica del local, que lo convertía en un sitio de lo más adecuado para los conciertos, ayudó a acentuar el dramatismo. Tanto a McGuigan como a Renard les parecía que los espectadores gritaban tan alto que daba la sensación de que estuvieran junto a ellos en el mismísimo cuadrilátero. Cada palabra gritada resonaba en sus oídos, dándoles fuerzas renovadas.

Lucharon con ferocidad controlada, en una batalla llena de subidas y bajadas. En el séptimo, cuando parecía que McGuigan se haría con un nuevo asalto espoleado por los ánimos de la multitud que gritaba «¡Baaaaa-rrrryyy!, ¡Baaaaa-rrrryyy!, ¡Baaaaa-rrrryyy!», su doble *jab* fue contestado por un derechazo desde arriba de Renard. El golpe pilló a McGuigan desprevenido y lo mandó al suelo. Renard se retiró hacia el rincón neutral, pero apenas había sido un derribo momentáneo. Para cuando el belga terminó de extender sus brazos sobre las cuerdas, como para contemplar el daño producido por su golpe, McGuigan ya estaba de nuevo en pie. La velocidad con la que Barry se levantó sirvió para engañar a Gibbs, el árbitro, quien asumió que el irlandés había caído víctima de un tropiezo. Por eso no se molestó en realizar cuenta alguna.

McGuigan tenía clara la cabeza. Cuando Renard lanzó una punzante combinación en un intento de reafirmar su superioridad, McGuigan se zafó. Retomó el control del centro del cuadrilátero y forzó a Renard a retroceder con algunos golpes bien definidos. Se había repuesto a la pequeña crisis a fuerza de corazón y habilidades. Una ovación sostenida resonó por el Ulster Hall mientras la entendida afición gozaba del cada vez mayor espectáculo.

En el descanso entre asaltos una joven con un vestido blanco corto y altos tacones rodeó el ring mostrando un cartel con el número ocho. El recinto se llenó de comentarios subidos de tono y silbidos dirigidos a la chica. Pero, en sus rincones y antes del comienzo del octavo y último asalto, ninguno de los ocupantes de las esquinas tenía ojos para la chica. Uno de los segundos de Renard hizo girar con rapidez una toalla blanca frente al rostro del púgil, en un intento de refrescarlo mientras que Eddie Shaw y Ned McCormick trabajaban en McGuigan.

«¿Te has tropezado?», le preguntó Shaw a su boxeador.

McCormick respondió antes de que el propio McGuigan pudiera abrir la boca. «¿Estás de coña?», dijo. «Lo ha derribado con un derechazo de la leche».

Introduciendo el brazo en el fondo de un cubo de agua helada McCormick tanteó una esponja empapada que restregó por el rostro de McGuigan. Después le arrojó el resto del agua al boxeador sobre la cabeza, para asegurarse de que estaba alerta. McGuigan escuchaba atento mientras Shaw le recordaba que acabara con el espectáculo. Estaba por delante, pero tenía que realizar un gran último asalto.

Había sido una pelea complicada y dolorosa, lo que se replicó una vez más en los últimos tres minutos. McGuigan se mostró más activo y acertado, y en los últimos segundos de la pelea desencadenó una despiadada combinación que empujó hacia atrás la cabeza de Renard, obligándolo a abrazarse a su rival. Gibbs apenas tuvo tiempo de separarlos cuando sonó la campana.

Después de un cálido abrazo entre los dos púgiles Gibbs no perdió tiempo en dirigirse en dirección a McGuigan. Siendo el único juez del combate sabía cuál era la decisión, por lo que elevó al cielo la mano derecha de McGuigan. Había vencido el combate por cinco asaltos a tres. Shaw e Eastwood no tardaron en rodearlo, y McGuigan tuvo que zafarse de ellos, intentando librarse de sus apasionados abrazos, para reencontrarse con Renard. El belga había cruzado el cuadrilátero para felicitarlo.

Comenzaron a llover monedas de diez y cincuenta peniques, la tradicional manera en que Belfast homenajeaba a los púgiles. Cada vez que el público presenciaba una *nobbins fight*, un clásico en Belfast, arrojaban monedas al cuadrilátero en agradecimiento a los boxeadores.[8] El tapete quedó cubierto de monedas y cuando McGuigan comenzó a lanzar besos a los aficionados, parecía que el techo del Ulster Hall fuera a saltar por los aires. Esta fue tan solo la primera de tantas *nobbins fights* y excitantes veladas en Belfast.

Las huelgas de hambre languidecieron. Dando continuidad a la decisión de la madre de Paddy Quinn de requerir asistencia médica en el momento en el que su hijo cayó en coma, otras tres familias hicieron lo mismo. Entre el 20 de agosto y el 6 de septiembre de 1981 Pat McGeown, Matt Devlin y Laurence Mc-Keown fueron salvados. Su salud jamás se restablecería tras aquel terrible calvario. McKeown había alcanzado el septuagésimo día de huelga de hambre cuando su familia decidió sacarlo de la misma. Liam McCloskey abandonó tras cincuenta y cinco días, el 26 de septiembre, cuando se dio cuenta de que en el momento en el que su salud se deteriorase tanto que no pudiera responder por sí mismo, su familia intervendría.

El 3 de octubre de 1981 la huelga de hambre concluyó por fin y los seis prisioneros que la mantenían aceptaron, de nuevo, alimentos. Había terminado uno de los episodios más angustiosos de la historia de Irlanda, pero su impacto resonaría durante décadas.

Su final fue presentado en Gran Bretaña como una victoria para Margaret Thatcher, la Dama de Hierro. Pero la verdad era más compleja. En cuestión de dos años el Gobierno británico concedió a la mayoría de los prisioneros las peticiones originales. Las huelgas de hambre fueron también el arma más poderosa para IRA, en cuanto a nuevos reclutamientos y legitimación de los objetivos del movimiento republicano desde el Domingo Sangriento. El éxito electoral de Bobby Sands convenció al IRA y al Sinn Fein de los beneficios de adoptar una nueva estrategia, la del Armalite y las

---

8   N. del T.: La palabra *Nobbiness* es un término de dialecto informal que significa simular ser alguien acaudalado. Por ello, aunque es complicado encontrar un equivalente, podríamos explicar este término como *Pelea para Ricos* en el sentido de algo exquisito o al alcance de pocas personas. Esto explicaría la costumbre de arrojar monedas a manera de propina por el espectáculo.

urnas, como maniobra política en combinación con el terrorismo. Gerry Adams subrayó que la victoria de Bobby Sands en la emotiva elección «dejaba al descubierto la gran mentira de que las huelgas de hambre —y por extensión, el IRA y la totalidad del movimiento republicano— no contaban con el apoyo popular».

Aun así quedó el dolor indeleble por la horrenda muerte de aquellos diez hombres. Para muchos republicanos, el precio que se pagó había sido demasiado alto. Bernadette McAliskey diría años después, en un intento por evitar que se reescribiera un episodio tan lamentable como un momento glorioso de la historia, que «aquellos de nosotros que lo vivimos siempre aconsejaremos que no se vuelva a repetir».

Las afueras de la prisión Maze se convirtieron en una auténtica carnicería y, durante los siete meses que duraron las huelgas de hambre se perdieron otras sesenta y ocho vidas. Las heridas en Irlanda del Norte eran más profundas que nunca.

Hugh Russell comenzó a observar aquellas heridas desde una lente. Brendan Murphy lo había ayudado a convertirse en aprendiz de fotógrafo en el *Irish News*, llevándolo consigo a los encargos que recibía, para que Hugh pudiera aprender de él. El tiempo vivido en New Lodge había hecho que Hugh estuviera acostumbrado a la violenta realidad de los Troubles. Las bombas y los disparos, los disturbios y los puntos de control eran algo tan rutinario para él que, cuando era un adolescente, apenas prestaba atención a los problemas cotidianos. También tuvo la suerte de encontrar un refugio bajo las alas de Gerry Storey y la Sagrada Familia. El boxeo lo protegió y lo alimentó. Pero al trabajar con una cámara y contemplar Belfast bajo un nuevo prisma, a través de la mirada de todo un maestro de la fotografía como Murphy, Hugh cambió.

Pasaba los días trabajando en la cobertura fotográfica y estaba claro que, si perseveraba en aquella labor tan complicada, en un año conseguiría un puesto como fotógrafo a tiempo completo. Murphy también le enseñó a sentir el dolor y la compasión de su ciudad natal de una manera que jamás había experimentado. Le enseñó a ser tanto desapasionado como compasivo con la cámara. Resultaba de la mayor importancia que su enfoque de cada historia no albergase prejuicio alguno y sí un calmado examen. A la vez, sus fotografías debían capturar la humanidad que yacía bajo la brutalidad de Belfast.

Era complicado, porque el dolor traspasaba la lente y se apoderaba del fotógrafo. Murphy había recurrido al alcohol para calmar su propio dolor, pero no se podía considerar que una vida al borde del alcoholismo fuera manera de vivir. Aprendió a valerse de ese dolor que sentía para profundizar en la textura y el significado de sus fotografías. Hugh era todavía muy joven, apenas tenía veintiún años, y precisaría de varios años para desarrollar esa sensibilidad y maestría que mostraba Murphy. Pero había encontrado su vocación. El que fuera piloto de remolcador en los muelles de Belfast estaba seguro de que tenía madera para ser reportero fotográfico durante la mayor parte de su vida adulta.

Seguía boxeando y, con una medalla olímpica en su currículo, Hugh se convirtió en el segundo gran fichaje de Barney Eastwood tras Barry McGuigan. Recibió el apodo de *Little Red* y debutó en la misma velada que la tan esperada revancha entre McGuigan y Eubank en el Ulster Hall. McGuigan estaba ansioso por vengar su derrota anterior. Con el debut de *Little Red* Russell añadiendo mayor aliciente a otra de las promociones de Eastwood, el Ulster Hall no tardó en llenarse hasta los topes.

Durante las cinco semanas previas a su combate Hugh trabajaba como fotógrafo durante la mañana y por la tarde entrenaba en el gimnasio de la calle Castle, que era el que los púgiles de Eastwood habían comenzado a utilizar. McGuigan y Davy Larmour se aplicaban en fieros combates de entrenamiento mientras Hugh seguía con su trabajo en el *Irish News*. A Eastwood le costaba encontrar rivales adecuados para Hugh en la categoría que le correspondía por peso; esto le obligó a ascenderlo dos categorías de cara a su debut, en el que se enfrentaría al peso súper-gallo Jim Harvey, quien apenas había vencido en cinco de sus últimos nueve combates. Daba la sensación de que la suya sería una noche mucho más sencilla que la que le esperaba a McGuigan.

Peter Eubank rebosaba confianza a su llegada a Belfast. Habiendo batido a McGuigan cuatro meses atrás le restó importancia a la controversia e insistió en que pelearía mejor de lo que lo había hecho en Brighton. Eubank llegó incluso a atizar a su propio mánager, Terry Brazil, durante las sesiones de *sparring*. Eastwood le había buscado compañeros de entrenamiento locales, pero a Eubank le gustaba subirse al cuadrilátero con su mánager, quien ya tenía más de cincuenta años. En esta ocasión Eubank se aplicó demasiado con Brazil y el pobre hombre acabó como si hubiera sufrido un accidente de coche. Le rompió la nariz y acabó con cortes y moratones bajo ambos ojos. Era una nueva manera de enviarle un mensaje a Barry McGuigan.

Mientras tanto, Hugh Russell se concentró en sus entrenamientos. A primera hora de la mañana, antes del trabajo, salía a correr y una mañana se sorprendió al darse de bruces con las cabezas de unos soldados británicos que habían cavado una zanja en la que protegerse, entre unos setos que había en New Lodge. Hugh apretó el paso todavía más, con su imaginación recogiendo carrete como si fuera una cámara, pensando en la fotografía que él mismo hubiera tomado de aquel futuro campeón de boxeo corriendo sobre los cascos de un par de sorprendidos soldados británicos. El boxeo y la fotografía se habían convertido en los nuevos ejes de su vida.

Ulster Hall, Belfast, martes 8 de diciembre de 1981

Justo una semana antes de cumplir los veintidós años Hugh se sentía bisoño y vulnerable. El boxeo profesional era un asunto mucho más serio que el *amateur*, y se sintió completamente expuesto mientras realizaba el largo paseo de camino al cuadrilátero, sin posibilidad de lucir su camiseta de la Sagrada Familia. También contaba con unos diminutos guantes de seis onzas en los puños, lo que auguraba poca amortiguación. Cada puñetazo le provocaría un golpe seco en la piel y los huesos. Un oportuno recordatorio de que el boxeo es un negocio peligroso.

Sin embargo, Russell llevaba años peleando y sintió las familiares oleadas de adrenalina recorriendo su cuerpo. En poco más de un minuto del primer asalto la confianza volvió a él y supo que Harvey no era rival. Russell se había enfrentado a boxeadores muy superiores en los rangos más altos del boxeo *amateur*, por lo que podía relajarse y tomarse su tiempo antes de hacer pedazos a Harvey. Ganó en el quinto asalto tras un KO técnico, mientras el Ulster Hall le mostraba a *Little Red* su aprobación. La única que no pudo soportar la visión de su cómoda victoria fue su madre, quien estuvo durante todo el combate con los ojos tapados.

Sandra Mealiff, quien estaba a apenas unos días de convertirse en Sandra McGuigan, era diferente. Estaba tan segura de la victoria de Barry que mantuvo los ojos fijos sobre el cuadrilátero en todo momento. Como ejemplo de la poca consideración con la que Barney Eastwood trataba a sus boxeadores y a las familias de estos, queda el hecho de que Sandra tuviera que pagarse su entrada. Pat McGuigan, quien en unos pocos días se convertiría en su suegro, fue quien pagó su cara localidad en la segunda fila.

Pat estaba encantado porque Sandra le insistiera a su madre en que no la distrajera con los asuntos de la boda. «Mamá, de verdad que estoy muy ocupada», decía Sandra. «Tengo que ir con Barry a sus entrenamientos». Su madre le recordaba que era ella quien se iba a casar. «Claro que sí», sonreía la chica, «pero Barry necesita que le haga la cuenta de sus puñetazos».

Ya tenía confeccionado el vestido de bodas, que tan solo había costado veinticinco libras y lo había tejido una mujer de Clones. La única condición de Sandra fue que el vestido incluyera un encaje con los colores de Clones. Estaba hermosísima cuando se probó el vestido, y también de que fuera la tía de Barry la que confeccionara los vestidos de las damas de honor. El resto de su atención se centraba en los preparativos de su prometido de cara al combate contra Eubank.

Tanta concentración acabaría dando sus frutos, porque asalto tras asalto McGuigan superó a Eubank, golpeándolo con duras combinaciones e impresionantes *uppercut*. La intención de McGuigan era la de noquear a Eubank, pero la mandíbula de su rival parecía irrompible. En el sexto asalto McGuigan lo llevó a una situación desesperada. Eubank se hundió bajo aquel asedio y el árbitro, Bob McMillan, saltó a separarlos. McGuigan pensaba que había vencido, pero el árbitro creyó escuchar el ruido de la campana entre la cacofonía que inundaba el Ulster Hall. Cuando se dio cuenta del error cometido Eubank había tenido más de diez segundos para recuperarse.

Pero en el octavo y último asalto Eubank no tuvo salvación posible. McGuigan lo atacó con furia, golpeándolo por todo el cuadrilátero. A veinte segundos para el final el árbitro actuó con misericordia. Puso los brazos alrededor del afligido Eubank. La pelea había concluido. McGuigan había logrado su tercera victoria seguida en diez semanas, además de enmendar el dolor que le había producido su sorprendente derrota en Brighton. Gerry Storey estaba en lo cierto: era tan bueno como había predicho.

★

Seis días más tarde, de regreso en Clones, a Barry McGuigan le quitaron seis puntos la misma mañana de su boda. Eubank le había producido un corte encima del ojo con su cabeza, dejándole una cicatriz. Pero Barry era un púgil, así que ni a Sandra ni a él les importó aquello. A sus suegros les hizo bastante menos gracia que peleara con la boda tan cerca, pero Sandra los tranquilizó asegurándoles que Barry vencería y que ambos querían casarse lo antes posible. Su carrera estaba a punto de despegar y ella trabajaba muchísimo en una peluquería. Ambos querían fundar una familia, así que no había tiempo que perder.

Iban tan cortos de dinero que Barry y Sandra tuvieron que casarse un lunes, el día en el que cerraba la peluquería. Tanto ella como sus compañeras tenían que trabajar los sábados, día de mayor afluencia de toda la semana. Aquello le daba a Barry dos días más para que desaparecieran las heridas de su rostro.

Aquel lunes nevó, y por mucho que las traicioneras condiciones climáticas le dificultasen a Sandra ascender por las escaleras de la iglesia, su boda invernal fue preciosa. Se casaron en la iglesia de Sandra, que formaba parte de la Iglesia Protestante de Irlanda, y después recibieron la bendición en la iglesia católica de Barry. Su hermano Dermot fue el padrino y el banquete se celebró en Lennard Arms, el hotel del suegro de Barry.

Después de todo el dolor y la aflicción que trajo el año 1981, en el que ciento dieciocho personas habían perdido la vida, Barry y Sandra McGuigan alumbraron Clones. El impacto de la angustia que provocaron las huelgas de hambre todavía era palpable, pero los Troubles pasaron a segundo plano; al menos durante un día. Aun así, debían centrarse en el boxeo. En lugar de quemar la noche en la típica fiesta irlandesa tras un banquete de bodas, Barry tenía que regresar a Belfast para una rueda de prensa vespertina organizada por Barney Eastwood, en la que anunciaría su calendario de combates de cara a 1982. El boxeador y su recién casada ya estaban acostumbrados a las exigencias del cuadrilátero. Se adentraron en la gélida noche, deseosos de entrar en el nuevo año y en su nueva vida juntos.

Capítulo 12

EN EL INTERIOR DEL LABERINTO

Los muros, vallas, puertas y candados encerraban más y más a Gerry Storey cuanto más profundizaba en el interior de la prisión Maze la primera vez que ingresó en ella, a finales de 1981. El autobús de la prisión lo había conducido más allá del foso que daba paso a las cerca de ciento diez hectáreas de prisión, diseñada para mantener bajo control a los dos mil ochocientos prisioneros altamente politizados y peligrosos que albergaba. A diferencia de cualquier otra prisión europea, Maze albergaba únicamente a hombres que cumplían condenas por delitos relacionados con actividades terroristas. Los unía su determinación a ser tratados como presos políticos, a resistir la disciplina carcelaria y a mantener sus estructuras paramilitares en el interior de la prisión.

A algo más de quince kilómetros de Belfast, en las afueras de Lisburn, la Prisión Maze de Su Majestad abrió sus puertas en 1971, al comienzo del internamiento, cuando era todavía conocida por el nombre de Long Kesh. El centro de detención original fue reconvertido en una sofisticada e intimidante prisión en 1976, en un intento por albergar el creciente flujo de prisioneros de ambos bandos de la división que ingresaban en ella. La nueva estructura recibió este apelativo por la existencia de un pueblo cercano que tenía el nombre de Maze, laberinto, pero era más parecida a una fortaleza funcional con altos muros y torres de vigilancia rodeando los ocho bloques de celdas idénticos, cada uno de ellos en forma de H, que a un laberinto.

El diseño de la prisión Maze partía de la idea de que no hubiera escaleras en ningún lugar de la enorme prisión. Cada bloque en forma de H, con sus cuatro alas de una única planta, era autosuficiente. Cada una de las alas en el interior del bloque era una entidad separada que contaba con veinticuatro celdas de cinco metros cuadrados cada una, zona de duchas, de comida, un patio de ejercicio, la oficina del director, una sala de control, lavabos para el personal y un almacén. Cada celda y cada bloque en forma de H eran idénticos, tanto por dentro como por fuera.

Los nuevos presos, muchos de ellos disidentes políticos y reclusos violentos, eran enviados a los bloques H, mientras que los condenados a cadena perpetua eran confinados en las *jaulas*, el nombre con el que se conocía a los módulos de máxima seguridad. Cada jaula consistía en cuatro cobertizos Nissen, cada uno de ellos de doscientos setenta metros cuadrados; albergaban a cuarenta prisioneros que dormían en literas de dos alturas, sin apenas espacio de separación.

Gerry fue conducido a las jaulas y, durante su largo camino al cautivo corazón de Maze, le hicieron sentir igual que cada uno de los prisioneros que entraban en el recinto por primera vez. Primero de todo, era sometido a un cacheo en la inmensa puerta exterior, antes de ser conducido al autobús. Una vez que se le daba paso al vehículo, la puerta se cerraba a sus espaldas. Mientras atravesaban aquel paisaje lúgubre y alienado, Gerry se fijó en las torres de vigilancia y las cámaras de seguridad que había en cada una de las puertas de cinco metros de altura que bloqueaban el paso a intervalos regulares. En cada puerta era cacheado, antes de que esta se abriera para cerrarse a sus espaldas.

Cuanto más se adentraba en ella más comprendía Gerry que los cuatro kilómetros y medio sobre los que se extendía la prisión estaban diseñados con la intención de aislar a sus ocupantes. Pese a que su arquitectura fuera tan funcional y rígida, Maze hacía honor a su nombre por lo confuso y repetitivo que resultaba todo. El inhóspito laberinto se volvía más y más confuso, porque los monótonos bloques en forma de H y las jaulas quedaban separados por espacios vacíos denominados *Inercia* y *Estéril*.

Después de traspasar tres puertas Gerry alcanzó, por fin, las jaulas. La incertidumbre de su presencia allí aumentó cuando le ordenaron que bajara de nuevo del autobús para ser sometido a un nuevo cacheo. Todavía no asimilaba que los prisioneros, tanto los de la zona unionista como los de la zona republicana, hubieran solicitado verle.

Las condiciones de vida en las jaulas eran duras, y después de las huelgas de hambre la moral estaba más baja que nunca. Los líderes paramilitares estaban preocupados porque sus hombres, tanto los unionistas como los republicanos, habían perdido el interés por el ejercicio físico. La disciplina era laxa y la motivación había desaparecido prácticamente por completo. Fue entonces cuando, desesperados, le realizaron aquella solicitud a Gerry Storey.

Comprendiendo la necesidad de ciertas concesiones tras la angustia causada por las huelgas de hambre, el alcaide de Maze accedió a ponerse en contacto con el Consejo de Deportes del Úlster, de parte de los prisioneros. Habían realizado una petición fuera de lo común: que le permitieran a Gerry visitarlos de manera regular para darles entrenamientos de boxeo. Gerry supuso que quienes habían solicitado su presencia habían sido los prisioneros republicanos, por lo que se quedó perplejo cuando se le puntualizó que la petición había sido realizada de manera conjunta con los unionistas. Se le pedía que entrenara a ambos bandos de la prisión: una tarde a la semana entrenaría a los unionistas y otra a los republicanos.

«Primero tengo que hablar con ellos», dijo Gerry.

Y así fue como, en una opresiva tarde de diciembre en la que un cielo plomizo dejaba caer la nieve, Gerry pudo acceder a las jaulas. Su sobrino, Big Bobby, había ingresado hacía poco para cumplir una nueva condena de dieciocho meses, y estaba en los bloques H con *Bik* Mcfarlane y otros prisioneros republicanos que todavía se recuperaban de la pérdida de los diez compañeros que se declararon en huelga de hambre. Pero Gerry visitaría a los presos en cadena perpetua.

Era consciente de lo inusual de su llegada porque, una vez en el interior de la primera jaula, fue conducido a un despacho en el que lo esperaba el director delegado. Se le explicó que primero se reunirían con Gusty Spence, el líder del UVF en Maze. Quince años antes Spence había sido condenado a cadena perpetua por el asesinato de un joven católico de dieciocho años, Peter Ward, en un pub de la calle Malvern. Este temprano asesinato religioso convirtió a Spence en una de las figuras más infames de Irlanda del Norte, por mucho que negase, en todo momento, haber matado a ese chico.

La fama de Spence creció cuando, tras recibir un permiso de dos días en julio de 1972 para asistir a la boda de su hija escapó con la ayuda de la Unidad de Comando Mano Roja. Estuvo cuatro meses fugitivo y, en ese tiempo, le concedió una entrevista al programa *World in Action* de la ITV, en la que llamó al UVF a incrementar su violencia militar contra el IRA. Apodado *La Pimpinela Orange* por escapar de las fuerzas de seguridad, Spence fue capturado por fin en noviembre de 1972.

Conducido a Long Kesh para reanudar su cadena perpetua, Spence se convirtió en el oficial al mando del UVF en el interior de la prisión. Fue conducido a las instalaciones de Maze en 1976, en donde dirigía su jaula con disciplina militar; el delegado de la dirección dejó caer que había sido Spence quien más presionó para entrevistarse con Gerry. Lo acompañaría Bobby Rodgers, otro duro unionista que cumplía sentencia por el asesinato de una chica católica de diecinueve años, Eileen Doherty, en 1973.

Spence y Rodgers componían un dúo de lo más intimidante, y la mayoría de la gente se habría echado a temblar ante la idea de entrevistarse con ellos. Pero Gerry aprovechó la oportunidad. Jamás se había cruzado con ninguno de ellos, pero tampoco sentía temor ni animosidad alguna. Ya se había encontrado con muchos paramilitares intransigentes en el pasado, y sabía que solo tenía que tratarlos con educación y respeto para mantener una conversación como la que tendría con cualquier otra persona. Por lo general, respetaban su irreductible resolución a favor de la paz.

Cuando entraron los dos miembros de la UVF, Gerry supo apreciar de inmediato los modales de Gusty Spence. Se mostraba cortés y respetuoso, además de claro en sus objetivos. Spence le explicó que las jaulas estaban divididas según el bando paramilitar. Rogers y él dirigían una jaula del UVF y Gerry no tardaría en conocer a los oficiales al mando de las jaulas del UDA, el UFF, el IRA Provisional, el IRA oficial y el INLA. Spence le reveló, como si fuera la cosa más natural, que había hablado con los líderes republicanos en las jaulas contiguas. A pesar de las mortales diferencias que los separaban de los grupos unionistas, apoyaban su intento de que Gerry entrenara a todo prisionero interesado en la actividad.

«Estamos al tanto de que usted no cree en la división», le dijo Spence a Gerry con una sonrisa irónica.

Señaló que la prisión, al igual que el boxeo, lograba que los hombres comprendieran que, en el fondo, no eran tan diferentes. Se enfrentaban a los mismos temores y dudas. Spence se abrió acerca de sus hombres en la jaula del UVF. Sufrían y se sentían abandonados. La mayor parte estaban condenados de por vida, y el laberinto que era Maze había sumido sus cabezas en el caos. Spence pretendía que recuperaran su autoestima y unidad, olvidando sus discusiones sin sentido. Resultaba fácil ver que, antes de unirse al UVF, Spence había formado parte de la polícia militar del Ejército británico. Anhelaba el orden y la estructura.

No escondía los terribles crímenes que algunos de sus hombres habían cometido. Spence ya había afirmado de manera pública que la política del UVF era la de matar católicos. «El UVF tomó la decisión meditada de hacerle llegar su mensaje al Gobierno británico: si la violencia republicana les servía a estos para forzar una mesa de negociaciones, el uso de la violencia indiscriminada bajo tan terrible justificación, tan "terrible belleza", entonces el UVF desataría una violencia mayor incluso que la del IRA. Nuestra violencia no era del todo indiscriminada. Solo iba dirigida contra hombres católicos».

Al igual que sus contrapartes republicanas el UVF ponía bombas, disparaba y mataba gente. Pero Spence argumentaba que debían recordar siempre los principios políticos y los valores que los habían conformado. Sin ellos no eran más que matones violentos, no soldados bien entrenados. Spence hablaba del UVF como si lo hiciera de un Ejército, con un propósito político, pero que se convertiría en una turba amorfa sin los atributos fundacionales en los que tanto creía él. También dijo que en las jaulas el odio hacia uno mismo había tomado el control. Spence quería que sus hombres aprendieran a quererse de nuevo. Si odiabas aquello en lo que te habías convertido sería imposible querer a nadie más, ni hacer que nadie más te quisiera. Estaba convencido de que el boxeo, y Gerry, podía regenerar a sus hombres.

Llevaban años siguiendo el trabajo de Gerry. La manera en la que había ayudado a boxeadores protestantes como Davy Larmour se había vuelto objeto de leyenda: igual que las noches en las que los combates organizados por Gerry encendían Shankill Road y, aunque fuera brevemente, eclipsaban todo tipo de prejuicios. Estaban al tanto de lo ocurrido nueve años antes, en la cumbre de Shankill Road, y la decisión con la que el Consejo del Ejército Unionista había apoyado el trabajo de Gerry. Nunca los había defraudado y, a pesar del horror del conflicto en el que estaban sumidos, Gerry seguía valiéndose del boxeo para inspirar a la gente. Los tenía impresionados.

«Quiero que mis chicos tengan lo mejor», se limitó a resumir Spence para finalizar, «y usted es el mejor, Gerry».

Pero la logística era mucho más complicada que los elogios. Cuando comenzaron a discutir la manera en la que Gerry podría llevar el boxeo a las jaulas este observó un cambio surrealista en la conversación. El director delegado había mantenido silencio hasta entonces, pero, cuando comenzó a hablar de las reglas y condiciones, Spence y Rodgers lo ignoraron. Cuando este les hacía preguntas específicas, estos dirigían sus respuestas a Gerry, como si fuera su nuevo traductor en la prisión. Si querían hacer hincapié sobre algo dirigido al delegado, se lo decían directamente a Gerry. No tardaron en alcanzar un acuerdo y Gerry comenzaría con su entrenamiento a los prisioneros unionistas pasado el mediodía del siguiente martes. Se le reservaría una jaula para que la usara, y todos los reclusos del UVF, UDA y UFF que estuvieran interesados en el boxeo pasarían la tarde con él. Se ofrecería a trabajar de manera similar, en otra jaula, con los prisioneros republicanos de entre sus diferentes grupos, cada jueves.

«Magnífico, Gerry», dijo Spence. «Se lo agradecerán muchísimo».

Se despidieron de él de manera efusiva, pero no le pidieron que *tradujera* su afectuosa despedida al delegado.

Cuando Gerry se entrevistó con los oficiales al mando del IRA y la INLA, todo fue de la misma manera. Se negaron a reconocer la presencia del delegado y tan solo le hablaron a Gerry. Una vez más tuvo que desempeñar el papel de traductor cada vez que el oficial de la prisión les hacía preguntas a los reclusos. Los republicanos tan solo miraban a Gerry. Lo recibieron como si fuera uno de ellos, ya que el apellido Storey tenía gran peso en los círculos republicanos. Pero se respetó su insistencia en sus posiciones tolerantes. También se aceptó que cada martes pasara por las jaulas de los unionistas. Gerry sonrió cuando le dijeron que los ánimos entre los prisioneros republicanos mejorarían cuando se enteraran de sus planes para el próximo jueves. El poder del boxeo volvía a manar, personificado en la figura de Gerry.

Había sido una tarde agotadora, aquella en el Maze. Gerry se sintió cansado mientras esperaba en la garita del vigilante a que llegara el autobús para llevarlo de regreso a las puertas de la prisión. En el silencio, sus ojos vagaron por los cientos de fotos de identificación que cubrían las paredes. Los nombres y penas de cada prisionero en aquel complejo aparecían debajo de cada foto de su ficha.

Había una palabra que se repetía: *Vida... Vida... Vida.*

Casi todos los hombres a los que entrenaría en aquellos cuadriláteros improvisados en las jaulas de Maze cumplía condena de por vida. Sus rostros se fundían sobre aquella pared, pero en todos ellos había un factor unificador: su juventud. Un joven tras otro, un republicano tras otro, un unionista tras otro. Lo más seguro era que todos ellos pasaran la mayor parte de sus vidas en ese lugar miserable. Las estériles prolongaciones de jaulas y bloques H convertían aquellas penas de cadena perpetua en lo más opuesto a lo que debería ser la vida. En aquel escenario austero, Gerry se propuso que aquellos martes y jueves, en el ring, se parecieran lo más posible a tardes en libertad.

Era el único pasajero del autobús que haría el mismo trayecto que unas horas antes, pero en sentido contrario. Una enorme puerta tras otra se fueron abriendo y cerrando a su paso, mientras un nuevo agente revisaba sus pertenencias. El rechinar de la puerta cerrándose tras él, el estrépito del pestillo al deslizarse a su lugar y el repiqueteo del cerrojo al girar permanecían en su cabeza cuando abandonaba el autobús y se subía a su coche. Todavía escuchaba los ruidos de la prisión cuando llegaba a la Sagrada Familia. Le llevaría un tiempo acostumbrarse a Maze.

La primera sesión con los unionistas dejó patente el gran ingenio de Gusty Spence. Había formado un cuadrilátero utilizando las sábanas de las camas y cerca de cincuenta prisioneros atestaron el barracón Nissen que hacía las formas de centro de recreo en su parte del complejo. Gerry mostró, a su vez, su ingenio al llevar una gigantesca eslinga que normalmente se utilizaba para amarrar los botes en los muelles. Era plana y tenía unos seis metros de longitud, y Gerry la colgó de un extremo de la jaula al otro. La eslinga sería perfecta para las rutinas de ejercicios que proponía, en los que los prisioneros la esquivaban y pasaban de un lado al otro de la misma.

Al terminar la sesión, con los hombres irradiando sudor tras su esfuerzo, Gerry le pidió a Spence si sería posible dejarles la eslinga, ya que pesaba bastante y ocupaba muchísimo espacio en su macuto. Era consciente de que a los guardas de la prisión aquello no les haría gracia, pero siempre que Spence se comprometiera a no utilizarla para intentar algún tipo de fuga espectacular, estaba más que dispuesto a dejar la eslinga en la jaula del UVF.

«Claro que sí, Gerry», le dijo Spence.

«Pero la necesitaré el jueves», dijo Gerry con cautela, no muy seguro de que a Spence le hiciera mucha gracia compartir la eslinga con la jaula republicana.

Spence asintió. «No se preocupe. Tendré unas palabras con ellos y se la pasaremos por encima del muro cuando no haya nadie».

Gerry sabía que con ese *ellos* se refería al IRA. Spence lo dijo con tal naturalidad que Gerry quedó convencido de que así se haría.

Dos días más tarde comprobó que los prisioneros republicanos habían recibido la eslinga secreta sin ningún contratiempo, enviada desde la jaula del UVF. Después de otra exitosa sesión de entrenamiento con los chicos del IRA y el INLA, Gerry se sintió animado. Al terminar lo rodearon, con aspecto revigorizado y de felicidad, y comenzaron a ametrallar a preguntas al entrenador, haciéndole preguntas sobre boxeo, sobre púgiles a los que admiraban o incluso gente que recordaban que trabajaban en los muelles. Gerry conocía a muchos de los presos, como en el caso de *Big* Rob Maguire, cuyo hermano pequeño, Martin, era uno de sus pupilos en la Sagrada Familia.

«Gerry, échale un ojo a nuestro chico, ¿quieres?», le pidió Maguire serio.

«Así lo haré, Rob», le aseguró Gerry. «Al joven Martin le va bien. Va a representar a Irlanda».

Maguire le rogó que le diera más detalles sobre las opciones de su hermano en los pesos wélter. Escuchar noticias de fuera del Maze siempre era todo un empujón para todos en aquella prisión.

Gerry no tardó en idear nuevas maneras de elevar los ánimos entre cada dura sesión de entrenamiento que realizaban en ambas jaulas. Llevó películas con viejas peleas. El material en blanco y negro le sentaba genial a los combates clásicos, pero era consciente de lo mucho que a los chicos les gustaría ver las películas de Rocky a color. Convenció a los guardas de que le prestaran uno de sus televisores a color para ponerles *Rocky* y *Rocky II* a los felices presos. Pero Gerry no paró sus planes televisivos con aquello. Mientras les explicaba a los guardas el equipamiento básico que necesitaría para sus lecciones de boxeo, también comentó que dos televisiones a color y una grabadora de vídeo serían esenciales para sus vídeos de ejercicios.

«¿Televisiones a color?», resopló uno de los guardas.

«En un equipo en blanco y negro no se distinguen bien las instrucciones», argumentó Gerry.

Una semana después dos televisiones a color y un vídeo le esperaban. Los prisioneros de las celdas estaban encantados. Las credenciales de Gerry como héroe del presidio quedaron selladas.

Y se vieron consolidadas cuando, delante de muchos de los prisioneros y guardias, Gerry se enfrentó al alcaide de la prisión. Todo comenzó después de que Gerry se ausentase unos días para asistir a los campeonatos europeos, cuando el conductor del autobús de la prisión le dijo: «Gerry, en el tiempo que has estado fuera ha habido movimiento. Los *Sweeney* encontraron una eslinga larguísima. No consiguen averiguar de dónde ha salido».

«Esa eslinga es mía», dijo Gerry.

«Santo Dios, Gerry, será mejor que no vayas por ahí diciéndolo».

«No te preocupes, no os va a acarrear ningún tipo de problema», le tranquilizó Gerry. «No me importa decirles que la eslinga es mía».

Pero el alcaide encontró aquello menos divertido. Entró furioso en las jaulas y, después de una larga bronca acusó a Gerry de cometer un delito condenable en el presidio de mayor seguridad de toda Europa.

«¿Ha terminado ya?», le dijo Gerry con frialdad.

Sabía que el alcaide era unionista por los cuatro costados, por lo que eligió sus palabras con toda la intención. «Creo que puede usted ir a hablar con el señor (Ian) Paisley y contarle lo que ha sucedido en esta prisión de máxima seguridad que usted dirige. Me pidieron que viniera aquí para ayudar a los presos, y usted nunca se dignó a dirigirme una palabra. Así que puede usted también decirle eso al señor Paisley, y puede que entonces ese señor quiera hablar con mi abogado, porque usted me ha puesto en evidencia delante de todas estas personas».

Gerry pudo comprobar que muchos de los guardas se habían quedado con los ojos como platos, detrás del gobernador. Siguió hablando con toda tranquilidad. «Puede que deba irme entonces, ahora que estoy acusado de traición».

El gobernador respiró con furia un par de veces antes de salir de mala manera. La actuación de Gerry le encantó tanto a los guardas como a los presos, quedando impresionados por cómo se negó a dejarse amedrentar por el director de la prisión. Y él estaba mucho más contento todavía por la colaboración entre el UVF y el IRA. Se habían pasado la eslinga entre las jaulas 18 y 19, ayudándose para continuar con sus entrenamientos.

Ese espíritu colaborativo se hizo cada vez más profundo y Spence y Billy Hutchinson, uno de los jóvenes protegidos de Spence en el UVF, acudían con regularidad a preguntarle a Gerry: «¿Cómo les va a los chavales?». Gerry era consciente de que se referían a los presos del IRA. Y él respondía con toda sinceridad: «Les va bien, aunque no tienen tanto equipo como el que tienen ustedes, amigos».

«¿Qué es lo que necesitan?», preguntó Spence. En cuanto Gerry hizo una lista con todo lo necesario Hutchinson dijo: «Les prestaremos nuestras cosas».

«¿Están seguros?», les preguntó Gerry, recordando los asesinatos y represalias cometidos durante años entre unos y otros, rivales paramilitares que tanto se odiaban.

«Por supuesto», asintió Spence. «Siempre y cuando nos lo devuelvan para el siguiente martes».

En el exterior los Troubles seguían causando dolor, pero en el interior de las jaulas de Maze el UVF y el IRA estaban dispuestos a compartir los mismos guantes de boxeo, las mismas manoplas y las mismas protecciones de cabeza.

«Sé que los chicos lo van a agradecer mucho».

«Estamos encantados de hacerlo», respondió Spence.

Gerry había llegado a Maze precedido por su enorme reputación; no solo la de su trabajo en el mundo del boxeo, sino la que se labró por mantener a tantos y tantos jóvenes alejados de la violencia paramilitar. Spence y Hutchinson estaban comprometidos con el UVF, pero también tenían la esperanza de que, algún día, la paz volvería a reinar. Eran conscientes de que Gerry estaba convencido en rechazar la violencia y que predicaba la unidad más allá de la religión, y lo admiraban por ello. La pureza del trabajo imparcial que realizaba en el Maze alcanzó todos los rincones. Se entregaba en cuerpo y alma a las sesiones de entrenamiento en la jaula unionista, y hacía lo mismo con los prisioneros republicanos, a quienes conocía mucho mejor. Su ecuanimidad y su rechazo a juzgar a nadie por su pasado hizo que los unionistas lo respetaran todavía más.

Hutchinson, que intentaba sacarse la carrera en geografía, se interesaba más por el atletismo de fondo que por el boxeo, pero tanto él como Gusty Spence estaban fascinados por la habilidad de Gerry para sacar las mejores virtudes que atesoraban aquellos con quienes trabajaba. Antes de conocerlo, y sabedor de su trabajo en Shankill Road, Hutchinson pensaba que, o bien Gerry era un necio de campeonato o bien era un tipo de lo más valiente. Ahora, después de ver a aquel hombre de New Lodge trabajar con tal dedicación con cuarenta y cinco prisioneros del UVF, UDA y UFF, podía asegurar que Gerry era un tipo de lo más inteligente. Y también tenía muy clara su manera de pensar. Gerry estaba verdaderamente convencido de que trabajar con ambos bandos era lo correcto. No había lugar para confusión alguna, angustia ni debate. No le preguntaba a nadie por sus creencias religiosas ni su ideología. Se limitaba a hablarlos como a seres humanos normales y corrientes, a quienes quería ayudar.

Fuera de la prisión Gusty Spence era considerado un hombre imponente y duro, pero Gerry conoció a una persona atenta e incluso vulnerable. «Gerry, hablamos de usted a menudo», le dijo Spence una tarde de martes mientras el entrenador empaquetaba sus cosas. «Siempre decimos que no queremos que ningún político asome por aquí. No son capaces de hacer lo que usted sí consigue. No creemos en ellos. Muchos de nuestros políticos nos dijeron que los Troubles se acabarían en cuestión de tres meses. Y aquí estamos, la mayoría de nosotros para el resto de nuestras vidas».

La voz de Spence no mostraba amargura. Le contó a Gerry que siempre había periodistas que querían entrevistarlo. «Pero esos, al único que quieren escuchar es a Gusty el pistolero», dijo Spence con un triste encogimiento de hombros. «Yo les hablo de cómo lloré cuando esas puertas se cerraron detrás de mí la primera noche que pasé en las jaulas. Cuando escuché aquel sonido, lloré como un niño. En ese momento dejan de escribir. No les interesa saber qué es lo que uno siente estando aquí. Solo quieren hablar de armas».

Gerry podía entenderlo. Mientras entrenaban, todo el mundo se sentía bien; pero luego, cuando se preparaba para abandonar las jaulas, Gerry podía sentir en lo más profundo de sí mismo esa reclusión. Se hacía todavía más presente mientras esperaba en el cobertizo vacío a que llegara el autobús que lo sacaba de la prisión, cuando contemplaba a todos los condenados a cadena perpetua en el muro que lo rodeaba. Algo cambiaba en su interior y, cuando las puertas se abrían y volvían a cerrarse a sus espaldas, y sonaban los pasadores y las cerraduras regresando a su lugar, sentía que le daba un vuelco el corazón. Gerry no lograba quitarse de la cabeza la historia de Gusty Spence, llorando en su primera noche en las jaulas.

Barry y Sandra McGuigan tenían por fin un hogar propio, un pequeño bungaló cerca de Clones, justo en la frontera de la República de Irlanda e Irlanda del Norte. Como en un intento por ignorar toda división contrataron la electricidad con una compañía del sur, mientras que el agua la tenían contratada con los servicios públicos del norte.

Siete carreteras hacían de Clones un cruce de caminos. Cinco de esas carreteras conducían al norte, incluido el camino rural que pasaba junto a su bungaló. Las otras dos se extendían rumbo a la República. Si daban un corto paseo para enviar una carta con el servicio postal de Irlanda, los buzones estaban pintados de verde. Pero nada más pasar la frontera, a menos de ochocientos metros, los buzones eran rojos. Los buzones de diferente color eran un recordatorio constante de que se encontraban entre dos países y dos comunidades en guerra. La policía armada, los soldados y las bandas de paramilitares subrayaban que los rodeaban todo tipo de peligros en ambos lados de la división.

Pero a Barry y Sandra, un católico y una protestante, los unía el amor. Ignoraban los límites y fronteras, el fanatismo y los conflictos, y miraban al futuro. Aunque una batalla mucho más personal y mortal los acechaba.

World Sporting Club, Hotel Grosvenor House Hotel, Mayfair, Londres, lunes 14 junio de 1982

Por cada uno de sus diez primeros combates Barry McGuigan había recibido una bolsa de quinientas libras. Por noquear a Gary

Lucas en Enniskillen, en su undécimo combate en abril de 1982, durante una velada en la que Hugh Russell aumentaría su racha de victorias a un inmaculado seis a cero, Barry recibió seiscientas libras. Los jóvenes boxeadores olímpicos irlandeses serían los cabeza de cartel de una promoción de Mickey Duff en el lujoso Hotel Grosvernor House de Park Lane, en Londres. Ambos librarían combates a ocho asaltos en el peso pluma, y Barry ganaría allí setecientas libras, su mayor bolsa hasta el momento. El de Barry sería el tercer combate, contra el campeón del África Occidental en los pesos gallos, Asymin Mustapha, un nigeriano que combatía bajo el nombre del Joven Ali. Hugh sería el siguiente en pelear, en el último combate de la velada, contra Stuart Shaw.

La atmósfera en el Gran Salón del Grosvernor House, donde el World Sporting Club celebraba sus noches de boxeo y cenas de etiqueta, no podía ser más opuesta al estridente Ulster Hall en el que McGuigan y Russell solían pelear. Mientras hombres de negocio cenaban vestidos de esmoquin en mesas cubiertas de una mantelería del blanco más prístino, con sus cuberterías de plata tintineando por encima de las conversaciones apenas murmuradas que giraban en torno a acciones, la bolsa y partidas de golf, McGuigan y el Joven Ali se deslizaron entre las cuerdas. Hubo un atisbo de aplauso y unos pocos gritos de ánimo por parte de familiares y aficionados, que estaban sentados en lo alto, en el anfiteatro. Algunos hombres de negocios dirigieron sus miradas a lo alto e hicieron gestos con los que pedían silencio.

En el ring, la cosa parecía seria. A pesar de la complexión delgada de Ali, daba sensación de fortaleza y dureza. McGuigan sintió que aquella iba a ser una noche complicada. En su rincón, Paddy Byrne, el médico, había venido desde Brighton por encargo de Eddie Shaw y Barney Eastwood para cuidar de McGuigan y Russell. La voz de Byrne sonaba por encima del ruido sordo de los golpes que aterrizaban sobre piel y huesos. Los púgiles emitían pequeños ruidos, gruñidos de esfuerzo o dolor cada vez que un gran golpe los alcanzaba.

Ali se mostró escurridizo y vivaracho durante el asalto inicial, mientras que McGuigan peleaba con paciencia, intentado averiguar el calibre de un rival del que jamás había visionado ni una sola cinta. En el segundo, mientras McGuigan aumentaba la intensidad, Ali se vio forzado a apoyarse sobre el pie trasero. Pero era duro y resistente, encajando algunos golpes realmente pesados como si apenas le hubieran rozado la cabeza. McGuigan sabía que los púgiles africanos no se rendían con facilidad. Por eso se preparó para un combate de fondo.

Los tres primeros asaltos estuvieron relativamente igualados. Ali contaba con una defensa muy cerrada cada vez que McGuigan apuntaba al cuerpo, pero era sencillo golpearlo en la cabeza. Aun así se mostraba rápido y de una efectividad pasmosa cada vez que le lanzaba cuero a McGuigan. Cerca del final del cuarto asalto el joven irlandés alcanzó al joven Ali en la sien. El nigeriano se tambaleó, para recuperarse y comenzar a golpear de nuevo justo cuando sonaba la campana. Tenía una habilidad similar a la de Peter Eubank para soportar golpes durísimos y regresar al combate con la misma determinación.

Shaw y Byrne le aseguraron a McGuigan que llevaba ganados todos los asaltos, recordándole que mantuviera la paciencia. McGuigan dejó pasar el quinto asalto guardando energías para realizar una gran avalancha en los últimos nueve minutos del combate.

Ali regresó a su rincón quejándose de no sentir la mandíbula. Estaba entumecida, y parecía que se le escapase del rostro. Su entrenador lo animó, asegurándole que McGuigan se estaba cansando y que Ali tan solo necesitaba llevar la pelea a su terreno para recuperar el control.

Ali salió rápido en el sexto, pero McGuigan estaba preparado. Atrajo al nigeriano y dejó salir un derechazo que se estrelló contra la nariz de Ali. La fuerza del golpe arrancó un suspiro a Ali, haciéndole bajar la guardia. En ese momento McGuigan, igual que un gato que salta sobre su herida presa, continuó el ataque con otros tres golpes fulminantes: otro derechazo, un *jab* de izquierdas y un directo de derechas. Jamás había visto a ningún oponente derrumbarse como lo hizo Ali. Cuando el último de sus puñetazos alcanzó al nigeriano los ojos de Ali quedaron en blanco y su cabeza casi giró sobre su inerte cuello. Rebotó contra las cuerdas y cayó de bruces sobre el tapiz.

El tío y el sobrino de McGuigan fueron los únicos en chillar de júbilo mientras los elegantes comensales masticaban y charlaban, lanzando alguna que otra mirada despreocupada a la desmadejada figura del joven africano. Eastwood, Shaw, Byrne y Dermot, el hermano de Barry se escurrieron bajo las cuerdas para felicitarlo. Barry quería ver a Ali, consolarlo; pero Eastwood lo detuvo. El vencido púgil continuaba de bruces sobre el tapiz, rodeado de la gente de su rincón.

Barry había noqueado a muchos púgiles antes, y siempre se levantaban. Permitió a Shaw que le quitara los guantes y se puso su albornoz mientras Eastwood se acercaba a hablar con el entrenador de Ali. Barry estaba a punto de unirse a su promotor cuando Eastwood alzó la mano indicándole que esperara. Tras otro minuto Eastwood regresó al rincón de Barry.

«El chico se ha hecho daño», dijo en voz muy baja. «El doctor viene de camino».

En el recito no había asistencias médicas, y el único doctor presente se tomó unos minutos para llegar hasta el cuadrilátero y subir por las cuerdas. El grupo que se apiñaba alrededor del Joven Ali era mucho mayor ahora, mientras obligaban a Barry a permanecer de pie y observar desde el lado contrario del ring. Lo único que podía ver eran las piernas de Ali, y comenzó a preocuparse porque después de cinco, y luego diez minutos, seguían sin moverse. Por fin lo levantaron para colocarlo sobre la banqueta, pero mientras su entrenador lo levantaba parecía tan inerte como un pelele.

Barry pudo ver la preocupación en la cara de aquel hombre al que tan solo conocía por el nombre de Al. Negro londinense de segunda generación y ascendencia nigeriana, Al era un agente y conseguidor que cuidaba de todos los púgiles africanos que llegaban a Londres. Al y otros dos hombres habían llegado al ring. Sujetaban una mesa que habían llevado consigo desde el fondo de la habitación. Habían plegado las patas y parecía una mesa plegable.

«Vamos Barry», dijo Eastwood, «quitémonos de en medio».

Barry se bajó del cuadrilátero y se dirigió al vestuario. Se giró para ver qué estaba sucediendo. El Joven Ali yacía estirado sobre la mesa. Estaba completamente inmóvil.

«Ya cuidarán de él en el hospital», le aseguró Eastwood. «No te preocupes».

Barry se sintió mejor en el vestuario. Hugh Russell estaba boxeando contra el aire, con aspecto de total despreocupación. «Buen combate, Barry», felicitó.

«Gracias, colega», dijo Barry. «Buena suerte».

Barry entró en las duchas mientras Hugh salía dirección al ring. El chorro de agua alivió su tensión y se dijo a sí mismo que Eastwood estaba en lo cierto. El joven Ali no tardaría en estar bien.

Pero el destino quiso algo diferente. Mientras Russell vencía a los puntos a Shaw en otros ocho asaltos, Ali fue conducido al hospital equivocado. Precisaba de atención neurológica inmediata, por lo que la ambulancia tuvo que dar media vuelta y, bajo el bramido de la sirena, dirigirse a toda velocidad al hospital correcto. Había pasado cerca de una hora desde el momento en el que Ali había sido noqueado. Sus opciones de eludir el daño cerebral se veían reducidas de manera drástica.

Barry asistió a los dos últimos asaltos de la rutinaria victoria de Hugh; después, estuvo dando vueltas hasta que todo el mundo estuvo listo para regresar al Hotel Piccadilly. Durmió de manera intermitente aquella noche, preguntándose si Ali se había recuperado en el hospital y esperando que por la mañana llegaran buenas noticias.

Pero cuando Eastwood telefoneó justo después del desayuno, no había más que un breve mensaje del comité de control de la federación británica de boxeo en la que le comunicaban que Ali continuaba en el hospital.

«Se pondrá bien», dijo Eastwood. «Tan solo está bajo vigilancia».

Debían tomar el avión de regreso a Belfast, por lo que no había más remedio que dirigirse a Heathrow. Lo único que Barry deseaba era regresar al lado de Sandra, quien esperaba al primer hijo de la pareja. En cuanto estuviera junto a Sandy, volvería a ser él mismo.

Los días pasaron despacio, sin apenas noticias, hasta que a finales de la siguiente semana Eastwood recibió un golpe devastador. El Joven Ali seguía en el hospital después de que los cirujanos de Londres lo hubieran intervenido. Habían descubierto un sangrado cerebral y, para aliviar la presión, le habían abierto el cráneo, quitándole el hematoma subdural. Aquella frase médica, que Barry no había escuchado jamás, lo perseguiría durante décadas. Durante el siglo siguiente aprendería muchísimo sobre daños cerebrales provocados por golpes en la cabeza, pero en el verano de 1982 necesitó preguntarle a Eastwood qué significaba aquello.

«Dicen que es como una especie de coágulo de sangre en el cerebro».

«¿Y se lo he provocado yo?».

«No, no puedes pensar de esa manera», le dijo Eastwood de manera razonable.

Pero Barry negó con la cabeza. Sentía las lágrimas aflorar. «¿Se va a poner bien?».

«No lo sé», se limitó a decir Eastwood. «Parece que la operación no ha salido del todo bien».

Barry se fue de allí. Necesitaba ver a Dermot. Su hermano le escuchó con atención mientras Barry le resumía lo poco que sabía.

«Suena como si fuese a morir», dijo Barry. Negó con la cabeza mientras las lágrimas afloraron a sus ojos. «Y soy yo quien lo ha matado».

Barry lloró en silencio, contrayendo la boca en un intento por no gritar a pleno pulmón.

«No puedes culparte», dijo Dermot.

«Sí puedo», dijo Barry en un sollozo. «No quiero volver a boxear».

Pasaron tres meses. Cambió la estación, pero Barry seguía negándose a subir al cuadrilátero. No podía soportar el pensamiento de hacerle daño a otro boxeador. El joven Ali voló de vuelta a Nigeria, pero la prognosis hospitalaria era desoladora. Continuó en un coma profundo. La decisión de Barry fue todavía más firme tras enterarse de que la esposa de Ali estaba embarazada. Aquella cruel ironía, que tanto su pobre contrincante como él estuvieran a punto de ser padres, lo atormentaba. No parecía muy probable que aquel bebé, en Nigeria, fuera a escuchar jamás la voz de su padre.

Tras la boda, Sandra se había despedido de su trabajo y, junto a Sharon, la hermana de Barry, había montado su propio salón. Pero el negocio necesitaría algún tiempo hasta asentarse, y su embarazo estaba muy adelantado. «Nos irá bien», le aseguró Sandra. Quería que, en aquel momento en el que el corazón de Barry rechazaba tan de plano el boxeo, el dinero dejara de ser una preocupación para él. La angustia de Barry no remitía. Cuando mayor era el tamaño del vientre de Sandra, más cuenta se daba de que, sin el boxeo, no contaba con una manera de mantener a su esposa y al bebé.

«El boxeo es lo que mejor se te da», le recordó Dermot.

Barry contempló sus manos. Odiaba su fuerza mortal. Pero confiaba en Dermot; y en Sandra, por eso, en mitad de tanta aflicción pensó en las opciones que tenía. Si no volvía a boxear ¿cómo podría ganar el dinero que sí podía conseguir si continuaba trabajando y peleando tan duro? Barry apoyó las manos sobre el enorme vientre de Sandra, agachándose para besar aquella barriguita y a su bebé, que todavía no había nacido. Sandra acercó a Barry hacia ella y lo abrazó durante un largo rato.

El 25 de agosto de 1982 nacía Blain, el primer hijo de Barry y Sandra McGuigan. Una semana más tarde, entre tanta alegría, tomó una decisión. «He hablado con Barney», le dijo Barry a Sandra besándola en la cabeza mientras ella mecía al bebé. «Mañana regreso a la calle Castle».

Todavía era incapaz de pronunciar las palabras *boxeo* o *gimnasio*. Pero, con apenas veintiún años, llegaba el momento de enfrentarse a su mayor prueba.

A finales de septiembre de 1982, una semana antes de que Barry McGuigan sellara su regreso en una velada encabezada por una atractiva e impresionante pelea entre Davy Larmour y Hugh Russell, el que fuera el entrenador de todos ellos esperaba en el acostumbrado cobertizo a las afueras de las jaulas de Maze. Gerry Storey no dejaba de pensar en sus boxeadores: en el pobre Barry, a quien atenazaba el dolor; y en el combate entre los pequeños Hugh y Davy. Aquella pelea, que sería el combate principal de la velada y enfrentaría a un boxeador católico contra otro protestante, comenzaba a cautivar a toda Belfast. Gerry tenía claro que aquel martes, 5 de octubre, él no acudiría al Ulster Hall. Lo mejor, tanto para Davy como para Hugh, era que se mantuviera alejado de un combate que pronosticaba sangriento y salvaje.

Fuera, en la creciente oscuridad de aquella tarde de jueves, lloviznaba. Gerry contempló los rostros que lo rodeaban. Mientras se fijaba en cada una de aquellas fotografías de rostros, poniéndole nombre a cada una de las que conocía, la misma palabra resonaba en su cabeza una y otra vez: *Vida… Vida… Vida.*

Algunos de los convictos de por vida a los que entrenaba apenas tenían diecinueve años. ¡Estaban tan repletos de juventud! Y, sin embargo, parecía que sus vidas hubieran acabado ya. En la pared había rostros más maduros, hombres a los que casi había llegado a admirar, como Gusty Spence; pero la mayoría de los chicos con los que trabajaba eran unos críos. Contemplando aquellas vidas desperdiciadas, Gerry se sintió al borde del llanto.

La llegada del autobús tampoco supuso un alivio. En lugar de charlar con el conductor, como de costumbre, se limitó a contemplar la inalterable llovizna que se precipitaba sobre las jaulas y los bloques H. El conductor notó el cambio de humor en Gerry y se limitó a conducir en silencio hacia la salida. Cada una de las enormes puertas se fueron abriendo y cerrando, con chirrido de metal y el ruido de los pesados crujidos de la llave haciendo girar la cerradura. El sordo sonido del cierre de una puerta tras otra sepultó a Gerry todavía más en sí mismo. Mientras conducía despacio hacia New Lodge no consiguió escapar de aquella desesperación que sentía por todos los condenados a perpetua, tanto los de uno como otro lado; y por toda aquella gente en el exterior a la que tanto daño le habían creado.

En casa, se dispuso a regresar aquella misma tarde a la Sagrada Familia para entrenar a sus jóvenes e inocentes boxeadores, mientras Belle preparaba la cena para los seis. Sus hijos, Gerry hijo y Sam, ambos buenos boxeadores, lo acompañarían a la Sagrada Familia. En particular, Sam era una estrella del boxeo. Su destino le llevaría a formar parte del equipo olímpico irlandés en los Juegos de 1984, además de una carrera profesional en la que pelearía como aspirante al título mundial. Y Gerry estaría con él, guiándolo. Pero aquella noche se sentó en silencio, frente a su cena, sin apenas probarla, hasta que Belle le preguntó, incisiva: «Gerry, ¿dónde andas?».

Su marido elevó los ojos, sorprendido. Belle reconocía aquella mirada ausente que reemplazaba su típica sonrisita torcida. Antes de que su marido abriese la boca Belle ya conocía la respuesta.

«Sigues allí dentro, ¿verdad?», dijo con dulzura.

Gerry asintió. Belle estaba en lo cierto. Había empezado a temer cada martes y jueves, cuando acudía a Maze. Le caían bien los hombres, y el trabajo lo llenaba de un inmenso orgullo. Pero las jaulas lo hacían sentirse como un prisionero más.

«Eres un buen hombre, Gerry», dijo Belle, «pero no puedes quedarte en Maze para siempre. Te necesitamos aquí fuera».

Capítulo 13

UNA BATALLA SANGRIENTA

El coche de Davy Larmour estaba aparcado a las afueras del Hotel Dansdowne, en Antrim Road. Apenas quedaba una semana para el combate más importante de su vida, pero una última noche al volante del taxi le vendría bien para pagar las facturas mensuales. Después se dedicaría en cuerpo y alma a los entrenamientos durante los últimos siete días antes de subirse al ring para enfrentarse a Hugh Russell, el 5 de octubre de 1982. Era la pelea que Davy llevaba esperando toda su carrera.

Era ya casi medianoche y tenía el cuerpo molido. Había estado todo el día trabajando en los muelles en Harland & Wolff, levantando el andamiaje necesario para la construcción de nuevos barcos o para realizar los trabajos de reparación en aquellos que llevaban meses en el mar. Davy llevaba todo el día trabajando en altura, ensamblando los pesados andamios mientras el mordiente y frío viento surcaba las aguas. Sabía que era un trabajo peligroso; pero asegurado con todo tipo de arneses y cuerdas, allí arriba se sentía mucho más seguro que en su coche por las noches. El del taxi era, en el fondo, un juego de peligrosa incertidumbre. Podía pararlo un paramilitar; o, simple y llanamente, meterse en problemas mientras llevaba a alguien a su casa.

Davy quería hacer una última carrera desde Landsdowne, terminar e irse a casa. Mientras esperaba a que algún cliente saliera tambaleante del hotel en busca de un taxi, pensó en Russell y la que debía ser su gran noche. Ya había sido cabeza de cartel en una velada del Ulster Hall; la última vez que lo hizo fue en mayo de 1980, cuando se impuso a Isaac Vega, con Charlie Nash de gran telonero. Pero esa había sido una velada de perfil bajo, sin la expectación creada por su enfrentamiento contra Hugh Russell.

Barney Eastwood era consciente de que aquel era el mayor combate que se celebraría en Belfast desde la pelea de John Caldwell contra Freddie Gilroy, cuando ambos libraron una batalla sangrienta y épica de los peso gallos en el King's Hall, en octubre de 1962. Caldwell, de Falls Road y Gilroy, con su apasionada afición acompañándolo desde Ardoyne, eran púgiles católicos, antiguos compañeros en la selección olímpica y rivales. En palabras de Jack Magowan, del *Belfast Telegraph*, «salieron el uno contra el otro igual que en una riña de gatos callejeros» y llevaron al público a una «histeria de gritos incontrolados».

Y justo veinte años más tarde, Eastwood sintió que Belfast estaba lista para un enfrentamiento sobre el cuadrilátero entre un católico y un protestante. Estaba seguro de que la multitud abarrotaría el local, dejando de lado toda división confesional y abandonándose en brazos de la feroz lucha. Pero todavía suponía un gran riesgo, puesto que durante los primeros nueve meses de 1982 habían sido asesinadas sesenta y seis personas, a manos de grupos armados o a manos del ejército. Aun así, la intuición de Eastwood lo empujaba a confiar en el fervor por el boxeo que se respiraba en Belfast, además del respeto que ambas comunidades sentían por cada púgil. Larmour gozaba de gran fama en New Lodge y otras áreas republicanas; Russell había peleado en Shankill Road, y a menudo se dejaba ver por la Belfast unionista trabajando como aprendiz de fotógrafo para el *Irish News*.

Davy no era una persona celosa ni rencorosa, pero no había gozado de las mismas oportunidades que habían tenido tanto McGuigan como Russell desde hacía más de dos años. Russell contaba con su medalla olímpica y su inmaculado récord como profesional: ocho victorias por ninguna derrota. McGuigan seguía peleando por encajar lo sucedido con el Joven Ali, pero Davy —quien a menudo hacía *sparring* con él en el gimnasio de la calle Castle— era consciente de que el joven peso pluma estaba destinado a librar combates por los títulos mundiales. La grandeza de McGuigan resultaba obvia.

Y contar con el tutelaje de alguien como Eastwood hacía que McGuigan y Russell aparecieran en los periódicos de Belfast todas las semanas. Eran los invitados especiales en concursos de belleza como el de *Miss Piernas Bonitas*, o en actos cívicos. Y al negar cualquier inclinación confesional, se les requería por toda Belfast. Patrocinadores y aficionados hacían lo posible por estar junto a ellos; y lo que resultaba más importante: peleaban muy a menudo. Russell había librado ocho combates en los últimos diez meses; McGuigan doce en diecisiete meses.

Las dos míseras peleas que Davy había logrado en los últimos dos años se habían celebrado, ambas, en Londres. Había perdido de manera polémica contra Dave Smith en Southwark, en marzo de 1981. Y, con la ayuda de Paddy Maguire dirigiéndolo en el rincón, regresó a la senda de la victoria contra Ivor Jones en el Albert Hall, en abril de 1982. Después del primer asalto, con un Jones que trataba de intimidarlo con golpes de codos y cabeza, Davy recibió un golpe todavía más fuerte cuando regresó a su banqueta. Paddy le dio un enorme tortazo en la cara.

«¿A qué ha venido eso?», le preguntó Davy furioso y sorprendido.

«¡Para ver si despiertas de una puta vez!», le gritó Paddy. «¡Ponte a pelear ya, coño!».

Durante el resto de la pelea Davy superó a Jones, venciendo a los puntos de manera clara en una fácil decisión. «¿Lo ves?», le dijo Paddy más tarde, con una sonrisa. «¡La hostia más grande que te has llevado hoy ha sido la que te he dado yo!».

El palmarés de Davy era poco concluyente: había logrado nueve victorias por cinco derrotas. Era consciente de que para Eastwood no era más que un púgil acabado de treinta años que solo había encabezado una velada en toda su carrera, y fue por ser protestante; esto marcaba un claro contraste con su *Little Red*, el imbatido católico de veintidós años. Davy pensaba que una vez comenzara a destrozarle la cara a Russell, el *marketing* no serviría para nada. Serían él y su rival, los dos solos dentro de las cuerdas.

Davy volcaría toda su frustración en aquel combate. Estaba decidido a llevarse, por fin, los focos sobre el cuadrilátero.

Una mujer joven salió tambaleante del Lansdowne, caminando con unos altos tacones. Lucía un caro abrigo y toneladas de maquillaje; pero Davy se dio cuenta de que no era más que otra chica normal y corriente de Belfast. El púgil bajó la ventanilla del coche y confirmó que estaba libre.

«Jefe, ¿nos llevaría a New Lodge?», le preguntó la mujer. No tenía ni idea del origen de Davy, pero la mayoría de los conductores protestantes se negarían a adentrarse en territorio republicano.

«Sin problema», dijo Davy sin decirle que él era de Shankill. No tenía sentido alguno inquietarla. La mujer le pidió que esperara un par de minutos, que iba a por un par de amigos.

Davy era consciente de que dos minutos al final de una noche bebiendo se podían convertir, fácilmente, en veinte. Esperó con paciencia. Mientras no le vomitaran en la parte trasera del coche o le encañonaran con un arma... Pero tuvo suerte. En cosa de cinco minutos todos entraron al coche. El hombre que se sentó en el asiento del copiloto le dio el nombre de una calle.

«¿Junto al Star Boxing Club?», preguntó Davy.

«¿Lo conoce?».

«He ido allí muchas veces».

Los hombres del taxi se pusieron a hablar entre ellos y con la mujer. Davy se convirtió, de nuevo, en un conductor invisible, con el rostro perdido en la oscuridad, visible solo en ocasiones, al pasar bajo la luz que proyectaba una de las farolas amarillas de la calle. Se preguntó qué pensarían sus clientes si supieran que el martes de la semana siguiente lucharía contra el orgullo de New Lodge, Hugh Russell. Pero Davy prefirió mantener la boca cerrada.

«Escuche, amigo», le dijo el hombre que iba a su lado cuando se acercaban al final de la carrera de once kilómetros desde Antrim Road, «¿nos podría hacer un favor cuando nos bajemos los chicos y yo?».

«¿De qué se trata?», preguntó Davy.

«Nosotros pagaremos la carrera hasta aquí, ¿pero le importaría llevar a esta señorita hasta Shankill Road?».

Davy suspiró aliviado. Pensaba que iban a pedirle un descuento en la tarifa o, algo mucho peor, decirle que llevara un paquete a alguna dirección desconocida. En ese caso, se habría negado; pero estaba encantado de eludir cualquier problema. «No hay problema», respondió.

Le pagaron en cuanto se bajaron del coche justo frente al Star Boxing Club. Entonces Davy le pidió a la mujer que pasara al asiento del copiloto. No quería que el ejército le tocara las narices. Todo iría mejor si transmitían la mayor sensación de normalidad posible.

Después de que la mujer se despidiera de sus amigos se subió junto a Davy en la parte delantera. Pronto comenzaron a conversar, y Davy le preguntó cómo era que se dirigía a Shankill.

«Vivo allí», le respondió la mujer. Estaba segura de que Davy sospechaba que era católica, por lo que siguió explicando: «Mi marido es de allí».

Davy asintió. Mientras os llevéis bien entre vosotros, pensó, ¿qué me importa a mí la religión que profeséis? ¡Nada!

«¿Tiene usted algún problema por llevarme a Shankill durante la noche?», le preguntó la mujer.

«Para nada», dijo Davy sonriendo al comprobar que la mujer no se había dado cuenta de que él era protestante. «¿Cuánto tiempo llevan casados?».

«Un par de años, respondió la mujer antes de realizar una pequeña pausa, insegura sobre continuar o no. «Estoy casada con uno llamado James Craig».

«¿Jimmy Craig?».

La mujer se rio de manera irónica. Sabía que su marido, paramilitar unionista, era un pandillero que producía temor en muchos lugares de Belfast. «Casi todo el mundo ha oído hablar de él».

«Yo lo conozco bastante», dijo Davy.

«¿De verdad?», dijo la mujer sorprendida.

«Sí, yo solía entrenar en la calle Crumlin con Paddy Maguire. Jimmy se pasaba a menudo por allí. Le gustaba ver el boxeo».

«Oh, sí, a Jimmy le encanta el boxeo», dijo ella. Ahora estaba mucho más interesada en Davy. «¿Cómo te llamas?».

«Davy Larmour».

«¿El boxeador?».

Davy hizo un sonido gutural y sonrió. «Boxeador y conductor de taxi para ti».

«¿Pero no tenías un combate dentro de poco?».

«El día cinco... contra Hugh Russell».

La mujer había visto carteles de la pelea por toda Belfast. Ella y su marido querían que él ganara.

Davy vio un control más adelante. «Nos van a parar», dijo señalando a los soldados, que se hacían visibles en ese momento. «No les digas que esto es un taxi. Tan solo te llevo a casa».

Aminoró según se acercaban al punto de control. Un soldado dirigió una linterna al coche y le pidió a Davy su carnet de identidad, preguntando a dónde se dirigía.

«Justo al lado de Shankill Road», dijo Davy. «Estoy llevando a mi amiga a su casa. Y después yo voy a la mía, en Glengormley».

«¿Davy Larmour? ¿El boxeador?», preguntó el soldado.

«Sí».

El soldado le devolvió su documentación y le hizo una seña para que continuara.

«Quién me habría dicho que un famoso boxeador me llevaría a casa», dijo la mujer cuando aparcaron justo delante de su casa.

«Bueno, yo no soy tan famoso como Jimmy».

«Infame, sería la palabra adecuada».

Davy se rio. «Dale recuerdos a Jimmy».

«Lo haré, Davy. Buena suerte la semana que viene. ¿Ganarás?».

«Es lo que pretendo», respondió.

Barry McGuigan regresaba al cuadrilátero, pero el combate del que todo el mundo hablaba era el de Russell y Larmour. A los irlandeses, sobre todo a la gente de Belfast, les encantaba una buena pelea. Pero una buena pelea con un toque de rivalidad religiosa lo hacía todo más interesante, si cabe. Encajaba con el viejo adagio de Belfast: si quieres asegurarte un lleno total encierra a un buen católico y a un buen protestante en un ring.

A Hugh Russell le daban igual sus diferencias religiosas con Larmour. Ni él luciría un crucifijo en el cuadrilátero ni Davy luciría una bandera naranja. Solo eran púgiles, y Hugh sabía que Davy era duro y decidido. Le habría encantado contar con Gerry Storey y sus consejos sobre cómo planificar esa pelea. Pero jamás haría algo como poner a su antiguo entrenador en el foco; y, de todas maneras, Gerry insistiría en ser absoluta y totalmente imparcial y jamás lo favorecería si con ello perjudicaba a Davy. Al igual que McGuigan, el entrenador de Hugh era Eddie Shaw. Hugh sabía que Larmour pensaba que todo había sido mucho más sencillo para él. Pero nada era sencillo cuando procedías de New Lodge. Además, Hugh también se veía perjudicado por el hecho de que, en el peso minimosca, él habría sido un claro dominador. El límite de peso de 48,9 kilos de los pesos minimosca era muy complicado de alcanzar, pero él entraba en esa categoría y hubiera sido uno de los boxeadores más fuertes en ella. Incluso en supermosca, 52 kilos, Hugh era uno de los más fuertes en el circuito doméstico. Pero en esas categorías no conseguía tantos combates, por lo que casi siempre tuvo que pelear en los pesos gallo, 53,5 kilos.

Hugh todavía mantenía un aire de querubín con su cara pecosa y redonda, sus labios regordetes y su pelo rizado. Pero era todo un boxeador, y estaba dispuesto a ir a la guerra contra Larmour. Estaba seguro de que le iban a dar a la ciudad de Belfast la pelea que tantas décadas llevaba esperando. Después de años de parecer una ciudad fantasma marcada por la violencia y la muerte, Larmour y él le iban a dar algo que celebrar. A principios de los ochenta apenas un puñado de cantantes y grupos irlandeses, como Chris de Burgh y Thin Lizzy, se atrevían a tocar en Belfast. Había llegado el momento de que Belfast presenciara otro tipo de estrellas: las pequeñas chispas explosivas que Hugh pretendía arrancarle a Larmour de la cara. Tendría que golpear a Larmour en muchas ocasiones, y golpearle bien duro, para hacer mella en su decisión. Aunque también era consciente de que encajaría sus golpes, y de que estos le dolerían. Pero con esos golpes le demostraría a todo el mundo que era más duro que nadie.

Durante el pesaje de la mañana del combate Larmour resultó ser el más pesado. Se subió a la báscula y esta se detuvo justo en el mismísimo límite que marcaba la categoría del peso gallo, cincuenta y tres kilos y medio. El pequeño Hugh Russell comió más de lo que solía hacerlo durante la semana previa a una pelea y detuvo la báscula en cincuenta y dos kilos ochocientos gramos. Ambos se estrecharon la mano, posaron para los fotógrafos y cada uno marchó por su lado. Estaban tensos pero preparados.

Barry McGuigan quiso tranquilizarse realizando una visita a la congregación de las Clarisas Pobres de Clifftonville, en Belfast. Les pidió que oraran por el Joven Ali, que yacía en coma en una cama de hospital en Lagos, Nigeria. Él mismo se unió a la oración, rezando por su oponente, Jimmy Duncan.

Después de la oración fueron al convento a tomar un té, donde Barry admitió su sentimiento de culpabilidad por lo que le había sucedido al Joven Ali, expresando su temor a que algo parecido pasara de nuevo. Las monjas fueron amables con él y ayudaron al joven de veintiún años a sentirse mejor. Eran conscientes de que Barry no pretendió provocar aquel daño, y le aconsejaron que se dejara conducir por Dios. Lo animaron a seguir boxeando. Al igual que ellas habían recibido la llamada de servir a Dios, él había sentido la llamada de Dios para boxear. Barry les prometió a las monjas que, si en algún momento se alzaba con un título de campeón del mundo, se lo dedicaría al Joven Ali. Le pidió al padre Brian D'Arcy que lo acompañara en el vestuario del Ulster Hall. El cura católico se sentó junto al boxeador de puños de hierro, intentando convencerlo de que Dios los protegería tanto a él como a su oponente. También le propuso rezar juntos. Fue una oración que Barry había aprendido siendo un niño en Clones, y la encontró extrañamente reconfortante mientras ambos hombres la murmuraban juntos, en la penumbra del vestuario, apenas unos minutos antes de caminar al cuadrilátero:

> *Ángel de Dios, que eres mi custodio, pues la bondad divina me ha encomendado a ti, ilumíname, guárdame, defiéndeme y gobiérname.*

Barry le dio las gracias al padre D'Arcy y se levantó para liderar a Eddie Shaw, Paddy Byrne, Barney Eastwood y su hermano Dermot camino del cuadrilátero. Dirigiéndose a la batalla repitió la oración para sí mismo, una y otra vez.

Ulster Hall, Belfast, martes, 5 de octubre de 1982

El duro y pequeño peso pluma con calzón azul comenzó a saltar sobre el tapiz turquesa, abandonado a un baile para sí mismo, antes de elevar los brazos de manera jovial cuando fue presentado por el presentador ante el Ulster Hall: «Damas y caballeros... con un peso de cincuenta y siete kilos y ciento cincuenta gramos, procedente de Liverpool, ¡Jimmy Duncan!». El público de Belfast le ofreció al visitante un aplauso respetuoso. Reconocían el valor que había que tener para visitar Belfast siendo inglés.

No había necesidad de grandes florituras para anunciar al gran favorito local, por lo que el presentador dijo con un simple grito: «Y a mi izquierda, y con un peso de cincuenta y siete kilos y ciento cincuenta gramos, ¡Barry McGuigan!».

Ya no era necesario decir que procedía de Clones. McGuigan les pertenecía a todos ellos. Alzó sus brazos un instante en agradecimiento por el rugido con el que lo habían recibido.

El árbitro, Bob McMillan, llamó a ambos al centro del cuadrilátero. McGuigan mantuvo la mirada fija en Duncan, obligándose a no dejar de mirar a los ojos del contrario, por mucho que prefiriera mirar en cualquier otra dirección y estar en cualquier otro lugar. Iba vestido de sobrio negro, con la piel pálida bajo su negro pelo. Duncan le mantuvo la mirada, girando el cuello y dejando claro que confiaba en sí mismo. Era otro aspirante, con una marca de seis victorias en sus últimos siete combates. El vencedor de este nuevo combate estaría en un lugar privilegiado de cara a conseguir un combate por el título de los pesos pluma británicos.

Tras la campana, Duncan se dirigió decidido hacia McGuigan. Era un rival incómodo y compacto, con tal tendencia a agacharse que casi peleaba en cuclillas, lo que aumentaba la dificultad para golpearlo. A la vez, revoloteaba hacia McGuigan, lanzándole enjambres de golpes. McGuigan era mucho más fluido, deslizándose para escapar de casi todos los golpes; pero durante aquel asalto tan igualado con el que dio comienzo el combate, le faltaba ese fuego suyo tan típico. La chica con el letrero del asalto se deslizó entre las cuerdas mientras los luchadores recibían el refresco de las esponjas en sus rincones de reunión. Lucía unos pantalones blancos cortos, un top, blanco también, con mangas largas que lucía en la espalda el logotipo publicitario del vodka Smirnoff, y zapatos de tacón rojos. Con aspecto vergonzoso, enseñó la tablilla que anunciaba el segundo asalto sin hacer esfuerzo alguno por arrancar los aplausos ni sonreír ante los silbidos. Deseaba salir de aquel cuadrilátero; y lo mismo le sucedía a McGuigan.

Duncan salió al ataque durante ese segundo asalto, encerrando a McGuigan contra uno de los rincones después de recibir un largo izquierdazo. Había sido un gran golpe, aquel de McGuigan, pero le faltó malicia para continuarlo. Duncan había tomado la iniciativa, pero McGuigan rechazó la mayor parte de los golpes. McGuigan alcanzó con unos cuantos pullazos el cuerpo de su rival, pero su labor resultaba esporádica, como si no dejase de cuestionarse en ningún momento. No fue hasta el final del asalto cuando por fin dejó salir varias combinaciones verdaderamente rápidas. Duncan encajó bien los golpes, pero el árbitro intervino. El liverpuliano había sufrido una brecha sobre el ojo y el árbitro le hizo regresar a su rincón. Le secaron la cara, lavaron la herida y estaban a punto de enviarlo de nuevo al combate cuando sonó la campana.

Como si quisiera demostrar que el ojo no le daba problema alguno Duncan se abalanzó con fiereza sobre McGuigan al comienzo del tercero. McGuigan prefería centrarse en golpear el cuerpo. Intentaba a toda costa evitar la cabeza de Duncan, pues las imágenes del Joven Ali no hacían más que pasearse por su mente. Su trabajo en la parte baja comenzó a dar frutos y Duncan perdió fuelle. McGuigan le encajó un gancho de izquierdas y, entonces, las piernas de Duncan mostraron un estremecimiento perceptible.

Al ver a su rival en estado de vulnerabilidad, McGuigan se detuvo. Tenía miedo de causarle un daño permanente. Pasaron dos segundos y, entonces, en una demostración de carácter despiadado del que carecía McGuigan, Duncan lanzó un gancho de izquierda. Era el tipo de golpe que siempre le causaba problemas a McGuigan, y sintió cómo la onda expansiva de ese mazazo recorría su cuerpo, de la cabeza a los pies. Se dio cuenta de que Duncan era capaz de noquearlo si no contraatacaba. McGuigan lanzó entonces su propio gancho de izquierdas. Pero Duncan, animado por la momentánea duda de McGuigan, propinó un gran derechazo.

«¿A qué ha venido todo eso?», le dijo Eddie Shaw, incrédulo, cuando McGuigan se sentó en su taburete.

«Nada», se encogió de hombros McGuigan.

«¡Ni se te ocurra volver a hacerlo de nuevo!», le gritó Shaw. «¡Ponte a pelear ya, hostias!».

McGuigan casi salió corriendo desde su rincón para el cuarto asalto. Continuó lanzando golpes al cuerpo, provocándole dolor a Duncan, trabajándolo más y más. Tras un gancho de izquierdas al estómago, Duncan cayó al suelo.

McGuigan observó desde uno de los rincones neutrales, deseoso de que el combate llegara a su fin; pero Duncan se recompuso. El combate continuaba. McGuigan atacaba con fuerza, pero Duncan contraatacaba con valentía. Su bravura se vio recompensada por el aplauso de un público que sabía reconocer al rival. Justo antes de la campana McGuigan alcanzó a Duncan con un derechazo a la mandíbula. La afición de Belfast se puso en pie aplaudiendo el mejor asalto de toda la pelea.

Shaw utilizó una esponja para cubrir de agua con ella el rostro de McGuigan. «¡Mucho, mucho mejor!», gritó Shaw, «¡pero ahora quiero que salgas ahí y acabes con el trabajo! ¡Está casi derrotado!».

McGuigan asintió y bebió un poco de agua antes de levantar la cabeza ante un súbito rugido. Al otro lado del cuadrilátero, en la esquina contraria, el entrenador de Duncan negaba con la cabeza y volvía a agitar las manos. Se había acabado.

Shaw, Byrne e Eastwood felicitaban a McGuigan, pero este se los quitó de encima. Tenía que ver a Jimmy Duncan. Lo invadió una ola de alivio cuando vio que, a diferencia del Joven Ali, quien se quedó tirado sobre el tapiz, Duncan caminaba hacia él. Los púgiles se abrazaron. McGuigan dio un paso atrás y alabó la valentía y saber hacer de Duncan, mientras se aseguraba de que se encontraba bien.

«Estoy bien, amigo», dijo Duncan con su acento *scouse*. «Es solo que eres demasiado bueno».

McGuigan podría haberlo besado en aquel momento; en lugar de ello, optó por alzar la mano de su rival. El Ulster Hall aplaudió a ambos contrincantes mientras McGuigan dirigía la ovación hacia Duncan. Por fin podía sonreír. Dios había respondido a sus oraciones. Ambos habían sobrevivido a aquel combate. Jimmy Duncan regresaría a su casa, volvería a pelear y viviría durante muchos años.

El Ulster Hall estaba tan abarrotado que parecía a punto de reventar. Densas nubes de humo inundaban el aire, puesto que la casi totalidad de los mil doscientos cincuenta aficionados que lo abarrotaban no dejaban de fumar, presa de la excitación, mientras esperaban a Russell y Larmour. El olor acre de los cigarrillos era tan intenso que llegaba a los vestuarios, individuales, en los que los boxeadores dejaban que les vendasen las manos y realizaban sus últimos ejercicios de calentamiento.

Davy Larmour ya había peleado en el Ulster Hall docenas de veces. En aquel recinto se había alzado con cuatro campeonatos sénior del Úlster; también había recibido allí dos premios de Púgil del Año. Incluso como simple aficionado, le encantaba el Ulster Hall. Desde varias manzanas alrededor se podía sentir la excitación previa a una noche de boxeo. Los espectadores charlaban en voz alta sobre los próximos combates. El buen humor y la excitación eran las señas de identidad de toda noche en el Ulster Hall.

Pero mientras Paddy Maguire repetía sus instrucciones, no había lugar para las bromas. La figura del derrotado Jimmy Duncan alejándose por el pasillo fue otro recordatorio de la seriedad de lo que les esperaba.

Russell estaba inquieto. Larmour era un desafío muy diferente al de sus anteriores oponentes. Eastwood había intentado convencerle de que Larmour estaba ya en las últimas estribaciones de su cuesta abajo, pero Russell sabía que aquella sería una noche complicada. Se enfrentaba a un hombre orgulloso al que había admirado durante años. Además, Russell era consciente también de que el vencedor tendría garantizado un billete para desafiar a John Feeney por el título británico de los pesos gallo en los tres meses posteriores.

El Ulster Hall estaba abarrotado. De manera ilegal, se habían vendido quinientas cincuenta localidades extraordinarias, tal era la demanda por presenciar el combate de Russell contra Larmour. Y la multitud desbordaba los pasillos. Los púgiles tuvieron que abrirse camino a través de la tabaquera multitud, que creaba un túnel de luz que los conducía de camino al ring mientras los animaba.

Católicos y protestantes estaban apiñados los unos contra los otros. La tensión y la violencia entre ambas comunidades podría convertir el hermoso y vetusto Ulster Hall en un polvorín. Pero fue todo lo contrario: el recinto era un uniforme mar bramante que unía a toda aquella gente gracias al boxeo. Aquella noche, fuera del cuadrilátero, no hubo problema alguno, ni cánticos indecorosos o intolerantes; no hubo derramamiento de sangre y ninguna vida amenazada. Fue un resplandor milagroso en mitad de los Troubles.

Pero claro, de cuerdas adentro, todo era diferente. Se derramó tanta sangre en aquella batalla salvaje que el árbitro, Mike Jacobs, de Londres, parecía un carnicero trabajando en el matadero. Mientras que Larmour intentaba derribar a Russell con fuertes combinaciones de golpes, que encontraban respuesta en los intencionados golpes del más joven y resbaladizo de ambos hombres, los puñetazos golpeaban con ruido sordo en piel y huesos. Hubo brechas que se abrían y que manaban sangre, sobre todo desde uno de los ojos de Russell; pero también de Larmour. Jacobs se secaba la sangre del rostro después de cada asalto, mientras su camisa iba tomando, poco a poco, un tono carmesí. Parecía que lo hubieran disparado en pleno corazón y lo hubieran apuñalado por encima del pectoral derecho.

En cada rincón se afanaban por detener el torrente de sangre, con Eddie Shaw vertiendo una mezcla cementosa sobre el ojo de Russell para coagular la enorme brecha. Larmour la abría una y otra vez, mientras Russell lanzaba su punzante *jab* en respuesta. Cuando se llegó al final del noveno asalto, con otros tres todavía por delante, Russell y Larmour estaban empatados a los puntos.

Puede que Russell sufriera un corte muy severo, pero encontró nuevas reservas de energía y realizó un impresionante décimo asalto... al que Larmour respondió con idéntica resolución. El Ulster Hall estaba embelesado; cada nuevo golpe desencadenaba un nuevo rugido mientras los dos púgiles daban lo máximo de cada uno durante los doce asaltos. Después de que la campana sonara por última vez ambos púgiles se abrazaron, enfrentando sus rostros una vez más, sonriendo bajo las máscaras de sangre en que quedaron convertidos. Jacobs volvió a limpiarse por última vez las manos en aquel delantal de matarife en el que había quedado convertida su camisa, y se giró hacia el pelirrojo boxeador. Levantó la mano de Hugh Russell, confirmando que había vencido por el margen más estrecho posible: ciento diecisiete puntos y medio contra ciento dieciséis puntos y medio.

Davy Larmour frunció su rostro en un gesto de decepción, pero felicitó a Hugh. Se giró y vio a Paddy Maguire negando de manera furibunda con la cabeza y hablando con Barney Eastwood. El entrenador le decía al promotor que su chico había tenido suerte. Davy se merecía una revancha.

«Podemos repetir», dijo Eastwood sonriendo mientras miraba al Ulster Hall. Todo el mundo estaba en pie, aplaudiendo, animando y gritando a pleno pulmón que aquel había sido un combate para la historia.

Davy solo quería regresar al vestuario y sentarse en un tranquilo rincón. Miró por última vez a Hugh y vio a su ensangrentado rival acercarse a su madre. Eileen Russell aferraba sus gafas con la mano izquierda. Apenas se las había puesto durante toda la noche, pues no podía soportar ver que su hijo. Hugh, quien todavía seguía sobre el cuadrilátero, se inclinaba hacia ella con los brazos abiertos, como si dijera que necesitaba el contacto de su madre. Eileen lo contemplaba, mientras su hijo se dejaba colgar sobre una cuerda gruesa y nudosa que llegaba a la altura del cinturón de sus calzones, mientras el púgil estiraba sus brazos hacia ella.

Brendan Murphy, el gran fotógrafo y mentor de Hugh, sintió el momento. Se preparó para tomar una instantánea que iluminaría la primera página del *Irish News* de la mañana siguiente. Encuadró la foto de manera perfecta, atrapando el momento en el que el cuerpo molido y ensangrentado del aprendiz de fotógrafo se inclinaba a través de las cuerdas para besar a su madre. El amor y el alivio, mezclados con las lágrimas y el horror eran claramente visibles en el rostro de Eileen. Murphy presionó el disparador justo antes de que se besaran. Capturó al púgil y a su madre, unidos por el amor, en una fotografía en blanco y negro que destilaba el drama cruento y la violenta intimidad del boxeo.

Eileen Russell lloraba mientras besaba a su hijo. Hugh parecía tan cansado y vulnerable que la mujer desearía pedirle que no peleara nunca más. Querría que su hijo tirara los guantes de boxeo y tomara su cámara de una vez por todas. Pero sabía que la necesidad de pelear seguía corriendo por las venas de su hijo; esas mismas venas que regaban todavía con su sangre aquel tapiz color turquesa.

«¡He ganado!», fue lo único que le dijo a su madre mientras la miraba desde el ring.

«Sí, hijo», le dijo Eileen sonriendo detrás de un velo de lágrimas. «Has ganado».

El púgil derrotado se sentó en un rincón del vestuario. Davy fue cayendo en aquel dolor tan familiar que surgía cuando desaparecía la adrenalina. Le dolía todo el cuerpo: pero lo que más le dolía era el corazón. Paddy seguía furioso, convencido de que Davy había ganado, prometiéndole que conseguirían la revancha. Y la próxima vez se asegurarían de que no hubiera error alguno. Lo único que quería Davy era ducharse y que le suturasen en el hospital. El doctor le había echado ya un vistazo y le había dicho que, seguramente, necesitaría una docena de puntos.

Davy permitió que Paddy le quitara los vendajes, le desabrochara las botas y le quitara los calcetines, empapados, en ese vínculo exclusivo que une a un púgil con su entrenador tras un encuentro violento. En la ducha vio la sangre correr por su rostro, su pecho y sus piernas antes de desaparecer por el sumidero, tiñendo de rojo el agua a sus pies. Alzó su tierno rostro hacia la alcachofa y se apenó. ¡Había estado tan cerca de vencer! La historia de toda su carrera reverberaba en aquella derrota. Davy era consciente de que, en espera de la revancha, debería regresar al volante de su taxi por las noches.

Después de secarse con la toalla se sintió algo mejor. Davy le había dicho a Paddy que quería conducir él mismo el coche, solo, hasta el Mater Hospital en la calle Crumlin. Pasar un tiempo a solas y en silencio en su coche le vendría bien. Paddy titubeó, pero Davy lo tranquilizó. Mientras Davy se ponía los calcetines y los zapatos, el silencio inundó el vestuario. Le dolían las manos, que estaban amoratadas. Había golpeado a Hugh muy fuerte, y en muchas ocasiones. Estaba a punto de ponerse la chaqueta cuando escuchó un golpe seco en la puerta. Uno de los oficiales asomó la cabeza por la puerta.

«Davy, ¿cómo va a llegar usted al hospital?», le preguntó aquel hombre.

«Iré conduciendo al Mater».

«¿Le importaría llevar a Hugh?», le preguntó el oficial. «No tiene forma de llegar al hospital».

«Claro, sin problema», dijo Davy. «Dígale que se pase por aquí cuando esté listo».

«Qué buena persona», murmuró el directivo.

Hugh no le hizo esperar demasiado tiempo a Davy. Se estrecharon las manos y Hugh le agradeció a Davy que lo acercara al hospital.

Las calles alrededor del Ulster Hall se habían vaciado y serían muy pocos los que vieran a los dos feroces rivales, un protestante y un católico, abandonar el escenario de su combate épico uno junto al otro. Cuando llegaron al coche de Davy, Hugh le preguntó en voz baja: «¿Te importa si me echo en la parte trasera? Estoy un poco dolorido».

«No te preocupes», dijo Davy con una pequeña sonrisa, «conozco la sensación». Davy se sabía el camino gracias a todas sus noches al volante del taxi. Estaba a apenas dos kilómetros y medio del Ulster Hall. Metió la marcha atrás despacio para salir del sitio en el que estaba aparcado y se dirigió al norte por la calle Bedford. Giró para entrar en Franklin y después tomó la primera a la derecha en College Square.

Le resultó raro verse de nuevo al volante, como si hubiera regresado a su trabajo de taxista; por eso miró por el espejo interior del coche. Bajo las diáfanas luces de las farolas pudo ver el rostro hinchado y lleno de cortes de Hugh.

«¿Cómo vas, amigo?», le preguntó.

«Bien, estoy bien», respondió Hugh. «¿Y tú?».

«Yo también estoy dolorido. Será mejor pasar el trago de los puntos cuanto antes».

Se dio cuenta de que Hugh necesitaría bastantes más puntos que él, por lo que cambió de tema. Dijo que lo mejor sería evitar todos los puntos de control.

«Como les dé por pararnos va a ser todo un poco confuso», dijo Hugh con una sonrisa burlona. Se imaginaron la escena, si a un grupo de soldados británicos le daba por detener a un magullado protestante llevando al hospital a un católico cubierto de sangre.

Davy subio por Carrick Hill. Ayudó que Davy y Hugh se conocieran desde hacía tantos años. No se puede decir que fueran buenos amigos, porque la diferencia de edad resultaba insalvable, pero eran amigos.

«Creo que Gerry se lo habría pasado bien hoy», dijo Davy mientras giraba a la izquierda por la calle Clifton y se dirigía a Crumlin Road.

«Ya te digo», respondió Hugh. «Pero no le habría gustado que encajáramos tantos golpes. Nos habría echado una bronca a ambos».

Dieron sus nombres en el mostrador de recepción del Mater Infirmorum y esperaron. El hospital no estaba lejos de la prisión de Crumlin Road, pero por una vez las urgencias estaban tranquilas. Una enfermera de guardia los condujo por un pasillo en el que resonaban los pasos. ¿Les importaría si los atendía el mismo doctor? Ambos boxeadores sonrieron. Habían compartido un espacio mucho más peligroso en el cuadrilátero. Le indicaron a cada uno de ellos que esperase sobre una camilla de la misma consulta.

La enfermera colocó un biombo entre ambos para ofrecerles algo de privacidad.

Davy era el que estaba más cerca de la puerta; se había tumbado en la camilla y cerrado los ojos. El dolor y el cansancio comenzaron a hacerle mella. Sabía que Hugh se encontraba igual de mal.

Por fin, un doctor entró por la puerta y se dirigió a la camilla. Se quedó contemplando un buen rato el rostro de Davy. «Ay, Dios», dijo. «Le han dado una buena paliza. ¿Quién le ha hecho esto?».

Davy se inclinó y corrió el biombo. «Él», dijo riéndose mientras señalaba a Hugh, quien también se había tumbado en la camilla de al lado.

Los ojos del doctor se abrieron como platos contemplando el rostro pecoso que iba a necesitar de bastantes puntos más. «Puede que no se lo crea, doctor», bromeó Davy, «pero Hugh ha ganado el combate».

«Parece que se lo han pasado en grande esta noche», murmuró el doctor. Davy fue examinado y precisó de una docena de puntos para cerrar los cortes. La cara de Hugh era un desastre mayor. Le pusieron un total de treinta puntos de sutura. Ambos habían librado el combate más sangriento de sus vidas.

Un par de días después, en Londres, Mike Jacobs fue a recoger la camisa que había llevado en el ring. Estaba tan cubierta de sangre que la había llevado a la tintorería. El hombre de la tintorería se quedó tan consternado cuando abrió la bolsa y descubrió una camisa salpicada de sangre carmesí que llamó a la policía. Estaba convencido de que Jacobs había matado a alguien.

Jacobs se sintió confuso cuando, en lugar de recibir su camisa, le dieron una carta en la que se le solicitaba que se presentase en comisaría. El encargado de la tintorería miró a otro lado evitando responder a sus preguntas, por lo que Jacobs se dirigió a la policía. Su confusión fue todavía mayor cuando fue conducido a un pequeño cuarto y dos detectives del Departamento de Investigaciones Criminales lo sometieron a interrogatorio.

Cuando les dijo que había estado en Belfast, los detectives se volvieron todavía más recelosos. Su aseveración de que había ejercido de árbitro en una eliminatoria por el título británico les pareció poco creíble. Ante la insistencia de Jacobs accedieron a telefonear al Comité de árbitros de la Federación Británica de Boxeo. Por fin, después de que en el comité les aseguraran que Jacobs había estado, en efecto, en mitad de una batalla sangrienta entre dos pesos gallo de Belfast un policía dejó en libertad a Jacobs, divertido. También le devolvieron su ensangrentada camisa.

«Si yo fuera usted, la enmarcaría», le dijo uno de los detectives. «Esta camisa se podría volver famosa».

Dos meses después una llamada telefónica muy diferente dejó a Barry McGuigan por los suelos. En diciembre de 1982 Barney Eastwood le habló con mucho tacto, pero las noticias que tenía no eran fáciles de comunicar. El hospital de Lagos había desenchufado la máquina que mantenía con vida al Joven Ali.

Eastwood sabía que aquel era el momento que su púgil temía desde aquella terrible noche en Londres. Barry apenas fue capaz de hablar entre las lágrimas. La culpabilidad se apoderó de él. Sus puñetazos, sus propios puños, habían matado al joven Ali.

Dermot no tardó en estar junto a él. «No digas eso, Barry», le pidió su hermano. «No era tu intención, nunca lo fue».

«Lo siento», lloró Barry desconsolado. «Lo siento».

Capítulo 14

EL CUERPO Y EL MALETÍN

Ulster Hall, Belfast, martes 25 enero de 1983

Por lo general, un púgil es el primero en darse cuenta de cuándo le llega el final, y el último en admitirlo. Davy Larmour supo antes que nadie que sus días de cuadrilátero tocaban a su fin. Sintió cómo se cernía sobre él la oscuridad del Ulster Hall. Había poco que pudiera hacer, pues se sentía más lento y pesado que Dave George, un pequeño y escurridizo galés que le estaba propinando una auténtica somanta. Larmour vio cómo una y otra vez se le adelantaban por la mano, mientras George se hacía con cuatro de los cinco primeros asaltos.

En el rincón, Paddy Maguire conminaba a Larmour a sacar a relucir el tesón que había en su interior. Si no era capaz de hacer descarrilar aquella locomotora de puños cada vez más desbocada, su revancha contra Hugh Russell se iría al garete.

«¿Pero es que vas a permitir que Russell se te escape?», le preguntó furioso Maguire echando mano de toda la psicología pugilística que podía reunir.

Larmour sintió correr por su rostro el agua de la esponja de Maguire y sacudió la cabeza: tanto para responder a la pregunta como para aclarar sus ideas. Era consciente de que no podría pelear mucho más. Pero, después de tantos años de anhelos frustrados, necesitaba una última gran noche bajo los focos, contra Russell, para reivindicarse a sí mismo. Metió grandes bocanadas de aire a sus pulmones. El Ulster Hall estaba tan lleno de humo como de costumbre, pero a Larmour eso le daba igual. Tan solo necesitaba llenar su corazón y sus pulmones de fuego.

«Demuéstrale a ese mocoso que eres mucho mejor que él», dijo Maguire sacando un pulgar acusador en dirección al joven George, de veintitrés años.

De acuerdo con los libros de registro oficiales de la Federación Británica de Boxeo, Larmour cumpliría veintinueve años en menos de tres meses. Pero, en realidad, en abril cumpliría treinta y uno. Por consejo de su promotor, George Hassett, se había *quitado* dos años al pasar a profesionales. Hassett pensó, de manera equivocada, que Davy conseguiría más peleas si aseguraba ser más joven. Pero la auténtica verdad era que tantos años de trabajo en los muelles y de conducir su taxi por las noches hasta altas horas de la madrugada le habían causado mella.

Maguire aplicó gruesas capas de vaselina a Larmour por las amoratadas cejas. Davy tragó un último sorbo de agua. Se giró a su entrenador y abrió la boca. El entrenador le introdujo el protector.

Larmour lo mordió y se levantó del taburete. Golpeó sus guantes uno contra el otro. George, en plena ola de confianza y esperando que el combate siguiera el mismo patrón que hasta entonces se adueñó del centro del cuadrilátero. Larmour salió a su encuentro y abrió el sexto asalto con una lluvia de puñetazos. Aquellos duros golpes sorprendieron a George. Dio un paso atrás, pero Larmour salió tras él. Sus poderosos brazos se movían como pistones, con los puños golpeando con un seco ruido el cuerpo de George para dirigirse después a la cabeza. Aquella fiereza era nueva.

No solo había cambiado el curso del combate, sino que se había vuelto un maremoto que se tragaba a George. Intentó, como pudo, que no lo apabullara, abrazándose a Larmour para mantenerse en pie. Pero Larmour lo empujó y continuó con su ataque, golpeando a George una y otra vez hasta que el galés cayó sobre el tapiz. La pelea se había terminado. Davy Larmour podía mantener vivo el sueño de su revancha.

«¿Ha visto eso?», le gritaba Maguire a Barney Eastwood, que estaba junto al ring.

Maguire dirigió después el pulgar a la concurrencia. «¿Y ha visto lo que piensa toda esa gente de Davy Larmour?». La gente estaba en pie y ovacionaba a Larmour mientras este consolaba a su perplejo oponente.

Eastwood sonrió y asintió. Maguire volvió a gritar: «No se olvide de lo que me prometió, Barney. Queremos esa revancha».

Hugh Russell se enfrentaba a una prueba mucho más complicada. Si Russell caía derrotado en su primer combate por el título británico de los pesos gallo contra el campeón, John Feeney, en el combate principal de la velada, no habría revancha inminente contra Larmour. Feeney era un avezado estilista que consideraba que Russell era poco más que un peso mosca. Pensaba que, para Russell, sería demasiado subir dos categorías de peso.

Pero Davy lo veía de manera diferente. Había peleado contra Russell en los pesos gallo, y había aprendido por las malas que el hombrecillo al que llamaban *Little Red* tenía en su pecho un enorme corazón competitivo. Con todo, Feeney había logrado la victoria en veinticinco de sus treinta combates como profesional, y todavía tenía apenas veinticuatro años, tan solo un año más que Russell. Estaba en forma y era un tipo duro, y el mejor rival contra el que Russell se había enfrentado. Pero Davy, empujado por un sentimiento de esperanza y redención, creía en el jovencito de la Sagrada Familia. Pensaba que Russell podría sorprender a Feeney en aquel combate, el último combate por el título que se celebraría en Gran Bretaña a quince asaltos, puesto que todos los combates que vinieran después se verían reducidos a doce asaltos.

Davy se dio prisa en ducharse para poder animar a su rival desde el lateral del ring. Se vistió y, con el cabello todavía empapado, pasó a través de la multitud de aficionados de Belfast que querían estrechar su mano y palmearle la espalda. Su propio combate había supuesto un pequeño calvario, pero ahora necesitaba que Russell hiciera el mejor combate de su carrera para cerrar así la revancha.

Junto al cuadrilátero, Larmour animó a pleno pulmón. Demostró que sus ánimos en favor de Hugh no nacían única y exclusivamente de su propia ambición personal. Su deseo de que Russell venciera nacía del hecho de que ambos eran boxeadores de Belfast, y eso era un vínculo que los unía. Aquello borraba cualquier tipo de diferencia entre ambos, y lo único que Davy veía ante sí era un compañero boxeador del Úlster, que había aprendido en ese mismo gimnasio de la Sagrada Familia en el que Davy había prosperado a las órdenes de Gerry Storey. Y eso le llevaba a gritar todavía más fuerte: «¡Vamos, Hugh!».

Russell peleó con astucia y Fenney tuvo dificultades para alcanzarlo. El aspirante era mucho más rápido y siguió adjudicándose asalto tras asalto, mientras que Feeney recibió una advertencia por utilizar la cabeza. Russell no pegaba demasiado duro, pero al ser zurdo resultaba más efectivo.

Feeney lo alcanzó con algún que otro buen golpe, pero Russell no lo acusó. Seguía siendo un combate reñido y emocionante hasta que, en el decimotercer asalto, un frustrado Feeney volvió a acometer al pequeño *Little Red* con la cabeza. Ya había recibido varias advertencias, por lo que el árbitro, Sid Natham, lo descalificó. Las protestas de Feeney quedaron silenciadas por la estruendosa ovación que anegó el Ulster Hall.

Hugh Russell era el nuevo campeón británico de los pesos gallo tras apenas doce combates. El cinturón, que en su día le perteneció a Paddy McGuire, regresaba a Belfast. En un vestuario repleto de gente Maguire se abrió camino a empujones hasta quedar cara a cara con Barney Eastwood. Los dos hombres se caían bien, pero Maguire no se anduvo con chiquitas con el promotor.

«Espero que mantenga su palabra, Barney», dijo Maguire.

«Por supuesto que lo haré», le contestó un radiante Eastwood.

«Entonces Davy tendrá su revancha ¿como aspirante al título?». Eastwood asintió. «Lo celebraremos en el King's Hall».

«Justo lo que quería escuchar», aulló Maguire. El King's Hall, que no había presenciado un combate de boxeo desde el famoso combate de Caldwell contra Gilroy en 1962 se llenaría con nueve mil aficionados.

Eastwood le ofreció la mano para cerrar el trato. Maguire aferró la mano del promotor y le hizo la pregunta más importante: «¿Cuándo lo haremos?».

«Pronto», resopló Eastwood.

«Lo queremos ya, Barney», dijo Maguire. «Belfast lo quiere ya».

Davy despertó justo después de las siete en punto de la mañana del 2 de marzo de 1983. En cuanto abrió los ojos el agujero en el estómago y la sequedad en la boca fueron el crudo recordatorio de que se acercaba, amenazante, un nuevo pesaje, al que seguiría otro combate. Apenas habían pasado treinta y seis días desde que Hugh Russell y él habían vencido en sus respectivas peleas en el ring. Costaba hacerse a la idea de que Paddy Maguire se hubiera salido con la suya tan pronto. Aquella noche se volverían a encontrar en el King's Hall.

Desde su cruento combate contra Davy en octubre de 1982, esta sería la quinta pelea de Hugh en menos de cinco meses. Se había subido al cuadrilátero en dos ocasiones más que Davy durante ese tiempo, venciendo a George Bailey y Juan Rodríguez antes de enfrentarse a Feeney. Hugh tenía un brillante motivo para librar un nuevo combate por el título, y es que tanto Davy como él coincidían en que el cinturón de Lonsdale era el premio más bonito del boxeo.

Este era un cinturón de oro de veintidós quilates que contenía un medallón esmaltado en cuyo centro podía verse la reproducción en miniatura de un combate, además de mostrar la inscripción de los nombres de todos los que lo habían llevado. Había sido entregado por primera vez al campeón británico en 1909. Desde entonces había logrado tal importancia en el boxeo británico que, para hombres como Davy y Hugh, aquel cinturón valía casi lo mismo que un título mundial. Cualquier campeón que defendiera su título británico durante tres combates consecutivos se convertía en poseedor por derecho de una reproducción propia del Lonsdale. Hugh sabía que, si derrotaba a Davy de nuevo, apenas necesitaría una nueva defensa de su título para que le concedieran el Lonsdale en propiedad. Su deseo de alcanzar tal objetivo era tan fuerte que accedió de inmediato a la revancha con Larmour.

Hugh pensaba que en esta segunda ocasión sería más sencillo derrotar a Davy. Estaba en mejor forma, era más joven y venía en racha de victorias. Todavía no había olvidado los treinta puntos de sutura que le dejó su primer combate, pero Hugh estaba convencido de que Davy no podría replicar la intensidad de aquella velada. Pero la convicción de Davy era bastante más cruda. Estaba dispuesto a dejarse la vida antes que caer derrotado de nuevo ante Russell.

Davy se quedó fuera de la cocina mientras Ellie, su esposa, preparaba el desayuno para ella y los niños. No tenía sentido quedarse cerca de la comida y aspirar su aroma cuando no podía comer ni beber hasta las 13:00, hora del pesaje. Se contempló en el espejo. Estaba flaquísimo, casi cadavérico. La batalla para dar el peso le iba costando cada vez más, con cada combate.

Siguió su ritual de costumbre previo a cada combate y, una vez que todos hubieron terminado sus desayunos, Davy y su hijo mayor, David, que tenía diez años, se fueron al gimnasio. Sería más fácil dejar pasar las horas previas a poder comer de nuevo si disfrutaba de la compañía de su círculo más íntimo. Padre e hijo dejaron Glengormley en silencio, en el taxi nocturno de Davy. Davy condujo hasta lo más profundo de Belfast, pasando los controles y coches calcinados de costumbre, y dejando a un lado los ruidosos vehículos blindados y barricadas.

Los Troubles continuaban, como cada año, pero en lo único en lo que Davy pensaba era en cuantas veces había atravesado esas calles corriendo, calzando sus botas del Ejército americano y su camiseta impermeable bajo la sudadera de atletismo. Conocía aquellas calles tan bien, después de haber vertido en ellas tanto sudor y dolor, que incluso recordaba las grietas del pavimento. Durante ocho años, desde 1975, había realizado el mismo circuito mientras corría, cruzando de la parte unionista a la republicana, apretando mientras ascendía por Crumlin, pasando por Ardoyne, girando a la izquierda para entrar en la Avenida Twaddell y corriendo por la intersección con la Ronda Oeste, donde giraba a la izquierda y se dirigía a Paisley Park.

Davy estaba una vez más allí, con su coche, acompañado de su hijo, el día del mayor combate de su vida. Condujo despacio por el carril que llevaba al Albert Foundry. Davy llevaba casi veinte años saltando a la cuerda y peleando, golpeando la *speedball* y el saco en aquel gimnasio, desde que tenía diez años, la misma edad que ahora tenía su hijo. Parecía que todo aquello por lo que había luchado durante tantos años culminaría en una gran última noche en el cuadrilátero.

Paddy Maguire, Harry Robinson, del Albert Foundry, y el hermano de Davy, John, lo esperaban allí. «¡Aquí llega!», gritó Harry. «¿Has dormido algo, Davy?».

«Sí», dijo Davy. «He dormido bien».

Paddy fue a lo importante. «Espero que no te tomaras ninguna Coca-Cola anoche», dijo con una sonrisita mientras le daba la primera orden del día. «Desnúdate y súbete a la báscula».

«Buenos días a ti también», respondió Davy con sequedad.

Davy se quitó los zapatos, los calcetines, toda la ropa e incluso los calzoncillos. En la pelea contra la báscula no había sitio para la vergüenza. Sintió un escalofrío cuando subió sobre la fría báscula de metal, mientras su frialdad subía a través de los pies descalzos y hacía temblar sus piernas. Se sintió ligero y vacío mientras Harry jugueteaba con los pesos en la marca de medición. Paddy miró nervioso, pensando que Davy estaba por encima del límite de peso de la categoría de los gallos.

«No, Paddy, te equivocas», lo tranquilizó Harry.

Davy ha clavado el límite. «¡Cincuenta y tres y medio!», exclamó Paddy. «¡Fantástico!».

Después de que Davy se hubiera vestido y charlaran entre ellos durante una hora Paddy sugirió que caminaran hasta el Hotel Europa, a tres kilómetros y medio. «Te vendrá bien», le dijo a Davy. «Y así te distraes un poco».

Davy estaba hambriento. Tenía las mejillas hundidas en el rostro, y su estómago era un pozo sin fondo. Incluso sentía cierta sensación de mareo, como si estuviera lleno de agujeros. Solo un púgil puede comprender qué se siente durante esas horas muertas antes del pesaje. Al menos, mientras realizaban el largo paseo hasta la calle Great Victoria, se vio animado por los gritos de la gente que le deseaba buena suerte, y los conductores que hacían sonar la bocina de sus coches al reconocerlo.

Davy sabía que muchos periodistas de todo el mundo utilizaban el Europa como base desde la que informaban de los Troubles.

La mayoría de los chicos de la prensa a los que podía ver eran caras conocidas del mundillo del boxeo de Belfast. También había muchos reporteros de radio y televisión, gente de producción y cientos de aficionados normales y corrientes que habían adelantado el almuerzo para ver a los dos hambrientos púgiles en su intento por dar el peso.

Encontraron un rincón en la recepción y Paddy condujo a Davy hasta un asiento. «Esta noche ganas», dijo Paddy con tranquilidad.

«Lo sé», respondió Davy. También sabía que una vez comiera y bebiera, se encontraría mucho mejor.

Pronto fue sacado del lugar en el que estaba para realizar una ronda de entrevistas para radio y televisión, en la que le repitieron las mismas preguntas una y otra vez. ¿Cómo se encontraba? ¿Iba a cambiar su táctica para esta revancha? ¿Creía que la juventud de Russell era un factor determinante? ¿Qué le parecía pelear en el histórico King's Hall? ¿Se veía capaz de ganar? ¿Creía que Belfast estaba a las puertas de otro combate histórico?

Davy se mantuvo positivo en todas sus respuestas y, ante esa última pregunta, siempre respondió de la misma manera: «Va a ser una pelea estupenda».

Russell y su séquito habían llegado, también, y estaban siendo entrevistados en el lado contrario de la sala, donde estaba montada la báscula. Si bien Russell se mostraba callado, el promotor del campeón, Barney Eastwood, y el médico, Paddy Byrne, se mostraban envalentonados. A Davy le dio la sensación de que intentaban introducir algo de la teatralidad del estilo americano en la promoción, aunque las nueve mil localidades del King's Hall ya llevaran una semana vendidas.

Davy sintió un toquecito en el hombro. «Bueno, ha llegado el momento», murmuró Paddy. «Vamos allá».

A un lado del escenario Davy se quitó toda la ropa hasta quedarse en calzoncillos. Después de tanta entrevista sentía la boca seca. El comentarista para el pesaje hizo resonar su micrófono: «¡Primero en subir a la báscula para esta pelea por el título de campeón británico de los pesos gallo, el aspirante... Davy Larmour!».

Estalló un estruendo de gritos y cánticos: ¡Vamos, Davy!, ¡Lar-mour!, ¡Lar-mour!

En la báscula, el brazo de la escala se movió en cuanto Davy subió a la base de metal. Byrne, desempeñando el papel de animador jefe de Russell, gritó: «¡Te has pasado del peso!».

Byrne se había adelantado hasta la primerísima fila, señalando el nivel, que se había deslizado por encima de la marca de cincuenta y tres y medio.

«La báscula está mal», dijo Davy con frialdad, consciente de que, más que engordar varios centenares de gramos, en todo caso habría perdido peso después de su caminata de tres kilómetros desde el gimnasio.

Un miembro del Comité de Control de la Federación Británica de Boxeo le pidió a Davy que se bajara para comprobar la báscula. Después de manipular la balanza, le pidió a Davy que subiera de nuevo.

Davy miró la escala con alivio cuando el comentarista confirmó su peso: «Davy Larmour detiene la báscula en un peso de cincuenta y tres kilos y cuatrocientos gramos».

Estaba cien gramos por debajo del límite del peso gallo. Aquello demostraba lo cerca que estaba Davy del vacío absoluto, puesto que después de no comer ni beber nada, y de la larga caminata, Davy debería haber perdido casi cuatrocientos gramos. Pero la pesadilla había terminado, al fin. Aceptó una botella de agua y la bebió con desesperación mientras Russell se subía a la báscula.

«El campeón, Hugh Russell, detiene la báscula en cincuenta y dos kilos trescientos ochenta y nueve gramos», anunció el comentarista.

Davy y Paddy intercambiaron una mirada. Russell estaba un kilo y ciento trece gramos por debajo del límite.

«Está demasiado por debajo», dijo Paddy. «No tendrá la fuerza suficiente como para aguantarte».

Davy estaba bastante más interesado en comer. Paddy caminaba al frente del grupo mientras Davy, su hermano y su hijo, John y David, se dirigieron a una cafetería en la calle Queen. Davy pidió patatas, huevos y un enorme vaso de leche fría. Se dio cuenta de que David parecía cansado y revuelto. Era mucho más complicado ser el hijo de un boxeador que ser boxeador.

Cuando llegaron de vuelta al Albert Foundry y se puso al volante, Davy estaba listo para echarse una cabezada. Tenía el tiempo justo para tomarse un té con Ellie mientras David y su hermano pequeño, Steven, se sentaban con ellos en el cuarto de estar.

«¿Te encuentras bien, Davy?», dijo Ellie preocupada.

«Sí, perfectamente», asintió Davy. «Solo necesito echar una cabezada. ¿Me despertarías a las seis?».

Dos horas más tarde, después de un sueño profundo, Ellie lo despertó. «Davy, son las seis en punto», le susurró. «Hora de levantarse».

Davy abrió los ojos. Vio a Ellie acercarse a la mesita y encender una pequeña lampara para asegurarse de que la ropa y el equipo estaban preparados y listos para meterlo en el macuto. Aquel no era un matrimonio perfecto, pero Davy agradecía que Ellie jamás intentara convencerle de dejar el boxeo. Sabía que a su esposa no le gustaba el boxeo. Apenas había presenciado uno de sus combates como profesional y, desde el ring, Davy pudo ver cómo se cubría la cara durante la mayor parte del combate.

El boxeo era lo que mejor se le daba y Ellie confiaba en que Davy no asumía riesgos innecesarios, a pesar de los peligros. Su trabajo consistía en cuidar de la familia y nunca se quejó ni le dijo que estuviera cansada de su propio trabajo, o que quisiera unas vacaciones. Le dio unos golpecitos en el brazo mientras él seguía en la cama un minuto más. Ambos sabían que faltaba muy poco para que diera comienzo de verdad su prueba de fuego. Después de una ducha se vistió y bajó las escaleras para comerse unos huevos escalfados y una tostada. Era todo lo que su estómago admitía antes de una pelea.

Paddy y John llegaron trayendo consigo un torbellino de ruido y movimiento para recoger a Davy. El pequeño entrenador rebosaba energía nerviosa y, como Davy y Ellie tardaban en preparar el macuto, Paddy gritó en dirección a la planta superior:

«¿Pero qué andáis haciendo vosotros dos?», gritó preocupado porque Davy y su esposa se hubieran metido en la cama.

Davy caminó a lo alto de las escaleras. «Preparando el macuto, ¿o qué te creías?».

No estaba seguro de quién de los dos, Ellie o Paddy, se puso más colorado. Fue una excusa perfecta para que su hermano y él le tomaran el pelo a Paddy.

La despedida con Ellie fue más sobria.

«Buena suerte, Davy», dijo ella recordando cómo acabó su marido la última vez en la que se enfrentó a Russell.

«Todo saldrá bien», dijo. «No te preocupes».

Davy bajó las escaleras, abrazó a sus hijos y se giró hacia Paddy. «¡Vamos!», dijo.

King's Hall, Belfast, miércoles 2 de marzo de 1983

A kilómetro y medio del viejo y famoso recinto se podían ver pequeñas multitudes de gente caminando por las oscuras aceras. Parecía que se dirigieran a un partido de fútbol, no a un combate. Davy volvió a pensar en lo inaudito que resultaba un combate entre un católico y un protestante frente a un público en el que se mezclaban aficionados de ambas partes de la división. Gerry Storey siempre había tenido razón, todos aquellos años: el boxeo, por brutal y peligroso que fuera, también era una influencia positiva.

Cuanto más se acercaban al King's Hall más numerosa era la multitud, con aficionados que llegaban tanto desde Shankill Road como desde Falls Road. La gente parecía excitada y de buen humor.

Al dejar atrás la entrada de Lisburn Road pudieron admirar la iluminación que lucía el King's Hall, tanto por dentro como por fuera. El vetusto y enorme recinto tenía un aspecto precioso. Giraron en la siguiente salida y se toparon con el club de golf Balmoral. Los guardias de seguridad bloqueaban la entrada, pero en cuanto iluminaron con sus linternas el interior del coche, alguien gritó: «¡Vaya!, ¡Davy Larmour! Adelante».

Paddy los condujo en dirección a unas puertas dobles en la parte trasera. Comenzó a golpearlas mientras gritaba «¡es Davy Larmour!», hasta que abrieron.

El equipo de Davy fue conducido a una enorme sala en la parte trasera del recinto. Este sería el vestuario improvisado tanto para Larmour como para Russell.

«Nosotros nos quedamos aquí», dijo Paddy señalando la parte derecha de la habitación. «Russell puede quedarse con el otro lado».

El médico, Joe Clelland, sacó todo su equipo mientras John y Harry establecían su *base*. Davy encontró un taburete desde el que comenzó a pensar en la pelea. Se repitió que, para derrotarlo esa noche, Hugh Russell tendría que matarlo. Y él no iba a permitir que sucediera algo así.

Paddy se arrodilló frente a Davy. Le habló con una suavidad y un tono empático muy poco común en él: «¿Cómo te encuentras?».

«Bien», respondió Davy.

Paddy, quien todavía recordaba los sentimientos que le anegaban a uno en esos momentos, por propia experiencia, le guiñó un ojo.

Llegaron Russell y su séquito, y tras ellos, una nube de periodistas. Todos pasaron delante del rincón de Larmour, entonando algún que otro saludo sordo, para acabar gravitando hacia Russell y, sobre todo, Barney Eastwood. A Davy eso le daba igual. Ya se matarían todos ellos por hablar con él cuando hubiera ganado: y entonces se dio cuenta de lo mucho que le gustaba esa emocionante descarga de adrenalina que recorría su cuerpo. No había situación en su vida en la que se sintiera más lleno de vida que cuando esperaba el comienzo de un combate.

Estaba tan ensimismado en sus propios pensamientos que el ritual de la preparación, cambiarse de ropa, vendarse las manos y calentar, pasaron en un suspiro. De vez en cuando echaba un ojo a Russell. Él también estaba perdido en su propio mundo. Mientras el ruido de la multitud que presenciaba los combates preliminares se colaba en aquella estancia, la escena se asemejaba a la de los gladiadores de la antigüedad que se preparan para pelear en un coliseo anegado en gritos. «Vale», dijo Paddy de manera abrupta. «Al trabajo».

El campeón, Russell, vestía un calzón azul marino con rayas amarillas; el aspirante, Larmour, había elegido un vistoso calzón rojo oscuro. Los calzones de Larmour estaban hechos de seda; en cuanto estuvo sobre el cuadrilátero se despojó de su albornoz. El árbitro, Harry Gibbs, llamó a Larmour y Russell al centro del ring y se dirigió a los dos púgiles con la habitual aspereza del Cockney.[9]

«Quiero un combate limpio», dijo. «Nada de agarrarse y nada de golpes de conejo.[10] Cuando yo diga *Paren*, quiero que ambos dejen de golpear al instante y den un paso atrás. Dense las manos y que gane el mejor».

De manera brevísima y sin mirarse, ambos contendientes rozaron sus guantes. Tenían por delante doce infernales asaltos.

«Bueno, esta es la pelea que todo el mundo esperaba», le dijo Jim Neilly a sus telespectadores de la BBC cuando sonó la primera campana. «Hugh Russell contra Davy Larmour, por segunda vez. Son grandes amigos fuera del cuadrilátero, pero como todo el mundo sabe, una vez en el ring no hay amistad que valga. Eso sí, ambos contendientes gozan de un enorme apoyo en este recinto».

Russell comenzó bien, lanzando puñetazos en combinaciones fluidas, mientras que Larmour se contentaba con trabajar protegido por su *jab*. Después de un minuto Larmour sintió el crujir seco de los huesos golpeando entre sí, justo por encima de su ojo izquierdo. No le dolía, pero supo de inmediato que la cabeza de Russell le había provocado un corte. La vieja sensación que dejaba una herida en su piel al abrirse le hizo maldecir en su interior. Mientras la sangre corría por su rostro Larmour peleó con fiereza, pero Russell se mostraba esquivo y evasivo mientras sacaba a relucir su *jab* derecho.

En el segundo, con Russell apuntando a su ojo, Larmour pasó al ataque. Acosó a Russell y lo atrapó con un afilado gancho de derechas que forzó al campeón a retroceder hasta las cuerdas. Larmour trató de encerrarlo, pero Russell se escurrió con facilidad.

---

9   N. del T.: variedad dialectal hablada en el East End de Londres
10   N. del T.: peligroso e ilegal golpe dirigido a la nuca o parte posterior de la cabeza del contrincante

Muy pronto comenzaron a machacarse entre ellos con feroces golpes al cuerpo.

Una sólida derecha de Larmour acertó de lleno a Russell en el tercero. Encajó bien el golpe, pero le hizo estremecerse hasta la misma suela de sus danzarinas botas. Ambos púgiles comenzaron a agarrarse y a sujetarse, entrechocando las cabezas, y la descomunal figura de Gibbs, mucho más corpulento que los pequeños pesos gallo, hizo señas en dirección al cronometrador para detener el combate. Atrajo a Larmour y a Russell. «Están agarrándose y sujetándose demasiado», los advirtió. «La gente ha pagado mucho dinero por ver un buen combate». Revolvió el cabello de ambos contendientes, como para indicarles que lo estaban haciendo bien, a excepción de todos aquellos abrazos y golpes con la cabeza.

Sentado en su banqueta al final del asalto Larmour recordó un consejo que le diera años atrás Jimmy Hamilton, su primer entrenador en el Club de Boxeo Springmount: «Lo mejor para ganarle a un zurdo es lanzar un montón de golpes con la derecha». La voz de Jimmy sonó tan vívida en su cabeza que un escalofrío lo recorrió. El viejo Jimmy llevaba años muerto.

Pero los consejos de ultratumba no le fueron demasiado útiles a Larmour durante el cuarto, cuando se vio golpeado de nuevo por la pelirroja cabeza de Russell. Sobre su ojo derecho se abrió un corte más profundo y, en menos de otro minuto, la mejilla de Larmour estaba cubierta de sangre; sangre que no tardó en salpicar el hombro de Russell mientras peleaban y se aferraban uno al otro. Una vez más Gibbs les lanzó una advertencia, pero Larmour estaba preocupado. Le daba la sensación de que aquel corte era mucho más grave.

«No pienses en los cortes», le dijo Maguire a su boxeador en el rincón. «Son cosa mía».

El entrenador extendió vaselina por los cortes y Larmour escupió en el interior de un cubo de plástico amarillo, justo en el momento en el que sonó la campana que anunciaba el comienzo del quinto asalto.

Larmour lanzó golpes mucho más poderosos, con intención más destructiva, y acompañando cada uno con un gruñido audible.

Era consciente de que debía retomar el control y, viendo que esos golpes aislados penetraban en la guardia de Russell, se fue animando. Le daba la sensación de que cada vez que Russell encajaba uno de aquellos golpes, este suspiraba, como si se estuviera cansando poco a poco. Larmour estaba convirtiendo el combate en una guerra de desgaste, incrementando la pelea de cerca, manera de pelear que le venía mucho mejor que a un escapista como Russell.

«¡Sal de ahí!», le gritó Eddie Shaw a Russell, recordándole que pusiera pies en polvorosa para escaparse de otra reyerta sangrienta.

Russell no fue capaz de salir de la encerrona y un enorme puño lo alcanzó en la mandíbula, derribándolo. Larmour fue enviado a un rincón neutral antes de que Gibbs comenzara la cuenta. Russell descansó sobre su flexionada rodilla izquierda. Esperó hasta que Gibbs cantara el *ocho* para levantarse y alzar ambas manos, indicando que no estaba lesionado.

Larmour atrapó de nuevo a Russell en un rincón y aumentó la presión sobre él. El campeón, que estaba sufriendo cada vez más, se aferró a su contrincante con menos de veinte segundos de asalto por delante; pero en su mejilla izquierda podía verse, también, un profundo tajo. Larmour lanzó un golpe tras otro, pero Russell lo alcanzó con un golpe de respuesta justo antes del sonido de la campana. Ambos púgiles estaban sangrando. Chocaron los guantes en señal de respeto mutuo mientras el King's Hall estallaba en aprobación tras otro feroz y, extrañamente, reconfortante asalto.

Un corte en forma de cuarto creciente se había abierto en la piel del pómulo de Russell, por debajo de su ojo derecho. Le quedaría una cicatriz de por vida. Se sentó sobre su taburete mientras Paddy Byrne detenía el flujo de sangre.

«No te vuelvas loco», conminó Maguire a Larmour. «Pelea con cabeza y este combate no durará mucho».

Larmour salió con ganas al sexto, lanzando un golpe tras otro, pero Russell todavía estaba alerta y lanzó un par de contragolpes perfecto. Mientras peleaban pegados el uno al otro, el ojo izquierdo de Larmour comenzó a sangrar otra vez, pero respondió haciendo girar a Russell tras un *uppercut* de derechas que pareció un auténtico latigazo. Daba la sensación de que el aspirante era quien asestaba los golpes más certeros, pero Neilly confirmó que «la cara de Larmour se ha convertido en una cortina de sangre. Está destrozada».

En su rincón, después de un nuevo asalto brutal, Larmour comenzó a sentir que la fatiga agarrotaba sus piernas. Comenzó a preocuparse de que los periodistas tuvieran razón cuando decían que estaba demasiado mayor como para vencer al imbatido campeón, más joven que él. Maguire le limpió la sangre de la cara e intentó sellar los dos cortes. El combate estaba en el filo.

«¡A tope, Davy!», le gritó Maguire mientras Larmour se levantaba de taburete. «¡A tope!».

Los siguientes tres asaltos fueron agotadores. Si bien Russell fue quien protagonizó los momentos más impresionantes, atrapando a Larmour con varias combinaciones perfectas, el aspirante siempre contraatacó. Russell fue quien acertó más golpes, pero los puñetazos aislados de Larmour parecían más dañinos. El recinto era un mar de cánticos, en el que las aficiones rivales estaban tan cerca una de otra que los gritos de «¡Russell!, ¡Russ-ell!» y de «¡Lar-mour!, ¡Lar-mour!» resonaban unas contra las otras.

Sentado sobre su taburete entre cada asalto, las dudas comenzaron a anegar la cabeza de Larmour. Podía sentir las esponjas y los bastoncillos que recorrían su rostro mientras Maguire trataba su ensangrentada piel, pero no era capaz de concentrarse en las instrucciones de su entrenador. Tenía la sensación de que su cráneo había partido en dos su cerebro. Por un lado escuchaba una voz que insistía en que ya no aguantaba más, que necesitaba descansar y que todo iría mejor si se quedaba sentado en su taburete y cerraba los ojos. Una segunda voz le recordaba que, en cuanto escuchara la campana, debía levantarse y comenzar de nuevo.

Larmour salió de su ensimismamiento cuando el árbitro se acercó a su rincón. «Paddy, vas a tener que detener esa hemorragia», le conminó Gibbs.

«No te preocupes, Harry», dijo Paddy con decisión. «Lo tengo bajo control». La voz en la cabeza de Larmour que le urgía a descansar se había quedado muda.

El temor a que dieran por finalizado el combate recorrió su cuerpo, desde la cabeza hasta los pies. «La herida no es tan mala, señor Gibbs», dijo. «No pasa nada».

Larmour era consciente de que no podía permitirse un nuevo corte. Aquella advertencia le dio nuevos bríos.

Los *jabs* de derecha de Russell ya no tenían tanto ímpetu, y al llegar al décimo asalto, Larmour supo que el campeón estaba débil. Pero entonces, como para sacarlo de su complacencia, Russell alcanzó a Larmour con un viperino gancho de izquierdas. Larmour respondió con un izquierdazo y un derechazo para demostrar que no se había ido a ningún lado. Otro gran derechazo alcanzó a Russell justo antes de la campana.

«¡Está a punto de caramelo!», le dijo Maguire desde el rincón.

Larmour suspiró porque fuera verdad. Apenas quedaban dos asaltos. Seis minutos más. Larmour recordó que, en su anterior combate, la postrera reacción de Russell había sido la que había decantado la decisión a su favor. No podía dejar que algo así se repitiera, por lo que se mentalizó para soportar otra ración de cansancio y de dolor.

La mano derecha de Larmour volvió a sacudir a Russell en el primer golpe intencionado del décimo primer asalto. Russell respondió con otro molinillo de golpes y en el King's Hall resonaron los nombres de ambos púgiles. «Son dos auténticos acorazados», gritó Neilly por encima de la algarabía. Larmour hizo que Russell se tambaleara con un nuevo derechazo y el campeón se aferró a él. Sobre la campana, Larmour acertó un nuevo derechazo que cerraba un gran salto para él.

«¡Davy! ¡Lo tienes!», gritó Maguire. «¡Tres minutos más y serás el campeón!»

Pero Larmour sabía que todavía tenía que convencer al árbitro. La decisión de Harry Gibbs sería la única que valiera. Larmour se alzó con fuerzas renovadas antes del comienzo del decimosegundo asalto.

Russell lo recibió en el centro del ring y alzó los guantes en señal de reconocimiento. Larmour los tocó con los suyos, reconociendo a su vez al gran campeón que tenía frente a él. En los rostros de ambos podían verse varios cortes, además de estar amoratados e hinchados. El tajo sobre cada uno de los ojos de Larmour quedaba igualado por la luna creciente que lucía Russell en la mejilla. Había sido otro combate digno de ver y todo un calvario para ambos boxeadores.

Larmour volvió a acertar con su derechazo predilecto, primer golpe del asalto final. Un izquierdazo siguió a otros dos derechazos. El campeón se aferró a él intentando detener la lluvia de golpes. Gibbs le advirtió que parara y que no continuara golpeando con la cabeza en los intercambios cercanos. El siguiente derechazo de Larmour hizo soñar todavía más a sus seguidores y los cánticos coreando su nombre inundaron el recinto. En los últimos treinta segundos Larmour continuó presionando, forzando a Russell a retroceder de nuevo. Intercambiaron extenuados golpes antes de que sonara la campana y entonces, por fin, todo terminó.

Gibbs apenas se tomó un par de segundos para alzar la mano de Larmour en señal de que era el vencedor. El nuevo campeón dio un brinco y, cuando aterrizó sobre el tapiz azul, su entrenador ya había subido al ring y se acercaba a él corriendo.

Paddy Maguire, de Falls Road, abrazó a Davy Larmour, de Shankill Road. Lo habían logrado. Larmour era el nuevo campeón británico de los pesos gallo.

«Paddy, parece usted tan contento como Davy», le dijo Neilly unos minutos más tarde sobre el cuadrilátero.

«Bueno», dijo Paddy aferrando el cinturón Lonsdale, «Davy es el mejor boxeador al que yo he entrenado y acaba de lograr el título de los pesos gallo. Esta mañana le dije a su hijo: 'Tu padre se va a llevar esta noche uno de esos cinturones Lonsdale', y el chico se rio de mí. Pero, ahora, eso es justo lo que sostengo en mis manos. Es el cinturón de Davy Larmour. Estoy realmente orgulloso; más que cuando lo gané yo mismo».

«No es malo dando discursos, ¿verdad, Davy?, afirmó Neilly dirigiendo el micrófono a Larmour.

«No, puede seguir y seguir», dijo Davy con ironía. «Lleva toda la semana taladrándome: 'Haz esto, haz lo otro'. Me ha tratado como si estuviera embarazado. ¡No me dejaba hacer nada!».

«Pero ha merecido la pena, ¿verdad?».

«¡Vaya que sí!», dijo Davy. «Me siento un poco mal por Hugh, porque haya perdido el título en su primer combate como campeón. Pero era consciente del riesgo que corría al darme una oportunidad. ¡Se ha debido de volver loco!».

Davy sabía que en cuestión de una hora ambos estarían de nuevo en el hospital para que les cerrasen las heridas.

«¿Pero siguen siendo grandes amigos?», le preguntó Neilly sobre su amistad con Hugh.

«Somos grandes amigos. Le he dicho que podemos repetir. ¿Quién sabe? ¿Un tercer combate?».

Para quien ya no habría más combates era Charlie Nash. Dos noches después, el 4 de marzo de 1983, su carrera en el boxeo llegó a su fin en Colonia. Sufrió su segunda derrota consecutiva después de ser derribado por Tony Willis en Birmingham tres meses antes; en Colonia perdió por KO técnico en el quinto asalto contra Rudy Waller. El récord del alemán mostraba un impresionante dieciocho a cero. Era un buen boxeador, y también había sido el último rival de Charlie como aficionado. Pero, en Colonia, Charlie había sido una sombra de sí mismo.

Incapaz de conseguir combates en Derry, Charlie salió a pelear fuera y se enfrentó a púgiles imbatidos que estaban enormemente promocionados. Se había convertido en una vieja gloria cuyo nombre lucía bien en el currículo de las estrellas en ciernes. Le ofrecieron tres mil libras por volar a Colonia sin apenas tiempo para prepararse. Que acabara de pasar la gripe la semana anterior y apenas hubiera entrenado carecía de la mínima importancia. La familia estaba a punto de aumentar y tres mil libras eran una cifra demasiado jugosa como para rechazarla.

El estilo de Waller tampoco le venía nada bien. Charlie peleaba desde una guardia de izquierda, mientras que Waller se acercaba a él balanceando el cuerpo de manera exagerada, mostrando su cabeza apenas un instante, y solo cuando se descubría. Sus cabezas chocaron en varias ocasiones y Charlie, que siempre sangraba con facilidad, vio como se le abría un nuevo corte. Waller siguió lanzándole combinaciones y, como estaba claro que solo podía haber un vencedor, el árbitro salió en auxilio de Charlie.

Fue un final anónimo para una gran carrera y, durante el vuelo de regreso a casa al día siguiente, Charlie le comunicó su decisión a Tommy Donnelly. «Ya no puedo más. Se acabó».

Tommy asintió comprensivo. Aquel fuego y determinación que Charlie solía mostrar se habían desvanecido. Después de siete años y medio como profesional, y de haber sido campeón británico y europeo, el orgullo de Derry no podía convertirse en otro desgraciado jornalero del ring.

El entrenador, quien llevaba con él desde antes incluso de la noche en que *Mousey* Harkin perdiera la vida, comprendía el dolor que había rodeado la vida de Charlie. Llevaba sufriendo desde el Domingo Sangriento. Había cumplido los treinta y dos años dos meses antes; era el momento de buscar la paz en la retirada.

«Gracias, Tommy», dijo Charlie en un susurro. Miró por la ventanilla del avión, dirigiendo sus ojos hacia el denso mar de nubes. Lloraba, pero también sentía alivio por no tener que combatir nunca más.

Barry McGuigan se arriesgó. El mes siguiente, el 12 de abril de 1983, se convirtió en el primer boxeador de la República de Irlanda en pelear por el título británico. Para aspirar a ese título se había nacionalizado británico, aunque manteniendo el pasaporte irlandés. La realidad del boxeo, más que cualquier declaración política, fue lo que le llevó a tomar esa decisión. Era consciente de que para escalar por la escena europea y mundial necesitaba primero hacerse con un título nacional, y ninguno de los cinturones irlandeses tenían importancia internacional. El título británico sería su pasaporte a los grandes combates lucrativos.

Entre el movimiento republicano, nadie le dijo nada. Pero Barry era consciente de que tanto en Belfast como en Clones y Dublín se hablaba a sus espaldas. La frase «Barry el *brit*» apareció pintada en varios muros, más como burla que como halago. Se había enemistado con los sectores más recalcitrantes, el IRA y el INLA, pero tampoco quería caer en los brazos de los unionistas de la UDA y la UVF. En un alegato por la neutralidad, lució la paloma de la paz en sus calzones.

McGuigan recibió amenazas de muerte. En una entrevista en televisión Barney Eastwood expresó su incredulidad: «Lo digo por mi vida, no comprendo cómo nadie podría tan siquiera pretender hacerle daño a Barry McGuigan. Es alguien que nos trae alegría y felicidad a todos».

Vernon Penprase, un inglés de veinticuatro años y cara de niño, tenía motivos para no estar de acuerdo con esa aseveración después de enfrentarse a McGuigan por el título británico en el Ulster Hall. El joven irlandés provocaba serias dudas. Su nacionalidad y su hambre de brutalidad durante su primera pelea tras la muerte del Joven Ali eran asuntos de los que preocuparse. McGuigan también se acababa de recuperar de un virus debilitante. Pero, en apenas dos asaltos brutales, despejó cualquier duda, además de borrar a Penprase del mapa.

En el primer asalto machacó el cuerpo del inglés antes de romperle la nariz. El segundo fue todavía más violento: McGuigan encerró a Penprase en un rincón y entonces descerrajó un gancho de izquierdas brutal como nadie había visto. La ejecución fue tan precisa y desde tan cerca que Penprase salió por los aires directo al suelo. Consiguió ponerse en pie, pero, ante el acoso de McGuigan, mostró la misma flojera de piernas que un cervatillo de patas larguiruchas. Harry Gibbs tuvo que sacar a Barry de allí y vapulearlo para que no siguiera peleando antes de que hubiera completado la cuenta de pie.

Penprase se recompuso con valentía y durante otros dos minutos —acosado por McGuigan mientras la afición de Belfast coreaba «¡fácil!, ¡fácil!, ¡fácil!»— consiguió mantenerse en pie. Pero un izquierdazo igual que una apisonadora lo derribó con violencia al final del segundo. Penprase volvió a levantarse como pudo, pero su rostro estaba bañado en sangre. El árbitro observó la mirada perdida que el inglés tenía en sus ojos y le otorgó el descanso que necesitaba.

Barry McGuigan, un irlandés de Clones, era el nuevo campeón británico. Había traspasado una nueva frontera con una precisión venenosa. Pero también había un toque de rabia silenciosa, porque a McGuigan le había enfurecido saber de aquellas dudas sobre su persona. No creía en el terrorismo, en la forma que tenían tanto los paramilitares republicanos como los unionistas de intimidar y atemorizar a sus propias comunidades. Estaba harto de bombas y pasamontañas, de disparos en las rodillas y tiroteos de castigo. Ya no aguantaba que una serie de tipos encapuchados que para él no dejaban de ser más que una panda de matones, le dijeran lo que se suponía que podía y no podía hacer.

En aquellos días tan peligrosos, McGuigan no podía verbalizar estos sentimientos. Era consciente de que podían acabar con su vida en apenas un segundo. Y lo que era peor, podían matar a su familia, o a gente inocente de su alrededor. Así que se limitó a aguantar en silencio los cuchicheos sobre su vida. Pero, por dentro, no dejaba de pensar en los más fanáticos y en lo mucho que le encantaría poder decirles: «que os den por el culo». Aquella era su carrera profesional, y estaba dispuesto a hacer lo que fuera mejor tanto para él como para su familia. No tenía nada en contra del pobre Vernon Penprase, quien de hecho le caía bien, pero cuando salió aquella noche al cuadrilátero, Barry lo hizo presa de toda la fiereza que acumulaba en su interior. Había vivido demasiado tiempo bajo la olla a presión de los Troubles; igual que todos. No iba a permitir que nadie le domara.

Gerry Storey aplicaba esos mismos principios en sus entrenamientos, tanto cuando trabajaba con sus propios hijos como cuando lo hacía con los miles de boxeadores aficionados a los que entrenaba. Dos de sus hijos, Gerry hijo y Sam, habían llegado a la final de los campeonatos de Irlanda de marzo de 1983. Sam tan solo había librado un único combate fuera de categoría júnior, un año atrás, cuando peleó en sénior por el título del Úlster en 1982. Llegó hasta la final en un abarrotado Ulster Hall. En ella le hizo pasar un mal trago al que casi todos consideraban favorito, Tommy Corr, un muchacho de Tyronne. Unos pocos meses después, y con Gerry Storey en su rincón, Corr regresó de los campeonatos del mundo en Múnich con una medalla de bronce, después de alcanzar las semifinales y demostrar ser uno de los cuatro mejores aficionados del mundo en la categoría de los medios ligeros.

Corr y Sam Storey se volverían a ver un año después, en las finales del campeonato sénior del Úlster de 1983. Su rivalidad había aumentado, y mientras Sam esperaba sentado en el vestuario pudo escuchar cánticos provenientes de la multitud, coreando tanto su nombre como el de Corr. Sintió que un escalofrío lo recorría de arriba a abajo, pero su padre lo distrajo. Gerry se sentó y, con tranquilidad, le enumeró las razones por las que podía vencer a Corr. Sam escuchó a su padre. Su voz era suave y cariñosa, pero ahogó el ruido de los cánticos.

«De acuerdo, *Pa*», dijo Sam, seguro de la victoria, cuando Gerry terminó de hablar.

Fue una pelea complicada y muy exigente, pero Sam demostró que su padre estaba en lo cierto. Batió de manera clara a Corr y se alzó con su primer campeonato del Úlster en categoría sénior como peso medio ligero. Gerry hijo era el campeón del Úlster de los pesos semipesados. El recinto se llenó de ovaciones mientras los chicos de la Sagrada Familia de Gerry Storey, ayudado por Bobby McAllister en el rincón, se adueñaban del campeonato al alzarse con seis títulos sénior del Úlster. Con ello igualaban el récord de títulos en un mismo campeonato. Incluso pudieron hacer historia de no haber sido porque su invitado americano, Rory O'Neill, resultó ser todo un fiasco. El padre de Rory lo había enviado desde Estados Unidos para lograr un título sénior del Úlster que hubiera lucido precioso tras la barra de su bar. Gerry accedió a acoger al joven Rory, ya que parecía ser todo un talento.

Pero Rory no tardó en demostrar que, acogido por los Storey en su casa, comía como un campeón del mundo, pese a no pelear como tal. Con todo, le prometió a Gerry que lograría el título del Úlster, por la Sagrada Familia y por su padre. Gerry tenía sus dudas, pero como llevaba una racha de títulos inmaculada hasta entonces, envió a Rory en busca del séptimo título en el último combate de la noche. Rory salió del rincón igual que Rocky Marciano, pero corrió directo contra Danny Ogle, quien lo derribó de un golpe. Fue todo un desastre, y Ogle apabulló al americano. El sueño del padre de Rory, norteamericano de origen irlandés, terminó ahí mismo; y con él el sueño del récord absoluto de la Sagrada Familia. Se quedaron en seis títulos sénior del Úlster, empatados con el club St. George, de la zona del mercado de Belfast.

Después de asegurarse de que Rory se encontraba bien Gerry pudo sonreír después de una velada inolvidable. Era consciente de que aquellos campeonatos del Úlster confirmaban que sus dos hijos mayores, Gerry hijo y Sam, tenían opciones reales de pelear por Irlanda en los juegos Olímpicos de Los Ángeles 1984. Y su intención era la de estar en el rincón, con sus hijos, en los Juegos.

Pero el boxeo casi nunca es una ciencia exacta, y ninguno de los chicos se convirtió en campeón de Irlanda poco después. El 25 de marzo de 1983, en Dublín, en la categoría de los pesos medios, Gerry hijo vio cómo lo derrotaba Tony de Loughrey en el segundo asalto. En los pesos semipesados Sam tenía que vérselas con Corr en el último combate de una emocionante trilogía. Pero estaba tan debilitado por una infección de garganta que se desmayó cuando el doctor del equipo irlandés, Sean Donnelly, le puso una inyección el día antes del combate. Sam se despertó mientras escuchaba a Donnelly llamarle de todo porque, a pesar de ser un hombre poco corpulento, tuvo que levantarlo del suelo y subirlo a una camilla.

Corr se convirtió en el campeón de Irlanda por retirada; pero después de ello decidió darse un respiro del boxeo, con lo que Sam fue seleccionado para el equipo irlandés sénior que se enfrentaría a Escocia en una velada internacional. Mickey Hawkins, del club de la Sagrada Trinidad, se hizo cargo del equipo que viajó a Glasgow para pelear con los escoceses. A pesar de que Gerry era el seleccionador nacional, se quedó en casa trabajando con los jóvenes de la Sagrada Familia. Sabía que Hawkins era un buen entrenador, así que se quedó tranquilo.

En Glasgow, la noche antes de ponerse la camiseta del equipo irlandés sénior por primera vez, Sam realizó una ligera sesión de manoplas con Hawkins. «¿Sabes contra quién peleas mañana?», le preguntó Hawkins.

«No», contestó Sam.

«¿En serio que no lo sabes?», dijo Hawkins con un tono de voz que dejaba claro que Sam no se iba a meter en el cuadrilátero con Mickey Mouse, precisamente. «Peleas contra Davy Milligan».

«¿Y ese quién es?».

«Dentro de dos semanas disputará la final de la ABA», dijo Hawkins confirmando que Milligan era uno de los dos mejores semipesados *amateur* en el Reino Unido.

«¡Dios!», dijo Sam.

Cuando regresó al hotel Sam telefoneó a su padre: «*Pa*, ¿sabes contra quién tengo que pelear mañana por la noche?».

«No», dijo Gerry, igual de ignorante que su hijo poco antes. «¿Contra quién?».

«Davy Milligan, que va a pelear en la final de la ABA en un par de semanas».

Gerry se quedó callado un instante antes de decir una sola palabra: «¿y…?».

Sam quiso recordarle a su padre que aquella sería su primera pelea luciendo la camiseta verde de Irlanda, pero ese «¿y…?» seguido de una pausa todavía más larga, reverberó en el silencio.

«No tienes de qué preocuparte», le dijo Gerry a su hijo. «Vas a ser demasiado para él».

De repente, la fe y confianza de Gerry pasaron a su hijo. Nadie conocía el boxeo *amateur* mejor que su padre. Si Gerry estaba convencido de que podía ganar, entonces Sam no tenía nada que temer.

Veinticuatro horas más tarde la predicción de Gerry Storey, y la sabiduría que encerraba aquel simple «¿y…?», se vieron confirmadas. Sam ganó su primer combate con la camiseta de Irlanda; y la grandeza de su padre, tanto como entrenador como inspiración, quedó patente una vez más.

Belfast, miércoles 7 de diciembre de 1983

Hugh Russell se enteró de la noticia poco después de las 11 en punto de aquella mañana. Frente a la biblioteca de la universidad de Queen's acababa de producirse un tiroteo, apenas hacía unos minutos. Todavía no había confirmación, pero aquella parecía una de las noticias del año. Según se decía, Edgar Graham, una de las mentes más brillantes de la nueva camada de políticos unionistas, había sido abatido por el IRA. Graham era profesor en Queen's, además de ser abogado y miembro del Partido Unionista del Úlster en la asamblea de Irlanda del Norte. Con apenas veintinueve años, estaba considerado uno de los políticos más razonables y más intelectualmente dotados del espectro unionista. A menudo, se lo consideraba uno de los posibles líderes unionistas del futuro, por delante del mucho más draconiano reverendo Ian Paisley.

Brendan Murphy había salido de la redacción del *Irish News* para cubrir otra historia, por lo que el editor de fotografía dijo a gritos: «¡Hugh!, ¡Te quiero allí inmediatamente! Saca todo lo que puedas. Vamos a salir con esto en primera».

«¿Con quién voy?», preguntó Hugh.

«Tendrás que encargarte tú solo del asunto, chavalín», replicó el editor. «El resto están fuera. Ponte con ello».

Hugh metió la cámara y todo lo necesario en la mochila a toda prisa. La idea de perderse la instantánea que cualquier otro fotógrafo querría sacar antes que él le provocó una oleada de ansiedad. Apenas había realizado un par de trabajos en solitario, siempre pequeñas refriegas sin importancia, chavales causando disturbios o nerviosos soldados amartillando sus armas para tenerlas listas ante nuevos problemas. El editor de fotografía había emitido un ruido como un gruñido las anteriores ocasiones en las que había visto las imágenes de *stock* que Hugh le había presentado. Debieron de ser buenas, porque todas habían salido en la edición del día siguiente, provocándole a Hugh un pequeño estremecimiento al ver el texto: «Fotografía: Hugh Russell». Sus fotografías habían aparecido siempre en las páginas interiores, pero por lo menos habían aparecido. Aunque hasta ese momento jamás había sido enviado con el encargo de tomar imágenes para una noticia importante.

Todos los grandes fotógrafos estarían allí. Tanto el núcleo duro de fotógrafos irlandeses que llevaban años cubriendo los Troubles, como las estrellas internacionales de la fotografía periodística que habían acudido a cubrir las huelgas de hambre y que, una vez allí, se quedaron. Tipos cubiertos de canas y acostumbrados a trabajar en zonas de guerra, desde Beirut hasta Belfast.

Hugh seguía siendo púgil profesional, pero en cuanto a la fotografía, se sentía todavía un *amateur*. Desde su primera derrota en el cuadrilátero, contra Davy Larmour, había peleado en otros dos combates, venciendo en ambos. Su siguiente combate, por el título británico de los pesos mosca contra el duro galés Kelvin Smart, estaba programado para el King's Hall siete semanas después, el 25 de enero de 1984. Estaba centrado en los entrenamientos. Cada mañana, alrededor de las 5:30, atravesaba corriendo New Lodge en dirección al corazón de Belfast. Hacía frío, por lo que se ponía guantes y un pasamontañas. Era consciente de que tenía la misma pinta que un paramilitar republicano escapando de alguien, pero daba la sensación de que el ejército sabía ya quién era, porque casi nunca lo paraban. E incluso cuando le indicaban que se detuviese a un lado, lo dejaban continuar en cuanto se quitaba el pasamontañas y los militares reconocían su pelo rojizo y rizado. Parecía que todo el mundo supiera que era boxeador.

Luego saltaba la cuerda y golpeaba el saco en el gimnasio de la calle Castle antes de fichar en el *Irish News* alrededor de media mañana. Hugh trabajaba todo el día con los fotógrafos de plantilla, como aprendiz, y luego regresaba al gimnasio al arrancar la tarde para hacer algo de *sparring*. Era consciente de que a su carrera como boxeador le quedaba un año o, como mucho, dos. Que un mes atrás Davy Larmour fuera enviado directo a la retirada fue un claro recordatorio de la finita naturaleza del violento asunto que se traía entre manos. El 16 de noviembre, en la misma velada en la que Barry McGuigan se convertiría en campeón de Europa de los pesos pluma, la primera defensa de Davy como campeón británico del peso gallo terminó en un derribo y derrota en el tercer asalto contra John Feeney. Davy supo que era el final del camino para él.

Como Hugh era más joven tenía por delante unos cuantos combates más. Esperaba estar contratado a tiempo completo en el *Irish News* cuando se retirara de las peleas; siempre y cuando no lo estropeara por completo en aquel primer gran encargo en la Queen's. Abandonó las oficinas en la calle Donegall y tomó un

taxi junto a un reportero. La universidad estaba a apenas tres kilómetros y Hugh tuvo poco tiempo para prepararse. Tan solo intentó
recordar lo que hacía para calmar sus nervios en el cuadrilátero.

Las calles alrededor de la biblioteca de la universidad estaban
acordonadas, por lo que abandonaron el coche tan pronto como
pudieron. Corrieron por las gélidas calles y al reportero le costó
mucho trabajo mantener el ritmo que llevaba el pequeño boxeador,
por mucho que Hugh acarreara un pesado macuto con la cámara.

En el cordón del ejército mostraron sus pases de prensa. Hugh
se sintió fascinado ante el hecho de ser un fotógrafo genuino. Ante
una barricada de seguridad la mayoría de la gente de Belfast no tenía más remedio que dar media vuelta. Incluso en el distrito económico apenas había libertad de movimientos. La esposa de Hugh
estaba embarazada y había veces en las que, yendo de compras, los
soldados británicos la habían cacheado para cerciorarse de que, en
efecto, estaba embarazada y no transportaba una bomba. Pero allí,
en el lugar de un asesinato, él había traspasado la zona acordonada.

El reportero, con mucha más experiencia que él, había recons-
truido la situación. Un supuesto pistolero del IRA, que portaba
una carpeta y se había mezclado con los estudiantes para pasar
desapercibido, había disparado sobre Edgar Graham. En el mismo
instante en el que Graham y su compañero docente Dermot Nesbitt aparecieron por la calle de la biblioteca, el pistolero descerrajó
entre cuatro y seis disparos. Graham ya estaba muerto tras recibir
un primer disparo en la cabeza a quemarropa. Nesbitt salió ileso.

Hugh atravesó despacio la plaza de la Universidad, acercándose al lugar de la barbarie desde el final de la calle de la Universidad. Podía ver la negra bolsa de la morgue en la que habían
introducido el cuerpo de Edgar Graham. La plaza estaba atestada
de oficiales del RUC y de soldados. Hugh siguió caminando. Tenía
que ver su primer cadáver desde otra perspectiva diferente. Tenía
a Edgar Graham en su cabeza. ¿Qué más daba que Hugh fuera
un boxeador católico y Edgar hubiera sido un político unionista?
También había sido un hombre con una familia que lo quería. Y
ahora, este hombre inocente había muerto un miércoles como
otro cualquiera, apenas dos semanas y media antes de las navidades.

Cuando Hugh hubo rodeado la plaza y pensó en el cadáver desde un prisma diferente, la mayoría de los soldados y policías se habían retirado. La calle que se veía detrás del cuerpo estaba repleta de basura. Pero, frente al cuerpo, el suelo se extendía en límpidas losas de cemento. Los ojos de Hugh atraparon una imagen.

Delante del cuerpo de Edgar Graham había un maletín negro, como si fuera un pequeño centinela. Era negro, con una pequeña hebilla dorada que lo mantenía cerrado. Era probable que cientos de profesores, abogados y políticos llevaran ese mismo maletín allá donde iban. Frente a la inaudita visión de la bolsa con el cadáver, el maletín parecía un objeto normal y corriente. Estaba hecho de cuero, pero parecía humano.

Cuando se encontró con su amigo, Edgar Graham no llevaba un rifle, ni una bomba de petróleo. Lo único que llevaba era ese simple maletín. Parecía que cuando se paró a hablar con Dermot, Edgar dejó el maletín en el suelo, a su lado. Seguía en el mismo lugar, intacto y en pie. Aquel maletín acentuaba la soledad de aquella muerte fanática.

Hugh se arrodilló. Mantuvo firmes sus manos de boxeador mientras sostenía la cámara y la dirigía en dirección a Edgar Graham. El maletín ocupaba el centro del encuadre, con el cuerpo justo detrás. Hugh apretó el disparador y este emitió su zumbido en el silencio. Tomó otra instantánea, y luego otra. Vació su mente mientras la imagen se convertía en un todo. A la mañana siguiente, con la fotografía de Edgar Graham en primera página del *Irish News*, Hugh fue enviado al despacho del editor de fotografía.

«¿Ha sido tu primer cadáver?», le preguntó el editor.

«Sí», contestó Hugh.

«Edgar Graham», dijo el editor como si confirmara la importancia de aquella fotografía. «El maletín hace que la instantánea sea poderosa y muy conmovedora».

«Gracias».

«Lo has hecho muy bien, Hugh», dijo el editor mientras contemplaba por encima de la fotografía al famoso boxeador de Belfast. «Tu futuro está aquí».

Capítulo 15

TIEMPO DE RECOLECCIÓN

El año 1984 estaba llamado a ser un año crucial para el club de boxeo de la Sagrada Familia y la familia Storey. Gerry había sido el seleccionador irlandés durante tres Juegos Olímpicos consecutivos, entre 1972 y 1980, en Múnich, Montreal y Moscú. Apenas cabían dudas de que conservaría su puesto en el rincón irlandés de cara a los Juegos de 1984 en Los Ángeles, sobre todo porque durante los Juegos de Moscú había doblado en el puesto de entrenador jefe y mánager. Nadie sabía más de boxeo que él, y no había nadie en toda Irlanda que pudiera igualar su sabiduría y su lectura de los combates.

Sam Storey parecía una baza segura para el equipo en la categoría superwélter, y Gerry hijo hacía lo posible por entrar en los pesos medios. En las finales sénior del título del Úlster de 1984 continuaría el dominio de los Storey. Tommy Corr, el excelente medallista en los campeonatos mundiales comenzaba a estar harto de los Storey. Había perdido su título sénior del Úlster contra Sam en 1983, y cuando pasó a los medios se enfrentó a otro Storey en la final de 1984. Gerry hijo batió a Corr y se convirtió en campeón de los medios, mientras que Sam retuvo su título en los superwélter.

Gerry, tanto en calidad de padre como de entrenador del club, se aseguró de que sus chicos mantuvieran los pies en el suelo, además de dedicarle la misma atención al resto de púgiles de la Sagrada Familia. Jamás favoreció a ninguno de sus boxeadores, y se mostraba más escrupuloso todavía a la hora de no favorecer a sus hijos frente a ningún otro púgil. Y tanto a Gerry hijo como a Sam les gustaba esa neutralidad, respetándola. Pero sí se enfurecieron ante la falta de equidad que campaba por los podridos entresijos políticos de la federación irlandesa.

Tal vez fuera que el apellido Storey y el éxito del boxeo de Belfast provocara celos; o, simple y llanamente, existía el deseo de promocionar a algún entrenador más cercano a Dublín. El caso es que alguien planeó sustituir a Gerry como entrenador jefe. Desde que Arkle lograra tres *Gold Cups* consecutivas durante los sesenta, Irlanda no había tenido mejor baza que Gerry para alcanzar sus cuartos Juegos consecutivos. Pero, cuando los directivos del sur escogieron como entrenador para el equipo olímpico a su número dos, Paddy Muldowney, del Transport Club de Dublín, Gerry vio cómo le negaban el puesto en el corazón del equipo que tan merecido tenía. Aquello causó la ira de los directivos del Úlster, quienes protestaron de manera vehemente. Cuando su ira se mostró del todo inefectiva, promovieron una campaña para elevar a Gerry al puesto de director. Y de nuevo le fue denegado el puesto.

El único que no se manifestó al respecto fue el propio Gerry. El relevo se había producido cuando se encontraba fuera del país, en Nueva Zelanda, acompañando a una selección a unos combates. Los directivos de Dublín habían esperado a que Gerry estuviera en el otro lado del mundo para despedirlo. Gerry sonrió y no dijo nada. Los chicos se sentían abandonados. Gerry hijo, que tenía un carácter más vehemente que su padre y su hermano Sam, se revolvió en contra de aquella decisión. Sam apuntó que Paddy Muldowney era un buen cronometrador y una gran persona, pero en lo que se refería a tácticas y preparación, no le llegaba a su *pa* a la suela.

El año 1984 arrancó con nuevas desgracias, puesto que Gerry hijo se rompió la mano en una velada internacional contra Escocia. No pudo asistir a los campeonatos Senior de Irlanda, con lo que sus opciones de ser seleccionado por encima de Tommy Corr para el equipo olímpico de los superwélter se volatilizaron. Sam ganó la final de los sénior del Úlster, y en la final de los nacionales de

Irlanda no tuvo problemas para vencer a Paddy Ruth a los puntos. Siendo el hijo de Gerry, Sam estaba sometido a una presión desmesurada; por eso, tras ganar su primer título sénior irlandés con tanta facilidad, una oleada de alivio lo recorrió de la cabeza a los pies.

Sam fue seleccionado para pelear representando a Irlanda en los Juegos de 1984 junto a Gerry Hawkins, Phil Sutcliffe, Kieran Joyce, Paul Fitzgerald y Tommy Corr. Pero al no contar con su padre en el rincón, el humor de Sam se ensombreció. El equipo no estuvo bien dirigido y se sucedían las discusiones, a diario. Sam se había lesionado la mano representando al Úlster en Nueva Zelanda, y para protegerla durante los combates de *sparring*, se ponía un guante especial con el pulgar cosido. Peleando en un entrenamiento contra Joyce, un testarudo peso wélter, Sam se sintió cómodo hasta que el director del equipo, Art O'Brien le obligó a llevar unos guantes reglamentarios.

«¡Pero es que tengo la mano lesionada!», protestó Sam. «¡Esto es para no dañarla más!».

O'Brien no le prestó la más mínima atención a la preocupación del joven y le obligó a cambiarse de guantes. Durante el siguiente asalto Sam alcanzó a Joyce con un gancho de derechas y gritó dolorido. Se había producido una fractura capilar en el pulgar y tuvo que estar las siguientes cinco semanas fuera de combate. Incapaz de soltar puñetazos Sam restringió sus entrenamientos a la carrera y a la gestualización. Cuando el equipo llegó a Los Ángeles, Sam se encontraba de un humor de perros. Había ocultado la lesión a todo el mundo, incluso a su propio padre, que se había quedado en Belfast.

La primera ocasión en que se enfundó los guantes tras la lesión fue en su debut olímpico, contra el italiano Romolo Casamonica, campeón del mundo. Peleó bien y con agresividad durante dos asaltos, e iba por delante al comienzo del tercero y final. Pero le atenazó el cansancio y Casamonica lo derribó a falta de treinta segundos para el final de la pelea. El sueño olímpico de los Storey había terminado.

Hubiera sido lógico que, de vuelta en Belfast, Sam se abandonara a la amargura; pero entonces miró a su padre. Sam aprendió una gran lección sobre humildad y aceptación cuando vio que su padre no dejaba sitio alguno a la ira ni al resentimiento.

«No le des más vueltas, Sam», le dijo Gerry a su hijo. «Deja las luchas para el interior del ring... nunca fuera».

El furibundo grito se repetía una y otra vez, cuando la tristeza se hacía insoportable: «¡Dejadle la lucha a McGuigan!». Fuera de Falls Road y de Shankill Road, entre tanto asesinato y dolor, la gente se repetía esta frase. Estaban hartos del odio interconfesional, de la interminable violencia, y así lo hacían saber desde Belfast a Derry, pasando por cada rincón olvidado de Irlanda del Norte: «¡Dejadle la lucha a McGuigan!».

Los más fanáticos y descerebrados en ambos bandos de la fractura estaban tan embebidos en el odio y la intransigencia, que habían decidido seguir enfrentados hasta el final de los días. Eran incapaces de alejarse de las armas y las bombas, de los tiroteos de represalia y las bombas... pero el resto de la sociedad estaba hastiada de tanta muerte y miseria. Ya habían tenido suficiente. La única lucha que querían ver y exaltar era la que se daba en el ring de boxeo. A menos que fueras Barry McGuigan, o alguno de sus compañeros boxeadores, ya era hora de bajar las armas y aceptar la verdad.

Habían sido demasiados años de lucha, y demasiadas las muertes. La cifra de fallecidos durante los Troubles alcanzaba, en enero de 1985, las dos mil seiscientas setenta personas; y nada había cambiado. La división y la discordia formaban parte del tejido cotidiano. Continuar con la lucha fuera del cuadrilátero no haría más que traer más aflicción a este mundo. Era el momento de parar y dejarle las peleas a McGuigan.

Cuando McGuigan peleaba, la alegría inundaba el abarrotado King's Hall, igual que llenaba los enloquecidos pubs y salones de los hogares de todo el país. Puede que la paloma de la paz que McGuigan lucía en sus calzones resultara un símbolo empalagoso. Pero en un tiempo sumido en la brutalidad y la guerra, esa paloma brillaba con la esperanza. Esa paloma significaba que era posible animar a un peso pluma afincado en Belfast y procedente de Clones; vivieras en el norte o en el sur; fueras católico o protestante, monja o miembro de una peligrosa banda, hombre o mujer, joven o viejo, estuvieras perdido o triste.

Tres meses antes, el 12 de octubre de 1984, el IRA había llevado los Troubles a la conferencia del Partido Conservador en el Grand Hotel de Brighton. A las 2:54 de la noche hizo explosión una bomba bajo la bañera de la habitación 629, un piso por encima de la suite que ocupaba Margaret Thatcher. Había sido colocada allí a mediados de septiembre, cuando el artificiero del IRA Patrick Magee, alojado en el hotel bajo el nombre de Roy Walsh, escondió en ese lugar nueve kilos de gelignita adheridos a un temporizador de eventos largos. La bomba tenía como objetivo acabar con la vida de Maggie Thatcher y la mayor parte de su gabinete.

Cuando la bomba estalló Thatcher seguía despierta, trabajando en el discurso que daría durante la conferencia. Su cuarto de baño se vio seriamente afectado, pero tanto ella como Denis, su esposo, salieron indemnes. Pero hubo otros mucho menos afortunados. Cinco miembros del partido conservador murieron, incluido el parlamentario Anthony Berry; treinta y cuatro personas más fueron heridas y precisaron de ayuda hospitalaria. Walter Clegg, otro parlamentario *tory*, y Margaret Tebbit, cuyo marido, Norman, era el secretario del Gobierno para el Comercio y la Industria, además de ser uno de los miembros más leales a Thatcher en su consejo de ministros, sufrieron ambos lesiones de por vida.

El IRA había estado muy cerca de alcanzar su objetivo, pero Thatcher acababa de dejar el cuarto de baño justo cuando la bomba estalló. En los momentos posteriores al atentado Thatcher mostró unos nervios de acero. Su decisión de acabar con el IRA no hizo más que intensificarse; pero al final de aquella dramática semana fue consciente de lo cerca que había estado de morir.

El IRA respondió con espeluznante sencillez la misma mañana del atentado: «Ahora la señora Thatcher se dará cuenta de que Gran Bretaña no puede ocupar nuestro país y torturar a nuestros prisioneros, ni disparar a nuestro pueblo en sus propias calles, y salir indemne. Hoy no hemos tenido suerte, pero recuerde que nos vale con tenerla una sola vez. Mientras que usted va a necesitar de esa suerte en cada ocasión. Dele la paz a Irlanda y se acabará la guerra».

Aun así, la idea de que el único camino para la paz fuera el del terror se iba resquebrajando en ambos bandos, debido al hastío cada vez mayor que provocaba el conflicto. Habían pasado trece años desde la atrocidad del McGurk, en New Lodge, el atentado en la Balmoral Furniture Company en Shankill Road y el Domingo Sangriento en Derry. ¿Cuántos años más debían pasar y cuántas muertes más serían necesarias para traer la paz a Irlanda del Norte? La incierta respuesta quedaba envuelta por la mortaja que provocaban el dolor y el cansancio, el fango y la oscuridad de la guerra sectaria. Y así, la mayoría de la población, los que no llevaban armas ni ningún tipo de objeto incendiario, respiraban profundamente y repetían aquel reconfortante grito por la paz: «¡Dejadle la lucha a McGuigan!».

También América caía rendida ante McGuigan. El 13 de octubre, la noche posterior a aquel atentado, el canal norteamericano CBS había retransmitido el nocaut en el segundo asalto con el que McGuigan había despachado al duro colombiano Felipe Orozco, quien solo había perdido hasta aquel momento un único combate por el título mundial, contra Jaime Garza. El combate se emitió después de que la CBS retransmitiera otro nocaut sensacional de McGuigan, en este caso al norteamericano Paul deVorce, cuyo récord hasta entonces había sido de veintidós victorias por una derrota, antes de verse apabullado en Belfast aquel 30 de junio de 1984. Los ejecutivos de la televisión norteamericana estaban cautivados por el feroz estilo pugilístico de McGuigan y su educado encanto fuera del ring. Jamás habían visto una atmósfera tan ferviente y cautivadora como la que descubrieron en el King's Hall.

Los lectores de la revista *Time* quedaron igual de impresionados después de que un entusiasta artículo describiera la importancia de McGuigan en Irlanda del Norte, y la senda pacífica que intentaba abrir para acabar con los Troubles. Era una historia que trascendía el boxeo y el deporte. McGuigan era fuente de fascinación para América, no solo para Gran Bretaña e Irlanda.

Los financieros de la CBS estaban convencidos de que lograrían mayor cuota de pantalla si McGuigan era capaz de superar un desafío mayor —el puertorriqueño afincado en Nueva York Juan

LaPorte—, y conseguía así el derecho a desafiar a Eusebio Pedroza por el título mundial de la WBA en los pesos pluma. El sueño de McGuigan era luchar contra Pedroza. El imperioso panameño llevaba nueve años imbatido y había superado diecinueve defensas por el título. McGuigan sabía que primero tenía que superar a LaPorte para lograr la posibilidad de desafiar a Pedroza.

McGuigan rebosaba confianza de cara a la galería, pero por dentro lo atenazaban las dudas. Era consciente de que nunca se había enfrentado a alguien tan duro como LaPorte, ni tampoco tan experimentado y habilidoso, por lo que en sus momentos más íntimos fue cayendo presa del pesimismo. LaPorte tenía fuerza más que suficiente para noquear, como demostró al derribar a Rocky Lockridge en dos asaltos. Había perdido sus primeros dos combates por el título mundial de la WBA en los pesos pluma, pero habían sido derrotas muy estrechas a los puntos contra los brillantes Salvador Sánchez y Pedroza. LaPorte se había convertido en el campeón del mundo de la WBC en septiembre de 1982, y no cedería el título hasta marzo de 1984, rindiéndolo ante otro púgil legendario como era Wilfredo Gómez. En el cuarto asalto se había roto la mano, pero continuó peleando durante otros ocho asaltos, perdiendo a los puntos contra Gómez.

«Es un hombre duro», dijo McGuigan cuando le preguntaron por la mayor virtud de LaPorte.

Durante las dos semanas previas al combate la incertidumbre creció en su interior. LaPorte había llegado con bastante antelación a Belfast para aclimatarse, y utilizó el mismo gimnasio que McGuigan y Hugh Russell, el Castle Gym. La rigurosa planificación de Barney Eastwood los mantuvo alejados, pero McGuigan no pudo abstraerse de los rumores sobre lo duro que trabajaba LaPorte y la calidad que mostraba en las sesiones de *sparring*. Su invisible presencia comenzó a ocupar un lugar cada vez mayor en la cabeza de McGuigan.

Cuando por fin se cruzaron sus caminos, a McGuigan todavía le quedó menor resquicio para la tranquilidad. Apenas unos días antes del combate McGuigan ascendía las escaleras del gimnasio. Alzó la vista y vio a LaPorte caminando hacia él.

«¡Barry!, ¡por fin!», dijo LaPorte mientras le ofrecía la mano. «Tío, qué bueno verte».

«¡Juan!», dijo sorprendido McGuigan. «Me alegro de verte también».

«Llevo días intentando verte, pero entrenamos a horas muy diferentes», dijo LaPorte. «Intentas ocultar tu peso y la verdad, no te voy a decir cuál es el mío».

LaPorte bromeó mientras McGuigan se sorprendía ante aquella cercanía mostrada por su oponente. Por lo general, sus rivales se mostraban agresivos, despectivos o no querían hablar con él. También se preguntó si LaPorte tendría problemas con el peso, aunque el puertorriqueño hubiera estipulado que pelearían incluso si alguno se situaba un kilo por encima del límite de la categoría de los pluma.

«Espero que te estén tratando bien en Belfast», dijo McGuigan en un intento por cambiar de tema.

«¡Tío! ¡Tu gente es estupenda!», aseguró LaPorte. «Les vamos a dar una noche que no olvidarán. Eres muy buen boxeador».

«Tú también, Juan», dijo McGuigan casi avergonzado.

Los dos pesos pluma intercambiaron un nuevo apretón de manos seguido de un breve abrazo. LaPorte se marchó y McGuigan terminó de subir las escaleras del gimnasio. LaPorte era un tipo con clase, cosa que incrementó todavía más la ansiedad que sentía McGuigan. Los boxeadores buenos de verdad no necesitaban echar mano de juegos arteros de intimidación. Se contentaban con que sus puños hablasen por ellos. Cuanto más majos son, más duro pegan, pensaba McGuigan. Y Laporte parecía más tranquilo que nadie. No parecía un boxeador que hubiera viajado desde Brooklyn hasta Belfast para perder.

McGuigan se preguntó si sería capaz de encontrar la determinación y la brillantez necesarias para superar a un púgil de categoría mundial. ¿Le mostraría LaPorte al mundo que McGuigan era un fraude y no un salvador? Cuanto más se acercaba el combate, mayores eran las dudas en el joven irlandés.

King's Hall, Belfast, sábado 23 de febrero de 1985

Barry McGuigan hizo que Juan LaPorte lo esperara en el ring durante cinco largos minutos. Al puertorriqueño no pareció importarle demasiado; enfundado en su albornoz rojo se dedicó a ensayar movimientos en su rincón, ignorando los cánticos de la gente: «¡Ba-rry! ¡Ba-rry! ¡Ba-rry!» entonaban los nueve mil asistentes. Solo pareció un poco confuso cuando la conocida melodía de apertura de la banda sonora de Rocky fue secundada por un rugido que igualó el volumen de la megafonía, en el mismo momento en el que McGuigan y su séquito comenzaban el largo desfile hasta el cuadrilátero. McGuigan mantenía la cabeza gacha, con los brazos descansando sobre los hombros de Eddie Shaw, cuando el estribillo en el que se repite la frase *Gonna fly now, flying high now* alcanzó su máxima intensidad y el King's Hall se convirtió en un hervidero. Mientras McGuigan ascendía por fin al cuadrilátero, un sorprendido Harry Carpenter clamaba ante su micrófono de la BBC:

«¡El ruido es increíble! Casi parece que las paredes de este viejo recinto estén a punto de reventar por la intensidad del sonido. No creo que haya habido boxeador alguno en la historia que haya tenido una bienvenida como la que ha tenido este hombre en Belfast de camino al cuadrilátero».

McGuigan también vestía un albornoz rojo —con las palabras *El Joven Barry, el Ciclón de Clones* en la espalda— y saludó a su afición alzando ambos brazos al aire. La multitud comenzó a cantar: «¡fácil!, ¡fácil!, ¡fácil!».

Pero pelear contra LaPorte era todo menos fácil. Encajaba los golpes de McGuigan y, desde el exterior, intentaba contragolpear incluso más fuerte. Después de que hubiera digerido otro golpe certero, McGuigan contempló a LaPorte. Parecía que el hombre de Brooklyn quisiera matarlo. LaPorte era un púgil de lo más sólido, con unos puños fulminantes y una precisión casi quirúrgica en su manera de boxear. McGuigan elevó todavía más la calidad de su propio desempeño y se adelantó en los dos primeros asaltos.

Pero en el tercero LaPorte descargó un izquierdazo que sorprendió a McGuigan. Jamás lo habían golpeado tan fuerte. Desde ese momento resultaría vital que, en cuanto terminara una de sus combinaciones, McGuigan moviera su cabeza y sus pies de forma que pudiera evitar los potentes contragolpes que se dirigían hacia él.

McGuigan trataba de mantener a raya a LaPorte no dándole respiro alguno, lo que le llevó a dominar los asaltos cuatro a ocho. Sentía que cuando golpeaba a LaPorte en la distancia corta el puertorriqueño daba signos de fatiga, por lo que trató de acelerar su ratio de golpes. Pero, a la vez, él mismo sentía los efectos del cansancio, puesto que jamás había peleado con anterioridad a un ritmo tan alto ni contra un rival de tanta clase y tan peligroso.

LaPorte recurría a una gran variedad de trucos. Con un leve movimiento del hombro ganaba un par de centímetros libres, lo que le bastaba para conseguir el impulso suficiente como para hacer retroceder a McGuigan. Y entonces conseguía vía libre para descerrajar un *uppercut* de derechas y *¡bumba!*, la cabeza de Mcguigan giraba sobre su cuello justo antes de que LaPorte le lanzara un gancho de izquierdas directo al cuerpo. Pero, apenas unos días antes de su vigesimocuarto cumpleaños, McGuigan se encontraba en su plenitud física y se negaba a ceder. Regresaba lanzando golpes todavía más duros sobre LaPorte, obligándolo a cerrar los ojos y encogerse ante la furia de su embestida. Hacia el final del octavo asalto de un duro y extenuante combate parecía —al menos para todos los que no estaban en el ring— que el irlandés acariciaba la victoria.

Harry Carpenter sugirió que «LaPorte da la sensación de estar destrozado. Desde luego que lo está. Y el ritmo de McGuigan no da signos de desfallecer. Si acaso, todavía lo incrementa».

Mientras LaPorte recibía una nueva salva de golpes Carpenter dijo: «McGuigan lo está golpeando sin misericordia alguna. Es cierto que todavía es peligroso, pero cada vez le cuesta más y más encontrar la manera de contraatacar bajo tamaño bombardeo. Y justo antes de que sonara la campana McGuigan ha mostrado una sonrisa, sabedor de que está liderando la pelea, sin lugar a dudas».

Los púgiles se retiraron a sus respectivos rincones y, junto al ring, Carpenter recogió las impresiones de Alan Minter, antiguo campeón mundial de los semipesados, que se encontraba en el estudio de la BBC de Londres viendo el combate junto a Des Lynam. «Este hombre es brillante, ¿verdad?», dijo acerca de McGuigan.

Minter se mostró de acuerdo, pero quiso centrar la atención sobre LaPorte. «Es un antiguo campeón del mundo y está recibiendo una paliza. Creo que ha perdido todos los asaltos a excepción del quinto, que ha terminado en empate. Mi impresión es que cuando salga intentará algo nuevo, porque de lo contrario se va a llevar una zurra de las buenas».

A falta de un minuto para el final del penúltimo asalto McGuigan intentó un *jab* directo que le permitiera descerrajar una nueva combinación. Lanzó el *jab*, pero en ese mismo instante vio cómo se precipitaba hacia él una mancha roja y borrosa. En esa fracción de segundo McGuigan pensó que un chorro de sangre salía del cuerpo de LaPorte. Pero se equivocaba. Era el guante derecho y rojo del portorriqueño restallando contra la parte superior de su mandíbula.

La conmoción en la cabeza de McGuigan fue enorme. Su cerebro se revolvió de tal manera bajo la descomunal fuerza del golpe que perdió toda certeza del momento y el lugar en el que se encontraba. De repente, McGuigan pensaba que volvía a ser un niño en Clones. Acababa de salir de la tienda de fruta y verdura de su madre en el Diamond y caminaba hacia la juguetería de la señora Keenan, junto a la droguería de Cecil Chapman.

Mientras en el mundo real LaPorte regresaba a por él, en su cabeza el pequeño Barry paseaba por la juguetería de la señora Keenan, mirando aquellos juguetes preciosos. Tuvo suerte de que LaPorte no lo alcanzara con otro derechazo descomunal, pero su siguiente *jab* arrancó a McGuigan de la juguetería y lo trajo de vuelta al King's Hall. «¿Pero qué cojones estoy haciendo en la tienda de la señora Keenan?», se preguntó mientras el ruido penetraba en su cabeza a oleadas. Estaba muy aturdido, así que intentó agarrarse a LaPorte, o al menos mantenerlo alejado con un *jab* de izquierda. McGuigan se aferraba a su rival, en lugar de golpearlo, por lo que Harry Gibbs, el árbitro, comenzó a gritar: «¡Suelte! ¡McGuigan!, ¡lo está agarrando!, ¡lo está agarrando!».

McGuigan miró amodorrado a Gibbs y pensó: «¡Pues no te jode, Harry! ¿Qué hostias harías tú, colega?». Nadie podía saber que aquel golpe lo había llevado de vuelta a Clones y lo había traído de regreso.

No hubo nuevas interrupciones en el noveno asalto y, en el rincón, McGuigan se dejó caer sobre su banqueta. Echó la cabeza atrás mientras Eddie Shaw se ponía manos a la obra con una esponja empapada. El agua cayó como riachuelos por la cara de McGuigan. Estaba cansado, pero sintió que su cabeza se aclaraba de nuevo.

Al sonar la campana del décimo y último asalto se sintió lo suficientemente recuperado como para correr desde su rincón y extender su brazo izquierdo para cruzar guantes con LaPorte. El King's Hall resonaba con cánticos que decían «¡fácil!, ¡fácil!, ¡fácil!» entonados con deleite por los aficionados.

McGuigan seguía decidido a pelear, así que durante la mayor parte del asalto superó a LaPorte, alcanzándolo con los golpes más duros. El delirio hizo presa del King's Hall durante el último minuto: «¡Adelante!... ¡Adelante!».

«¡Oh! Hace tambalearse a LaPorte con un derechazo», gritó Carpenter, «¡LaPorte ha estado a punto de caer! Es increíble el delirio que se siente en el recinto».

LaPorte se aferró a McGuigan y la campana sonó. «¡Se acabó!, McGuigan es el vencedor indiscutible, no hay ninguna duda», dijo Carpenter. Gibbs alzó de inmediato la mano de McGuigan, confirmando su victoria, antes de que su hermano Dermot y el resto de su equipo se abalanzaran sobre el joven púgil. Carpenter tuvo que gritar de nuevo para hacerse oír ante el estruendo. «La mejor actuación de su vida, y contra el rival más peligroso al que jamás se ha enfrentado. McGuigan ha vencido a los puntos, y lo ha hecho convenciendo. Esta noche, toda la ciudad de Belfast estará festejándolo».

Una hora más tarde Hugh Russell estaba demasiado cansado como para celebrar su victoria final en el cuadrilátero. Además de vencer, al ser aquella su tercera victoria consecutiva en una pelea por el título británico de los pesos mosca, se acababa de alzar con el cinturón Lonsdale, su premio más codiciado en el boxeo. Russell no solo había defendido con éxito su cinturón contra Charlie Brown, sino que había noqueado al de Glasgow en el decimosegundo asalto. Al comienzo de ese último asalto ambos hombres mostraban tal cansancio que parecía que apenas se tenían en pie. Pero Russell golpeó al escocés y este se fue a la lona. Cuando Brown se reincorporó Russell se abalanzó sobre él como si estuviera poseído. Costaba identificar tanta violencia con el fotógrafo que tomaba esas fotografías tan reflexivas y delicadas de los Troubles.

En el vestuario no se sentía como debía de sentirse un vencedor. Su combate había seguido a la impresionante actuación de McGuigan contra LaPorte, puesto que los productores de la televisión norteamericana querían que los pesos pluma lucharan antes de que los mosca vertieran sangre sobre el tapiz. Sugar Ray Leonard abandonaba el vestuario de McGuigan tras felicitarlo y asegurarle que pronto lucharía por el título mundial. Pero para el pequeño campeón de los mosca no hubo polvos de hadas.

Con tristeza, Hugh contempló la imagen que le devolvía el espejo. Su rostro, hecho pedazos, era todo un cuadro. Tal y como le sucedió cuando acabó en el hospital, tras los dos combates contra Davy Larmour, Hugh era consciente de que en cuanto se hubiera duchado y cambiado le esperaban las Urgencias. Necesitaría otros treinta puntos, porque su pómulo izquierdo mostraba un profundo corte que hacía juego con la cicatriz en forma de cuarto creciente que lucía en la mejilla derecha. Después de que lo suturaran, el total de puntos que su rostro había tenido que soportar durante sus años en el boxeo sobrepasaba los cien.

Apenas podía creerse que le hubiera costado tanto superar a Brown. Ambos tenían veinticinco años, pero el récord de Hugh era de diecisiete victorias por dos derrotas, lo que dejaba en evidencia el mediocre récord de Brown, cinco victorias por cuatro derrotas. En una noche normal, Hugh habría barrido a Brown.

Pero le había costado horrores no sobrepasar el límite de peso de los mosca, y fue una sombra de su antiguo yo sobre el cuadrilátero. El hueco de nueve horas que transcurrió entre el pesaje y el momento de entrar en el cuadrilátero no bastó para que su organismo se recuperara. Sabía que cuando estaba deshidratado se hacía más cortes, y que cuando corrían tan pocos fluidos por su cerebro, el riesgo de sufrir grandes daños era mucho mayor.

Hugh nunca pensó en ir a la universidad y se reía de su falta de estudios; pero aun así era una persona brillante. Era lo suficientemente inteligente como para darse cuenta de que era el momento de dejarlo. Si Charlie Brown lo había reducido a un estado tan lamentable como aquel, era suficiente advertencia de que ya no era apto para el boxeo profesional. El hecho de que con aquel combate se embolsara su mayor bolsa hasta entonces —cerca de diez mil libras— no tenía significado alguno. Hugh nunca había boxeado por dinero. Su motivación siempre fue la búsqueda de la gloria.

Contemplando su destrozado rostro en el espejo se obligó a tomar la decisión más dura, y aun así la más simple, de toda su carrera. Lo mucho que le encantaba la fotografía y su deseo de que sus manos pudieran aguantar la cámara con firmeza, además de que su mirada se mantuviera clara, fueron una gran ayuda. También podía sentirse orgulloso de ser el campeón imbatido de su categoría de peso natural. Las dos derrotas que había sufrido llegaron en los pesos gallo, dos categorías por encima de su peso mosca.

«¿Qué te ocurre, hombrecito?», le preguntó Barney Eastwood cuando Hugh lo encontró.

«Jefe», le dijo Hugh a su promotor, «me retiro».

Eastwood contempló el rostro lleno de cortes de Hugh Russell, percibiendo la convicción de su voz. Era consciente de que su boxeador había tomado una decisión muy valiente. Se levantó y le ofreció la mano.

«Chavalín, hemos recorrido un camino impresionante», le dijo Eastwood. «Pero ahora es el momento de dedicarte a tu cámara».

Unos pocos meses después, cuando sus heridas ya habían curado y no lucía tanto aspecto de boxeador, Hugh se encontraba entre los chicos de la prensa. Ahora era fotógrafo a tiempo completo, uno más entre aquellos curtidos fotógrafos que trabajaban para los diarios de Belfast y Dublín, para los periódicos ingleses —tanto los sensacionalistas como los de gran formato—, además de para la agencia Pacemaker, que tantas fotografías distribuía por todos los países del mundo. También formaban parte de aquel grupo algunos fotógrafos internacionales, y todos ellos se apretujaban al final de una calle en Newry, a unos ochenta kilómetros de Belfast.

La mujer del número veintiocho acababa de perder a su marido. Una bomba lo había hecho saltar por los aires. Aquel debía de ser el peor momento de la vida de aquella mujer, pero los fotógrafos de la prensa sabían que había que hacerle una visita. Era el momento que más odiaban, más que ningún otro.

Enfocando los restos que habían quedado tras semejante explosión, Hugh fue presa de la angustia al capturar el dolor de los familiares de la víctima. En ocasiones lo único que veía era una boca gritando, presa de la agonía ante la pérdida; más a menudo, aquella angustia apenas dejaba ver una muda parálisis, demasiado cruda todavía como para dar paso al dolor. Su instinto le pedía mirar hacia otro lado; incluso, en mayor muestra de humanidad, acercarse y ofrecer algo de consuelo. Pero el trabajo de Hugh era el de compartimentar sus sentimientos hasta que terminaba el trabajo.

¿Pero cómo se podían atajar las emociones cuando llegaba el duro momento de pedir fotografías? Cuando debía realizar este tipo de tareas no podía esconderse tras su cámara. Al contrario, tenía que guardarla en el macuto y cubrir el solitario camino hasta una casa en la que acababa de morir algún miembro. Llamaba a la puerta con educación, y cuando esta se abría por fin, se enfrentaba a un rostro arrasado por las lágrimas. Hugh contemplaba entonces a una esposa, o a una madre, cuyo marido o hijo acababa de ser asesinado. También podía ver a un padre que acababa de perder a su hija adolescente, víctima de un trágico tiroteo.

El trabajo de Hugh, o la misión de cualquiera que hubiera sido el elegido para realizar esa tarea de reunir fotografías, era ofrecer sus condolencias antes de disculparse por la intromisión. Después debía explicar que querría que le entregaran una pequeña foto del fallecido, para compartirla con sus compañeros de profesión. Así, cada periódico podría imprimir una instantánea de la víctima; una que hubiera sido autorizada por la familia.

La mayoría de la gente, incluso en mitad de aquel profundo dolor, comprendían la explicación que Hugh les ofrecía: era una manera de homenajear a su ser querido, a través de una fotografía que capturase un momento feliz. Hugh sabía que otros fotógrafos habían recibido insultos cuando trataban de conseguir la fotografía, o que una persona que lloraba enrabietada los había sacado de la casa a empujones. Y los fotógrafos lo comprendían. Podían imaginarse a ellos mismos reaccionando con la misma furia si fueran ellos quienes habían perdido a su esposa, o a un hijo y, de repente, escucharan a un desconocido llamar a su puerta para pedirles que rebuscaran en viejos álbumes de fotos hasta encontrar una buena instantánea; y todo para satisfacer la curiosidad de los lectores de los periódicos que querían conocer el aspecto que tenía la víctima antes de recibir el disparo, o de volar por los aires hecho pedazos.

Desde que dejara el boxeo y comenzara con su trabajo a tiempo completo en el *Irish News*, Hugh se había percatado de que cada vez que había que conseguir una nueva fotografía, los cámaras lo miraban a él.

«Mejor que vayas tú, chavalín», le decían. «Te reconocerán por ser el boxeador. A ti no te la negarán».

Y tenían razón. Por lo general, la gente lo reconocía, incluso en medio de aquella conmoción y dolor, y le pedían que esperase un momento mientras buscaban alguna foto. En ocasiones, Hugh se sentaba con ellos y tomaban el té. Intentaba ser lo más delicado que podía, hacer las preguntas adecuadas y, sobre todo, estar dispuesto a escucharlos si deseaban hablar de la persona que habían perdido ante la locura de los Troubles. Los fotógrafos estaban encantados cuando regresaba con una foto familiar que pudieran compartir. Con ello se quitaban de encima a sus editores. Y también significaba que, en la siguiente ocasión, podrían pedirle de nuevo a Hugh que se encargara de la tarea. Era el fotógrafo más joven y el más famoso; pero tampoco parecía muy justo que siempre esperaran que fuera él quien se enfrentara a la brutal labor de conseguir las fotografías. Hugh no había olvidado que algunos de los gacetilleros más veteranos y malencarados trataron de que se le negara la acreditación como miembro del Sindicato Nacional de Prensa cuando todavía era un boxeador. Según los estatutos, para entrar en el sindicato, el dinero ganado con el periodismo debía suponer, como mínimo, dos tercios de sus ingresos. Y ese, desde luego, no era el caso de. Hugh, quien ganaba con cada combate una cifra que oscilaba entre las cinco mil y las diez mil libras. Algunos fotógrafos, celosos o resentidos, elevaron una queja cuando se enteraron de que había solicitado un pase de prensa. Pero ahora era diferente. Ahora era fotógrafo de plantilla, uno de ellos.

«Venga, Hugh, te toca esta», lo conminó alguien en aquella calle de Newry, mientras se organizaban para conseguir una fotografía en la casa de aquella mujer cuyo marido acababa de morir víctima de una bomba.

Hugh se sintió vacío; no sabía si sería capaz de plantarse delante de aquella mujer y pedirle su ayuda. Al ver que dudaba, otra voz aseguró: «O vas tú o va Freddie... el más famoso o el más listo».

Freddie Hoare trabajaba para el *Daily Mirror*, y como sucedía en muchos de los periódicos de tirada nacional, estos le exigían que trabajara de traje. A Hugh le caía bien Freddie. Trabajaba duro, sacaba fotografías preciosas y con ese traje tenía un aspecto sofisticado. Freddie también había realizado bastantes recogidas de fotos.

«Vayamos los dos», le dijo Freddie a Hugh.

«De acuerdo, Freddie», dijo Hugh con una leve sonrisa y un movimiento de cabeza. «Vamos allá».

Ambos caminaron sobre el asfalto hasta llegar a una casa sumida en la oscuridad. En aquel silencio, ambos le daban vueltas en su interior a las palabras que podían pronunciar, intentando dar con las adecuadas. Cuando se abriera la puerta, hablarían con tono suave. Intentarían, en la medida de lo posible, no provocar un dolor mayor al preguntar si sería posible que les entregaran una pequeña fotografía familiar de aquella persona que, apenas unas horas antes, estaba viva y perfectamente bien, y que ignoraba por completo que aquel sería su último día sobre la faz de la tierra.

Hugh siguió caminando, cerrando su mano derecha en un puño con el que golpetear de manera delicada en la puerta delantera. Esperaba que les hubieran dado la dirección correcta. Tenía la boca seca y estaba nervioso. Le dolía en el alma lo que estaba a punto de hacer. Pero este era ahora su trabajo; esta su vida, ahora. Y era importante recordar a los muertos. Y honrarlos.

Capítulo 16

SOMBRAS Y LUZ

Barry McGuigan se despertó muy temprano aquella mañana de sábado, 8 de junio de 1985. Miró la hora en el pequeño reloj junto a la cama. Todavía no eran las 5:30. Su habitación en el Holiday Inn al final de la calle Edgware de Londres estaba tranquila antes de la noche más importante de su vida. Barry tenía veinticuatro años y estaba en su mejor momento físico, aunque una noche de escaso descanso lo había dejado agotado. Estaba hambriento y sediento. Tampoco ayudaba a la sequedad de su boca que en la habitación hiciera tanto calor y hubiera humedad. Eddie Shaw lo había pesado la noche anterior y Barry había clavado el límite de cincuenta y siete kilos que marca la categoría de los pluma. Pero lo perseguía la paranoia y pretendía rebajar unos cuantos gramos más mientras dormía. Habiendo apurado tanto su peso era consciente de que poco más podía hacer, pero al menos no bebería un sorbo de agua hasta que terminaran el pesaje a las 10:00.

Eusebio Pedroza era un hombre de treinta años y, con una estatura de un metro setenta y ocho, era diez centímetros más alto que él. Barry se contentaba con la certeza de que aquel hombre, más alto y viejo que él, estaría igual de vacío por la mañana, cuando también se pesara para la nueva pelea. El campeón había librado cuarenta y dos combates como profesional, y casi la mitad de ellos habían sido exitosas defensas de su título mundial de la WBA en los pesos pluma. Su combate en Loftus Road, sede del club de fútbol Queens Park Rangers en la parte oeste de Londres, sería la vigésima defensa de Pedrosa como campeón.

Pedroza se había negado a pelear en Belfast. Por lo visto, no eran los Troubles lo que lo intimidaban, sino la atmósfera creada por los bulliciosos aficionados de McGuigan. Eso sí, al menos accedió a llevar su defensa del título a Londres. McGuigan se había preparado duro para el desafío más formidable de su carrera. Juan LaPorte había resultado un examen bastante complicado, pero Pedroza también había vencido al puertorriqueño. Pedroza llevaba sin perder un combate desde 1976, y era el campeón con un reinado más duradero.

Barney Eastwood había traído a dos duros boxeadores panameños para que ayudaran a McGuigan durante las ocho semanas de concentración en Bangor. José Marmolejo ocupaba un lugar más alto que McGuigan en el ranking de la WBA. Estaba en el número tres, mientras que McGuigan era el número cinco. Ezequiel Mosquera era un tipo más corpulento, además de campeón de Panamá de los pesos ligeros. Ambos estaban más que dispuestos a aceptar el papel de *sparring* siempre que se les pagara bien, por lo que día tras día arremetían contra McGuigan. Este no estaba acostumbrado a unos entrenamientos tan duros y sin descanso, por lo que enfrentarse a diario a Marmolejo y Mosquera resultaba una pequeña batalla que librar. Las persistentes dudas volvieron a atenazarlo. Si sus compañeros de *sparring* suponían una prueba tan complicada ¿cómo se enfrentaría a un campeón tan magnífico como Pedroza?

Se sintió un poco mejor cuando Marmolejo, que también era peso pluma, se subió a la báscula y dio un peso de sesenta y cuatro kilos ochocientos gramos, lo que significaba que estaba más de siete kilos y medio por encima del peso de McGuigan. Davy Irving y Peppy Muir, un par de pesos wélter, formaban parte también del equipo de McGuigan, con lo que este se acostumbró a vérselas con rivales mucho más grandes que él en los *sparring*. Como la pelea se celebraría al aire libre, Brian Eastwood, el hijo de Barney, montó un cuadrilátero en su jardín. Una bochornosa noche de principios de verano en Belfast, McGuigan peleó quince asaltos contra sus compañeros, que se iban turnando entre ellos para mantenerse descansados. Su camiseta no tardó en quedar empapada por el sudor, pero en lugar de despojarse de ella, se la dejó puesta para acostumbrarse a la desagradable humedad a la que sabían que se enfrentaría junto a Pedroza, bajo el calor de los focos.

Mientras transcurrían los días en una sucesión de sudor y dolor, la característica confianza de McGuigan renació. Ahora estaba convencido de que podría derrotar a Pedroza. Incluso después de lesionarse los tendones de su brazo derecho durante su última sesión de *sparring*, demostró gran resiliencia. Sabía que durante los quince días que quedaban hasta la noche de la pelea contra Pedroza, no podría lanzar un solo puñetazo más; y aun así se negó a pensar que el brazo pudiera causarle problema alguno.

Los últimos doce días los pasó en Londres. Además de visitar cada día a Deborah Good, una excelente fisioterapeuta que trabajó en su brazo, McGuigan recibió valiosísimas lecciones del analista de boxeo Teddy Atlas, quien trabajaba con Mike Tyson, y de Gerald Hayes, quien había peleado contra Pedroza en junio. Hayes fue derribado en el décimo asalto, pero alcanzó en bastantes ocasiones a Pedroza. No dejó de encorajinar a Barry, diciéndole: «Tío, siempre deja huecos para la mano derecha. Lo puedes cazar así». Hayes y Atlas coincidían en que iba a resultar una tarea complicada, porque Pedroza era fantástico en las distancias cortas, pero prefería usar el largo alcance de sus brazos boxeando desde la lejanía. Y cuando el combate iba al cuerpo a cuerpo, era muy sucio. Le advirtieron de que Pedroza no dudaría en golpearlo con los codos y la cabeza. Le sometería a todo tipo de trucos sucios y duros, por lo que debía mantener su agresividad y seguir peleando cerca de Pedroza.

En un intento por ocultar los problemas que tenía en el brazo, McGuigan no se quitaba la sudadera en su habitación del hotel. Dermot y él movían el mobiliario y, después, Barry efectuaba movimientos de combate durante media hora. Había hecho todo el trabajo, y ahora solo quedaba esperar. Se sentía preparado.

Barry recordó todo esto durante la mañana del pesaje, en un intento por calmarse. También recordó el mensaje que le había enviado Larry Holmes, el campeón del mundo de los pesos pesados que llevaba tantas defensas exitosas como Pedroza. Holmes quería que le pateara el culo a Pedroza, y que rompiera su larga racha de imbatibilidad. Barry intentaba no pensar demasiado en ello, pero era consciente de que toda Irlanda, tanto en el norte como en el sur, quería que venciera. En Inglaterra tenía incluso más seguidores, y los veintisiete mil asientos para la pelea se habían vendido en cuatro semanas.

Por fin llegó el momento de que Dermot y él fueran hasta el cine Odeon de Leicester Square para realizar el pesaje. Estaba a menos de cinco kilómetros, pero el tráfico de Londres era tan denso que necesitaron cuarenta minutos para llegar al recinto. Al llegar descubrieron un auténtico alboroto. Tres mil seguidores de McGuigan abarrotaban el cine para asistir al pesaje. Por su aspecto y lo que decían, parecía que llevaran toda la noche bebiendo. Había tal griterío que McGuigan accedió al escenario por una puerta de servicio.

Eastwood se mostró furioso cuando comenzó el pesaje. Pedroza se subió a la báscula para bajarse tan rápido que no hubo posibilidad de comprobar su peso, que parecía sobrepasar el límite de la categoría. Acto seguido, el campeón tomó un vaso y lo vació por completo. Eastwood y sus hijos estaban convencidos de que aquel vaso estaba vacío, en realidad. Sabían que Pedroza achacaría esos gramos de más al hecho de haberse bebido ese inexistente líquido que se suponía que contenía el vaso. Pero es que ni tan siquiera lograron que el campeón se subiera de nuevo a la báscula. Se negó, y entonces el comisario de la WBA, que también era panameño, insistió en que Pedroza había dado el peso.

La atención del público pasó en ese momento a McGuigan, mientras entonaban cánticos de «¡Ba-rry!, ¡Ba-rry!» con una intensidad atronadora; Pedroza aprovechó aquella distracción para escabullirse por la parte de atrás.

A McGuigan le dio igual lo que hiciera Pedroza. Tan solo quería que lo pesaran de una vez para poder beber y comer de nuevo. Su peso era correcto, quedando algo más de cien gramos por debajo del límite de los cincuenta y siete kilos.

Pedroza se adelantó hacia McGuigan. «¡Número uno!». le gritó mientras paseaba un esquelético y largo dedo por delante del rostro de Barry. Y después, por si acaso el español de McGuigan no fuera lo suficientemente bueno, Pedroza hizo su propia traducción. «*Number One!*», gritó.

McGuigan sonrió y le ofreció su mano. Estaba decidido a bajarle los humos a Pedroza. Sus manos se rozaron un instante.

Barry se había bebido ya un enorme vaso de refresco de Cola. Podía sentir el azúcar vigorizando su vacío organismo. Se tomó después dos botellas de Lucozade, un montón de agua y un plato de sopa. Llevaba toda la semana diciendo que en cuanto pasara el pesaje, devoraría un Big Mac, pero a mitad de mañana tan solo pudo tragar media hamburguesa. En unas horas le sentaría mejor un almuerzo en condiciones.

Estaba pensativo y reflexivo. Su amigo Sean McGivern, quien le había llevado aquel Big Mac, se dio cuenta de que necesitaba un poco de cuidado espiritual. Ambos amigos acudían a menudo juntos a la iglesia. Y así lo hicieron, en silencio, discretos, de manera tan distinta a Barney Eastwood, un católico tan fervoroso que solían decir de él que se podría comer los barandales de un altar. Barry y Sean preferían mantener su fe en la intimidad. Caminaron por las calles del Soho, con Barry manteniendo la cabeza gacha para evitar que lo reconocieran; y siguieron hasta encontrar una iglesia.

La puerta principal estaba abierta. La religión, en cuyo nombre se había vertido tanto dolor en Irlanda del Norte, era lo que le servía de apoyo a Barry en esos momentos, los más solitarios y duros. Sean y él se sentaron un poco separados uno del otro, en el último banco. Barry bajó la cabeza y comenzó a rezar. Cuanto más rezaba, más pensaba en el Joven Ali. Estaban apenas a dos kilómetros de Grosvernor House, el hotel en el que tuvo lugar el fatídico combate, y Barry era incapaz de sacarse de la cabeza al desgraciado boxeador nigeriano. Oró por el hombre muerto, y también oró por la seguridad de Eusebio Pedroza y la suya propia.

Cuando alzó la cabeza expresó una sencilla promesa, ante él y ante Dios. Si ganaba esa noche, le dedicaría su victoria por el título mundial al Joven Ali. Sentía la importancia de recordar al desgraciado boxeador, ante la furia y la posible gloria del cuadrilátero.

Gerry Storey caminaba por New Lodge una hora antes del combate. Parecía que su viejo vecindario, y cualquier otro lugar de Belfast, se hubiera quedado desierto. Aquello le recordaba a Gerry los primeros años de la década de los setenta, cuando aquella parecía una ciudad fantasma. Hombres que blandían armas y bombas, en guerra declarada entre sí y contra el ejército británico, habían convertido Belfast en una ciudad del lejano oeste. Pero ahora era diferente.

Las calles estaban así de desiertas porque todo el mundo estaba en su casa, o en el pub, con la televisión sintonizando BBC 1 para asistir al intento de McGuigan por alzarse con el título mundial; por todos ellos. El boxeo lo había vuelto a hacer, había traído la paz a aquella noche de sábado, ofreciendo, de nuevo, un halo de esperanza.

Gerry entró a la tienda de la esquina y tomó la leche que Belle necesitaba al día siguiente, y unos refrescos para él y sus hijos. Ninguno de ellos bebía alcohol, hombres de boxeo hasta el tuétano. Pero aquella era una noche en la que era de obligado cumplimiento hacer un brindis, ya fuera con zumo o con alguna bebida gaseosa, en honor del boxeo de Belfast y, tal y como era su esperanza, en honor a un nuevo campeón del mundo: el joven Barry McGuigan.

Sam, su propio hijo, pasaría a profesionales un año después, y Gerry era consciente de que tenía suficiente calidad como para convertirse también en campeón del mundo. Sam había derrotado a Steve Collins en la final de los nacionales de Irlanda en marzo de 1985; y Collins, quien también acabaría logrando un título mundial derrotando a gente como Chris Eubank y Nigel Benn, admitiría que lloró después de caer derrotado ante Sam Storey en Dublín. Sam era un boxeador de clase, más que de fuerza, y atesoraba el potencial suficiente para suceder a McGuigan.

Gerry era consciente de que por toda la ciudad había púgiles viendo el combate y soñando con ser McGuigan. Hugh Russell había dejado quieta la cámara para ver el combate. Era todo un alivio haber dejado atrás las peleas, pero todavía amaba el boxeo. También había compartido numerosas noches de éxito con Mc-

Guigan, en el Ulster Hall y el King's Hall; además de los tiempos en los que compartieron selección *amateur* y boxearon en Shankill Road representando a Irlanda, o en los Juegos de Moscú.

El viejo rival de Hugh, Davy Larmour, también vería el combate, acompañado por su gran amigo y antiguo entrenador Paddy Maguire. El púgil protestante de Shankill Road y el púgil católico de Falls Road seguían siendo tan buenos amigos como de costumbre. Davy había librado más asaltos de *sparring* contra McGuigan de los que podía recordar, y tanto él como Paddy deseaban que Barry ganara aquel título, por todos ellos.

«Pensé que estarías en Londres acompañando a McGuigan», le dijo el dueño de la tienda de la esquina a Gerry.

El entrenador negó con la cabeza y le explicó que había estado todo el día trabajando con sus chavales de la Sagrada Familia. Ellos seguían siendo su prioridad.

«¿Crees que ganará?», le preguntó el hombre mientras se disponía a cerrar antes de que cayera la noche para llegar a su casa para presenciar el combate.

Gerry sonrió y asintió. «Lo creo», respondió. «Pedroza es magnífico, pero creo que McGuigan lo logrará. Siempre dije que se convertiría en campeón del mundo. Y creo que esta es la noche en que lo conseguirá».

A ciento quince kilómetros de allí, en Derry, Charlie Nash se disponía a disfrutar también de una noche de boxeo. Había atravesado Derry al volante apenas unas horas antes, después de pasar la tarde entrenando a sus jóvenes boxeadores en el gimnasio. El mismo vacío silencioso que se había apoderado de Belfast había inundado su ciudad. Charlie recordó su primera sesión de *sparring* con Barry, en el St Mary's ocho años antes. Todavía podía ver a Barry llorando en el almacén porque no había sido capaz de alcanzarlo con un solo golpe. Barry había recorrido un largo camino desde entonces. Charlie estaba seguro de que, si McGuigan lograba el título mundial, Derry sentiría una alegría que no había sentido desde mucho antes del Domingo Sangriento.

Ojalá su hermano Willie hubiera podido ver aquel combate con él. Willie apenas tenía diecinueve años cuando falleció; ahora tendría treinta y dos. Seguro que estaría casado, porque a la mayoría de las chicas de Derry que lo conocían les encantaba la manera que tenía *Stiff* Nash de bailar en los clubes como el Borderland. Si Willie estuviera vivo, aquella noche habría traído a su esposa y a los niños para ver juntos el combate con Charlie y su familia.

Charlie era consciente de que pensar ese tipo de cosas no conducía nada, por lo que se adelantó sobre su silla para animar a su compañero boxeador, tal y como había hecho con tantos amigos que le había dado el boxeo, desde *Mousey* Harkin a Damien McDermott, durante tantos años.

Juntando sus manos de boxeador, casi como en una oración, Charlie le habló en susurros a su televisión, que emitía brillantes imágenes. Ojalá McGuigan hubiera podido escucharle, mientras se disponía a realizar su solitario camino hasta el cuadrilátero. «¡Vamos, Barry!», animó, «¡Vamos!».

Loftus Road, Shepherd's Bush, Londres, sábado 8 de junio de 1985

Barry McGuigan tardó doce minutos en cubrir el trayecto desde el vestuario hasta el cuadrilátero. Veintisiete mil aficionados lo recibieron con un rugido cuando hizo aparición. Diez días antes, el 29 de mayo de 1985, treinta y nueve aficionados habían perecido aplastados antes de la final de la Copa de Europa de fútbol entre el Liverpool y la Juventus en el estadio Heysel de Bruselas. Menos de un mes más tarde cincuenta y seis personas morían durante el partido de tercera división entre el Bradford City y el Lincoln City, cuando se extendió un incendio por una de las gradas del Valley Parade. Como no es de extrañar, por tanto, los equipos de seguridad de Loftus Road eran presa de la paranoia. También se convirtieron en la pesadilla de los regidores de la televisión americana y de la BBC.

Antes de abandonar el refugio de su vestuario, McGuigan tuvo claro que los alambicados planes de los equipos de televisión y sus cámaras eran irrealizables. Le habían pedido que siguiera los focos durante diez metros hacia la izquierda, para después seguir en diagonal hasta el ring. Seguro que las imágenes quedarían impresionantes en la televisión, pero McGuigan intentó explicarles que era en vano. Al menos veinte mil de los veintisiete mil aficionados eran irlandeses, por lo que intentó explicar qué les sucedería a los productores que le aseguraban que su camino hasta el ring estaría expedito.

«Los irlandeses no escuchan lo que se les dice», había recalcado McGuigan aquel mediodía. «Si ustedes les ordenan 'no pueden pasar por ahí...', ellos contestarán 'claro, no se preocupe, amigo...' (McGuigan guiñó un ojo e hizo el signo de levantar un pulgar imitando al típico aficionado irlandés) y será justo por ese sitio por donde pasarán».

El productor de la ABC, el canal de Estados Unidos que emitiría la pelea junto a la BBC, negó con la cabeza. Lo tenían todo planeado a la perfección. «¡Su afición es impresionante!», añadió. McGuigan se dio cuenta de que aquel tipo no tenía la más mínima idea del caos que la pasión suscitaba entre sus aficionados.

Entre los presentes podían verse rostros muy famosos, incluida gente como George Best, Norman Whiteside, Willie John McBride, Pat Jennings, Mary Peters, Frank Bruno y Lucian Freud. Freud y su corredor de apuestas personal, Alfie McLean, de Belfast, eran unos chiflados del boxeo. La intención de Alfie era la de fichar a Sam Storey y ayudarlo en su camino en el boxeo profesional.

Mucho antes de alcanzar las localidades de mayor precio junto al ring, McGuigan se vio tragado por la policía y los miembros de la seguridad. Ignoraron las quejas airadas de los cámaras de la televisión y, con los pasillos invadidos por millones de seguidores, forzaron un camino diferente para atravesar aquella multitud. El paseíllo fue lento y estresante, pero McGuigan se calmó a sí mismo recurriendo a su oración preferida, repitiéndola una y otra vez:

Ángel de Dios, que eres mi custodio, pues la bondad divina me ha encomendado a ti, ilumíname, guárdame, defiéndeme y gobiérname.

El cuadrilátero estaba repleto de gente. McGuigan podía ver a su padre, Pat, a quien le había pedido que cantara *Danny Boy* después de que sonara el himno nacional panameño. Incluso en algo tan aparentemente simple como el himno, había que andarse con pies de plomo. Así como McGuigan llevaba calzones del mismo tono de azul que el de la bandera de las Naciones Unidas, con una paloma de la paz en la pierna derecha, también insistía en que no se podía tocar el himno de Irlanda cuando él subía al ring. Sí, venía de Clones, en el sur; pero que sonara *Amhrdn na bhFiann* podía ser considerado como un apoyo al movimiento republicano.

Sin embargo, *Danny Boy* era una canción con enorme significado, tanto para Barry como para su familia. Barry llevaba aquella melodía en el corazón, y la letra, sobre todo esa felicidad teñida de melancolía en el verso *bajo la luz del sol o en la penumbra* lo conmovían. Que su padre le cantara esa canción justo antes de entrar en un lugar tan peligroso como aquella pelea contra Pedroza, era todo un regalo.

Era consciente de lo emocionante que sería para su padre cantar estos versos, para él y por él, en un gesto tan personal que restaba importancia al hecho de que veinte millones de personas sintonizaran en ese momento el combate en la BBC, todo un récord de audiencia. McGuigan mantuvo la cabeza agachada, sin permitirse siquiera preguntarse si su padre sería capaz de terminar la canción sin venirse abajo y romper a llorar. Podía ver a Pedroza a menos de tres metros, mirándolo fijamente, por lo que, en lugar de mirar a su padre, continuó recitando su oración *Ángel de Dios*.

La música se intensificó y Pat McGuigan, con su bigote azabache temblando, comenzó a cantar con suavidad, pero con poderío:

> *Oh, Danny boy, the pipes, the pipes are calling*
> *(Oh, Pequeño Danny, las gaitas, las gaitas suenan)*
> *From glen to glen, and down the mountain side.,*
> *(De valle a valle, bajando por las laderas de la montaña)*
> *The summer's gone, and all the roses falling,*
> *(El verano acabó y las rosas han caído).*
> *It's you, it's you must go and I must bide.*
> *(Y tú, tú has de marchar y yo he de quedarme).*

La multitud en Loftus Road se unió al cántico grupal. Casi todo el mundo se sabía aquella canción. Hombres y mujeres, la mayoría de ellos llegados de Belfast y Derry, desde Armagh hasta Dublín, alzaron sus rostros. Sus voces ayudaron a Pat McGuigan a cantarle a su hijo, el boxeador.

But come ye back when summer's in the meadow,
(Pero regresarás cuando el verano bañe los prados),
Or when the valley's hushed and white with snow,
(O cuando el valle esté en silencio y blanco por la nieve)
It's I'll be here in sunshine or in shadow.
(Y aquí estaré, bajo la luz del sol o en la penumbra).

Aquel verso final pareció ahogar muchísimas de aquellas gargantas. La emoción se desbordó cuando la multitud cantó aquel *bajo la luz del sol o en la penumbra,* como si un suspiro ahogado la recorriera. Fue un reconocimiento comunal a la profunda aflicción que tanta gente llevaba años y años sufriendo; y que se mezclaba con los escasos estallidos de esperanza que sentían en veladas de boxeo tan extraordinarias como aquella.

Pat McGuigan siguió cantando sobre las flores que mueren, preguntando si *cuando muera, y me haya ido, tú vendrás y encontrarás el lugar en el que descanso....*

La gente lloraba a lágrima viva. Se podían ver los rostros de tipos duros, tipos a los que a menudo les costaba expresar sentimientos como el amor y la compasión, bañados en lágrimas. La noche se llenó con el sonido de ese cántico casi religioso y su esperanza final, que en *una cálida y bonita tumba dormiré en paz hasta que tú regreses a mí.*

El ring se había vaciado casi por completo mientras los dos púgiles, despojados de sus albornoces, se miraban uno al otro. El emotivo fervor del cántico comunal se vio reemplazado por una escena casi surrealista: «Un enano, un enano irlandés brinca por el ring mientras McGuigan es presentado», le contaba un incrédulo Harry Carpenter a su descomunal audiencia de la BBC, mientras un hombrecillo vestido con botas negras de elfo, pantalones blancos y una chaqueta esmeralda con un sombrero de fieltro a juego brincaba por el cuadrilátero, haciendo la rueda lateral. Había sido una extravagante idea de Barney Eastwood, quien había escuchado que los panameños eran supersticiosos y creían en la magia negra. Sin embargo, Pedroza no dio la sensación siquiera de reparar en el falso leprechaun. Tenía la mirada fija en su rival, quien brincaba tranquilo en el rincón contrario al suyo.

Después de que el árbitro, el sudafricano Stan Christodoulou, llamase a Pedroza y McGuigan para las últimas instrucciones, tanto el campeón como el aspirante se retiraron por última vez a sus rincones. Pedroza hincó una rodilla y rezó una breve oración, mientras que los pies de McGuigan saltaban y danzaban.

Mientras las luces externas al ring se desvanecían y los espectadores gritaban, Carpenter lanzó una simple pregunta: «Podrá McGuigan vencer frente a esta impresionante cantidad de gente?».

Durante los cuatro asaltos iniciales Pedroza esquivó y se escurrió fuera del alcance de McGuigan con la astucia de un veterano campeón. McGuigan ejercía una fiera presión. La acción era cruda e implacable, pero el largo *jab* de izquierdas de Pedroza no dejaba de martillear. Hizo enrojecer la pálida piel irlandesa de McGuigan, pero el aspirante menospreció el dolor de recibir golpes en la cara y golpeó a Pedroza de cerca.

«¡Qué combate tan maravilloso!», exclamó Carpenter entusiasmado antes de que la campana anunciase el final del cuarto asalto. «McGuigan ha vuelto a hacerle daño. Solo Dios sabe cuál de estos dos púgiles será el primero en ceder».

Pedroza iba por delante en las actas de puntuación de tres de los jueces, pero McGuigan estaba boxeando de acuerdo a un plan. Era consciente de que tendría que encajar muchos golpes antes de hacer mella, poco a poco, en Pedroza.

El campeón cambió de táctica en el quinto asalto. Comenzó a pelear mucho más de cerca, siendo igual de efectivo en esas distancias. Pero el cambio de estrategia también le vino bien a McGuigan. Logró que muchos de sus golpes cortos alcanzasen su objetivo, provocando el viejo cántico de su afición: «¡Allá vamos!, ¡Allá vamos!, ¡Allá vamos![11]». Y entonces, cuando comenzaba a acorralar a Pedroza, desencadenó un impresionante gancho de izquierda al cuerpo. McGuigan escuchó a Pedroza emitir un suave quejido cuando sonó la campana. Un derechazo de McGuigan lo alcanzó una fracción de segundo más tarde de la campana y Pedroza reaccionó con otro golpe. Era la tercera ocasión en la que Christodoulou tenía que saltar entre ambos contendientes tras una campana.

McGuigan regresó a su rincón sintiéndose animado. Ahora sabía que podía hacerle el mismo daño al campeón; o como dijo Carpenter «Están perfectamente igualados».

En el sexto McGuigan alcanzó de nuevo a Pedroza con otro gancho de derechas y un izquierdazo al estómago, pero el campeón reaccionó bien y le endosó varios *jabs* impresionantes. «Estos dos hombres son grandes atletas y mejores boxeadores», dijo Carpenter entusiasmado. «Con tanta brillantez, están superando las expectativas».

El séptimo asalto fue notable, al principio, por la manera en la que Pedroza superó a McGuigan con escurridizos contragolpes y ladinos movimientos. «En este asalto el trabajo de McGuigan no ha sido tan brillante», dijo Carpenter, «no ha encontrado el alcance». Y justo en ese mismo instante, el aspirante lanzó un enorme izquierdazo. «¡Oh, vaya!, ¡Ahora sí!», gritó de repente Carpenter. «¡Lo ha alcanzado con un derechazo!».

Pedroza cayó como un fardo; McGuigan alcanzó al campeón en la parte alta de su cabeza con otro gancho de izquierdas mientras este caía, aunque fallando en su objetivo, que era la mandíbula de Pedroza. McGuigan se apartó rápido a un rincón neutral, reflejando toda la calma que les faltaba a su entrenador, a su promotor y al doctor, que no dejaban de dar brincos. El árbitro contó hasta ocho mientras Pedroza le hacía gestos, aunque con aspecto inestable.

McGuigan regresó en tropel, pero falló con estrépito su golpe cuando Pedroza lo esquivó con agilidad. Los últimos veinte segundos del asalto fueron un tanto embrollados, pero Pedroza regresó a su rincón de una pieza.

---

11   N. del T.: *Here we go!* en el original

«Apenas puedo escuchar mis propias palabras en mitad de este infierno de ruidos», gritaba Carpenter a la vez que Pedroza intentaba recomponerse.

Pedroza regresó al combate con brío, como un auténtico campeón, adjudicándose el octavo asalto para ver cómo en el noveno encajaba un nuevo golpe demoledor. McGuigan estuvo a punto de derribarlo por segunda vez con un izquierdazo y un gancho de derechas por encima del lateral de la mandíbula, que dejaron a Pedroza tambaleante. Dominaba con tanta ascendencia, y la multitud se mostraba tan ruidosa, que después del sonido de la campana alcanzó a su rival con otros tres golpes. Resultaba casi imposible que ni el árbitro ni los boxeadores escucharan algo más que los cánticos, que decían: «¡Te queremos, Barry, vaya que sí!». El campeón parecía desolado y agotado. Una pequeña hinchazón bajo su ojo izquierdo parecía provocarle dolor, pues su entrenador le limpió la cara con mucho cuidado. Pedroza parecía parecía haber envejecido diez años desde el comienzo de la pelea. Pero el panameño era duro de pelar y se adjudicó el siguiente asalto, con una mezcla de tesón y habilidad. McGuigan se adjudicaría los asaltos decimoprimero y decimosegundo.

A diferencia de los combates por los títulos británicos, los del campeonato del mundo seguían celebrándose a quince asaltos. Pero la presión ejercida por McGuigan no cedió en momento alguno y, minuto a minuto, Pedroza fue marchitándose. En los últimos cuarenta segundos del decimotercer asalto se vio acorralado por McGuigan, quien de repente comenzó a conectar golpes de una belleza impresionante. Un lejano derechazo, seguido de un gancho de izquierdas provocaron que Pedroza se desequilibrase. Otro gancho de izquierdas y un nuevo derechazo estuvieron a punto de noquearlo. McGuigan miró al árbitro, invitándole a que le evitara al gran campeón mayores sufrimientos. Pedroza alojó un derechazo en el rostro del aspirante para recordarle que todavía seguían peleando. Después se aferró a McGuigan para recuperarse. La campana completó su rescate.

Su entrenador le hablaba, apremiante, en español; pero Pedroza contemplaba la distancia, con la mirada perdida. Por fin, el veterano boxeador se giró a su entrenador y asintió mientras absorbía enormes bocanadas de aire para recobrar el resuello de cara a los dos últimos asaltos.

Después de su épico decimotercer asalto McGuigan sintió que no sería capaz de noquear a Pedroza. Pero siguió empujando, acosando al campeón, lanzando combinaciones de golpes que nunca cesaban. A Pedroza le sangraba la boca y se podía ver un chorro rojo por debajo de su protector. Pero seguía pendiente de encontrar el mínimo resquicio, y cuando McGuigan se detuvo un instante y bajó su mano izquierda, Pedroza lo alcanzó con un golpe lejano de derechas. Todavía no estaba completamente acabado. Paddy Byrne, el médico de McGuigan, alzó su voz en la breve pausa antes del último asalto. «Te quedan tres minutos para derrotar al mejor campeón de los pesos pluma en este siglo».

McGuigan lo miró sorprendido. «¿Es el último asalto?».

«¡Sí!», apremió Byrne. «¡Te quedan tres minutos para ser campeón del mundo!».

El entrenador de Pedroza se mostraba más gesticulante si cabe, gritando y bajando la mano como si estuviera picando carne, como diciéndole al campeón que solo un brutal noqueo podría salvarlo.

Los dos púgiles se acercaron uno al otro en el centro del ring. McGuigan extendió su guante izquierdo y Pedroza, saludando respetuosamente con la cabeza, lo tocó con ambas manos.

«¡Qué combate más hermoso!», canturreaba Carpenter, «Barry McGuigan ha elevado al boxeo británico a alturas casi desconocidas».

A pesar de todos sus esfuerzos y cuidados por permanecer neutral, McGuigan era reconocido como británico, pese a que en Derry, Dublín, Belfast y Cork su identidad irlandesa era celebrada con bebidas y canciones en los pubs y en los salones de las casas, al ritmo de ese sueño que sus millones de seguidores sentían cada vez más y más cerca.

En la feroz soledad del cuadrilátero la concentración de Mc-Guigan seguía siendo intensa. Se focalizó, despiadado, sobre Pedroza, dañándolo con una nueva combinación.

«¡Allá vamos!, ¡Allá vamos!, ¡Allá vamos!», gritaba el público, como si caminaran desde el viejo y desvencijado Loftus Road a un lugar donde los esperaba la infinita redención y esperanza.

«Veintisiete mil personas», timbró Carpenter, «están llevando en volandas a McGuigan hasta la victoria».

En el último minuto McGuigan recordó a todo el mundo por qué lo apodaban el Ciclón de Clones. Se acercó a Pedroza con una furia animal, moviendo los brazos como molinillos y haciendo volar los puños mientras lanzaba puñetazos a diestro y siniestro. Pedroza se inclinó como un viejo sauce a punto de partirse bajo la fuerza de una terrible tormenta. El Ciclón continuó avanzando, soplando desde Clones hasta Shepherd's Bush.

Los gritos de «¡Campeón!, ¡Campeón!, ¡Campeón!» resonaban mientras Pedroza se aferraba a McGuigan.

El campeón se agazapó bajo un salvaje gancho de izquierdas del irlandés, que buscaba un final digno de Hollywood, y devolvió el golpe. Intercambiaron golpes el uno al otro hasta el mismo toque de la campana, cuando el árbitro saltó entre ambos.

Los dos hombres se fundieron en un abrazo y Pedroza se agachó para decirle algo a McGuigan en inglés: «Serás un gran campeón». «Y tú eres un gran campeón», contestó McGuigan justo antes de que la gente de su rincón lo arrancara de allí.

Dermot, su querido hermano, fue el primero en llegar, con los ojos llenos de lágrimas y gritando palabras que, en medio de aquella locura, Barry no logró escuchar. Alzaron en hombros al nuevo campeón y, mientras esperaban a que se anunciara el veredicto, Barry alzó los brazos por encima de la cabeza.

Lo había logrado. Lo había logrado por él y por su familia. Pero también lo había logrado por Clones y Belfast, por el norte y por el sur, por cada gran boxeador que lo había precedido, desde Gerry Storey a Charlie Nash pasando por Davy Larmour y Hugh Russell. Había demostrado que se puede ganar una guerra en el ring a la vez que se siembra esperanza y felicidad más allá de sus cuerdas, sin importar toda la violencia, los asesinatos, el odio y el dolor.

Barry McGuigan parecía en calma mientras lo mantenían en volandas, bajo el cielo nocturno. Contemplaba a la multitud, sin gritar ni gesticular, disfrutando de la magnitud de aquel momento. Después, bajando la mirada hacia su hermano y su padre, llevó sus rojos guantes a sus labios y los besó en dirección a los hombres que más lo amaban, como si esos besos les fueran a llegar.

«Increíbles escenas», decía Carpenter. «La gente pelea por subirse al cuadrilátero y acercarse a su héroe».

McGuigan deseaba un poco de paz, nada de que continuase la lucha. Cuando fue depositado de nuevo en el suelo se acercó al valiente Pedroza. Se abrió camino entre todos aquellos que querían abrazarlo y besarlo. Era muy importante rendir el debido respeto a la valentía y la clase de su rival. Ambos boxeadores se abrazaron y se dedicaron palabras de reconocimiento, palabras inaudibles bajo todo aquel ruido. Después de separarse Pedroza alzó los brazos saludando a la multitud, que le reconoció el gesto.

La gente comenzó a gritar y chistar «¡shhhhhhhhh!» pidiendo silencio antes del veredicto.

«Damas y caballeros», gritó por fin el presentador del evento. «Este es el resultado. Por decisión unánime».

Estas tres palabras finales provocaron un enorme murmullo de ánimos. Todo el mundo estaba ya completamente seguro. Esta vez no habría errores ni fallos injustos.

«Barry McGuigan es el nuevo...».

El resto de la oración se perdió en una erupción de euforia, en el júbilo que estalló por todo Loftus Road, igualado en Clones y Dublín y, sobre todo, en Derry y Belfast, en Falls Road y en Shankill Road, en el unionista Tiger's Bay y en el republicano New Lodge. Todos ellos tenían un campeón, el mismo hombre, el mismo sueño, la misma esperanza y la misma felicidad.

Harry Carpenter subió al ring. Rodeó a Barry con su brazo y comenzaron a hablar sobre el combate en directo. Veinte millones de personas los veían y escuchaban.

«Estoy feliz de haber derrotado a un campeón de tal renombre con esta solvencia», dijo Barry mientras recordaba el voto silencioso que había realizado en la iglesia horas atrás. «Me gustaría aprovechar la oportunidad para decir algo sobre lo que llevo pensando toda esta semana...».

Las palabras se le atragantaban y, durante un instante, fue incapaz de hablar. Tuvo que respirar profundo dos veces para contener el río de lágrimas que pugnaba por salir. «Dije que si ganaba este título mundial se lo dedicaría a un joven que murió en un combate que libramos en 1982. Antes de empezar me dije que me gustaría que quien lo venció aquella noche no fuera un boxeador normal y corriente, sino que quien lo derribó fuera un campeón del mundo...».

Esas dos últimas palabras, «campeón del mundo», rompieron su fortaleza. No pudo contener las lágrimas. No pudo continuar. Barry no pudo pronunciar «el Joven Ali», por mucho que quisiera glorificar al oponente desaparecido mencionando su nombre. Las lágrimas lo atenazaron, corriendo por su rostro y secándole la boca. Su padre y el comentarista salieron en su auxilio. Mientras Pat McGuigan abrazaba a su hijo Harry Carpenter explicó el enorme significado de este reconocimiento a su audiencia. El Joven Ali fue, así, recordado. Se le otorgaron los honores que merecía. Y con ello, regresó al cuadrilátero.

Barry enterró el rostro en el hombro de su padre y dejó que el resto pasara. Su dolor, su alivio, su tristeza, su alegría, tanto por el Joven Ali como por sí mismo, incluso por Belfast y Clones, salieron al exterior. En un lugar tan público, en un momento de profunda privacidad, fue consciente de lo importante que era recordar la penumbra que hubo que atravesar antes de que el sol la rompiera, tan de repente, con su brillo.

«Aquí estoy, hijo», le dijo Pat McGuigan en voz baja mientras abrazaba al nuevo campeón del mundo. «Aquí estoy».

EPÍLOGO

UNA VIDILLA MARAVILLOSA

Siento como si hubiera vivido tanto la euforia como el dolor. Siento que los Troubles me vaciaron. Siento que yo también me vacié en ellos. Los Troubles se acabaron y Belfast es ahora una ciudad cálida y amistosa. Tengo varias cafeterías y bares que puedo llamar mis favoritos, desde donde he visto a esta pequeña y dura ciudad respirar sin el miedo a vivir un nuevo Viernes Sangriento. Igual en ese mundo encapsulado que es Derry, donde hoy se puede contemplar una ciudad que vive de otra manera, una nueva manera, en la creencia de que jamás se repetirá el Domingo Sangriento.

Aun así, cada vez que me encuentro en Belfast o Derry, resulta imposible ignorar el pasado. En Belfast los Troubles se han convertido en una suerte de atracción turística. Una carrera de taxi de una hora te llevará por toda la ciudad, pasando de los enclaves unionistas a los republicanos mientras el conductor hace la suerte de guía turístico, detallando todos los lugares clave y las tragedias vividas durante los Troubles. Los taxistas se muestran imparciales y pacientes a la hora de explicar una historia tan complicada a los visitantes que quieran saber más sobre aquel infame conflicto, mientras se detienen para tomarse unos pocos *selfies* junto a los murales. Los conductores intentan poner aquella sangrienta contienda en contexto y ofrecer una explicación a una guerra que, en ocasiones y desde la distancia, lindaba con la mera locura.

También resulta posible adivinar señales que indican que las heridas dejadas por el conflicto no están del todo cerradas o resueltas. Esas estructuras de Belfast que recibieron el extraño nombre de Muros de la Paz se alzan amenazantes como un símbolo gigantesco de la imperecedera división. Me recuerdan a la sensación que me invade cada vez que regreso a Johannesburgo.

Han pasado veinticinco años desde que Nelson Mandela fuera elegido presidente de Sudáfrica en las primeras elecciones democráticas del país. Hoy en día es posible sorprenderse ante la facilidad con la que blancos y negros se entremezclan. Pero yo puedo recordar todavía los tiempos en los que, montando mi bicicleta para atravesar un puente que cruzaba las vías ferroviarias que había cerca de mi casa cuando yo era apenas un crío, en ese lugar me encontraba una *frontera*. Un extremo del puente era la zona «Solo para blancos», mientras que en el otro extremo se podía leer «No Blancos». Hoy no existen puentes como aquel en Sudáfrica. Tampoco hay encarcelamiento sin juicio, ni colegios, playas y hoteles limitados a los blancos. El sistema reza *un hombre, un voto*, y existe una democracia funcional.

Por supuesto que hay corrupción, crimen, violencia y racismo en ambos lados de la antigua división. También hay una simbología gráfica que hace de puente entre el pasado y el presente. Es bastante probable que el abismo entre ricos y pobres sea, en la actualidad, más grande que nunca, y los muros y vallas de seguridad de la Sudáfrica blanca del extrarradio han crecido en tamaño y número. Compañías especializadas en seguridad patrullan, armadas, por los vecindarios, en un intento por mantener fuera de ellos a los desesperados y los violentos que se ven obligados a vivir con mucho menos. La división entre blancos y negros sigue resultando vívida, lo que tampoco resulta sorprendente si recordamos el estado en que se encontraba este país y lo establecidas que estaban sus estructuras racistas hace apenas treinta años. Ningún discurso prefabricado sobre la Nación Arcoíris borrará jamás la amargura y la injusticia del pasado. La lucha por la harmonía y la igualdad deberá continuar durante décadas, con lentos avances.

Y en eso es en lo que pienso cuando, más allá de los modernos cafés y bares de Belfast, veo emerger las cicatrices de la historia de Belfast. El Acuerdo de Viernes Santo de abril de 1998 dio lugar a una forma de gobierno en coalición para Irlanda del Norte. Una esperanzadora —aunque débil— paz ha reinado durante los últimos veinte años, pero algunos de los muros de la paz siguen teniendo un aspecto tan inmenso y brutal mientras marcan esa gigantesca frontera entre las zonas católicas y protestantes, que no resulta complicado preguntarse si, en realidad, ha habido algún cambio.

Han pasado cincuenta años desde que fue erigido en Belfast el primero de los muros de la paz, cuando aquellas estructuras temporales fueron construidas con la intención de ejercer de barrera física entre aquellas comunidades en 1969; y resulta estremecedor ver que hoy existen muchas más. En Irlanda del Norte se pueden encontrar ciento ocho muros de la paz o vallas de seguridad, estando la inmensa mayoría de ellos situados en el norte y la parte occidental de Belfast. También pueden encontrarse en Derry, Portadown y Lurgan.

Si se pusieran todos los Muros de la Paz uno detrás de otro, en línea recta, la división que formarían tendría una longitud de casi cuarenta y cinco kilómetros. El más largo de ellos se extiende a lo largo de cinco kilómetros, mientras que las estructuras más altas tienen una altura suficiente para que ninguna bomba de petróleo pueda superarlas. Algunas de ellas tienen puertas, pero por lo general estos pasos permanecen cerrados durante la noche. Siguen en pie por los sentimientos que provoca el hecho de que, según los registros oficiales, el sesenta y siete por ciento de las muertes que se dieron durante los Troubles tuvieron lugar a menos de quinientos metros de distancia de estos muros.

Resulta sorprendente que haya hoy en día muchos más Muros de la Paz de los que había durante la década de los noventa, cuando los Troubles todavía estaban candentes. Casi un tercio de los muros han sido erigidos después del alto el fuego paramilitar de 1994. Y estas nuevas estructuras construidas después del Acuerdo de Viernes Santo son más altas y largas que los muros antiguos. El acuerdo, negociado entre los Gobiernos británico e irlandés, creó un gobierno de coalición nacionalista y unionista para Irlanda del Norte en el que enemigos declarados, como Martin McGuinness del IRA y Ian Paisley del DUP, festejaron su amistad sincera, adquiriendo el surrealista apodo de los Chuckle Brothers[12]. McGuinness y Paisley han fallecido ya, pero la Asamblea de Irlanda del Norte en Stormont ha intentado, en 2023, proceder al desmantelamiento de los muros.

Se puede debatir sobre si esto sucederá o no porque, en enero de 2017, la Asamblea de Irlanda del Norte quedó disuelta y dos años más tarde permanecía en suspensión de funciones. Las diferencias eran tan profundas que la muy heterogénea Asamblea fue incapaz de sentarse y ponerse manos a la obra como debería hacerlo un Gobierno. Además, las fronteras entre el norte y el sur se convirtieron, de nuevo, en foco de conflicto durante los planes para el Brexit.

Así que los problemas provocados por el sectarismo y la división no han desaparecido y, por extensión, resulta sencillo concluir que el impacto que tuvo el boxeo durante los oscuros momentos en los que sembró algo de esperanza fue muy limitado. También parece lógico argumentar que el deporte en Sudáfrica, mi antiguo país, sí que tuvo una importancia política mucho mayor a la hora de acelerar el cambio. Sin embargo, la diferencia es que fue el boicot deportivo contra Sudáfrica, alentado por la comunidad internacional, el que resquebrajaría las resueltas políticas del *apartheid*. Los sudafricanos blancos sentían tal pasión por el deporte, sobre todo por el rugby, que aquel boicot entre finales de la década de los sesenta y comienzos de los noventa los obligó a preguntarse por el motivo que llevaba al resto del mundo a castigarlos, y si de verdad merecía tanto la pena el *apartheid* como para soportar ese daño cuando apenas privilegiaba a una minoría que, por otro

---

12   N. del T.: Hay que tener en cuenta que McGuinness fue uno de los líderes más sanguinarios del IRA, y que Ian Paisley, como ha quedado patente en este libro se mostró como uno de los unionistas más intransigentes durante los Problemas. Ante lo poco probable de que ambos accedieran a formar gobierno juntos, la prensa decidió bautizarlos irónicamente como los Chuckle Brothers. Este nombre era el nombre artístico de un dúo cómico de las décadas de los 80 y 90 cuyo humor estaba dirigido, sobre todo, al público infantil.

lado, estaba loca por ver a sus equipos competir al máximo nivel internacional.

Por contra, un asunto tan complejo como el boxeo inspiró a la gente de Irlanda del Norte, de todos los rincones y ambos lados, a creer en que otra manera de vivir era posible. Entre los tangibles límites de un cuadrilátero y las paredes de un gimnasio, la religión y las convicciones políticas de un hombre carecían de toda importancia, porque lo que contaba era su valentía, su disciplina y su habilidad. El boxeo no acabó con los Troubles ni puso el punto final a los asesinatos, pero sí que ofreció algunos rayos de esperanza y luz. Resulta imposible contabilizar su grado de influencia, pero los púgiles y los entrenadores de ambos lados cruzaban a la zona contraria para enfrentarse entre ellos en igualdad de condiciones. Se respetaban y se caían bien; y también eran amados e incluso admirados por ambas comunidades. Fueron un ejemplo para el futuro.

Mi interacción con los cinco grandes personajes que han aparecido en estas páginas deja claro que mi interés se centra en que esos muros caigan, no tanto en las personas. Durante los Troubles hubo tanta rabia, odio y tristeza en tantos hombres y mujeres, que la esperanza que trajeron Gerry Storey, Barry McGuigan, Charlie Nash, Davy Larmour y Hugh Russell tuvo un profundo impacto sobre mí. Escribir sobre la locura paramilitar de los setenta y los ochenta y documentar un asunto tan violento como el boxeo no es algo que ponga a uno de muy buen humor. Pero la paradoja quedó establecida. Cada vez que escucho las historias de mis amigos del boxeo y cómo construyeron su particular senda hacia la paz, me siento reconfortado; a pesar de que dedicaran los mejores años de sus vidas a pegarse contra sus rivales hasta someterlos.

Pero, con todo, era consciente del error que sería afirmar que el boxeo, Storey o McGuigan alteraron el curso de la historia. Aunque el impacto que lograron ha quedado reconocido, al menos. Por supuesto, McGuigan fue reconocido Deportista del Año en la BBC y ha sido nombrado miembro del Salón de la Fama del boxeo. Storey ganó el premio *Laureus Sport for Good* en el año 2005 por su trabajo a favor del boxeo durante la división. Mc-

Guigan y Marvin Hagler fueron quienes le hicieron entrega del galardón, y aquel premio fue una gran alegría para Gerry, pues reconoció su trabajo justo antes de que perdiera a Belle, su esposa, por culpa del cáncer.

Gerry amaba el boxeo y a sus boxeadores, y lo hacía demasiado como para centrarse en su propia historia. A pesar de ser un hombre tan generoso me costó bastante tiempo reconstruir su historia personal. Prefiere siempre desviar toda atención sobre su persona. Pero de todas las historias de este libro es el trabajo que Gerry llevó a cabo en Maze, justo después de las huelgas de hambre de 1981, la que más me impresionó.

También me llevó a conocer a dos hombres que estuvieron encerrados en Maze mientras Gerry trabajaba con unionistas y republicanos en las jaulas, ofreciendo su conocimiento sobre boxeo en una prisión en la que dominaban la parálisis y la ausencia total de esperanza. Billy Hutchinson, quien había sido uno de los colaboradores más cercanos a Gusty Spence en las jaulas de la UVF era muy diferente a Bik McFarlane, el comandante del IRA en la prisión cuando Bobby Sands y otros nueve reclusos comenzaron las respectivas huelgas de hambre que los llevarían a perecer de inanición en 1981.

Al primero al que conocí fue a Hutchinson, en su despacho de la sede del Partido Unionista Progresivo en Mount Vernon, en el norte de Belfast. El PUP es un pequeño partido a la izquierda del espectro del unionismo, pero Hutchinson había sido un importante líder paramilitar en el UVF. También resultó una parte importantísima, junto a su colega David Ervine, a la hora de sellar el alto el fuego paramilitar en 1994, convirtiéndose en una de las figuras centrales a la hora de desarrollar las negociaciones de cara al Acuerdo del Viernes Santo.

Resultaba cautivador escucharlo hablar de cómo un antiguo terrorista como Spence lo ayudó a salir de la violencia paramilitar estando en Maze, donde Hutchinson había sido enviado después de declararse culpable de colaborar en el asesinato de dos trabajadores católicos, Michael Loughran y Edward Morgan, en octubre de 1974, cuando apenas tenía diecinueve años. También me encantaba escuchar a Hutchinson recordar a Mo Mowlam y cómo esa singular política británica rescató el Acuerdo del Viernes Santo cuando decidió, sin el consentimiento explícito de Tony Blair, reunirse con los líderes unionistas en Maze. Estaban muy cerca de retirarse del proceso de paz cuando Mowlam los convenció de que siguieran trabajando.

Pero lo que más me cautivó fueron los relatos del trabajo realizado por Gerry en Maze, y cómo el entrenador logró animar a los hombres de las jaulas unionistas. «Gusty Spence (el líder de la UVF en las jaulas) tuvo una enorme influencia en mí», dijo Hutchinson. «Me enseñó la importancia de tener principios y de gustarse a uno mismo. Solía decir que cuando te odias a ti mismo, jamás te podrá gustar nadie más. Y también nos enseñó la importancia de la disciplina y de creer en uno mismo, y cómo trabajar juntos. Y esto es algo muy complicado de lograr cuando uno está en prisión y se odia a sí mismo, pues, en lugares así, siempre reinan las pequeñas riñas y la falta de disciplina. En 1981 Gusty supo que necesitábamos conocer a Storey. Daba igual que fuéramos prisioneros unionistas y que Gerry viniera de la parte republicana. Necesitábamos que nos ayudara a ejercitar las mentes y los cuerpos de nuestros hombres. Gerry y el boxeo nos animaron».

Hutchinson no era aficionado al boxeo, pero comprendía el poder que emanaba de Gerry Storey. «Todos sabíamos quién era Gerry y lo que pretendía. Gerry es famoso por el boxeo. Pero también lo es por ser de New Lodge y lograr tantísimos éxitos al alejar a los jóvenes de la violencia paramilitar. Queríamos que le llevara esos mismos principios a nuestros hombres; la mayoría cumplía cadena perpetua y no les quedaba ninguna esperanza. Y fue fantástico que estuviera a la altura de todas las cosas que habíamos escuchado sobre él».

Le pregunté si tenía alguna duda antes de conocer a Gerry, teniendo en cuenta que la familia Storey estaba vinculada al IRA. Hutchinson se rio. «Con Gerry no había recelos de ningún tipo. Si hubiera sido cualquier otra persona, entonces sí. Pero la narrativa de Gerry lo precedía. Todos sabíamos que a él lo que le interesaba era el boxeo. Pero, además, su meta era formar el carácter de las personas. No se trataba de ser campeón del mundo, o campeón olímpico. Se trataba de encontrar lo mejor que cada cual atesoraba en su interior, en cómo fortalecer su fe en sí mismos a través del boxeo. Se mantenía alejado de todo sectarismo y politiqueo, centrándose en el boxeo. Siempre había luchas internas y puñaladas traperas, pero Gerry estaba por encima. Y eso fue lo que percibimos en él, que era alguien que le ofrecía esperanza a todo aquel con quien se cruzaba».

Hutchinson se detuvo un momento y alzó la vista. «¿Cómo podemos medir el valor de esa esperanza?», preguntó. «¿Cómo podemos medir la manera en la que Gerry y el boxeo cambiaron la sociedad a mejor? Es imposible. Es complicadísimo. Lo único que sé es lo que pude ver con mis propios ojos, y lo que pude sentir con cada fibra de mi propio cuerpo. Nos mostró una manera de vivir mucho mejor. El impacto que tuvo sobre nosotros fue tremendo».

Le comenté a Hutchinson lo sorprendente que me parecía que, gracias a Gerry, las jaulas unionistas y republicanas compartieran el equipo de boxeo y cuidaran la una de la otra. Mostró algo de esperanza entre tanta oscuridad. «Así es», admite. «Y también ayudó años después, cuando tuvimos que negociar los acuerdos de paz. Habíamos aprendido a pensar también en los otros, como personas. Recuerdo la conversación que tuvimos con Gerry, y que este nos contó que los chicos del IRA no tenían tanto equipamiento de boxeo. Les ofrecimos el nuestro. Una de las cosas más interesantes sobre Long Kesh (así es como Hutchinson seguía llamando al Maze) es que todos los grupos estábamos en contacto. Podíamos comprobar cómo les iba a los demás. «Vamos a hacer esto y lo otro con respecto a la dirección de la prisión. ¿Qué pensáis hacer vosotros?». Éramos como un grupo de políticos negociando entre sí. Gerry ayudó a que esos muros cayeran.

«Saber que Gerry se movía entre las jaulas republicanas y unionistas me hizo pensar, en un principio, que o bien Gerry era una persona muy estúpida o bien era muy valiente. Pero no tardé en darme cuenta de que era todo lo contrario a un estúpido, y que era mucho más que valiente. Era un ser humano de verdad, bendecido por la bondad. Tenía todo el derecho a trabajar únicamente con los republicanos, que eran su gente, pero esa no era la manera en la que él se conducía en esta vida. Quería llevarle el boxeo a ambos bandos. Jamás le preguntó a la gente cuál era su religión, ni su afiliación política. Solo nos veía como personas.

»Había otros que venían a las jaulas; políticos y prensa. Pero esos traían su propia agenda. Era como si estuvieran visitando el zoo, nos veían como a animales. Pero Gerry nos veía como personas, como miembros de su club de boxeo, con la particularidad de que ese club estaba dentro de una prisión.

»Recuerdo sacarme la carrera en geografía; había una mujer que venía una vez a la semana, mi tutora. Siempre se ponía nerviosa por tener que encontrarse conmigo en el Nissen, por mucho que un oficial de la prisión estuviera siempre presente. Una mañana soleada la tutora vino con mi examen; lo había corregido. Saqué buena nota, así que estaba muy contento. El oficial dijo «muy bien, Hutchie, creo que puedo salir a sentarme un rato al sol». Pude ver el pánico en el rostro de aquella mujer cuando el oficial salió. Podía ver su temor. Intenté calmarla hablando de la asignatura. Al final, le dije: «Está en la puerta, ahí fuera. No va a sucederle nada. A mí lo único que me importa es mi educación». La mujer se tranquilizó un poco. Me dijo que todo era muy extraño, porque no era la prisión que se veía por la televisión, en la que todo el mundo era violento.

«Diez años después de que me liberaran —fui el último en abandonar Long Kesh—, me encontraba en el centro de la ciudad. Entré en una cafetería. Aquella mujer estaba allí. Al principio no reparé en ella. Pero entonces me giré y la vi, y la llamé por su nombre. Ella dijo, ¡pero bueno, usted es William Hutchinson! ¡Siéntese! Me dijo que cuando comenzó a trabajar en la prisión le habían advertido de que allí todos éramos unos animales. Que la mataríamos o la violaríamos. Me dijo: 'Aquel día estaba aterrorizada, pero me di cuenta de que usted trataba de tranquilizarme'.

»Esta era una típica mujer de clase media, muy de entorno académico y es probable que jamás hubiera trabajado con una persona como yo. Gerry es un obrero, alguien de clase trabajadora, por eso estaba tan a gusto con nosotros. No tenía miedo. No emitía ningún tipo de juicio de valor e ignoraba todo lo que le decían los dirigentes de la prisión. Forjamos una gran relación con él y me sentí un privilegiado por haberlo conocido. Y todavía sigue siendo toda una leyenda. La deuda que tenemos para con él, y para con el boxeo, es inconmensurable».

La mañana siguiente Gerry y yo fuimos a ver a *Bik* Mcfarlane. Quedamos en una cafetería y allí me habló del milagroso trabajo de Gerry. No grabé nuestra conversación, porque el dolor por la huelga de hambre y lo sucedido con Bobby Sands era demasiado personal. El sobrino de Gerry, Bobby Storey, y McFarlane también lideraron la fuga de treinta y siete prisioneros republicanos de la prisión Maze en 1983. Mcfarlane prefería hablar de cómo Gerry seguía valiéndose del boxeo como una fuerza para hacer el bien treinta y cinco años más tarde en la Sagrada Familia.

«No conozco a nadie como él», dijo con sencillez Mcfarlane, negando con la cabeza en gesto de admiración.

«¡Gerry!, ¡Gerry!», gritaron llamando su atención una tarde de enero de 2018. Tres niñas pequeñas y dos niños, de edades comprendidas entre los ocho y los trece años, lo rodearon en la Sagrada Familia. Cada uno de ellos tenía una pregunta de lo más urgente para su entrenador. «Podían subirse al ring? ¿Podían hacer manoplas? ¿Podrían hacer un *sparring* pronto? ¿Podían ir un segundo a echar un pis?».

«Un momento, un momento», dijo Gerry Storey con calma, sonriendo a sus nuevos alumnos. Una vez más, la Sagrada Familia era un hervidero una noche de lunes. Pude contar treinta chavales, siendo los dos mayores aspirantes a participar en los Juegos, quienes mostraban una dedicación plena. Dentro de ring, los mejores trabajaban con Seamus McCann, antiguo boxeador de la Sagrada Familia que es ahora uno de los principales asistentes de Gerry. McCann, un hombre en un estado físico feroz, dirigía a los mayores, animándolos a lanzar combinaciones a las trémulas manoplas que tenía en sus manos. La seriedad de los golpes que lanzaban contrastaba con el entusiasmo de los niños arremolinados alrededor de Gerry.

En cuanto Gerry le recordó al pequeñín que se quitase los guantes y se lavase las manos después de ir al servicio, los envió a varios lados del gimnasio para continuar el entrenamiento con sus asistentes; uno de ellos es un abogado, Kevin Morgan, quien suele echar una mano a menudo en la Sagrada Familia.

Gerry se mantuvo a mi lado junto al faldero de su ring, señalando cuáles de sus pequeños púgiles progresaban con mayor precocidad. Estaba encantado con el hecho de que, en la actualidad, haya tantas niñas interesadas en aprender a boxear.

«No resulta fácil ser una chica joven ahí fuera», dijo en voz queda.

Después de una hora te acostumbras al calor que se vive en la Sagrada Familia. La opresiva intensidad que se siente al acceder, acompañada del familiar mal olor de un atestado gimnasio de boxeo, acaba normalizándose. Gerry y yo intentamos calcular la cantidad de sesiones de entrenamiento que presencié a lo largo de aquellos años, pero fueron tantas mis visitas que comenzaban a difuminarse, pese a que cada una de ellas resultara única por la introducción de algún evento o personaje.

Cuando el último de los boxeadores vino a despedirse de nosotros las paredes seguían cubiertas de sudor. Seamus se estaba acercando a la cincuentena. Llevaba en la Sagrada Familia desde comienzos de la década de los ochenta. «Cuando me uní a este club siendo un crío estaba repleto de campeones», dijo. «Hugh Russell, Davy Larmour, Barry McGuigan. Poco después Sam Storey entró en el equipo olímpico y después pelearía contra Chris Eubank en los noventa por el título mundial. Siempre ha sido un sitio especial.

»En mis primeros tiempos, entrabas y afuera había un tiroteo. Pero por dentro era igual a como lo es hoy, repleto de chavales deseando boxear y empaparse de la sabiduría de Gerry. Pero es cierto que fuera, no sabías la locura que te podías encontrar. Salías de la Sagrada Familia cualquier oscura noche invernal, como esta de hoy, y escuchabas ruido de disparos, explosiones, gritos y gente corriendo. Todo lo que puede hacer que se te hiele la sangre.

»Mis propios hijos no han sido capaces de comprender la magnitud de los Troubles. Nunca pasaron por lo que vivimos nosotros.

La brecha religiosa era enorme. Pero en el boxeo no había división alguna. El boxeo nos otorgó la libertad, ya fueras católico o protestante. Daba igual a quién hubieran matado, tú te aferrabas al boxeo. Cuando yo era un crío, a mi padre lo alcanzó una bomba. Justo aquí, en New Lodge. Sobrevivió, pero fue algo terrorífico. El boxeo me dio la esperanza de que, algún día, estaríamos en un lugar mejor. Y así fue, al final».

Gerry escuchó en silencio mientras Seamus hablaba. El más joven de ambos señaló al más mayor. «Puede que no le guste que lo diga, pero el verdadero héroe de los Troubles está sentado aquí, junto a nosotros, ahora mismo. Creo que toda New Lodge, toda Belfast, cualquier ciudad de Irlanda del Norte, le debería dar las gracias a Gerry Storey. Antes que ningún otro, él ya encontró la manera de unir a la gente. Encontró la manera de superar el odio y los prejuicios. Gracias a Gerry no sentí resentimiento cuando aquella bomba alcanzó a mi padre. Gracias a Gerry pude hacerme amigo de chavales protestantes. Gracias a Gerry seguimos adelante, seguimos intentándolo y pasándolo bien, por mucho que cada noche, prácticamente, mataran a alguien».

«¡Qué vergüenza!», dijo Gerry, «¿te acuerdas de cuando fuimos a boxear a la Prisión de Maghaberry?».

La Prisión Maghaberry, no muy lejos de Maze, a las afueras de Lisburn, era otra prisión terrible y laberíntica. Ochocientos prisioneros, tanto unionistas como republicanos, estaban internados tras los enormes muros y las vallas de alambre de espino. Sus celdas se extendían a lo largo de pasillos de color verde pálido, cerradas por puertas de acero con ventanillas de observación que les permitían a los guardas vigilar lo que hacían los reclusos a cualquier hora del día y de la noche. Era una prisión relativamente nueva, pero ya parecía un lugar desolado cuando, a finales de los ochenta, le pidieron a Gerry que regara aquel lugar con un poco de su magia pugilística.

Sugirió llevar allí a una selección de boxeadores de la Sagrada Familia. Realizarían una velada de diez asaltos para los prisioneros. Su petición habitual, la de que no debía haber ningún tipo de diferenciación entre bandos, ya había sido atendida. El alcaide de la prisión llegó a aceptar incluso que las mujeres del cercano centro de detención Mourne House asistieran a la velada.

«Fue divertido», dijo Gerry mientras Seamus sonreía. «Me sorprendió encontrarme allí dentro a algunos de mis viejos amigos protestantes. Gente como Silver Wilson. ¡Menudo personaje! Antes de los Troubles me juntaba tanto con católicos como con protestantes. Silver Wilson y el *Gordo* Hobbs eran mis dos mejores amigos protestantes. Y ahí estábamos, treinta años más tarde; Silver estaba preso y yo era el entrenador que llevaba a chicos como Seamus para hacer una exhibición ante ellos.

»Era como ir a un baile, solo que la sala estaba repleta de paramilitares protestantes y católicos; y de matones. Aunque obligadas, las convictas también estaban allí. En Maghaberry nos divertimos mucho, porque algunas de las mujeres les gritaban a algunos de los presos y de los boxeadores: '¡Eh, grandullón! ¡Cuando quieras compañía ya sabes dónde estoy!'. Nos reímos mucho. Y menudo recibimiento le dieron a Seamus y a los chicos. Les encantó que fuéramos. Así que, regresamos más veces».

Las historias se sucedían mientras pasábamos la mirada por las paredes de la Sagrada Familia, reconociendo las caras familiares en los viejos pósteres y fotografías. «Mira al pequeño Cue», dijo Gerry de Hugh Russell.

«Era uno de tus boxeadores favoritos, ¿verdad?», le pregunté.

«No me permitía tener favoritos», respondió Gerry. «Trataba a Davy Larmour igual de bien que trataba a Cue. Era muy importante tratar a todos por igual. Había tantos prejuicios e injusticias afuera que me gustaba que todo el mundo sintiera que aquí valían tanto como cualquier otro. Todos eran tratados de la misma manera en la Sagrada Familia. Por eso se llevaban tan bien entre ellos, hasta cuando intentaban noquearse unos a otros. Para mí, todos eran especiales».

Al día siguiente había quedado de nuevo con Davy Larmour y Hugh Russell. Habían pasado casi treinta y cinco años desde sus poderosas batallas en el ring, y ambos seguían luciendo las cicatrices de aquellas noches sangrientas. Davy ya no trabajaba en los muelles ni conducía un taxi. Mediada la sesentena, se había jubilado, pero seguía ocupado con el boxeo, enseñando por clubes de toda Belfast. Pasamos la mañana hablando de los combates, los de entonces y los de ahora. Davy seguía metido en el boxeo de la ciudad, igual que Hugh Russell, quien trabajaba como federativo en las grandes veladas de Belfast mientras seguía ocupado con su trabajo de fotógrafo para el *Irish News*.

Esa tarde, después del trabajo, Hugh y yo quedamos en Cathedral Quarter. Se había traído su portátil, porque se disponía a descargar una selección de fotografías en una memoria para mí. En ellas había una tomada por su mentor, Brendan Murphy, la de Hugh apoyándose sobre las cuerdas del ring para besar a su madre unos momentos después de vencer a Davy en su primer combate. Otra era la de Edgar Graham, el «primer cuerpo» de Hugh, y la fotografía que capturó el cadáver inerme del político unionista sobre el suelo, junto a su maletín.

La fotografía más famosa de Hugh nos cautivó. «Este es Gerry Conlon, uno de los cuatro de Guilford», dijo Hugh mientras señalaba con el dedo la imagen en blanco y negro que se veía en su pantalla. Conlon, Paul Hill, Paddy Armstrong y Carole Richardson fueron injustamente condenados a prisión, acusados de poner la bomba en el pub Guildford por la que murieron cinco personas y otras sesenta y cinco sufrieron heridas el 5 de octubre de 1974. Estos cuatro inocentes pasarían quince años en prisión antes de que los exculparan en Old Bailey, Londres, el 19 de octubre de 1989.

Hugh contempló la fotografía, como saludando a una vieja amiga. «Es Gerry Conlon, saliendo del viejo edificio. Seguramente sea la fotografía más famosa que he tomado. Salió en el *New York Times*. Fue la primera fotografía de su primer paso en libertad, y fui yo quien la tomó. Los familiares fueron quienes me escogieron. Se vivía una auténtica locura a las afueras de Old Bailey, con cientos de fotógrafos esperando para tomar esa fotografía. Pero me vieron y me preguntaron '¿no es usted el pequeño boxeador?'. Habían pasado ya más de cuatro años desde que me bajé del cuadrilátero, pero la gente todavía me reconocía. Me pidieron que saliera de la multitud y los acompañase. Nadie sabía qué era lo que sucedía. Pero ellos sí lo sabían. Querían que fuera yo quien tomara la primera foto, antes de que nadie más lo hiciera. Por lo que me dieron esa oportunidad y me dijeron dónde debía situarme. Con lo que la primera fotografía que se tomó, fue mía».

En la fotografía Conlon abandona el juzgado con el brazo derecho levantado en gesto de triunfo. Su hermana le pasa el brazo izquierdo un poco por encima de la cintura mientras también eleva el brazo derecho. La boca de ella está abierta en un grito de alegría, mientras que los labios fruncidos de Conlon tienen un aire de incredulidad, como si pensase que todavía era demasaido pronto como para sonreír. Su otra hermana aferra la muñeca de Conlon mientras mueve feliz el otro brazo. Un *bobby* británico de enorme bigote mira la escena con estoicidad.

«Me hace gracia pensar que si pude sacar esta foto fue, únicamente, gracias al boxeo. Se lo debo a Gerry Storey... tanto yo como muchos otros boxeadores le debemos muchísimo a Gerry».

Hablamos largo y tendido sobre el legado de Gerry Storey antes de regresar a esa imagen de libertad. «A Conlon le gustó la fotografía, que era lo principal», dijo Hugh. «Tiempo después pude conocerlo mejor y era un tipo encantador. Durante aquellos quince años sufrieron una enorme injusticia. Me encanta que, gracias a ser el *pequeño boxeador*, pude captar ese momento histórico».

Más avanzada aquella semana, de vuelta en Derry, Charlie Nash tenía un aspecto más envejecido y frágil. Sus recuerdos comenzaban a desvanecerse, pero pudimos revivir otra tremenda injusticia, y la reivindicación que tanto él como su familia sintieron al fin cuando, el 15 de junio de 2010, treinta y ocho años y medio después del Domingo Sangriento, se hizo público el Informe Saville y el primer ministro británico pidió perdón en el parlamento.

Kate, la hermana de Charlie, quien ayudó a liderar la campaña para desmentir todas las falsedades del Domingo Sangriento, representó a la familia Nash en Guildhall, donde un grupo de gente pudo leer el informe Saville antes de que David Cameron presentara sus disculpas.

El resto de la ciudad pareció pasar página, por fin, aquel día, rehaciendo los pasos de la marcha que resultó en la muerte de

Willie Nash y otras trece personas. Hubo tensión aquella mañana veraniega, mientras la ciudad esperaba las noticias de un informe definitivo que había tardado años en ser realizado. Por fin, apareció una mano a través de las rejas de una ventana de Guildhall. Le siguió otra, y otra, y después otra, hasta que se pudieron ver diez manos. La multitud necesitó de unos instantes para comprender lo que sucedía. Pero poco a poco los murmullos fueron tornando en gritos de júbilo.

Cada una de aquellas manos elevó su pulgar. Por fin, la multitud comprendió que Lord Saville había defendido a las víctimas. Todos los muertos y heridos eran inocentes. La tragedia fue provocada por el ejército británico y su compañía de apoyo, el primer batallón, el Regimiento Paracaidista, un hecho que el Gobierno británico llevaba treinta y ocho años escondiendo.

En la plaza bañada por el sol a las afueras de Guildhall, la gente bailó, se abrazó y lloró. Tan solo mantuvieron el silencio cuando, unos minutos después el discurso del primer ministro británico fue retransmitido en directo desde Westminster en una gran pantalla. «Señor presidente de la Cámara», dijo David Cameron, «soy un profundo patriota y jamás querré creer nada negativo de nuestro país. Jamás querré poner en duda la actuación de nuestros soldados y nuestro Ejército, a quienes considero los mejores del mundo. Señor presidente, estas que voy a pronunciar a continuación son conclusiones muy difíciles de leer, y muy difíciles de pronunciar. No queda duda, no hay equívocos, no hay lugar a ambigüedad alguna. Lo sucedido durante el Domingo Sangriento fue algo tan injustificado como injustificable. Lord Saville afirma que la responsabilidad inmediata de las muertes y las heridas del Domingo Sangriento recaen sobre los miembros de la Compañía de Apoyo cuyos disparos injustificables causaron estas muertes. El Gobierno es el responsable último del comportamiento de las fuerzas armadas, y por ello, en representación del Gobierno, en representación del país, lo lamento profundamente».

Un completo silencio cubrió la plaza antes de que, de repente, décadas de dolor reventaran en incredulidad, alivio y, por fin, alegría. Un representante de cada una de las familias de todos los que fallecieron hizo entonces una pequeña intervención ante los ciudadanos. Cada una de aquellas intervenciones, incluido el poderoso discurso de Kate Nash, terminaron con cada uno de los portavoces gritando una única palabra: «¡Inocente!».

En casa, más de siete años después, Charlie Nash sonreía con tristeza. «Me sentí enormemente orgulloso de Kate y de toda la gente que peleó por limpiar los nombres de Willie y los demás», dijo. «Fue un gran día, pero sigo prefiriendo que jamás hubiera sucedido».

En marzo de 2019 la familia Nash quedó devastaba cuando el Servicio Público de la Fiscalía de Irlanda del Norte decidió que solo uno de los, por entonces, paracaidistas británicos —el Soldado F— sería juzgado por el asesinato de James Wray y William McKinney, y por el intento de asesinato de Joseph Friel, Michael Quinn, Joe Mahon y Patrick O'Donnell. «Con respecto a los dieciocho sospechosos restantes», dijo Stephen Herron, director de la fiscalía, «se ha concluido que las pruebas disponibles son insuficientes para sostener una razonable pena de privación de libertad».

El asesinato de William Nash y otras doce personas más durante el Domingo Sangriento no sería, todavía, sometido a juicio. Kate Nash reiteró el compromiso de la familia Nash de continuar su búsqueda de la verdad, y lamentó el testimonio de uno de los paracaidistas que insistía en que tanto él como sus compañeros habían cumplido «un trabajo bien realizado». Para Kate y Charlie aquello fue «tremendamente frío y brutal».

Charlie se mostró más feliz cuando regresamos al boxeo. Sentado en la habitación en la que guardaba todos sus trofeos y fotografías, sonreía. Ya no había rastro de tristeza. «Bueno, amábamos el boxeo», dijo con sencillez.

Pensaba de nuevo en Charlie cuando Barry McGuigan, su efímero compañero de *sparring* tantos años atrás, y yo realizamos nuestra penúltima entrevista para este libro, en septiembre de 2018. Pasamos cuatro horas juntos durante una mañana en Wandsworth, al suroeste de Londres, al otro lado de la calle en la que se erige el gimnasio que él y sus tres hijos —Shane, Blain y Jake— han construido. Sandra, su esposa durante estos treinta y seis años, se encontraba en la oficina, preparando su siguiente promoción pugilística. Al final le pregunté a Barry por *Danny Boy* y por convertirse en campeón del mundo.

«Para mí significó muchísimo que mi padre cantara esa canción antes de que yo derrotase a Pedroza», me contó, «pero tiene un toque agridulce. Desde entonces he perdido a mi padre y he perdido a Dermot, mi hermano. Ha habido mucho dolor. Pero, al menos, aquella noche estuvieron a mi lado. Cuando cantó aquella canción en mi honor, convertida en nuestro himno, me estaba diciendo, justo antes de que yo entrara en batalla, lo mucho que me quería. Es una canción que sirve tanto para levantar los ánimos como para sumirte en la melancolía. El boxeo es igual, como lo es la propia vida. Allá donde vayamos, seas quien seas, encontrarás luces y encontrarás sombras. Y en cuanto al boxeo y los Troubles, resulta particularmente cierto».

Un mes después volví a quedar con Barry y Sandra en el mismo pub. Sandra revivió aquellos años desde su perspectiva de chica protestante en Clones, primero, y luego como la esposa del boxeador más famoso durante los Troubles. Barry insistió en subrayar una vez más la importancia de Storey, y que el papel único que tuvo el boxeo a la hora de sembrar esperanza durante los Troubles fue gracias a la determinación de Gerry y su sangre fría a la hora de lidiar con las experiencias de los paramilitares. Construyó una senda por la que boxeadores y entrenadores pudieron cruzar la división sin ningún temor.

Sandra fue mucho más clara al subrayar el impacto que tuvo Barry tanto durante los Troubles como en el boxeo. «Creo que fue gracias a su personalidad. De verdad que creo que solo Barry podía atraer a un espectro tan amplio de la sociedad. Antes de Barry tuvimos a George Best, que era enorme, pero también era un alcohólico. Alex Higgins también era enorme, pero también era un alcohólico. Barry fue más grande que ambos porque, además de atraer a los aficionados al deporte, a los aficionados al boxeo y a los paramilitares, también fue capaz de gustarle a las madres, a los padres y a los abuelos. Era cálido y sincero, además de ser una estrella enorme en un momento en el que tan solo había cuatro canales de televisión. Todo el mundo podía sentirse identificado con Barry, y él podía ofrecerle esperanza a la gente a través del boxeo».

Barry apuntó que Storey ya había hecho lo mismo antes que él. «Sí, claro que lo hizo», dijo Sandra, «pero se necesitaba de alguien con tu personalidad para llevar el boxeo a las masas. Y el destino jugó un papel enorme. Si no te hubieran dejado fuera del equipo irlandés para los europeos sub-19 de 1978, después de vencer a Michael Holmes en Dublín, nada de todo esto hubiera sucedido tal y como lo hizo. Habrías boxeado en representación de Irlanda. Pero prefirieron llevar a Holmes antes que a ti, por lo que escogiste pelear por Irlanda del Norte. Eras el chico católico de Clones que logró la medalla de oro en los Juegos de la Commonwealth para Irlanda del Norte. Si hubieras boxeado representando a Irlanda, no habría tenido para nada el mismo impacto. El hecho de que ganases aquella medalla para Irlanda del Norte y de que tocaran *Danny Boy* como tu himno, y que llorases durante aquellos versos de las luces y las sombras, marcó toda tu trayectoria. Tu personalidad, además de esa pequeña vuelta de tuerca del destino, te convirtieron en un símbolo de esperanza; y esa esperanza era real. Era auténtica. Ayudó a traer algún cambio. Fue muy importante».

Durante mi último día de investigación en Belfast pasé la mayor parte de la mañana en el vecindario republicano de Ardoyne junto al antiguo boxeador Eamonn Magee, quien se alzó con la versión de la WBU de los pesos semipesados en 2003. Quince años después Magee se describía como un alcohólico altamente funcional. Abrió la puerta de su casa vestido con una bata mientras en una mano sostenía una cerveza. Apenas habían dado las 11 de la mañana de un lunes y el que fuera boxeador lucía los cortes y los moratones dejados por un ataque sufrido la noche anterior. Tenía la mano izquierda inflamada y un dedo que estaba claramente roto le hacía entrecerrar los ojos cada vez que rozaba con él la lata de Carling.

Pero ese dolor era pasajero, comparado con el dolor mucho más profundo que corría por su interior. Su vida en Ardoyne se ha visto marcada por la violencia confesional y la tragedia. Dijo que la fuente de sus últimos problemas eran «más gilipolleces religiosas», después de haber sido agredido varias noches seguidas. Se han presentado algunas objeciones a su biografía, en las que detallaba muchos incidentes horrendos, que iban desde las políticas republicanas al abuso de las drogas y el alcohol.

Magee niega con su mano magullada y toma otro trago de cerveza. «He tenido una vidilla bonita», dijo. «No cambiaría un ápice». Le pregunté si conocía a Gerry Storey. «Sí, Gerry es todo un señor», dijo en voz baja. «Él tomó el camino correcto, mientras que yo tomé el contrario». El demacrado rostro de Magee, de cuarenta y seis años, se arrugó y el bulto bajo su ojo izquierdo pareció tomar un tono más púrpura al repetir sus propias palabras: «Sigue siendo una vidilla bonita».

El viaje a Ardoyne, al atribulado mundo de Eamonn Magee, fue todo un recordatorio de que algunos de los boxeadores de Belfast eran diferentes a Storey y McGuigan, a Russell y Larmour. También resultaba bueno recordar que incluso en 2018 Belfast seguía amenazada por la confesionalidad y el peligro.

Me sentí tranquilo cuando recibí la llamada que me hablaba de la última pelea de Magee. Mis ánimos seguían igual de calmados mientras el taxi recorría las familiares calles de Belfast, pasando frente a los murales republicanos y los altos muros de la paz. Incluso me sentía bien cuando, después de llamar al timbre, dos pit bulls de la casa de al lado se asomaron por la valla, ladrando con ferocidad. «Son unos pequeñines», me dijo el dueño mientras los alejaba.

Pero fue más complicado guardar la compostura cuando Magee me dijo que algunos republicanos del núcleo duro le habían amenazado con dispararle durante los siguientes días. También me sacudía cada vez que el teléfono de Magee nos interrumpía, con ese tono de la canción *Who Let the Dogs Out?* Contemplé su magullado rostro preguntándome si sería una llamada para advertirle de que los paramilitares se acercaban. Tampoco me parecía muy probable que Magee, vestido con su bata, y yo pudiéramos salir indemnes mediante el razonamiento.

Magee me ofreció una cerveza, pero decliné la invitación. ¿En algún momento había deseado dejar atrás la botella?

«He intentado pasar por rehabilitación», dijo haciendo una cómica pausa antes de entonar la canción de Amy Winehouse. «*And I said "No, no, no!"*».

Reí con él, pero también fui consciente de que, más allá de sus cicatrices, las heridas abiertas no habían curado. Magee me contó la escalofriante historia de cuando, durante las incursiones para los internamientos de la década de los setenta, los sacaron a sus tres hermanos y a él de las dos camas que compartían. Los soldados británicos los hicieron bajar las escaleras, obligándolos a arrodillarse con las manos detrás de las cabezas, mientras les sacaban fotografías sin motivo aparente.

«¡Oh, joder! ¿Por dónde empezamos?». Decía Magee recordando el impacto que tuvieron los internamientos en la vida de las familias católicas. «Mi padre era un republicano de la cabeza a los pies y tenía un conocimiento real del conflicto. No se trataba de irle tocando las narices a los protestantes. La guerra era contra la presencia del Ejército británico en Irlanda. Pero mi padre era un tío estupendo. Los *brit* lo metieron en Long Kesh y los republicanos irlandeses pusieron entonces un autobús, porque en aquellos días la gente no podía permitirse otra cosa. Así que cogíamos el autobús para ir a Long Kesh. Yo era un listillo y le llevaba cartas escritas en papeles de cigarrillos. Los doblaba y me los metía debajo de la lengua».

Sentado en la casa de su padre fallecido me dejó de piedra el recuerdo de cuando su padre se enemistó con el IRA y fue desterrado a Inglaterra, y que regresó de manera furtiva a Ardoyne y se escondió en su propio desván. Magee, su madre y sus hermanos vivían aterrados ante la posibilidad de que lo descubrieran. Lo mantuvieron oculto en el desván durante dieciocho meses, lo que contribuyó a llevar al señor Magee a la depresión y al alcoholismo.

«No pude superar aquello», dijo Magee. «Mamá se tomaba algo y papá se sentaba allí toda la noche. Yo entraba y le llevaba una lata o un pitillo. Nadie más sabía que estaba allí».

Más tarde, cuando Magee se convirtió en uno de los mejores boxeadores *amateur* de Irlanda, su padre le salvó la carrera. Magee se había unido a las juventudes del IRA, porque le encantaban los disturbios, pero también comenzó a consumir drogas y trapichear con ellas. Los tiroteos de castigo del IRA solían acarrear que a alguien le pegaran un tiro en la rodilla, o algo peor; pero su padre le recordó a los paramilitares que Eamonn iba a pelear en los campeonatos de Irlanda.

«Si mi padre no llega a ponerse en medio, me metían la media docena, o sea, tiros en codos, rodillas y tobillos… según ellos. Pero mi padre los convenció de que solo me metieran una bala».

¿Cómo se sintió Magee esperando a que alguien llamara a la puerta para meterle un balazo en el gemelo? Se encogió de hombros. «Era algo por lo que había que pasar. Sabía que sería una herida superficial, así que venga, date puta prisa. Cuando me llevó al callejón le pregunté:"¿Qué se siente cuando te disparan?".Y me dijo:"Es como si te metieran un hierro caliente en la pierna"».

Magee se alzó con el título desierto de los pesos wélter en la WBU al derrotar al jornalero del ring Jimmy Vincent en diciembre de 2003. Retuvo su título hasta mayo de 2006, pero durante todo aquel tiempo apenas peleó en dos ocasiones. Magee se había enemistado con una reputada figura de los círculos republicanos y, en una represalia espantosa en 2004, le hicieron papilla la pierna izquierda con un garrote. Sufrió una fractura compuesta en la tibia, le rompieron la rodilla y le perforaron el pulmón. Cuando regresó al cuadrilátero recibió el apodo de *Hombre milagro*.

La pierna de Magee asomaba por la bata y se podían ver los bultos y las cicatrices que daban evidencia gráfica de la terrible paliza. «Todavía me duele», me dijo moviendo una cerveza por encima de su maltrecha rodilla. «El doctor pensaba que no caminaría nunca más, pero apenas un año después estaba de vuelta en el gimnasio».

En lugar de esperar en el interior de la casa a que llamaran a la puerta le sugerí que diéramos un paseo por el vecindario. Magee accedió, pero primero recordamos a su hijo, que murió apuñalado en mayo de 2015 a manos del celoso exmarido de su novia. Eamonn hijo era muy diferente a él; estudiaba ingeniería en la universidad y también practicaba algo de boxeo; el dolor fue demasiado fuerte. Magee comenzó a llorar, con el amortiguado dolor saliendo de su interior mientras las lágrimas recorrían su rostro.

Aferró mi mano y justo después maldijo su dedo roto, antes de secarse las lágrimas. Subió a su habitación a vestirse. Cuando regresó, luciendo una gorra como la de los Peaky Blinders, tenía un aspecto elegante. El antiguo púgil terminó el resto de la cerveza. Salimos al exterior y me llevó a visitar los murales. Después me abrazó en la calle, diciéndome que era un caballero y un académico. «Quédate a tomar algo», me dijo, «Podemos hablar del boxeo y de los Troubles». Ambos reímos, pero negué con la cabeza. «Tengo que ir a la Sagrada Familia», le expliqué.

«Ah, ¿vas a ver al rey? Gerry Storey. ¡Gran hombre! Salúdale de mi parte».

Magee alzó su mano rota a modo de elegante saludo cuando mi taxi me recogió. Era hora de regresar a terrenos más familiares.

Me dirigía ahora a New Lodge. Tomé el atajo de siempre por la calle North Queen, pasando frente al memorial por la bomba del McGurk y llegando por la pasarela que llevaba a la parte trasera. Después de la mañana con Magee casi me hizo sonreír ver que el muro de ladrillos seguía pintado de blanco, con las franjas verde y naranja completando los colores de la bandera irlandesa. En su esquina izquierda, un soldado del IRA con pasamontañas sigue contemplando el rifle que ha caído de sus manos. Frente a él un soldado del IRA encapuchado está en posición en firmes mientras baja la cabeza y sostiene el arma. Las mismas palabras siguen allí, recordando la violenta historia de la ciudad.

> *Me da igual caer siempre que otro recoja mi arma y continúe disparando.*

El mural adjunto continúa mostrando los tres militares vestidos de negro y apuntando con sus rifles al cielo azul. *Tiocfaidh Ar Ld* (Llegará nuestro día) y *Saoirse* (Libertad) son las palabras que siguen pintadas en brillante blanco.

Ahora camino más rápido. En menos de un minuto estoy en el interior del edificio de ladrillo rojo del centro comunitario North Street. Asciendo las escaleras hasta el gimnasio de la Sagrada Familia, en el piso superior. Como de costumbre, sobre todo cuando está vacío durante las horas de luz, me llena de paz y tranquilidad. Está impregnado de disciplina y dolor, pero también es un oasis de paz. Gerry Storey ya está allí, sentado en una silla junto al cuadrilátero azul. Grita mi nombre y dice «¡Como un reloj!».

Me acomodo con un suspiro, sintiéndome de nuevo a salvo, como si hubiera llegado a casa. Gerry me escucha, sonríe y niega con la cabeza mientras le cuento la mañana que he pasado con Magee.

En el corazón de la vieja y dura Belfast, junto a un hombre de boxeo que sobrevivió a tres intentos de asesinato y luchó con tanta fuerza por la paz y la tolerancia, se hace casi milagroso pensar que los Troubles se han terminado de verdad. Pasé otras dos horas en el gimnasio, sin deseo alguno de irme, entretenido con las viejas historias y las fotografías que cuelgan de aquellas paredes recubiertas de sudor.

Joe Frazier libró tres titánicos combates contra Muhammad Ali en un tríptico de combates que causarían lesiones a ambos hombres, mientras que todos nosotros nos extasiábamos ante la majestuosidad del boxeo en su máximo exponente; Frazier nos sonríe desde varias fotografías en marcos de color negro. Joe y Gerry eran buenos amigos. Invitado por *Smokin'* Joe, Gerry solía llevar equipos de la Sagrada Familia a pelear en Filadelfia. Joe quería que Gerry se mudara a Fili.

Billy Conn fue otro gran púgil norteamericano que intentó llevarse a Gerry de Belfast. Conn, que peleó en una categoría superior y estuvo a punto de batir a Joe Louis por el título mundial de los pesos pesados en 1941, intentó con mucho ahínco convencer a Gerry de que abandonara Belfast en los setenta, y entrenara a jóvenes púgiles en Norteamérica. Era el momento en el que los Troubles estaban en pleno auge, pero a pesar del sustancial incremento de ingresos que le ofrecieron, Gerry declinó la oferta.

Ya sé qué es lo que me va a contestar, pero vuelvo a preguntarle por qué no optó por irse a Estados Unidos, en donde habría ganado muchísimo dinero y, seguramente, mucha fama.

«¿Y qué habría sido de Belfast si todas las buenas personas nos hubiéramos marchado de aquí?», se limita a preguntar.

Cuando volvemos a encontrarnos, justo antes de las navidades de 2018, el milagroso trabajo de Gerry Storey continúa. Ha llegado una carta a la Sagrada Familia. Su contenido confirma la sentencia de que un adolescente evitará el internamiento en un centro de detención si accede a entrenar tres veces a la semana en la Sagrada Familia bajo la tutela de Gerry Storey. El juez ha decidido que el boxeo ofrece más educación y una mayor esperanza que una estancia en un centro de internamiento juvenil.

Gerry asiente. Le resulta tan obvia la decisión que se pregunta el motivo por el que nadie pueda siquiera preguntarlo. El chico será bienvenido. No cabe duda de que la Sagrada Familia obrará su magia una vez más y salvará otra alma. Y esta es una labor que recompensa mucho más a Gerry que los millones que habría ganado de haberse mudado a Estados Unidos y haber entrado en el boxeo profesional.

«Son buenas noticias», dice Gerry moviendo con cuidado la carta, como si se hubiera hecho un repentino descubrimiento. «Seguiremos trabajando. Seguiremos peleando».

En el silencioso gimnasio, en una pacífica tarde de diciembre, el gran abuelo del boxeo se hunde en su silla y sonríe. Seguimos hablando un rato más, sobre sus hijos y sus otros boxeadores, desde Russell hasta Larmour, pasando por McGuigan y Nash. Gerry llama también a Big Bobby Storey, su sobrino, para decirle que por fin hemos completado el libro.

Ha llegado el momento de partir y, con cierta pena por haber alcanzado nuestro objetivo, le ofrezco mi mano y mi agradecimiento a Gerry. El hombre de ochenta y un años me acompaña por las escaleras hasta salir a New Lodge.

«Vale, Don», me dice con una seriedad sorprendente, «¿vas a saber regresar sin problemas?».

Por supuesto, respondo, las calles de los alrededores me resultan ya familiares y están tranquilas. Me conozco el camino a mi hotel habitual.

«De acuerdo», me dice con un guiño. «Vente esta noche al gimnasio, sobre las siete, y te presentaré a unos cuantos pugilillos nuevos. Y si alguien te molesta dile que eres amigo de Gerry Storey. Todos saben que los ángeles me guardan».

El entrenador campeón suelta una carcajada y me estrecha la mano, Gerry comienza a alejarse, pero antes se gira despacio. Levanta su mano y me hace un gesto de despedida. En esta mañana apenas bañada por la luz del sol, en verdad que parece un hombre que ha tenido una vidilla maravillosa.

PRÓLOGO. LA SAGRADA FAMILIA

Las páginas de apertura de este libro fueron compuestas a lo largo de numerosos viajes a Belfast, y completadas por las entrevistas que realicé a Gerry Storey y Barry McGuigan entre 2011 y 2018. Cuando se acercaba el final de mi investigación tuve la suerte de entrevistar también a Trevor Ringland y Willie John McBride, dos grandes personalidades del rugby del Úlster que, teniendo un pasado protestante, jugaron tanto para Irlanda como para los Leones Británicos. En particular, el papel de Ringland resultó inconmensurable para explicar la importancia del deporte en Irlanda del Norte, y cómo el boxeo y el rugby permitieron una «relajación identitaria» y que los antecedentes de cada cual perdieran importancia. Tal y como me dijo: «Soy de Belfast y del Úlster. Soy británico, y soy irlandés. Soy de Irlanda del Norte y soy europeo. Y, además, hace años que sufro ser hincha del Leeds United. Estas son identidades complementarias y aquel que menosprecie una de ellas menosprecia toda mi persona. Una identidad rica en matices desafía los extremismos». No me sorprendió escuchar la admiración que Ringland sentía por el trabajo realizado en la Sagrada Familia, y alabó el compromiso de Storey al desafiar las divisiones confesionales.

Antes de comenzar la escritura de estas páginas me resultó de lo más útil leer los libros de Teddy Jamieson *Whose Side Are You On? Sport, the Troubles and Me,* la obra de Susan McKay *Bear in Mind These Dead* y el libro de Mark Carruthers *Alternative* Úlster*s: Conversations on Identity.*

CAPÍTULO 1: EL DOMINGO SANGRIENTO

Pasé bastante tiempo en Derry, entrevistando a Charlie Nash y a Damien McDermott. Sus recuerdos dieron forma a este capítulo y, como no podía ser de otra forma, Charlie me ayudó a escribir sobre el Domingo Sangriento y su hermano Willie. Damien completó este relato con sus propios recuerdos de aquel día y de su viaje de regreso desde Dublín mientras se desarrollaba aquella matanza.

Leí la obra no publicada que Charlie escribió sobre Willie y los momentos previos y posteriores al Domingo Sangriento, además de tener la oportunidad de disfrutar de las fotografías que guardaba de su hermano y de toda su familia.

A menudo visité el Museo de Free Derry, que es una fuente colosal de material de archivo y declaraciones de testigos sobre lo sucedido durante el Domingo Sangriento, tanto en audio como visual. El trabajo realizado por la Bloody Sunday Trust, que abrió el museo en 2007, se ha asegurado de que lo sucedido aquel terrible 30 de enero de 1972 no quede jamás en el olvido.

También fue capital leer los extractos clave de los tan opuestos Informe Widgery de 1973 y la Investigación Saville de 2010 para comprender la manera en la que se distorsionó la verdad y, décadas después, salió a la luz. También pasé muchos días en la Hemeroteca Británica, leyendo las versiones publicadas por los periódicos ingleses, y en la Hemeroteca de Belfast, que alberga los archivos de los principales periódicos de Irlanda del Norte y la República de Irlanda.

Hay algunos documentales televisivos de gran calidad, tanto británicos como irlandeses, que tratan el tema del Domingo Sangriento; además, los siguientes libros resultaron tremendamente útiles en mi investigación: David McKittrick y David McVea: *Making Sense of the Troubles;* Eammon McCann: *The Bloody Sunday Inquiry;* Douglas Murray: *Bloody Sunday;* Adrian Kerr: *Free Derry: Protest and Resistance.* El magistral *Lost Lives* de David McKittrick, Seamus Kelters, Brian Feeney, Chris Thornton y David McVea, documenta las historias de cada hombre, mujer, niño y niña que perdieron la vida durante los Troubles. La parte sobre el Domingo Sangriento resulta, por lo general, informativa e iluminadora.

La biografía no publicada de Charlie Nash me resultó también muy útil a la hora de apuntalar los recuerdos que tanto él como Damien guardan de la muerte de Martin Harkin, cuya trágica muerte tras un combate *amateur* aparece recogida de manera breve en la obra de Barry Flynn *The Little Book of Irish Boxing*.

Para escribir acerca de Derry me ayudó mucho releer el libro de Jamieson *Whose Side Are You On?*

Disfruté de la lectura de las obras de John Bradley sobre el Derry de los setenta y ochenta. También pude entrevistar a John sobre cómo fue crecer en Derry tanto antes como después del Domingo Sangriento.

CAPÍTULO 2: DOS BOMBAS

La primera parte de este capítulo está compuesta alrededor de los recuerdos de Damien McDermott y Charlie Nash, y utilicé los archivos de los periódicos para completar lo dicho en sus entrevistas.

Las entrevistas con Gerry Storey y Davy Larmour resultaron cruciales durante el resto de este capítulo, y ambos fueron de lo más meticulosos y generosos a la hora de ayudarme a establecer los hechos que conducen su narrativa. *Lost Lives, Making Sense of the Troubles, Bear in Mind These Dead* y *el* libro de Peter Taylor *Provos: The IRA & Sinn Fein* y de Ed Moloney *Voices from the Grave* resultaron de gran utilidad, tal y como lo fueron los documentales y la información de internet acerca de los atentados en el McGurk y en el Balmoral Showroom.

Pero Larmour y, sobre todo, Storey fueron quienes aportaron la información más importante de este capítulo.

CAPÍTULO 3: LA CUMBRE DE SHANKILL ROAD

Las entrevistas con Gerry Storey, Charlie Nash y Davy Larmour me dieron el encuadre y los detalles para este capítulo. Otras entrevistas con gente como Willie John McBride y Damien McDermott me facilitaron información adicional.

El libro *Legends of Irish Boxing* de Barry Flynn contiene unos cuantos capítulos muy buenos sobre Gerry Storey, Charlie Nash, Davy Larmour y Hugh Russell; también pude beneficiarme de lo escrito sobre Neil McLaughlin.

CAPÍTULO 4: EL AÑO MÁS NEGRO

El trabajo no publicado de Charlie Nash sobre el año 1972, además de nuestras extensas entrevistas, formaron el núcleo de este capítulo. Gerry Storey y Charlie Nash compartieron sus recuerdos sobre los Juegos de Múnich; también leí varios libros, además de visitar varias hemerotecas, para aprender más acerca de esta masacre y del éxito de Mary Peeters. Vi una serie de documentales acerca del Viernes Sangriento y me centré en la cobertura del *Irish News* y del *Irish Times* sobre las repercusiones de los atentados.

La descripción de cuando Charlie conoció a Betty fue extraída de nuestras entrevistas.

La biografía no publicada de Davy Larmour fue de una gran ayuda y le agradezco que compartiera conmigo esos cientos de páginas. Fueron de gran utilidad, sobre todo como apoyo a nuestras entrevistas de cara a completar este capítulo.

Damien McDermott compartió sus recuerdos, vívidos y angustiosos, de aquel tiroteo de castigo y las intervenciones en las que se embreaba y emplumaba a diversas mujeres en Derry.

Con tono muy divertido, Gerry Storey recordaba cómo cualquier tarde laboral de la semana, los alrededores de la Sagrada Familia se asimilaban a una película del Lejano Oeste con la gente *jugando a las pistolitas*, y que el ejército albergaba sospechas de que él fuera un alto oficial del IRA puesto que, cada vez que aparecía, se daba un alto el fuego momentáneo.

CAPÍTULO 5: TRASPASANDO BARRERAS

La información para este capítulo vino, sobre todo, de mis entrevistas con Gerry Storey, Davy Larmour y Barry Mcguigan. Tras mis entrevistas con Barry releí sus libros *Barry McGuigan: The Untold Story* y *Cyclone*.

Los libros de Colm Tóibín *Bad Blood: A Walk Along the Irish Border* y *Stepping Stones,* de Seamus Heaney me ayudaron a comprender Clones, la frontera y las diferencias y similitudes entre el norte y el sur con mayor claridad. *Lost Lives* fue, de nuevo, de un valor extraordinario para confirmar algunos detalles clave.

CAPÍTULO 6: EL CLINT EASTWOOD DE BELFAST

Para este capítulo entrevisté a Davy Larmour, Gerry Storey, Sam Storey, Charlie Nash, Paddy Maguire y Hugh Russell. Las obras no publicadas de Larmour y Nash me otorgaron una perspectiva adicional.

CAPÍTULO 7: TIÑENDO SHANKILL ROAD DE VERDE

Este capítulo fue escrito en base a mis entrevistas personales con Barry McGuigan, Gerry Storey, Davy Larmour, Charlie Nash y Hugh Russell.

Lost Lives, Bear in Mind These Dead, Provos y el libro de Jim Cusack y Henry McDonald *UVF* añadieron nuevos datos a mi investigación.

George Zeleny me entregó archivos de grabaciones de boxeo.

CAPÍTULO 8: UN SEGUNDO AVISO

Las entrevistas con Gerry Storey, Charlie Nash, Barry McGuigan, Davy Larmour, Paddy Maguire y Sandra McGuigan me facilitaron el grueso de la información contenida en este capítulo.

La hemeroteca de Belfast y varios vídeos de boxeo que me entregó George Zeleny contribuyeron a mi investigación.

CAPÍTULO 9: LA CÁMARA

George Zeleny me facilitó varios DVD con la pelea de Charlie Nash contra Ken Buchanan.

Completé la investigación para este capítulo con las entrevistas realizadas a Charlie, Gerry Storey, Barry McGuigan y Hugh Russell.

Lost Lives me proporcionó varios detalles clave.

El archivo fotográfico de Hugh y el maravilloso libro de fotografía de Brendan Murphy *Eyewitness* me ayudaron durante la composición de los toques finales de este capítulo.

CAPÍTULO 10: HAMBRE

Son numerosos los documentales, realmente impactantes, sobre las huelgas de hambre; también vi *66 Days,* un documental de 2016 sobre Bobby Sands. También revisité *Hunger,* de Steve McQueen, una recreación cinematográfica de las huelgas de hambre de 1981. Sin embargo, mi principal fuente de informacion para este capítulo vino de la hemeroteca y de algunos libros muy importantes, entre los que destacan *Ten Men Dead* de David Beresford y la recreación de Brendan Hughes *Voices from the Grave.* También leí los libros de Richard O'Rawe *Blanketmen* y *Afterlives.*

Las entrevistas realizadas a Gerry Storey y Barry McGuigan fueron, también, muy poderosas.

CAPÍTULO 11: UNA BODA Y UN FUNERAL

Los libros y documentos de la hemeroteca descritos durante el capítulo anterior fueron, de nuevo, de gran ayuda, como también lo fueron las entrevistas en primera persona con Gerry Storey, Charlie Nash y Barry McGuigan.

George Zeleny me facilitó imágenes de la pelea de Jim Watt contra Charlie Nash, el debut profesional de McGuigan y el combate de McGuigan contra Jean-Marc Renard.

Paddy Maguire y Davy Larmour recordaron la escena del funeral, mientras que Barry y Sandra McGuigan me contaron su boda. Hugh Russell me facilitó una entrevista importantísima.

CAPÍTULO 12: EN EL INTERIOR DEL LABERINTO

Durante nuestras largas y cautivadoras entrevistas Gerry Storey describió su labor en la prisión Maze. Billy Hutchinson fue un testigo de valor incalculable sobre Gusty Spence y la prisión Maze.

UVF y el libro de Roy Garland *Gusty Spence* resultaron de gran utilidad. También disfruté especialmente con *Maze,* de Donovan Wylie, donde ofrece crudas e inquietantes fotografías y descripciones de la prisión.

Barry McGuigan fue un testigo compasivo e impotente de la muerte del Joven Ali. También hablé con Hugh Russell y Sandra McGuigan sobre aquella noche y sus descorazonadoras consecuencias.

CAPÍTULO 13: UNA BATALLA SANGRIENTA

Davy Larmour y Hugh Russell me describieron, durante entrevistas muy pormenorizadas, la preparación de cara a su primer combate, cómo transcurrió la sangrienta batalla y cómo, después, fueron juntos al hospital. Barry McGuigan revivió las emociones que lo envolvieron y cómo fue la pelea cuando regresó al cuadrilátero para enfrentarse a Jimmy Duncan. George Zeleny me facilitó las imágenes de los combates.

CAPÍTULO 14: EL CUERPO Y EL MALETÍN

Los detalles recogidos en los documentos no publicados de Davy Larmour y nuestras vívidas entrevistas sobre la revancha contra Hugh Russell son la piedra sobre la que se erige este capítulo, junto a material adicional de Hugh y, también, de Paddy Maguire. George Zeleny me facilitó un DVD con el combate completo, así como del de Barry McGuigan contra Vernon Penprase. Charlie Nash, Gerry y Sam Storey también fueron entrevistados.

Hugh habló de manera conmovedora sobre Edgar Graham y la fotografía que sacó del asesinato del político unionista. También aprecio las opiniones que me ofreció Diane Drennan sobre el impacto político que tuvo Graham. Amiga familiar de los Graham, Diane habló con auténtico cariño y consideración. También leí gran cantidad de archivo periodístico sobre este asesinato político, en particular material extraído del *Irish News*.

CAPÍTULO 15: TRABAJO COLECTIVO

Hugh Russell y Paul Faith, otro fotógrafo de Belfast que cubrió los Troubles, me ayudaron a comprender la delicada naturaleza del trabajo de recopilar fotografías de personas que acababan de morir. También disfruté del documental sobre la agencia de fotografía Pacemaker, en el que aparecía Paul. Una vez más las entrevistas clave fueron con Hugh, quien describió su decisión de retirarse del boxeo con todo lujo de detalle.

También entrevisté a Gerry y Sam Storey para este capítulo.

Barry McGuigan y Juan LaPorte recordaron, de manera elocuente, su combate; y George Zeleny, una vez más, me entregó un DVD en el que pude ver el combate completo.

CAPÍTULO 16: SOMBRAS Y LUZ

Barry McGuigan fue mi principal entrevistado para este capítulo final. También conté con la ayuda de Sandra McGuigan, Gerry Storey, Sam Storey, Hugh Russell, Davy Larmour y Charlie Nash. Mi descripción del combate queda narrada gracias al DVD que me grabó George Zeleny.

EPÍLOGO: UNA VIDILLA MARAVILLOSA

Billy Hutchinson, Eamonn Magee, Barry McGuigan, Charlie Nash, Davy Larmour, Hugh Russell, Seamus McCann y Gerry Storey fueron entrevistados para realizar estas últimas páginas. *Life after Life*, de Paddy Armstrong, me ayudó durante mi investigación sobre el injusto encarcelamiento de los Cuatro de Guildford, y el archivo fotográfico de Hugh resultó de gran ayuda. La entrevista con Magee fue publicada, en primera instancia, en el periódico *The Guardian*, en mayo de 2018. Jonathan Drennan, Paul Gibson y Trevor Ringland me ayudaron con sus opiniones e ideas acerca de la vida actual en Belfast e Irlanda del Norte.

AGRADECIMIENTOS

Nunca habría podido escribir este libro sin la generosa ayuda e involucración de Gerry Storey, Charlie Nash, Davy Larmour, Hugh Russell y Barry McGuigan. Todos ellos me concedieron gran parte de su tiempo, y en las innumerables ocasiones en que les pedí una nueva y larga entrevista repleta de detalles, jamás se quejaron. Al contrario, con estas entrevistas visitamos lugares y momentos de sus vidas que, en muchas ocasiones, fueron de lo más tenebroso, y sin embargo me hablaron de ello con todo el cariño y buen humor posibles, hasta el punto de que nuestras conversaciones siempre resultaron reconfortantes.

Gerry fue quien más tiempo me concedió, y a lo largo de todos esos años acabé disfrutando cada visita a la Sagrada Familia. Tanto si era de día y estaba vacío y silencioso, como si llegada la tarde aparecía atestado de jóvenes aspirantes a boxeadores, siempre me pareció un lugar que irradiaba esperanza. Gerry es una de las mejores personas y más interesantes a las que jamás he conocido, además de ser la más discreta. Ha sido un verdadero honor pasar tanto tiempo a su lado. Gracias sean dadas a este hombre inmenso.

Charlie y toda su familia sufrieron lo indecible tras la pérdida de Willie durante el Domingo Sangriento. Pero en cada una de las visitas que le hice en Derry, Charlie se mostró cortés y hospitalario. Compartió muchísimas cosas conmigo, y valoro enormemente que me permitiera leer su trabajo no publicado. Las palabras que me ofreció cuando hubo leído este libro me acompañarán toda la vida. Muchas gracias, Charlie, y a tu esposa Betty.

La primera vez que vi a Davy Larmour fue en el Ulster Hall. Lo acompañaba su gran amigo Paddy Maguire. Pronto establecimos la costumbre de que, cada vez que me encontraba en Belfast, Hugh, Paddy y yo quedábamos. Paddy fue una gran compañía y muchos de sus recuerdos están presentes en estas páginas. Gracias le sean dadas. La historia de Davy es emocionante y, en mi intento por hacerle justicia, decidimos centrarnos en una serie de largas entrevistas. Creo que habremos realizado al menos una docena de largas sesiones individuales, que siempre fueron fascinantes e inspiradoras. También agradezco mucho que Davy me presentara sus memorias, sin publicar, y que siempre estuviera disponible cada vez que necesitaba confirmar algún dato. Ha sido un gran amigo.

Siempre me sentí agradecido porque, después de un largo día en la redacción del *Irish News* Hugh Russell me concediera todo el tiempo que necesitara. Nos veíamos en Cathedral Quarter y, en especial, disfruté mucho de esas tardes en las que se traía su portátil y consultábamos su archivo fotográfico. Gracias, Hugh, por todos los recuerdos y entrevistas. También pude comprobar su grandísima amabilidad cuando me permitió utilizar gratis todas sus fotografías para este libro.

Trabé una amistad con Barry McGuigan desde nuestra primera entrevista, en Kent, en 2011. Fue justo después del velatorio por Henry Cooper; Barry me concedió una entrevista tan impresionante que, en muchos aspectos, fue la chispa que alumbró el nacimiento de este libro. Aquel día forjamos un vínculo y, desde entonces, lo he entrevistado y he escrito acerca de él en numerosas ocasiones, tanto para *The Guardian* como para *Boxing News*. Su historia ya se había contado antes y, de entre los personajes principales de este libro, Barry es de lejos el más famoso. Y aun así me sentí conmovido por su disposición a dedicarme tanto tiempo de cara a la escritura de este libro, para lograr, así, contar su historia desde una nueva perspectiva, junto a los otros cuatro hombres de los que hablo. Agradecí todas y cada una de nuestras entrevistas, tanto en su casa de Kent o en Belfast; incluso al otro lado de la calle, frente a su gimnasio en Wandsworth. Una vez más, Barry, gracias; y también a Sandra, su esposa, quien me ayudó tanto cuando la entrevisté.

Sam Storey, el hijo de Gerry, se ha convertido en un buen amigo. En los momentos finales de la redacción de este trabajo fue de gran ayuda, y siempre me lo pasé en grande hablando con él sobre su padre, además de su propia carrera. Me llevé una inmensa alegría cuando, a comienzos de 2019, Sam me pidió escribirle un pequeño tributo a su padre que pudiera leerse durante las finales del Úlster. Fue como si cerráramos un círculo, y Sam y yo disfrutamos hablando sobre lo que podíamos escribir para reflejar la poderosísima contribución hecha por Gerry Storey.

Fue un placer hablar también con Seamus McCann, Gerry Storey Jr y Paddy Barnes padre en la Sagrada Familia. Gracias también a Seamus por nuestra entrevista. Sus electrizantes palabras alumbraron aquella noche invernal.

En Derry, Damien McDermott se mostró de lo más amistoso y cooperante. Agradecí mucho las entrevistas que realizamos, tanto en el gimnasio —donde Charlie y él siguen entrenando a jóvenes boxeadores— como en su casa.

Gracias a Billy Hutchinson por la extensísima entrevista que me concedió para recordar su tiempo en Long Kesh, y por sus pensamientos sobre el trabajo de Gerry Storey. Significó muchísimo También tuvo una gran importancia para mí conocer a Brendan *Bik* McFarlane con Gerry Storey. Gracias sean dadas también a Bobby Storey.

Trevor Ringland me concedió una maravillosa entrevista para una pieza del *Guardian* acerca del rugby irlandés, y su enorme comprensión de la identidad de Irlanda del Norte, además del papel del deporte en la misma, fueron de enorme ayuda cuando corregía este libro. Gracias a Trevor y también a Willie John Mc-Bride, quienes me hablaron sobre el rugby en los tiempos de los Troubles, además de sus recuerdos sobre el Viernes Sangriento.

Además de todos estos a los que he ido mencionando, nadie me ha dedicado tanto tiempo para preparar este libro como lo ha hecho Jonathan Drennan. Compañero en esto de escribir y aficionado al boxeo, Jonathan es natural de Belfast y fue la primera persona a la que me dirigí para explicarle los detalles que servían de ideas previas para este libro. Ha sido todo un amigo, además de una generosa fuente de información y opinión. Gracias a Jonathan por su entusiasmo, duro trabajo y sugerencias. Se ha tenido que leer dos borradores de este libro y sugirió mejoras más que considerables.

Sus padres, Neil y Diane, también acabaron convirtiéndose en mis amigos y leyeron este libro con mucho cuidado y meditación. Sus opiniones, consideradas y ecuánimes, resultaron de un valor incalculable y disfruté mucho al hablar con ellos acerca de Belfast e Irlanda del Norte, pese a que con ello tuvieran que recordar cosas muy desagradables.

Jonathan Drennan me presentó también a Hugh O'Halloran, y mi investigación en Belfast comenzó un inolvidable día en el que Hugh, quien es un auténtico experto en la historia pugilística de la ciudad, me condujo de una entrevista a otra. En un inicio, Hugh fue también quien organizó muchas de las entrevistas y quien me presentó a Davy Larmour y Paddy Maguire. Siempre llevaré conmigo esa generosidad.

Gracias a Tom Jenkins —una vez más— por sacar las fotografías de Davy Larmour y Hugh Russell. Tom también sería quien sacase la foto de Barry McGuigan en una de las muchas sesiones que realizamos. Agradezco mucho el permiso para utilizar la fotografía de Charlie Nash realizada por Margaret McLaughling.

Ciaran Bradley me ayudó en el transcurso de los años con sus comentarios sobre la historia y la política de Irlanda, además de presentarme a John, su padre, que creció en Derry. John y Ciaran leyeron un primer borrador de este libro e hicieron un gran número de sugerencias. Gracias a ambos. Leer un correo electrónico tan generoso e inspirador de mi amigo Elliot Worsell, quien es un grandísimo escritor en temas de boxeo, después de sumergirse en el primer borrador de este libro tuvo un significado tremendo. También realizó grandes sugerencias

Valoro mucho las consideradas opiniones de Paul Gibson, quien también leyó unos de los primeros borradores. Hizo una serie de sugerencias muy instructivas, por eso muchas gracias sean dadas a Paul, cuyo libro sobre Eamon Magee fue toda una revelación.

Charlotte Atyeo fue una inspirada elección a la hora de buscar correctora. Realizó una lectura de lo más atenta y propuso una serie de mejoras que elevaron la calidad de la versión final.

Mi editor, Ian Marshall, de Simon & Schuster, ha sido mi gran aliado a la hora de volver a escribir. Gracias Ian por creer en este libro; y también por tu escrupulosa edición y tu duro trabajo en tantos aspectos de esta publicación. Me ayudó enormemente y estoy deseando trabajar juntos en muchos libros más. Gracias también a Ian Chapman de S&S por su incesante apoyo; y a todo el mundo en Simon & Schuster, con especial mención a Sue Stephens y Craig Fraser por su excelente trabajo en la cubierta.

Gracias a Amanda Kelley por leer uno de los borradores del libro y por sus ideas para la cubierta, que ayudaron a desarrollar el concepto final. Amanda, quien dibujó una nueva versión de la cubierta para la versión estadounidense de mi libro *Dark Trade* en 2019 tiene un enorme conocimiento del boxeo y una enorme habilidad para el diseño, y ambas fueron de gran utilidad.

Jonny Geller, mi agente, volvió a ser un apoyo inconmensurable y toda una fuente de ideas. Vaya por el próximo libro en el que trabajemos juntos.

George Zeleny, quien ya hiciera lo mismo con dos de mis libros anteriores, consiguió todo el material de video sobre boxeo que necesité. Algunos eran vídeos muy complicados de conseguir, pero George hizo su magia una vez más. Me encanta tener cualquier excusa para hablar con George sobre boxeo en el pub.

Kim Whyte, Hilton Tanchum y Anita Matzdorff hicieron todas ellas un enorme trabajo a la hora de transcribir mis entrevistas y documentación.

Bill Campbell, mi primer editor, salió al rescate cuando me vi incapaz de encontrar copia alguna del monumental *Lost Lives*. Editó el libro para Mainstream y, con gran generosidad, me envió un ejemplar de su colección particular. Saludos como siempre, Bill.

Gracias sean dadas también a Andy Lee, Paul Faith, Glenn Speers, Declan Heaney y Tim Musgrave.

Como de costumbre, le debo mucho a mi familia. Soportan, con comprensión y buen humor, mis continuas ausencias y que trabaje casi todos los días. Jack y Emma son quienes presumen del mejor acento irlandés de la casa, por lo que ahora los llamamos Seamus y Saoirse. Algún día los llevaré a Paddy McGinty's. Bella, cuyo enorme talento para la escritura es más que obvio, realizó también un enorme trabajo a la hora de editar mi trabajo para una de las últimas versiones. Su atención al detalle y dominio del lenguaje me sorprendieron una vez más. Alison, mi esposa, leyó los primeros dos borradores y me salvó de mis peores excesos en muchas ocasiones. Me ha ayudado a editar once de los doce libros que he publicado hasta ahora, y según pasa el tiempo va mejorando. Gracias también, Alison por tu apoyo constante y comprensión a mi extraño y anticuado estilo de vida de escritor, y por toda tu ayuda en un año, 2018, en el que perdí a mi hermana y mi madre enfermó de cáncer.

Mis padres, Ian y Jess, han sido quienes más hicieron porque me convirtiera en escritor. Durante cada etapa de mi vida han sido un apoyo incansable. Incluso ahora, bajo los achaques de la enfermedad y la pérdida de mi hermana, Heather Simpson, quien murió en septiembre de 2018, siempre han querido estar al tanto de mis progresos. Me enorgullece dedicarles este libro, a ellos y a Heather. Gracias a los tres por todo lo que hicieron por mí.